基礎から学ぶ労働法 I

第4版

【編者】　金子　征史 ［編集代表］
　　　　　藤本　　茂
　　　　　髙野　敏春
　　　　　大場　敏彦

エイデル研究所

第4版はしがき

　本書の第3版が刊行されたのは2012年9月であった。この間、労働法をめぐる環境変化はめまぐるしい。今年、法制定以来120年ぶりとなる民法の「大改正」がなされたが、そこでは時効に関する抜本的な制度見直しなど労働法にも重要な影響を与える法改正があった。民法の短期消滅時効は消費者保護の観点から一律5年に延ばされた。理屈からいえば労働者保護の特別法である労基法2年の時効は当然5年以上にならなければ筋が通らないはずであるが、いまのところ具体的な改正はなされていない。民法施行の2020年までには決着されなければならないものである。

　また、労働現場においては、電通における過労自殺の再発を契機にわが国の大企業でも過労死基準を超える多くの長時間残業事件、高額な残業代未払事件が次々と明らかとなるなど、看過できない多くの問題が噴出してきた。さらに、わが国は、少子化・高齢化が急激に進行し、本格的な人口減社会の到来、労働力人口の減少という局面にあるが、こうした状況に抜本的に対処するためには、働く労働者のニーズに対応した働き方を追求しなければならないとして、政府は、あるべき「働き方改革」を重要な労働政策として提唱してきた。しかし、その具体的中身を見ると、こうした問題に十分対応できるとはいえないものもあり、労働側の反発も根強い。さらに、今秋の臨時国会では、ここ数年にわたって「働き方改革」に関わる法改正の審議が停滞していたものを一挙に進行させる方向での政府の動きが活発になってきていると報じられている。「働き方」の改革は、本来労働者の自由な意思に基づいて労働者に自らの働き方を決めさせるものでなければならないと思われるが、果たして政府が進める働き方改革としての労基法の労働時間法改正はそうしたものになっているかどうか、検証しなければならない。

　例えば、この「はしがき」を記している段階でも、いわゆる「高度プロフェッショナル制度」（労働側から見れば「残業代ゼロ法案」）の立法をめぐって、連合執行部が一度は政府提案に条件付きで合意しようとしたが、連合内部でかなりの異論が噴出したため、結局連合執行部も当初の対応を撤回し、政労使の合意が頓挫する事態に立ち至った。これは労働立法のあり方や労働組合内部の意思決定の手続き、労働組合の目的など、重要な問題提起ともいえる出来事である。

　ともあれ、前回の本書の改訂から5年経った現在、この間の労働立

法の動向や判例の蓄積を踏まえて全面的な改定が必要となった。今秋の臨時国会の動向を見極めることも必要かもしれないが、すでに在庫も尽きつつあり、また本書を必要としている読者の強い要望もあり、増刷では対応できないため、あえて改訂版（第4版）を刊行することとした。今回も、改訂作業にはエイデル研究所の山添路子氏に多大なご負担をおかけした。改めて心から感謝申し上げたい。

2017年9月

編集代表　金子征史

▎初版はしがき

　ここ数年、働く人たちを取り巻く環境は厳しいものがある。アメリカにおけるサブプライムローンの焦げ付きに端を発した世界的規模での経済の停滞、金融恐慌や物価の上昇は働く人たちの生活を直撃するものである。しかも、賃金は一向に上昇せず、むしろ勤労者の平均年収は減少傾向を続けている。雇用者に占める非正規労働者の比率も30％を超えて久しい。偽装派遣、「派遣切り」の問題が表面化し、派遣労働者をはじめとする非正規労働者のワーキングプアや派遣労働のあり方が社会問題化するなかで、ついに政府も派遣労働法の改正を含む対応を余儀なくされてきている。

　こうした状況のなかでも、人が働くということは絶対に必要なことである。働くことによって生活の糧である賃金を得ることができるし、充実した仕事をすることで生きていることを実感することもできるのである。しかし、人が働くには、それなりのルールがあるはずである。忙しいから仕事が終わるまで職場を離れることができない、結果として残業が毎日6、7時間続くとか、休日出勤もやむを得ないとか、年次有給休暇制度があっても職場の同僚に迷惑をかけるし仕事に穴をあけるから休めないとかいう話はよく聞く話である。こうした無理な勤務は確実に働く人の肉体や精神を蝕むことになり、行き着く先は「過労死」である。「Karoshi」が海外でも日本の労働状況を象徴する言葉として通用することはよく知られている。

　労働法は、働く人にこうした悲劇を生じさせないために、どこの国でも必ず存在するルールである。今日のボーダレス社会のなかでは、わが国の労働法も基本的には国際水準に沿って存在しているが、それでも国情を反映した差異は避け難い。たとえば「過労死」を生み出す制度上の問題でいえば、残業に関する時間的規制が緩く、時間外労働手当や休日労働手当もかなり安価であるなど長時間残業や休日出勤が欧米先進諸国に比べて生じやすい仕組みになっている。労働に関する規制緩和はこの数年来のわが国労働政策の一つの流れであったが、それは結局、企業の生き残りのために働く者を犠牲にしてきているとの批判も避け難いのが現実である。しかし、そうはいっても企業が相次いで倒産していく状況が望ましいものではないことも事実である。労働法のあり方も難しい時代に直面しているといわざるを得ない。

　考えてみれば、本書でも明らかにしているように、わが国の労働

法は、第2次世界大戦後に誕生した比較的新しい法のひとつである。そしてこの時期に一挙にわが国の労働法のシステムが確立した。同時に、学問的にも当時の時代状況のなかで、労働者・労働組合の権利擁護の視点からの労働法理の形成が積極的になされた。立法的歴史が浅いわりには理論的深化の度合いがめざましく、いち早く戦後社会のなかで脚光を浴びた法分野でもあった。ところが、その後のわが国の経済状況の変化、産業構造や雇用構造の大幅な変容、近年に至っての規制緩和の進行は、労働法のシステムや理論を従来のままで放置しておくわけにはいかなくなってきた。多くの法改正や新立法の誕生は必然的でもある。

　本書は、こうした時代状況のなかで推移してきた労働法を、その原点を踏まえつつ、読者にできるだけ平易に伝えようとするものである。本書が想定している読者層は、大学で初めて労働法を学ぶ学生、社会に出て初めて労働法の必要性に迫られた人、社会常識として労働法を学ぼうとする人など、基礎から労働法を学ぼうとする人たちを対象にしている。内容的には、労働法領域のうち個別的労働関係法を中心とした入門書であるが、その前提として労働法の性質や歴史の解説にも意を尽くしている。その結果、本書によって労働法全体のアウトラインを知ることも可能であり、さらに進んで労働法を学ぶ意欲が生まれれば望外の幸せである。

　本書の執筆者は、現在、都内および近県の私立大学法学部の教授として労働法を担当しているが、大場、髙野、藤本はいずれも法政大学大学院で金子の講義を受講していた者で、大学院修了後も共に研究活動を重ねてきた関係にある。近年、大場・髙野・藤本が自前のテキスト作りを考え始めたこともあり、まず、4人で共通のテキストを作成しようと相談した結果が本書である。労働法の流動性が予想されることもあるが、現段階での最新の内容をフォローした基本書ということで出版することにした。

　なお、本書の刊行にあたっては、企画段階からエイデル研究所の山添路子氏に大変お世話になった。改めて感謝の意を表したい。

2009年3月

金子征史　　藤本　茂

髙野敏春　　大場敏彦

CONTENTS

第1編　労働法総論 ——————————————— 19

第1章	労働法の意義と目的	20
第2章	労働法の体系と法源	40
第3章	労働基本権保障の意義	50
第4章	労働基準法の意義と機能	54
第5章	労使紛争の解決方法	60

第2編　労働契約論 ——————————————— 63

第1章	労働契約の権利義務と労働条件決定の仕組み	64
第2章	労働関係の形成	80
第3章	労働関係の展開	88
第4章	労働関係の終了（解雇を除く）	98
第5章	解雇	104
第6章	企業組織の変動と労働契約	116

第3編　労働条件論 ——————————————— 123

第1章	賃金	124
第2章	労働時間	144
第3章	休暇制度	178
第4章	企業秩序と懲戒	190
第5章	労働災害の防止と補償	200

第4編　雇用平等 ——————————————— 215

第1章	賃金差別の禁止	216
第2章	男女雇用機会均等法	218
第3章	育児・介護休業	232

第5編　多様な雇用・就労形態 ——————————————— 243

第1章	有期労働契約による雇用	244
第2章	パートタイム労働	254
第3章	派遣労働	260

総目次

第4版はしがき ………………………………………………………………………… 2

初版はしがき ……………………………………………………………………………… 4

第 *1* 編　労働法総論　　19

第 *1* 章　労働法の意義と目的 ………………………………… 20

1 労働法の意義 ……………………………………………… 20

2 労働法の誕生と展開 ……………………………………… 20

　❶ 市民法と労働法の成立 …………………………………… 20

　❷ 労働力の過剰現象の一般化 ……………………………… 21

　❸ 労働力商品の特殊性 ……………………………………… 21

　❹ 労働条件の画一的決定の必要性 ………………………… 22

　❺ 初期資本主義社会における労働者の状態と市民法の限界 ……………… 22

　❻ 労働力の摩滅現象の一般化と労働力保全の法の生成 ………………… 23

　❼ 労働者団結の発生とそれに対する弾圧 ………………… 24

　❽ 団結承認立法の生成─刑事罰・民事罰からの解放 …………… 25

　❾ 労働保護法の生成 ………………………………………… 26

3 日本における労働立法の萌芽と展開 …………………… 26

　❶ 明治期における労働力保全の法の誕生 ………………… 26

　❷ 弾圧立法の形成と労働運動の激化 ……………………… 27

　❸ 工場法の成立 ……………………………………………… 28

　❹ 第1次世界大戦と労働保護立法の展開 ………………… 28

　❺ 治安維持法の制定と労働運動の弾圧 …………………… 29

　❻ 戦時体制下における労働立法の展開 …………………… 30

4 戦後における労働法の生成と展開 ……………………… 30

　❶ 占領下における労働政策 ………………………………… 30

　❷ 労働組合法の成立と労働組合運動の激化 ……………… 31

　❸ 労基法の成立 ……………………………………………… 32

　❹ 占領政策の転換と労働法の展開 ………………………… 32

　❺ 旧労組法の全部改正と現行労組法の性格 ……………… 33

　❻ 均等法の制定＝女性差別禁止立法の登場 ……………… 33

　❼ 均等法の改正＝雇用平等法の実現 ……………………… 34

　❽ 派遣法の成立と展開 ……………………………………… 35

　❾ 1987年の労基法改正─労働時間制度の大転換 ………… 35

　❿ 時短促進法から労働時間等設定改善法へ ……………… 35

7

11 パート労働法の制定と展開 …………………………………… 36

12 労働契約法の制定 …………………………………………… 37

13 労契法と労基法の関係 ……………………………………… 37

14 第2次安倍政権下による労働政策と労働法の改変 ………… 37

15 ワーク・ライフ・バランス ………………………………… 38

第2章 労働法の体系と法源 ……………………………………… 40

① 労働法の体系 …………………………………………………… 40

1 体系区分の視点 ……………………………………………… 40

2 集団的労働関係法 …………………………………………… 41

3 個別的労働関係法 …………………………………………… 41

4 雇用保障法 …………………………………………………… 42

② 労働法の法源 …………………………………………………… 43

1 成文法 ………………………………………………………… 43

2 国際労働条約 ………………………………………………… 44

3 判例・労働委員会命令 ……………………………………… 44

4 労働協約 ……………………………………………………… 45

5 就業規則 ……………………………………………………… 47

6 労使慣行 ……………………………………………………… 47

7 行政解釈 ……………………………………………………… 49

③ 個別的労働関係の当事者―労働者・使用者 ………………… 49

1 労働者概念 …………………………………………………… 49

2 使用者概念 …………………………………………………… 49

第3章 労働基本権保障の意義 …………………………………… 50

1 労働基本権保障の歴史的意義 ……………………………… 50

2 憲法28条による労働基本権保障 …………………………… 50

3 労働基本権の制限 …………………………………………… 52

4 労働基本権制約の合理性 …………………………………… 53

第4章 労働基準法の意義と機能 ………………………………… 54

① 労基法の基本原理＝労働憲章 ………………………………… 54

1 労働条件の原則 ……………………………………………… 54

2 労使対等決定の原則 ………………………………………… 54

3 均等待遇 ……………………………………………………… 54

4 雇用上の男女平等 ································ 55

5 強制労働の禁止 ································ 55

6 中間搾取の排除 ································ 55

7 公民権行使の保障 ································ 56

② **労基法の適用対象** ································ 56

1 適用事業 ································ 56

2 労基法上の労働者 ································ 57

3 労基法上の使用者 ································ 57

4 年少者 ································ 57

③ **労働基準法の実効性確保の方法** ································ 58

第5章 労使紛争の解決方法 ································ 60

1 個別的労使紛争の増加と解決の必要性 ································ 60

2 個別労働紛争解決制度 ································ 61

3 労働審判制度 ································ 61

4 均等法上の紛争解決制度 ································ 61

第2編 労働契約論 63

第1章 労働契約の権利義務と労働条件決定の仕組み ································ 64

① **労働契約の意義** ································ 64

1 労働契約と従属労働 ································ 64

2 労働契約の基本原則 ································ 65

② **労働契約の権利義務** ································ 66

1 労務提供と報酬支払い義務 ································ 66

2 誠実履行義務 ································ 67

3 付随義務 ································ 68

4 労働条件 ································ 69

③ **労働条件決定の仕組み** ································ 69

1 就業規則の意義と機能 ································ 69

2 就業規則の作成手続 ································ 70

3 就業規則の効力 ································ 71

4 労働条件の決定の仕組み＝労働契約と就業規則、労働協約、労使慣行、労基法との関係 ··· 75

④ **労基法による労働契約の規制** ································ 76

1 契約期間に関する規制 ································ 76

❷ 労働条件の明示 ……………………………………………… 76

❸ 賠償予定の禁止 …………………………………………… 78

❹ 前借金相殺の禁止 ………………………………………… 79

❺ 強制貯金の禁止 …………………………………………… 79

第2章 労働関係の形成 ……………………………………………… **80**

1 労働契約の締結 …………………………………………………… 80

❶ 採用の自由 ………………………………………………… 80

❷ 労働契約締結時の規制 …………………………………… 82

❸ 身元保証契約 ……………………………………………… 82

2 内定 ………………………………………………………………… 83

❶ 内定の法理 ………………………………………………… 84

❷ 内定期間中の権利義務 …………………………………… 85

❸ 内定取消しの法的性質 …………………………………… 85

❹ 内々定 ……………………………………………………… 85

3 試用 ………………………………………………………………… 86

❶ 試用の法的性質 …………………………………………… 86

❷ 本採用拒否の法的性質 …………………………………… 87

❸ 試用期間か特別の期間を定めた労務契約か ………………… 87

第3章 労働関係の展開 ……………………………………………… **88**

1 業務命令 …………………………………………………………… 88

2 人事異動 …………………………………………………………… 88

❶ 配転（配置転換、配置換え、転勤）……………………… 89

❷ 出向（在籍出向）………………………………………… 92

❸ 転籍（移籍、移籍出向）………………………………… 95

3 昇進（降職）・昇格（降格）・昇給（降給）………………… 96

❶ 法的問題 …………………………………………………… 96

❷ 昇進・昇格の請求 ………………………………………… 97

第4章 労働関係の終了（解雇を除く）………………………… **98**

1 労働関係の終了原因（事由）…………………………………… 98

❶ 契約当事者の死亡・消滅 ………………………………… 98

❷ 退職（辞職）願の提出－合意解約（合意退職）……… 99

2 労働関係終了時の使用者の義務 ……………………………… 99

③ 退職（辞職） ……………………………………………………………… 100

  ❶ 辞職の自由確保の重要性 …………………………………………… 101

  ❷ 辞職による労働関係の終了 ………………………………………… 101

  ❸ 退職勧奨（退職強要） ……………………………………………… 102

  ❹ 早期退職優遇制度 …………………………………………………… 102

④ 定年制度 …………………………………………………………………… 103

第5章　解雇 …………………………………………………………… 104

① 解雇の自由と規制の意義 ……………………………………………… 104

② 解雇制限 ………………………………………………………………… 105

  ❶ 解雇禁止期間（労基法19条） ……………………………………… 105

  ❷ 解雇予告制度（労基法20、21条） ………………………………… 105

  ❸ 法令による解雇禁止事由 …………………………………………… 108

③ 解雇権濫用法理 ………………………………………………………… 109

  ❶ 解雇権濫用法理と条文化 …………………………………………… 109

  ❷ 解雇事由に関する規整の意義 ……………………………………… 110

  ❸ 解雇事由該当性と社会的相当性 …………………………………… 110

  ❹ 立証責任の転換と理由の競合 ……………………………………… 111

  ❺ 解雇紛争期間中の賃金 ……………………………………………… 111

④ 整理解雇 ………………………………………………………………… 113

⑤ 変更解約告知 …………………………………………………………… 114

  ❶ 意義と問題点 ………………………………………………………… 114

  ❷ 有効性判断基準 ……………………………………………………… 114

第6章　企業組織の変動と労働契約 ………………………………… 116

① 合併と労働契約 ………………………………………………………… 116

  ❶ 合併の意義と種類 …………………………………………………… 116

  ❷ 合併と労働契約の承継 ……………………………………………… 116

② 事業譲渡（営業譲渡）と労働契約 …………………………………… 116

  ❶ 事業譲渡の意義 ……………………………………………………… 116

  ❷ 事業譲渡と労働契約の承継 ………………………………………… 117

③ 会社分割と労働契約承継法 …………………………………………… 119

  ❶ 会社分割の意義と種類 ……………………………………………… 119

  ❷ 会社分割と労働契約の承継 ………………………………………… 119

  ❸ 分割に伴う労働契約承継手続 ……………………………………… 120

第3編　労働条件論　123

第1章　賃金 ･････････････････････････････････ 124

1 賃金とは ･･････････････････････････････････ 124
- **❶賃金の構造と決まり方** ･････････････････････ 124
- **❷出来高払制の保障給** ･･･････････････････････ 124
- **❸能力主義または成果主義賃金制度** ･･･････････ 125

2 賃金の意義 ･･･････････････････････････････ 126
- **❶賃金保護に関する規制** ･････････････････････ 126
- **❷賃金債権の性質（ノーワーク・ノーペイの原則）** ････ 126
- **❸賃金を規制する意義** ･･･････････････････････ 126
- **❹賃金の定義** ･･･････････････････････････････ 126
- **❺平均賃金と通常の賃金** ･････････････････････ 128

3 賃金額の保護－最低賃金法 ･･･････････････ 128
- **❶最低賃金制度の推移** ･･･････････････････････ 128
- **❷最低賃金の意義と内容** ･････････････････････ 129

4 賃金支払の4原則 ･･･････････････････････ 130
- **❶通貨払いの原則** ･･･････････････････････････ 131
- **❷直接払いの原則** ･･･････････････････････････ 132
- **❸全額払いの原則** ･･･････････････････････････ 132
- **❹毎月1回以上、一定期日払いの原則** ･････････ 135
- **❺賃金の消滅時効** ･･･････････････････････････ 136

5 賃金債権の確保 ･･･････････････････････････ 136
- **❶非常時払い** ･･･････････････････････････････ 136
- **❷賃確法による賃金債権の保護** ･･･････････････ 136
- **❸休業手当** ･･･････････････････････････････････ 137

6 賞与 ･･･････････････････････････････････････ 139
- **❶賞与をめぐる法的問題** ･････････････････････ 139
- **❷賞与の支給日在籍要件** ･････････････････････ 139

7 退職金 ･･･････････････････････････････････ 140
- **❶退職手当（退職金）の法的性質** ･････････････ 140
- **❷退職金の没収・減額** ･･･････････････････････ 140
- **❸企業年金の減額・打切り** ･･･････････････････ 142
- **❹兼務役員と退職金** ･････････････････････････ 143

| 第2章 | **労働時間** ··· | **144** |

[1] **労働時間とは** ··	144
❶ 法定労働時間 ··	144
❷ 労働時間の概念 ··	147
❸ 休憩の原則 ··	150
❹ 休日（週休制）の原則 ·································	153
❺ 労働時間、休憩、休日の適用除外 ·················	155
[2] **時間外・休日労働** ·····································	156
❶ 時間外労働とは何か ···································	156
❷ 労働者の時間外労働義務 ·····························	161
❸ 時間外労働義務の免除など ··························	162
❹ 時間外・休日労働の割増賃金 ······················	163
[3] **法定労働時間の弾力化** ·································	165
❶ 変形労働時間制 ··	166
❷ 1か月単位の変形労働時間制 ························	166
❸ 1年単位の変形労働時間制 ··························	167
❹ 1週間単位の非定型的変形労働時間制 ············	169
[4] **フレックスタイム制** ···································	170
[5] **労働時間の計算** ·······································	172
❶ 労働時間の通算制、坑内労働 ······················	173
❷ 労働時間のみなし制 ···································	173

| 第3章 | **休暇制度** ··· | **178** |

[1] **年次有給休暇** ··	178
❶ 年休の趣旨 ··	178
❷ 年休権の法的性質と年休日数（最低付与日数） ···	179
[2] **年休時季の特定** ·······································	183
❶ 時季指定権・休暇中の賃金 ··························	183
❷ 使用者の時季変更権 ···································	184
❸ 計画的付与（計画年休） ·····························	185
[3] **年休の使用目的** ·······································	185
[4] **年休権の消滅** ··	186
[5] **年休取得したことを理由とする不利益取扱い** ·····	187

| 第4章 | **企業秩序と懲戒** ··· | **190** |

1 企業秩序	190
❶企業秩序論	190
❷企業秩序定立維持権限と企業秩序遵守義務	190
❸企業秩序遵守義務違反と懲戒処分	191
❹企業秩序定立維持権限の限界	192
❺企業秩序と内部告発（内部告発者の保護）	192
2 懲戒の種類	193
❶戒告・譴責	194
❷減給	194
❸出勤停止	194
❹懲戒解雇	194
3 懲戒の法的根拠	195
4 懲戒事由	195
❶勤務懈怠	195
❷業務命令違反	195
❸経歴詐称	196
❹職場規律違反	196
❺企業外活動	197
5 懲戒手続（有効要件）と懲戒権の濫用	197
❶弁明の機会（適正手続）	197
❷懲戒手続	198
❸処分事由の追加	198
❹時機を失した懲戒処分	198
6 自宅待機・起訴休職と懲戒	199
❶自宅待機	199
❷起訴休職	199

第5章 労働災害の防止と補償 ·· 200

1 労働災害の防止─労安衛法の概要	200
❶安全衛生管理体制	200
❷労働者の危険または健康障害を防止するための措置	200
❸機械等および有害物に関する規制	200
❹労働者の就業にあたっての措置	201
❺健康の保持・増進の措置	201
❻快適な職場環境の形成のための措置	203

| | **7** 安全衛生改善計画 | 203 |

2 労働災害の補償―労災保険法の概要 ………………………………………… 203
   1 労災保険給付と損害賠償・労基法上の災害補償 ……………… 203
   2 保険関係 …………………………………………………………… 203
   3 特別加入制度 ……………………………………………………… 204
   4 業務上の負傷・死亡 ……………………………………………… 205
   5 業務上疾病 ………………………………………………………… 207
   6 通勤災害 …………………………………………………………… 207
   7 過労死・過労自殺 ………………………………………………… 209
   8 労災保険給付 ……………………………………………………… 211
   9 安全配慮義務 ……………………………………………………… 212

第4編　雇用平等　　215

第1章　賃金差別の禁止　216

1 男女同一賃金の原則 ………………………………………………………… 216
2 賃金差別に対する救済方法 ………………………………………………… 217

第2章　男女雇用機会均等法　218

1 男女雇用機会均等法の変遷 ………………………………………………… 218
2 募集・採用 …………………………………………………………………… 219
   1 性別を理由とする差別の禁止 …………………………………… 219
   2 間接差別の禁止 …………………………………………………… 220
   3 コース等別雇用管理の運用 ……………………………………… 221
3 配置・昇進・教育訓練・職種の変更 ……………………………………… 221
4 ポジティブ・アクション …………………………………………………… 224
5 セクシュアル・ハラスメント ……………………………………………… 225
6 婚姻し、妊娠し、又は出産したことを理由とする不利益取扱の禁止 ……… 226
7 職場における妊娠、出産等に関する言動に起因する問題に関する雇用管理上の措置 228
8 母性健康管理に関する措置 ………………………………………………… 229
9 労基法上の母性保護措置 …………………………………………………… 229
   1 女性労働者に就かせることができない業務 …………………… 229
   2 妊産婦に就かせることができない業務 ………………………… 229
   3 産前産後休業 ……………………………………………………… 229
   4 育児時間 …………………………………………………………… 230

第3章	**育児・介護休業** ………………………………………………… **232**
	① **育児・介護休業** ………………………………………………… 232
	❶ 育児休業 ……………………………………………………… 232
	❷ 介護休業 ……………………………………………………… 234
	② **子の看護休暇・介護休暇** ……………………………………… 240
	③ **所定外労働の免除、時間外労働・深夜業の制限** …………… 240
	④ **勤務時間短縮措置など** ………………………………………… 241
	❶ 3歳未満の子の育児のための所定労働時間の短縮措置（育児短時間勤務制度）… 241
	❷ 介護のための所定労働時間の短縮等の措置 ……………… 242

第5編	多様な雇用・就労形態	**243**

第1章	**有期労働契約による雇用** ………………………………… **244**
	① **有期労働契約に対する法規制** ……………………………… 244
	❶ 契約期間の上限 ……………………………………………… 244
	❷ 労働条件明示 ………………………………………………… 245
	❸ 期間途中の解雇・退職 ……………………………………… 245
	❹ 有期労働契約の締結、更新及び雇止めに関する基準 …………… 246
	② **反復更新された有期労働契約と雇止め** …………………… 246
	③ **期間の定めのない労働契約への転換制度** ………………… 248
	④ **期間の定めがあることによる不合理な労働条件の禁止** ……… 252

第2章	**パートタイム労働** ………………………………………………… **254**
	① **パートタイム労働者の定義** ………………………………… 254
	② **均衡処遇** ………………………………………………………… 254
	❶ パート労働法が規定する均等処遇・均衡処遇 …………… 254
	③ **パートタイム労働者のその他の労働条件** ………………… 257
	❶ 労働条件の明示 ……………………………………………… 257
	❷ 使用者の説明義務 …………………………………………… 257
	❸ 就業規則の整備 ……………………………………………… 258
	❹ 労働時間・年次有給休暇 …………………………………… 258
	❺ 健康診断 ……………………………………………………… 258
	❻ 労働保険・社会保険の加入 ………………………………… 258
	❼ 通常の労働者への転換の推進 ……………………………… 259

第3章 派遣労働 ·· **260**

1 労働者派遣の定義 ·· 260
- ❶ 労働者供給との関係 ·· 261
- ❷ 在籍出向との関係 ·· 261
- ❸ 請負との関係 ·· 262

2 労働者派遣事業の許可制 ·· 264

3 派遣対象業務 ·· 264

4 日々雇用派遣（雇用期間が30日以内の派遣）··························· 265

5 グループ内派遣の制限・離職者受入の禁止 ···························· 265

6 労働者派遣の期間制限 ·· 266
- ❶ 派遣先事業所単位の期間制限（派遣法40条の2）··················· 266
- ❷ 派遣労働者個人単位の期間制限（派遣法40条の3）················· 267
- ❸ 期間制限の例外 ·· 268
- ❹ 期間の継続の判断といわゆる「クーリング期間」··················· 268

7 紹介予定派遣 ·· 268

8 派遣元・派遣先の責任 ·· 269
- ❶ 就業条件明示 ·· 269
- ❷ 派遣元責任者・派遣先責任者の選任 ······························ 269
- ❸ 派遣先事業主が講ずべき措置 ···································· 270

9 キャリアアップ措置（2015年に新設）································· 271
- ❶ 派遣元事業主が行うべき措置 ···································· 271
- ❷ 教育訓練等に関して派遣先が講ずべき措置 ························ 272

10 雇用安定措置 ·· 272

11 均等待遇の推進 ·· 272
- ❶ 派遣元事業主が講ずべき措置 ···································· 272
- ❷ 派遣先が講ずべき措置 ·· 273

12 マージン率の公表等 ·· 273

13 違法派遣の場合の労働契約申込みみなし ······························ 274

14 労働法等の適用特例 ·· 274

資　料	個別労働紛争解決システムのスキーム	276
	労働審判制度の概要	277
	労働条件通知書	278
	内定通知・入社承諾書	282
	時間外労働・休日労働に関する協定届（36協定）	284
	解雇理由証明書	285
	参考文献	286
	判例索引	288
	事項索引	292

第1編

労働法総論

　近年、経済優先主義の結果、格差社会が一層進展し、労働関係では非正規労働者の割合が30％を超えてきている。「日雇い派遣労働者」のように働けど働けど生活できない賃金しか得られない「ワーキングプア」の問題が社会問題化し、度重なる労働者派遣法の改正は、一層この問題の深刻さを際立たせてきている。また、「管理職」という美名のもとに残業代を得ることもなく限界を超えた長時間労働に駆り立てられる「名ばかり管理職」問題もある。こうした問題は現在の労働法のなかでどのように位置づけられるのか、興味深い問題でもある。こうした日々変化する労働問題とともに、それに対処する労働法の重要性が再認識されつつある。

　ところが、労働法については、その内容が十分に認識されていないばかりか、基本的な考え方までも周知されていないようである。「労働法は働く者を守る法である」と漠然とは考えられているが、実際になぜ労働者を守るのか、守るとはどういう意味なのか、といったことを問い詰めてみると、やはり十分認識されているとはいえないようである。第1編では、労働法の誕生とその目的を多面的に明らかにすることを意図している。ただ、本書は、労働法のうち、個別的労働関係を中心とした概説書であるので、労働法全体のなかで個別的労働関係法がどのような役割を果たすものなのかを意識して記述している。

第1章 労働法の意義と目的

労働法は、近代国家にとって不可欠な法の一つである。しかし、その誕生は、たとえば民法や刑法といった近代市民社会の成立当初から存在した法とは異なり、後発である。それには理由がある。第1章では、労働法の成立過程を歴史的にたどるなかで労働法誕生の必然性や法目的を明らかにする。

1 労働法の意義

労働法は労働者を保護する法であるといわれる。しかし、それは単純に労働者のみを保護する法ではなく、労働者と使用者との間における労働契約や労働協約によって形成される労使関係ないし労働関係を適正なものとするための法である。

日本の現在の労働法を大別すると、以下の3つの分野に分けられる。

①労働関係のうち個々の労働者と使用者との関係＝個別的労働関係に関する法

②労働者の団結体である労働組合と使用者との関係＝集団的労働関係に関する法

③雇用の保障関係＝雇用保障法ないし労働市場に関する法

このように労働法が多面的な労働関係の側面ごとに存在する多くの法によって構成されていることからいえば、結局、「労働法は労働関係に関する法規整の総体である」と定義づけることができる。

本書は、労働法のうち、主として個別的労働関係に関する法を対象としたテキストである。個別的労働関係は、個々の労働者と使用者の関係、つまり労働契約関係をいう。この領域で中心となる日本の法は労働基準法（労基法）であるが、2007年には労働契約法が制定されたため、現在では、この二つの法律を中心にして、それと関係するさまざまな法律を学ぶ必要がある。したがって、総論部分では、労働法全体のなかで個別的労働関係法の位置づけを理解するために、まず労働法全体のしくみと性質を、その生成と歴史的展開を明らかにするなかで示すことにする。

2 労働法の誕生と展開

1 市民法と労働法の成立

今日、世界の資本主義諸国はいずれも整備された労働法をもっているが、それは資本主義社会の成立とその発展のなかで生成され展開を遂げてきたからである。典型的な資本主義の発展を遂げてきたヨーロッパの歴史を例にとると、市民革命と産業革命による近代市民社会の成立のなかで、私人間の関係を規律する市民法の誕生にさかのぼる。市民法は市民社会を構成するすべての人を自由・平等でかつ独立した法的人格者として承認し、この対等な人と人との間におけ

市民革命

封建社会の下で発展した新興ブルジョワジー（市民）が、その発展の障害となった封建的秩序と、その統一的政治権力としての絶対主義とを打倒することによってブルジョワジーの支配体制を樹立し、資本主義的発展の自由を保証しようとしたもの。↗

る取引はすべて自由な契約によって成立することを原則とした（契約自由の原則）。したがって、働く者が労務に従事して賃金を得る関係（雇用関係）も、働く場を求めている人（被雇用者＝労働者）と他人の労務を得たいと思う人（雇用者＝使用者）との間における自由な契約（雇用契約）によって成立することになる。この場合に、雇用契約の当事者である労働者と使用者が文字どおり対等な立場で賃金や労働時間などの労働条件について合意を形成することができるのであれば、何ら問題は生じない。ところが、実際の雇用契約は、低賃金と長時間労働という労働者にとって納得しがたい労働条件をもたらすことになった。

2 労働力の過剰現象の一般化

雇用契約が労働者にとって納得しがたい内容をもたらす原因の一つに、資本主義社会における法則的な労働力供給の過剰現象がある。資本主義社会において生産手段をもたない労働者は、その所有者である使用者に労働力を売り渡し、その対価である賃金で生活する者である。労働者は、その生活を守り生きていくためには、使用者に労働力を売らざるをえない立場にたたされる。そして、その労働力の取引にあたって、労働力の供給が過剰であればあるほど、労働者は不利な立場で契約を結ばざるをえないこととなる。

ところで、資本主義社会は利潤追求の社会であり、その利潤は使用者が労働力をできるだけ安価に獲得すること（労働力の搾取）によってうみだされる。したがって、使用者は資本主義社会を維持し繁栄させるために、労働力を安価に獲得することが十分可能な状態を常に維持しようとする。そして、そうした状態を作りだすためには、労働力の供給が過剰な状態を維持しなければならない。労働力の供給が過剰であればあるほど、使用者側は安い労働力を買うことが可能だからである。それゆえに、資本主義社会においては、法則的に労働力供給過剰という現象が一般化し、それが強化されるのである。労働力の売手である労働者は、こうした事情のもとで、使用者との関係で経済的に劣位＝不利な立場に追い込まれる。

3 労働力商品の特殊性

労働力という特殊な商品は、一般の商品の場合と異なって、売り控えができない性質をもつ。一般の商品の場合には、供給が過多であれば、生産量を調整することもできるし、多すぎる商品を倉庫にいれて販売制限することもできる。そうした操作によって需給の調整をはかることが可能である。しかし、労働力という商品はそれができない。労働者は自らの労働力を売ってその対価である賃金で生活しなければならないからである。したがって、労働者は需給の調整ができないまま、供給過多の現象の下で、しかも自らの生活を守り、生命を維持するために、その日の労働力を売ろうとすることになる。そこでは労働者間で激烈な競争が展開される。しかも、その結果、労働

17世紀イギリスのピューリタン革命や名誉革命、18世紀のフランス革命、19世紀のドイツの三月革命などが代表的なものである。

産業革命
1760年代のイギリスに始まり、1830年代以降ヨーロッパ諸国に波及した生産技術上の急激な革新と、それに伴なう社会・経済上の変革で、これにより近代資本主義が確立することとなった。

生産手段
生産過程においてその物質的な条件として使用する労働対象（原材料など）と労働手段（生産用具、生産用建物など）をいう。

者の賃金が低下すれば、その労働者の家計補助のために妻子が働きに出ることになり、使用者側の未熟練労働者の受入れ体制の整備＝生産手段の技術革新と相まって、労働市場には女性や年少労働者が相当数流れ込み労働力の過剰な状況がさらに拡大することになる。その結果、労働力の買手である使用者は、より安価で労働力を買いうる立場にたつことになり、逆に労働者はいっそう不利な立場に追い込まれる。こうした事情のもとで、経済的に優位な立場にたつ使用者は、雇用契約の締結に際して、一方的に賃金・労働時間などの労働条件を劣悪に決定し、労働者はそれに従わざるをえないことになってしまうのである。

4 労働条件の画一的決定の必要性

近代的な工場生産制が確立するにつれて、多数の労働者が協業関係のもとで働くことになると、使用者側は労働条件を画一的・統一的に決定することが必要となる。すなわち、手工業の時代のように職人が個別的に生産に従事する時代と異なって、多数の労働者が協業的に働くことになると、たとえば機械を始動するにしても、定時に一斉に動かす必要がある。そうでなければ、労働力を組織的・有機的に機能させて企業目的を実現する近代的工場生産制はなりたたないことになるからである。したがって、個々の労働者の意思にかかわりなく、使用者が一方的に労働条件を画一的・統一的に決定し、それを労働者におしつけるということになり、労働者はそれにしたがって契約を結ぶか、拒否するかという形でしか取引ができないこととなる。こうした事情の下では、使用者が労働力の売買条件＝労働条件を一方的に決定し、労働者はそのままの条件で雇用契約を結ばざるをえない立場にたたされ、そこでは市民法が建前とした自由な契約は事実上否定されることになる。

5 初期資本主義社会における労働者の状態と市民法の限界

ヨーロッパにおける資本主義の初期の段階では、使用者は徹底した利潤追求のために、労働者を可能な限り長時間労働、低賃金の下で使用することを求めた。その結果、労働者は極度な貧困と過重労働のもとに追い込まれ、その生活は破壊され、生存さえも危うい状態のもとに置かれることとなった。

初期資本主義の段階で労働者をこうした状態のもとに追い込んだのは、自由な契約を媒介として雇用関係を形成することを予定した市民法の建前に起因する。すなわち、自由な契約がなりたつためには、取引の両当事者が対等な立場にたつことを前提とする。しかし、実際の労働者と使用者の関係は対等な立場にたつはずがない。一般的に使用者は経済的に優位な立場にたち、労働者は劣位の立場にたつからであり、そこには自由な契約がなりたつ余地はない。そのために、労働力売買において経済的に優位な立場にたつ使用者が、一方的に労働力売買の条件＝賃金、労働時間等労働条件を決定し、労働者は

それにしたがって契約を結ばざるをえないこととなる。自由な契約は事実上否定され、その結果、資本主義社会の初期の段階では、いずれの国においても低賃金、長時間労働が一般化し、労働者の生活は極度な貧困と過重労働のなかで、根底から否定されてしまったのである。

こうしたなかで、労働者たちは、みずからの生活を回復するために集団的な抵抗を試みる。はじめは一揆的な暴動であったが、後に近代的な労働運動へと転化していくことになる。労働者をこのように悲惨な状況に追い込んでいったのは、結局、契約自由の原則を建前とした市民法が、雇用関係の現実に妥当しない法であったからにほかならない。市民法における、自由、平等、かつ独立した法的人格の承認という原理も、労働者と使用者との間では最初から経済的優劣という格差が存在していた以上、まったく虚偽的なものでしかなかったのである。

6 労働力の摩滅現象の一般化と労働力保全の法の生成

極度な貧困と過重労働のもとで、生活を破壊され、生存さえも危うくなる状態に追い込まれた労働者は、一揆的な暴動や機械打ちこわし運動といった形で使用者に積極的な抵抗を試みた。こうした抵抗運動の激化は、政府・使用者側にとって放置できない社会問題として認識され、治安対策の強化・拡大が求められることになる。治安対策としてまず登場するのは、弾圧による排除である。いわゆるムチの政策の強行がそれである。しかし、ムチの政策の強化のみで問題を処理しえないことを認識しはじめた政府・使用者側は、いわゆるアメの政策を展開しようとする。すなわち、苛酷な労働条件を若干緩和することによって、労働者の不満をやわらげ、事態に対処しようとするにいたるのである。

他方、極度な貧困と過重労働の結果、労働者は健康を損ね、疾病に罹り死亡するといった現象が一般化し、さらに、労働災害も多発化する。それでも、使用者はかぎりない搾取を求めて安全衛生の設備や措置をサボることから、この状態はさらに悪化することとなる。また、そうした苛酷な条件のもとで不健康な状態にある両親のもとに生まれ、しかも貧困のなかで育つ子どもが十分に健康を保ちうるはずはない。さらにそうした子どもが6歳や7歳の頃から長時間労働にかりたてられるのであり、健全に成長するはずもなく、廃疾者となり、ときには死亡するといった現象も一般化する。こうした事情のもとで、次第に労働力の摩滅現象があらわになったのである。

このような労働力の摩滅現象の一般化は、政府・使用者側全体の立場からは放置しえない現象である。つまり、生産手段と労働力とを結びつけて商品を作りだし、利潤をあげるといった資本制生産関係のなかで、労働力を有する労働者が摩滅していくということは、結局、資本主義社会そのものが崩壊していくことにつながってしまうからである。そこで、それに対処するために、一定の措置をはかること

第1編 労働法総論

が要請される。こうした要請に応え得るものとして労働力の保全をはかるための立法措置が講じられる。いわゆる労働力保全の法の生成である。しかし、その法は資本制生産関係を適切に維持するために労働力の摩滅現象を防止し、少しだけ労働者にアメを与えるというねらいにもとづいて制定されるものである。したがって労働力保全の法は、あくまでも再生産に必要な労働力の保全というねらいを実現するための必要最小限の労働条件保護を内容とするものでしかなかった。

Column コラム

イギリスにおける労働力保全の法

イギリスでは、1792年、1802年の法律によっていわゆる救貧政策がとられるが、その後、1819、25、33年の各年に工場法が制定される。ところが、その内容は繊維工場の労働者の就業最低年齢を9歳とし、13歳以下の労働者の労働時間を9時間、13歳ないし18歳の年少労働者については1日12時間以上の労働を規制するといったものでしかなかった。さらに、1847年の10時間労働法を経て、適用範囲も木綿織物業から全繊維産業の労働者保護へ、さらに年少労働者から婦人労働者の保護へと拡大してゆくわけである。このようにして、労働力を保全するための法が制定されるにいたるのであるが、それは、結局、労働力の摩滅現象が端的にあらわれる年少・婦人労働者の最小限の労働条件保護を内容とするものであり、労働力摩滅現象の防止と治安対策の具として利用しようとするにすぎないものであった。

7 労働者団結の発生とそれに対する弾圧

労働力保全の法が制定されても、それは労働者の人間らしい生活を保障するものではなかった。極度な貧困と過重労働のもとで生活は破壊され、生存をも否定されるような状態のもとにおかれてきた労働者は、次第に、使用者側の温情にすがってみてもそれから解放されるはずがないことを自覚する。また、使用者側と結びついた国家権力がその解放を実現してくれるはずもないことを認識する。いくら労働力保全の法によって労働者の労働条件が保護されるといっても、たんに資本制生産関係を維持することのみを目的とした労働力保全の法では、かろうじて生きることができる程度の保護しか果たされなかったのである。また労働者たちは、ひとり一人で使用者と交渉するかぎり、市民法の契約自由の原則の前にはまったく無力であることがわかってくると、自分たちがまともな人間らしい生活のできる労働条件を獲得するには団結して使用者に対抗する以外に方法のないことを身をもってさとることになる。

こうした労働者の組織的抵抗（労働運動）が激化するにつれて、政府・使用者側の弾圧も強まる。労働運動が使用者側の利益をおびやかしはじめるからである。ことに初期の段階では、いずれのヨーロッパ諸国でも団結すること自体を禁止し、労働運動に対する徹底的な弾圧の強化・拡大がなされていくのである。しかし、こうしたはげしい弾圧を受けながらも、労働運動は消滅することがなかった。生存さえ否定される状態にたたされた労働者はみずからの生命を維持し、生活を守るために、いかにはげしく弾圧されても、それに抗して闘わざるをえなかったのである。労働者はその弾圧に抗し、次第に団結を強化・拡大し、労働運動を展開していった。

ヨーロッパ諸国における主要な団結禁止立法

イギリスにおける1799年、1800年の団結禁止法、フランスにおける1791年のル・シャプリエ法、1810年ナポレオン刑法典、ドイツにおける1845年プロイセン一般営業条例などが団結禁止立法として成立した。

第**1**章 労働法の意義と目的

8 団結承認立法の生成―刑事罰・民事罰からの解放

こうして団結が強化・拡大され、労働運動が展開されてくるにつれて、政府・使用者側は、次第にそうした弾圧による労働運動の禁圧が不適当なものであることをさとるにいたる。ことに組織が強化・拡大し、争議が日常的に発生するということになってくると、まず刑事罰による弾圧が事実上不可能となる。しかも、刑事罰による弾圧の刺激が労働運動をさらに激化させエスカレートさせるにすぎないことも認識されるにいたる。そして、むしろ、次第に強大化し、強力な力をもった団結体に一定の社会的地位を与え、それとの交渉を通して労働条件を決定してゆくことによって労働者の不満を解消させながら労働させたほうが得策であるし、資本主義社会を擁護し、発展させてゆくにも必要であることをさとる。こうした事情を背景として、次第に国家権力により団結が承認され、労働運動が解放されてくるにいたる。すなわち、1824、25年のイギリス労働組合法、フランスの1864年法、1869年のドイツ営業条例等に代表されるように、労働運動が刑事罰から解放されることになる。

労働運動が刑事罰から解放されても、なお労働運動の自由が確立されたとはいえない。労働運動を刑法上の犯罪としては処罰しないが、ストライキによって使用者に与えた損害を労働者または労働組合に賠償させるという手段に出るからである。しかし、ストライキによって使用者に与えた損害を賠償しなければならないというのでは、ストライキを打ったことが無意味になる。ストライキは使用者に対する労働者の唯一の武器であるといわれる。その意味は、労働者がストライキを打てば、企業は一時期停廃する。そのために使用者は多大な経済的損失を負う。そこで、そうした損失を負うくらいなら要求を呑もうということになるわけで、損害を与えるからこそそれが武器となるのである。にもかかわらず、ストライキによって使用者に与えた損害を労働者および労働組合が賠償しなければならないというのでは、ストライキが武器として機能しないことになる。さらに、そればかりでなく、その賠償額は多額にのぼり、たとえば賃上げを要求してストライキを打った場合に、その賃上げ額よりもはるかに多額の賠償を支払わされることとなる。そんな多額な賠償を支払うのでは、ストライキは労働者にプラスにはならず、多額な賠償支払いの責苦のみを負わせることとなる。

民事上の損害賠償の責苦は、まさにストライキに対するはげしい弾圧を結果することになるのである。この損害賠償の責苦からも解放することが、真の労働運動の自由を確立する道であった。そこで、労働運動は、損害賠償の責苦からの解放も闘いとっていくのである。そして、さらに、労働者が団結し、団体交渉し、ストライキを打つ行為を法律上積極的に承認させ、権利として保障させていくのである。イギリスの1871年労働組合法から1875年共謀罪・財産保護法を経て1906年労働争議法にいたる過程が典型的である。また、フランスの1884年法から1936、37年の人民戦線当時の諸立法、ドイツのワイマール憲法などもこうした立法である。

25

第1編 労働法総論

9 労働保護法の生成

　生存権理念に根ざした労働保護法が制定されるようになるのは、労働者の団結権が実質的に機能し、法律上も承認されるに至った後であった。すなわち、労働者がみずからの生命を維持し、生活を守るために団結を強化・拡大し、積極的な運動の展開によって、次第に有利な労働条件を労働協約によって確立し、それがその国の支配的な大企業に適用されるにいたると、使用者側では、市場における公正競争の実現のため、その協約によって決定された条件をその協約の適用を受けない他の企業にも適用することを求める。他方、労働運動の側も、労働協約によって獲得された労働条件の適用を受けない未組織労働者の存在が組織労働者の運動の足をひっぱり、労働条件向上の阻害要因となることに着眼し、それを排除するために労働条件の平準化を要請する。

　こうした労使双方の要請、すなわち、使用者側の公正競争実現の要請と労働者側の労働条件平準化の要請とは、ともに、すでに使用者側と労働組合との労働協約によって実現した労働条件基準をその協約の適用を受けない使用者・労働者にも及ぼし、一般化することを求める。そして、その要請を具体化するために、その労働条件基準を法制化し、その遵守を使用者に義務づける措置をとるにいたるのである。こうして、労働条件の最低基準を定めるいわゆる労働保護法が生成されてくるのである。

　以上のように労働者の団結を承認する立法が制定され、労働者の一般的な労働条件基準を保護する労働保護法が制定されることにより、ヨーロッパでは近代的労働法が確立することとなった。

コラム Column

英仏における初期労働法

　イギリスでは、1802年、最初の工場法が制定された。その後、1833年の工場法以来本格的な労働保護法が制定されてきた。また、フランスでは統一的な労働法典の編纂が1901年頃より始まり、1910年には労働契約に関する第1巻が公布され雇用契約の方式や内容、賃金の決定や支払方法などにつき厳格な法規制が加えられた。さらに、1912年には第2巻が公布され、労働条件、安全衛生など広範な規定をもつこととなり、その後の本格的な労働保護立法の制定に結びつくことになった。

3 日本における労働立法の萌芽と展開

1 明治期における労働力保全の法の誕生

　明治維新後のわが国における資本主義の急激な形成過程のなかで、前近代的な遺影を色濃く残したままの労働関係は、極度の労働条件の悪化と使用者による身分的支配を恒常化させていった。その結果として労働者は、慢性的に肉体的・精神的疲労のもとにたたされ、労働災害と労働者の疾病は異常な増大をみた。こうした状況のなかで、明治の早い時期に、資本制生産を維持し再生産に必要な労働力を確保するために労働災害の予防と疾病対策に向けられたわが

国における労働保護立法が制定されはじめた。しかし、この時期の労働保護立法は、保護対象が官営工場の労働者に限定されているばかりか、当然のことながら内容的にも慈恵的なものにとどまり、いわゆる部分的な労働力保全の法でしかなかった。労働者の多くは依然として劣悪な労働条件のもとにおかれたままであったため、自然発生的な労働争議が各地で頻発した。

　そこで、こうした労働争議対策をも含む若干の労働保護立法がさらに制定されるにいたった。たとえば、1890（明治23）年の鉱業条例、1899（明治32）年の船員法、1905（明治38）年の鉱業法などの成立をみたし、また府県レベルにおいて、製造所取締規則、周旋人・募集人らの取締りを目的とする取締規則がもうけられた。しかしそれでもなお、その適用対象とされた産業はきわめて限定的であった。他方、官業の払下げ方針を打ち出した政府は、迫りくる労働問題の多発化を予想した一般的な労働保護立法の必要性にかんがみ、その立案のために、1882（明治15）年、農商務省工務局に調査課を設け、諸外国の立法例やわが国における労働実態の調査をはじめた。この立法作業は、1887（明治20）年の職工条例および職工徒弟条例の二草案の作成をみたが、結局は使用者側の反対により陽の目をみることはなかった。

Column コラム

明治初期における「労働保護立法」

　明治初期における労働保護立法には三つの流れがみられる。一つは、官営工場の操業に伴う官業労働者の保護を図るもので、1875（明治8）年の官役人夫死傷手当規則、1907（明治40）年の官役職工人夫扶助令、1918（大正7）年の備人扶助令に至るもの、二つには、1873（明治6）年の日本坑法の欠陥を補正した1890（明治23）年の鉱業条例、1905（明治38）年の鉱業法に至る鉱山労働者の保護の系譜で、三つには、富国強兵の基礎とされる海運産業の保護助成を図るもので、1879（明治12）年の西洋形商船海員雇入雇止規則、1899（明治32）年の船員法、船員職業紹介法、1923（大正12）年の船員最低年齢法、戦時海上労働力保全のための1937（昭和12）年の船員法、1939（昭和14）年の船員保険法に至るものである。

2 弾圧立法の形成と労働運動の激化

　日清・日露の両戦争を通じて日本の資本主義は確立・発展を遂げるのであるが、それはまた同時に、労働者の生活にとって深刻な事態を増大させるものでもあった。すなわち、一方で、軍需産業を中心とした生産増強のための労働強化が労働者の肉体的・精神的疲労を恒常化させ、職場における労働災害・疾病などを多発化させ、他方で、インフレーションの進行や国家財政の財源確保としての増税措置などによって、労働者の生活は極度に貧困化させられていった。これらの戦争を契機としたわが国資本主義の展開は、労働者の生活苦をいっそうおし進め、政府・使用者側と労働者階級の尖鋭な対立を浮きぼりにしてきた。

　明治初期にみられた自然発生的な労働争議は、こうしたわが国資本主義の展開とともに、組織的なものへと推移していった。1897（明治30）年には片山潜らによる労働組合期成会が設立され、それを契機として、鉄工組合、職工義勇会、社会主義研究会、活版工組合な

第1編 労働法総論

ど組織的労働者団体が誕生した。こうした労働者組織を中心とした労働運動の登場は、ヨーロッパ諸国の例と同じく、わが国においても政府・使用者側の強硬な対応をもたらした。1900（明治33）年には、労働運動に対する弾圧的法規として名高い治安警察法が制定された。しかし、こうした立法による労働運動の弾圧も、日清、日露の両戦争を契機とした労働者の窮乏の深化という事態の下では、完全に労働争議を抑圧することはできなかった。とりわけ、1904、1905（明治37、38）年の日露戦争後、長時間労働、低賃金および労働災害の多発化がいっそう顕著になるとともに、資本家と労働者との階級対立は激化し、労働争議が頻発した。

Column コラム

治安警察法

治安警察法は、同年に制定された行政執行法、1908（明治41）年の警察犯処罰令と相まって、第2次世界大戦後に廃止されるまで、労働運動に対する警察的取締の主柱となった。17条では、「左ノ各号ノ目的ヲ以テ他人ニ対シテ暴行、脅迫シ若ハ扇動スルコトヲ得ス　1　労務ノ条件又ハ報酬ニ関シ協同ノ行動ヲ為スヘキ団結ニ加入セシメ又ハ其ノ加入ヲ防クルコト　2　同盟解雇若ハ同盟罷業ヲ遂行スルカ為使用者ヲシテ労務者ヲ解雇セシメ若ハ労務ニ従事スルノ申込ヲ拒絶セシメ又ハ労務者ヲシテ労務ヲ停廃セシメ若ハ労務者トシテ雇傭スルノ申込ヲ拒絶セシムルコト　3　労務ノ条件又ハ報酬ニ関シ相手方ノ承諾ヲ強ユルコト」と定め（罰則規定は30条＝1月以上6月以下の重禁錮に罰金を付加）、直接的に労働運動を弾圧した。

3　工場法の成立

労働者の窮乏の深化と労働争議の多発化のなかで、ようやく政府・資本の側は工場法の制定に本腰を入れはじめた。政府は、明治40年代に入って、各種工業部門の職工事情を調査したうえで、工場法案要領を作成し、各方面に諮問した後、1911（明治44）年、ようやく工場法の成立をみた。しかし、この工場法は、階級対立の激化のなかで尖鋭化しつつあった労働運動の鉾先をかわすためのものにすぎなかったため、使用者側の頑強な抵抗により、内容的には原案に比して大幅な後退を余儀なくされたばかりか、その実施は1916（大正5）年まで実に6年間も先送りされたのである。しかしながら、この工場法は、一般的労働保護立法として労働時間制限、災害扶助制度、さらには工場監督官による専門的な監督機関の設置などを立法化した点で、わが国の労働立法史上、一定の意義を有するものであった。ただ、この法律の内容をみると、まったくの労働力保全の法にすぎないものであることはいうまでもない。

> **工場法の内容**
>
> 工場法は12歳未満の者の就労禁止と女子および15歳以下の年少労働者の保護を目的としていたが、適用範囲を15人以上の工場と危険な事業所としたため適用外の工場が多く、また幼年工の年齢・労働時間にも10歳以上、13時間（原則は12時間）などを認める例外規定があり、不徹底なものであった。

4　第1次世界大戦と労働保護立法の展開

工場法が制定されて間もない1914（大正3）年に第1次世界大戦が勃発したが、それによって労働問題も新たな局面をむかえることになった。すなわち、戦争景気によって大量に生みだされた労働者は、戦争の終了による生産縮小と世界的な相次ぐ恐慌のなかで、失業を余儀なくされるに至り、深刻な状況にたたされることとなった。他方、治安警察法を軸とした弾圧法規によって抑圧されていた労働争

議は、労働者の深刻な事態を背景にして、第1次世界大戦末期ごろから増加の傾向を示してくる。とりわけこうした傾向に拍車をかけたのは、1917（大正6）年のロシア革命であり、その影響による日本への社会主義思想および社会主義運動の流入であった。国内での労働争議は、1914（大正3）年に50件であったが、1918（大正7）年に417件、翌年に497件と急激に増加したし、それにともない組織労働者の数も大幅に増加した。また、第1次世界大戦後のヴェルサイユ平和条約の成立にともない、1919（大正8）年に国際労働機関（ILO）が設立され、第1回総会がワシントンで開催された。そこでは、1日8時間・週48時間労働制、週休制、児童労働の禁止、年少労働の保護、男女同一賃金などを内容とした国際労働憲章が定められた。

Column **コラム**

戦前の労働組合の組織率

　1880年代後半に誕生した労働組合組織の活動も治安警察法の登場で一時頓挫していたが、ロシア革命や国際労働会議の開催などに刺激され、1910年代後半頃から上昇の機運に転じた。内務省社会局の調査によれば、労働組合の組織率も上昇し、1926（昭和元）年末に6.1％、1927（昭和2）年末に6.5％、1928（昭和3）年末に6.3％、1929（昭和4）年末に6.8％、1930（昭和5）年末に7.5％、1931（昭和6）年末に7.9％、1932（昭和7）年末に7.8％、1933（昭和8）年末に7.5％、1934（昭和9）年末に6.7％、1935（昭和10）年末に6.9％、1936（昭和11）年末に6.9％といった数値を示していた。しかし、1931（昭和6）年の満州事変、1937（昭和12）年の日華事変以降、わが国が戦争への道程をたどり始めると、労働組合組織は衰退していくのである。

ILO の成立とわが国への影響

　ILO の成立に伴い、わが国政府も労働問題への新たな対応を迫られることになり、この時期には、第2次世界大戦以前としては、もっとも多くの労働保護立法が政府の手によって制定されている。すでに1916（大正5）年に施行された工場法が、1923（大正12）年および1929（昭和4）年の改正によって、適用範囲を拡大し、労働条件保護内容の拡充を実現したのをはじめとして、職業紹介法（1921〈大正10〉年）、工業労働者最低年齢法（1923〈大正12〉年）、労働者募集取締令（同年）、工場附属寄宿舎規則（1927〈昭和2〉年）、工場危険予防及衛生規則（1929〈昭和4〉年）などが相次いで制定された。さらに、労働災害保険のはじめての立法化として、不十分ながら健康保険法（1922〈大正11〉年）が制定されたのもこの時期のことである。

5 **治安維持法の制定と労働運動の弾圧**

　社会主義思想および社会主義運動の影響を受けて、第1次世界大戦末期ごろから明治期に比して飛躍的に高揚した労働組合運動の発展は、労働組合対策の面でも新たな対応の必要性を政府・使用者側に認識させることとなった。つまり、もはや治安警察法による取締りだけでは対処しえない段階に立ちいたったことがあきらかとなってきたのである。こうした段階を迎えて、1926（大正15）年に長い間労働運動の障害となってきた治安警察法17条および30条はようやく撤廃された。そして、これに代わって同時に労働争議調停法（同年）が成立した。この法律は、紛争中の労働組合に所属しない第三者が当該争議に関与することを禁止し、外部の労働運動指導者や社会主義者を労働運動から締め出すことをねらったものであるとともに、団結権・争議権保障のないところで争議を解決するというものであった

第1編 労働法総論

治安維持法

1925（大正14）年に制定された治安維持法は、その第1条で、「国体ヲ変革シ又ハ私有財産制度ヲ否認スルコトヲ目的」とし結社を組織したり、それに加入した者に10年以下懲役・禁錮刑を科している。そして、国体変革等の目的実行のための協議（2条）、目的実行の煽動（3条）、目的達成のため犯罪の煽動（4条）、目的達成のための利益供与（5条）などの処罰を規定している。この法律は、「国体」つまり天皇が絶対的な権力をもつ戦前の政治体制を否認し、「私有財産制度を否認」する社会主義的な思想や運動として当時の日本共産党を対象とした弾圧法であるが、1928（昭和3）年には、大改正をし、最高刑を死刑・無期懲役まで拡大し、「結社の目的遂行の為にする行為」一切を禁止する「目的遂行罪」も加え、弾圧の対象を労働組合、宗教団体などの自由主義的な研究、言論、信条など全て弾圧の対象とするものに拡大した。

大日本産業報国会

1938（昭和13）年以来、戦時下における労資一体を趣旨として各職場に設置された産業報国会・単位産業報国会を政府が直接指揮するために全国団体として結成したもので、戦時における労働強化・戦争協力を強制する組織として機能した。

ため、結局は調停官吏または警察官による強制調停制度を探り入れることによって、行政当局の手になる争議の抑圧を果たすものであった。さらに、1925（大正14）年に治安維持法が、また翌年には暴力行為等処罰ニ関スル法律が制定された。

これらの法律は、直接的に労働運動の禁圧を定めるものではなかったが、それでも、前者は治安警察法17条に代わって、思想的取締りの側面から実際には労働運動の弾圧をもたらすものであったし、また後者は、集団的暴力行使の処罰を定めることにより、これも事実上労働運動や争議行為の禁圧をはかるものであった。なお、この間、1920（大正9）年の農商務省案、内務省案、憲政会案にはじまり、1931（昭和6）年の政府提出の労働組合法案の上程にいたるまで、20近くの「労働組合法案」が発表されたが、資本側の強硬な抵抗のために、いずれも陽の目をみることはなかった。

6 戦時体制下における労働立法の展開

1931（昭和6）年の満州事変以後、わが国は次第に戦時体制下に入り、1937（昭和12）年の日華事変を転機に戦時体制はいっそう強化されていくことになった。そして太平洋戦争へと進む過程で、わが国の労働立法は完全に戦時政策の一環へ組み込まれていくことになる。この間、1931（昭和6）年に労働者災害扶助法、労働者災害扶助責任保険法、入営者職業保障法、1936（昭和11）年に退職積立金及退職手当法、1938（昭和13）年に商店法など部分的には労働保護立法の制定もみられる。しかし、この時期の大勢は、労働保護立法ではなく、戦時目的に奉仕するための労働統制立法に向けられたことはいうまでもない。この戦時労働統制立法の中心をなしたのは、戦時下における労働力の総動員体制の樹立を目的とした1938（昭和13）年の国家総動員法である。これによって労働力の総動員体制が実現されることになり、わが国の戦前の労働法は完全に戦時労働統制法のなかに解消させられることになった。同時に、1940（昭和15）年に大日本産業報国会が結成されるに及んで、労働運動はほぼ完全に挫折するに至った。

4 戦後における労働法の生成と展開

1 占領下における労働政策

1945（昭和20）年8月15日、ポツダム宣言を受諾し無条件降伏したわが国は、連合軍の占領下（実際にはアメリカの単独占領下）におかれ、「民主化」を基調とする占領政策の実施の下におかれることになった。この民主化政策のねらいは、ポツダム宣言にみられるように、わが国政府が、日本国民のあいだにおける民主主義的傾向の復活強化に対する一切の障害を除去し、言論・宗教・思想の自由および基本的人権の尊重を確立することによって、日本が再びアメリカの脅威となり、または世界の平和と安全の脅威となることのないように、

日本軍国主義を根絶するところにあった。そして占領軍の手による対日労働政策もこの「民主化」政策の一環としてなされてくるのである。

具体的には、まず、GHQ（占領軍総司令部）が1945（昭和20）年10月4日に発した「政治的、市民的及び宗教的自由に対する制限除去」の指令にもとづき、政府は、治安警察法、治安維持法など戦前からの労働運動弾圧法令を撤廃し、特高警察制度を廃止し、戦時中の産業報国会関係諸団体を解散し、同時に、弾圧に加担した人々を追放するとともに、弾圧によって投獄されていた人々を解放した。こうした民主的労働運動の妨害物の除去にとどまらず、積極的に労働運動の解放もしくは保護育成を促進することを目的とした労働立法がいちはやく登場してくることになった。

2 労働組合法の成立と労働組合運動の激化

1945年10月11日、新任挨拶のため連合軍最高司令官マッカーサーを訪れた幣原喜重郎内閣総理大臣は、民主化のための五大改革を指示されたが、その一つに労働組合結成の促進が含まれていた。こうしたマッカーサーの要請と承認のもとに、いわば労働運動助長策の一環として、同年12月に、いち早く労働組合法が制定された（施行は翌年3月1日）。この労働組合法は、原則として公務員を含むすべての労働者にひとしく団結権・団体交渉権および争議権（労働三権）を保障した。具体的には、正当な争議行為についての民事上・刑事上の免責を明記し、不当労働行為制度を創設し、労働協約の規範的効力および一般的拘束力を認めるなどを主たる内容とした。ここにみられる考え方は、戦前のわが国の労働立法に比してまさに180度の発想の転換を遂げるものであった。さらに、この労働三権の保障は、1946（昭和21）年11月3日公布の日本国憲法（施行は翌年5月3日）28条によって、憲法上の基本権として明文化されるにいたった。こうした労働運動の解放もしくは保護助長政策の下に、全国いたる所で一挙に労働組合の組織化がなされ、その労働組合を中心として平和と民主主義の実現および戦後混乱期の生活防衛をねらいとした運動がはげしく展開されていった。とりわけ公務員労働組合はその中心的役割を果たした。

Column コラム

マッカーサーより指示された五大改革

1945（昭和20）年10月11日に幣原喜重郎内閣総理大臣に対する日本民主化に関する連合国最高司令官の見解のなかで、具体的に、①参政権の付与による日本婦人の解放、②労働組合結成の促進、③学校教育の自由化、④秘密捜索と虐待によって絶えず国民に恐怖感を与えていた諸制度の廃止、⑤所得の広範な分配と生産手段及び取引手段の所有を保証する方法の発達によって独占産業統制に変革を加えるために、日本の経済組織を民主化すること、の五大改革が指示された。

他方、この労働運動の急激な膨脹とその攻勢は、同時に政府の一定の抑制策をも喚起させることとなった。労働関係調整法（労調法）の成立（1946年9月27日）にそれをみることができる。労調法は、形式的には、労使関係の調整を目的とし、そのために争議の予防と迅速

第1編 労働法総論

簡易な解決をなすための法であるが、実質的には、非現業公務員の争議行為を禁止し、公益事業における強制調停制度を設け、かつ30日間の冷却期間制度を規定することによって、労働運動の進展に対する抑圧をもたらすものであった。実際、当時の労働運動が公務員関係の組合を中心に展開されていたため、この法律は制定後わずか1か月たらずの同年10月13日に抜き打ち的に施行された。しかも、この労調法は、労組法施行後、わずか7か月たらずで登場してきたのである。

3 労基法の成立

この敗戦直後の時期には、労働保護法の面でも、戦前の労働力保全を目的とした労働立法とはまったく異質の、いわば労働者の生存ないし生活保障の視点からの立法が相次いで登場してきた。すなわち、労働権を保障した憲法27条の規定にもとづいて制定された労基法（1947年4月7日）、労基法所定の労働災害補償につきその実効性を確保するための労働者災害補償保険法（労災保険法、同年同月同日）、職業安定法（職安、同年11月30日）、失業手当法（同年12月1日）、失業保険法（同年同月同日）、などである。こうして敗戦直後のわずか2、3年の間に、わが国の労働法は生存権保障（憲法25条）を基軸にした体系的法制を整えたのである。

4 占領政策の転換と労働法の展開

占領軍による労働組合助長政策の展開は1947年頃になると180度転換する。そして、早くもこの時期から、戦後確立した労働者の権利は制限され、労働運動の弱体化が図られることとなるのである。労働者の権利に対する侵害のきざしは、すでに前述した労調法の制定にみられるが、続いて、直接的に労働基本権に制約を加えたのが、1947年の「2・1ゼネスト」に対して前日の1月31日に発せられたマッカーサー元帥の中止声明である。「2・1ゼネスト」は当時組織労働者の約40％を占めていた公務員労働組合が中心となって進められていたものであったが、占領軍および政府は、これを契機に公務員労働者の労働基本権の制限を図っていくことになった。

1948年7月下旬、マッカーサー元帥が芦田均首相にあてた書簡は公務員の労働基本権に決定的な打撃を与えた。それは、日本政府に対して公務員の争議権を剥奪することを命じたものであり、さらに鉄道、煙草などの国営事業の公共企業体化を指示したものであった。この指令にもとづいて、日本政府は「政令201号」を発して、公務員労働者の争議行為を全面的に禁止する措置をとるのである。

政令201号による争議行為の禁止は、その年の終りに国家公務員法（国公法）の改正と公共企業体等労働関係法（公労法）の制定、さらにその後、地方公務員法（地公法、1950年）、地方公営企業労働関係法（地公労法、1952年）の制定により国内法化された。しかも、それらの法律は争議行為を禁止するばかりではなく団結権・団体交渉権についても大幅な制限を加えるものであった。

2・1ゼネスト
1946年、全官公庁共同闘争会議による最低生活を保障する賃上げ要求が政府によって拒否され、吉田内閣打倒の政治闘争に発展した。そして、産別、総同盟、日労会議など当時の主要労働組合組織と社会党、共産党によって倒閣実行委員会が組織され、1947年2月1日を期して吉田内閣打倒を目指してゼネラル・ストライキに入ることが決定された。このゼネストには官公労働者の260万人を中核に400万人を超える当時の組織労働者の圧倒的多数が結集したが、ゼネスト前日の1月31日にマッカーサー元帥の中止命令によって、このゼネストは実行されなかった。

第1章 労働法の意義と目的

5 旧労組法の全部改正と現行労組法の性格

　官公労働者の労働基本権の禁止・制限の法制化にともない労働組合法の全面改正（1949年6月1日）が行なわれた。そこでは、官公労働者が労組法の対象から外され、民間労働組合について自主的民主的組合の保護育成が強調され、使用者側の労務管理体制の確立 `労組法2条1号` 、「労」と「使」の明確な区分がはかられ `同法2条2号・7条3号` 、「使用者」の地位の確立がなされた。また、不当労働行為制度の処罰主義を排して救済主義への切りかえが行なわれた。

　現行労働組合法（労組法）はこの1949年の労組法の全面改正による基本的枠組みが維持されたまま今日に至っている（1945年に制定され、1949に全面改正されるまでの労組法を「旧労組法」という）。もちろんこの間いくつかの改正がなされてはいる。とくに、労組法を含む集団的労働関係法という領域でいえば、官公労働者の労働基本権問題とも密接な関連をもつものであるが、いわゆる行政改革の推進との関係で生じた公労法の改称は重要な意味を有する。三公社最後の国鉄の分割民営化に伴い、1986年には国営企業労働関係法（「国労法」）へと改称され、また、1999年には独立行政法人法に規定する特定独立行政法人の労働者に適用が広がり、国営企業及び特定独立行政法人の労働関係に関する法律と改称され、さらに、2002年には特定独立行政法人等の労働関係に関する法律（「特労法」）と改称された。21世紀をむかえ公務員制度の見直しと民営化への動きは行政改革の重要課題となっている。それにともない公務員の労働基本権の回復が与党内部で唱えられ始めてきたこと、ILO が連合などの提訴を受けていた問題で、2002年11月、スト権を含む公務員の労働基本権について認めるのが原則であり、日本の公務員法制の改正を勧告したことなど、状況変化がみられる。　他方、戦後の混乱期を経て日本経済が高度成長を遂げる過程は、労働法の啓蒙や労働運動の昂揚の時期でもあったために、おおむね労働法制自体の質的変遷はみられなかった。しかし、高度経済成長も一段落し、第1次オイル・ショックを経験した1970年代半ば以降の経済状況の変動は労働法の世界にも大きな影響を与えてきた。

6 均等法の制定＝女性差別禁止立法の登場

　労働法上の女性労働者の取扱いは戦後一貫して「保護」と「平等」の視点からなされていたが、「平等」についての労働法上の明文規定は、わずかに労基法4条の男女同一賃金の原則しか存しなかった。そのため、賃金以外の労働条件に関しては、実際上差別的取扱をされる場合があり、結婚退職制、若年定年制など裁判で争われるケースも生じていた。そうしたなかで差別撤廃の運動も生じてきたが、とりわけ1975年の国連国際婦人年を契機にして、この問題の立法論的関心が高まり、1978年11月には、労働大臣の私的諮問機関である労働基準法研究会が男女雇用平等立法の必要性を提言した。その後、1979年12月18日の国連での女性差別撤廃条約の採択をふ

まえたうえで、わが国ではそれの批准にむけての国内法整備として、1985年6月1日、雇用の分野における男女の均等な機会及び待遇の確保等女子労働者の福祉の増進に関する法律（「均等法」）が成立した。この法律は本来男女の雇用上の平等を目指すものではあるが、この段階では、とりあえず女性労働者の差別的取扱いの是正の実現を目指すものであった。この法律の成立にともない労基法の女子労働者の「保護」規定も改正された。

７　均等法の改正＝雇用平等法の実現

この均等法は1972年制定の勤労婦人福祉法の全面改正の形式で成立したものであったため、本来の「雇用平等法」とはやや距離があることも事実であった。たとえば、①募集、採用、配置、昇進に関する均等待遇が努力義務にとどまったり、②「女子のみ」の取扱いが許容されたり、③調停の開始に使用者の同意が要件とされているなど成立当初から問題とされていた。

その後の女性労働者の意識や実体的変化は、本来の「雇用平等法」の実現に向けられ、1997年にはそうした方向で均等法の抜本的な改正がなされた。改正均等法のもとでは、前記①については禁止規定に、②については、「女性のみ」「女性優遇」も含めて、原則として女性を男性と異なる取扱いをすることが均等法違反であるとされ、③については、当事者の一方の申請で調停が開始しうるとされている。さらに、セクシュアル・ハラスメント予防を目的とした規定も新設された**11条**。同時に、女性のみの保護規定を部分的に廃止する労基法改正も行われた。他方、1999年6月には、社会のあらゆる分野において、男女共同参画社会の形成の促進に関する施策の推進を図ることが21世紀の最重要課題であると位置づける男女共同参画社会基本法が制定された。労働法の分野でも、そこで期待されるモデルは家族的責任を共同で負担する男女労働者像ということになるはずであり、均等法とあいまって労働者の位置づけは真の「雇用平等」の実現ということになる。

2006年に改正された均等法はこうした雇用平等の実現をより徹底するものである。この改正法では、それまでの均等法が女性であることを理由とする差別の禁止や均等な機会の提供を定めていたものを、「性別を理由として」の差別の禁止**6条**や「性別にかかわりなく」均等な機会を付与すべき規制**5条**に改め、女性差別禁止立法から完全に男女雇用平等立法への質的変化をもたらしたのである。同時に、具体的内容も、差別禁止規定の拡大・強化**6条**、「間接差別」禁止の規定化**7条**、婚姻・妊娠・出産を理由とする女性労働者の不利益取り扱い規制の強化**9条**、セクシュアル・ハラスメントの規制強化**11条**など、より充実したものとなった。

更に2016年の均等法改正（施行は2017年1月1日）では、妊娠、出産、育児休業、介護休業等に関するハラスメント対策が充実し、事業主にハラスメント防止措置等が義務付けられた**11条の２**。

第1章 労働法の意義と目的

8 派遣法の成立と展開

戦後登場したわが国の労働法は、雇用形態として直用関係を想定し、労務供給業は原則として禁止 職安法44条 の姿勢をとっていた。派遣労働はこうした建前に反するケースも多く、労働法上は問題があったところである。しかし、高度経済成長の末期から不況時代に突入するとともに、現実には派遣労働が増加し、業種によっては派遣労働抜きではなりたたないケースも出てきた。また、労働者の側にも、直用よりも派遣労働を志向する者もあらわれてきた。そこで、こうした現実をふまえて、むしろ派遣労働を禁止するのではなく、法規制を加えて適正な派遣事業の運営をはかり、かつ派遣労働者の労働条件を保護することによって、派遣労働を認知する方向がめざされ、結局、1985年7月5日に労働者派遣事業の適正な運営の確保及び派遣労働者の就業条件の整備等に関する法律(「派遣法」)が制定された。同じ年に、職業訓練法も、総合的・計画的な職業能力の開発・向上の促進に職業教育を移行させるために改正され、名称も職業能力開発促進法に変わった。

派遣法は、制定当初、わが国の正社員の長期雇用慣行に悪影響がでることを配慮し、専門業務に限って認める形でスタートした。しかし、その後、労使双方の派遣労働のニーズの高まりや新たな労働力需給システムとしての位置づけの確立などを背景に、1999年の改正で、規制緩和による対象業務の拡大が図られ、原則自由化され、その後2003年の改正では製造業への派遣も解禁された。

近年における派遣法の改正
近年では2012年改正で、日雇派遣の原則禁止、労働契約申込みみなし制度の創設(2017年施行)などが定められた。また、2015年改正では、労働者派遣事業の許可制への一本化が図られ、労働者派遣の期間を3年に制限することも定められた。

9 1987年の労基法改正—労働時間制度の大転換

労基法は1947年に制定されて以来、1959年の最低賃金法の制定、1972年の労働安全衛生法の制定、1976年の「賃金の支払の確保等に関する法律」の制定、1985年の均等法および派遣法の制定などに関連した一連の部分的改正がなされてきた。

こうした労基法改正の流れのなかで質的にも量的にも大きな改正が1987年9月26日の改正である。この改正は労基法制定以来40年ぶりの大改正であるが、改正の中心は労働時間法制である。この背景として、貿易摩擦に代表されるようにわが国の長時間労働に対する国際的非難の回避という政策的ねらいがあったことは重要な意味をもっている。1978年以来、行政指導による労働時間短縮の推進がはかられてきたなかで、結局、法改正による強制的な方法でしかわが国の労働時間短縮が進まないことを露呈するものでもあった。この改正で法定労働時間の原則が「週40時間労働制」をとることとなり、同時に産業構造の変化(サービス産業の拡大)に伴い、労働時間の弾力化が図られることとなった。

週40時間労働制の実現
1987年の法改正により週40時間労働制は労基法で明記された。しかし、当時の中小企業などの雇用の実情を考えたとき、直ちにそれを実現することが困難であったため、数回の段階的時間短縮措置を経て、1999年4月からようやく名実ともに週40時間労働制が実現した。

10 時短促進法から労働時間等設定改善法へ

この1987年の労基法改正以来、数次にわたり、閣議決定で「年間総実労働時間1800時間」を政府目標に掲げることとなったが、1994

35

第**1**編 労働法総論

年には、労働時間の短縮の促進に関する臨時措置法（「時短促進法」）が5年間の時限立法として制定され、事業場における労働時間の短縮への自主的な取組みを促進するため、労働時間短縮支援センターの設置や助成金事業などの支援が行われることになった。その後、1995年、1999年と二度にわたる時短促進法の延長を経て、わが国の労働時間は年間1800時間に向けて徐々に短縮されてきた。しかし、この労働時間の短縮も近年におけるパートタイマー等短時間労働者の増加が一つの要因であって、正社員の労働時間はむしろ長時間化の傾向にある。また、特に30代の働き盛りの労働者に業務が集中して長時間労働が重なり、これに起因する脳・心臓疾患による労災認定件数が高水準で推移する傾向が顕著にみられる。

こうした働き方の多様化や労働時間の長短二極化、さらには働きすぎによる健康破壊化の状況に鑑み、一律に年間総労働時間の数値目標を掲げるよりも、各事業場において、労働時間や休日のあり方について自主的な労使の話し合いで改善していくことが望ましいとの考え方から、2006年に時短促進法を労働時間等の設定の改善に関する特別措置法（「労働時間等設定改善法」）と改称し、時限立法から恒久法にした。この法律は、労働時間の設定を、労働者の健康と生活に配慮するとともに、多様な働き方に対応したものへと改善することを目的としたものである。

11 パート労働法の制定と展開

正規従業員よりも所定労働時間が短い労働者をパートタイマーという。戦後わが国の経済社会においては、当初、パートタイマーはほとんど存在しなかったが、経済成長の過程で次第に増加し、重要な役割を担う存在となってきた。パートタイマーといえども労働法上は労働者 労基法9条 労組法3条 労契法2条1項 であることに変わりはないから、労働法規もそのまま適用されることはいうまでもない。しかし、実際の勤務をみるとフルタイムの正社員と異なる問題も生ずるため、1993年9月13日に短時間労働者の雇用管理の改善等に関する法律（「パート労働法」）が制定された。その後、少子高齢化が進み、労働力人口が減少していくなかで、パートタイム労働者は増え続け、2006年には1205万人で、雇用者全体の2割強を占めるに至り、わが国経済活動の重要な役割を担っている。しかしながら、仕事や責任、人事管理が正社員と同じなのに、賃金等待遇が働きに見合っていないパートタイマーの存在や、一度パートタイマーとなると、希望しても正社員になることが難しい、といった問題が顕著となり、パートタイマーの労働意欲を喪失させる事態が生じてきた。こうした問題を解消し、パートタイマーがその能力を十分に発揮できる雇用環境を整備するため、2007年と2014年にパート労働法が改正された（施行は翌年4月1日）。この改正で、パートタイマーの待遇を通常の労働者と均衡のとれた待遇とするための措置や通常の労働者への転換を促進するための措置を講ずることが事業主に求められることとなった。

第1章 労働法の意義と目的

12 労働契約法の制定

　近年の労働関係を取り巻く状況をみると、就業形態が多様化し、労働者の労働条件が個別に決定され、また変更される場合が増加するとともに、個別労働紛争が増加してきている。この個別労働紛争解決の手段としては、旧来からの裁判制度のほかに、2001年10月から個別労働関係紛争解決制度が、2006年4月からは労働審判制度が施行されるなど、手続き面での整備が進んできた。ところが、こうした紛争を解決するための労働契約に関する民事的なルールについては、民法および個別の法律において部分的に定められているだけで体系的な法律は存在せず、もっぱら蓄積されてきた判例法理によって判断されてきていた。しかし、判例法理による解決は必ずしも予測可能性が高いとはいえず、また、労使双方に十分周知されているとはいえなかった。

　こうしたなか、2007年12月に労働契約法（労契法）が制定され、労働契約の基本的理念、および労働契約に共通する原則や、判例法理に沿った労働契約の内容の決定および変更に関する民事的なルール等を体系的に整備した。これにより個別労働紛争が防止され、労使双方が安定的な民事的ルールに沿った合理的な行動をとることが期待されることとなった。

13 労契法と労基法の関係

　労基法は、罰則をもって担保する労働条件の最低基準を設定しているものであるが、労契法は、これを前提として労働条件が定められる労働契約について合意の原則その他の基本的事項を定め労働契約に関する民事的なルールを明らかにしているもので、契約当事者の合理的な行動による円滑な労働条件の決定・変更を促すものである。したがって、労基法は労働基準監督官による監督指導および罰則により労働条件の最低基準の履行が確保されるものであるのに対し、労契法については労働基準監督官による監督指導および罰則による履行の確保はなされず、法の趣旨及び内容の周知により当事者の間で合理的な労働条件の決定または変更が確保されることを期待するものにとどまる。

14 第2次安倍政権下による労働政策と労働法の改変

　2012年12月の衆議院議員選挙の大勝により誕生した自公連立の第2次安倍政権は、いわゆる「三本の矢」（①異次元金融緩和、②機動的な財政出動、③成長戦略）の経済政策を開始した。この政権での労働政策は、成長戦略の重要な柱の一つとして位置づけられ、従前からの産業、労働市場の構造変化に対応した労働立法の流れを引き継ぎつつ、多くの労働政策立法が立案・上程されることとなった。

　増加する非正規雇用者に対応させた種々の対策立法の改正（パートタイム労働法、労働者派遣法などの改正）、経済成長の大きな制約要因である人口・労働力減少への対応としての「全員参加型社会」

37

の推進のための対策立法の制定（2015年の女性活躍推進法、同年の青少年雇用促進法）・改正（雇用保険法、次世代育成支援対策推進法、障害者雇用促進法の改正）、さらにグローバル化と少子高齢化等の構造変化に対応して産業構造の転換を推進するために、「労働移動支援型への政策転換」を目指した職業能力開発促進法の改正などが行われた。加えて、とりわけ内部労働市場改革として、企業内での「働き方改革」がこの政権での大きな労働政策として進行中である。

働き方改革は、具体的に、女性の活躍推進、ワーク・ライフ・バランス、長時間労働抑制、職場のストレスの緩和、労働生産性の向上などを実現する政策で、すでに、2014年にメンタルヘルス対策としてのストレスチェック制度の導入を創設した労働安全衛生法の改正や過労死防止対策推進法の制定などが行われている。

15 ワーク・ライフ・バランス

働き方改革の労働政策を支える重要な理論的支柱の一つに、ワーク・ライフ・バランスがある。ワーク・ライフ・バランスとは、「仕事と生活の調和」政策のことで、ヨーロッパ、とくに北欧諸国において進められてきた政策で、この政策により、少子化に歯止めがかけられ、出生率が急上昇に転じたといわれている。

わが国では2007（平成19）年12月18日に、「仕事と生活の調和推進官民トップ会議において、「仕事と生活の調和（ワーク・ライフ・バランス）憲章」を決定し、国民的な取組の大きな方向性を提示した。

憲章のなかでは、「仕事と生活の調和（ワーク・ライフ・バランス）」が実現した社会の姿として、①就労による経済的自立が可能な社会、②健康で豊かな生活のための時間が確保できる社会、③多様な働き方・生き方が選択できる社会、を想定している。また、2007（平成19）年に制定された労働契約法においても「労働契約は、労働者及び使用者が仕事と生活の調和にも配慮しつつ締結し、又は変更すべきものとする」**労契法3条**と規定し、法制度のなかにもワーク・ライフ・バランスの考え方が盛り込まれることとなった。

憲章策定に先立つ2006年の意識調査によると、このバランスを崩す要因は、就労時間の長さ、休暇の取りづらさ、柔軟性のない労働時間、通勤時間など「労働時間」を要因と考えている労働者が圧倒的に多い。こうした要因を解決することができれば、この政策はわが国に定着するはずであるが、実際はどうであろうか。

憲章策定から10年を経過した今日、改めてわが国の労働時間の実態を振り返ってみると、依然としてわが国では、歯止めのかからない長時間労働が常態化している実態が多くみられる。

「働き方改革」を進める政府も、これまで事実上、青天井となっていた長時間労働に制限を設け、年間の上限を上回る違反があれば罰則を科す方向を出したものの、例外としての繁忙期1か月の残業上限については労使間の対立が厳しかったが、100時間未満で決着がついた。

働き方改革を推進するための関係法律の整備に関する法律

1. 働き方改革の総合的かつ継続的な推進
  　働き方改革に係る基本的考え方を明らかにするとともに、国は、改革を総合的かつ継続的に推進するための「基本方針」（閣議決定）を定めることとする。（雇用対策法）
2. 長時間労働の是正、多様で柔軟な働き方の実現等
（1）労働時間に関する制度の見直し（労働基準法）
  ・時間外労働の上限について、月45時間、年360時間を原則とし、臨時的な特別な事情がある場合でも年720時間、単月100時間未満（休日労働含む）、複数月平均80時間（休日労働含む）を限度に設定。
  ※自動車運転業務、建設事業、医師等について、猶予期間を設けた上で規制を適用等の例外あり。研究開発業務について、医師の面接指導、代替休暇の付与等の健康確保措置を設けた上で、時間外労働の上限規制は適用しない。
  ・月60時間を超える時間外労働に係る割増賃金率（50％以上）について、中小企業への猶予措置を廃止する。また、使用者は、10日以上の年次有給休暇が付与される労働者に対し、5日について、毎年、時季を指定して与えなければならないこととする。
（2）勤務間インターバル制度の普及促進等（労働時間等設定改善法）
  ・事業主は、前日の終業時刻と翌日の始業時刻の間に一定時間の休息の確保に努めなければならないこととする。
（3）産業医・産業保健機能の強化（労働安全衛生法等）
  ・事業者から、産業医に対しその業務を適切に行うために必要な情報を提供することとするなど、産業医・産業保健機能の強化を図る。
3. 雇用形態にかかわらない公正な待遇の確保
（1）不合理な待遇差を解消するための規定の整備（パートタイム労働法、労働契約法、労働者派遣法）
  ・短時間・有期雇用労働者に関する正規雇用労働者との不合理な待遇の禁止に関し、個々の待遇ごとに、当該待遇の性質・目的に照らして適切と認められる事情を考慮して判断されるべき旨を明確化。併せて有期雇用労働者の均等待遇規定を整備。派遣労働者について、(a) 派遣先の労働者との均等・均衡待遇、(b) 一定の要件（同種業務の一般の労働者の平均的な賃金と同等以上の賃金であること等）を満たす労使協定による待遇のいずれかを確保することを義務化。また、これらの事項に関するガイドラインの根拠規定を整備。
（2）労働者に対する待遇に関する説明義務の強化（パートタイム労働法、労働契約法、労働者派遣法）
  ・短時間労働者・有期雇用労働者・派遣労働者について、正規雇用労働者との待遇差の内容・理由等に関する説明を義務化。
（3）行政による履行確保措置及び裁判外紛争解決手続（行政ＡＤＲ）の整備

■ **参考文献**

沼田稲次郎　　　　　『資料労働法』（労働旬報社、1979年）
青木宗也・金子征史　『改訂労働関係法』（日本評論社、1994年）
濱口桂一郎　　　　　『労働法政策』（ミネルヴァ書房、2004年）

第2章 労働法の体系と法源

　今日の労働法は労働関係を多面的にとらえて構成されている。基本的な法目的は第1章で明らかにしたように同一であるが、それぞれの側面ごとに形成されている労働法は一定の役割を担っている。本章では、労働法を三体系に分類し、それぞれの体系ごとにいかなる労働法が存在するかを示すこととする。

　また、労働法の存在形態は成文法だけではなく、様々な形で存在するものである。この点も本章では法源という形で明らかにする。

1 労働法の体系

1 体系区分の視点

　使用者との関係で経済的弱者の立場にある労働者は、労働組合を結成し、団体交渉を行ない、時には争議行為を背景として、労働条件の維持改善その他経済的地位の向上をはかることによって、はじめてみずからの生存権を具体的に実現することができる存在である。憲法28条は団結権・団体交渉権・争議権のいわゆる労働三権を保障することによってそのことを承認した。こうした労働組合の活動を中心として展開される関係を規律する法領域を「集団的労働関係法」ないし「労働団体法」といい、労働法の第一の法体系を構成している。

　ところが、労働組合も作れない、労働組合を結成しても団結力が弱くて生存権が具体的に保障されえない労働者が存在する。しかし、そうした労働者にも生存権を具体的に実現させることが憲法25条の生存権保障から要請される。そこで、憲法27条2項は労働条件基準を法律によって定めることとして、その要請に応えている。そして、その規定にもとづいて制定される法律は、個々の労働者の生存権保障を具体化するための法律である。こうした法領域を「個別的労働関係法」ないし「労働保護法」といい、労働法の第二の法体系とされる。

Column コラム

労働市場法

　失業労働者の保護はこの社会で労働者の生存保護を具体化するためのもっとも主要な観点であり、それゆえに多くの法律が制定されてきている。さらに、他方、それらの法は政府・資本の側の労働力政策の展開のために利用されるのも現実である。政府の政策としても1980年代には派遣法に代表される労働力需給システムという観点からの制度整備が進められ、21世紀を目前にした1990年代後半には労働市場の活性化・柔軟化という観点から新たな雇用システムの構築が図られてきている。近年ではこうした政策的変化をとらえて「労働市場法」という呼び方もされる。ただ、こうした点のみを強調することは、ときとして失業労働者の生存保護の視点が見失われることも否定できない。こうした現状のもとで、それらの法を生存権理念に根ざす労働法の体系のなかで、統一的にとらえ、明確な位置づけを行なう必要がある。

　ところで、労働者の生存権がもっとも否定ないし阻害される場面は失業状態にある場合である。こうした状態にある労働者に就職の機会を増大させ、就職の便宜をはかり、他方でこの労働者の生活を保障するといった、いわゆる雇用保障を確立することが強く要請される。

憲法27条の労働権の保障はその要請を満たすことを国に義務づけているものと考えられる。そして、右の要請を満たすために制定される法律は、失業状態にある労働者個人の生存保護をはかろうとするものであることから、基本的には、「雇用保障法」という第三の体系がある。以上の視点から主要な労働法を3領域に分けて改めて整理し、列挙する。

2 集団的労働関係法

①**労働組合法**（1945年制定の旧労組法を1949年に全部改正したもの）——労働者が労働組合を組織し、運営し、使用者と団体交渉を行ない、争議行為を行ない、労働協約を締結するといった労働者の団結権を具体的に規律した法律。

②**労働関係調整法**（1946年）——争議紛争を事前ないし早期に解決するために、労働争議の調整ならびに制限について規定した法律。

③**「官公労働法」**——戦後占領政策の転換目的を実現するために、官公労働者の団結権・団体交渉権に大幅な制限を加え、さらに争議行為を禁止することを内容とした国公法（1948年改正法）、地公法（1950年）、公労法（1948年、なお、この法律は公社等の段階的な民営化に沿って、1986年に「国営企業労働関係法」に、その後「国営企業及び特定独立行政法人の労働関係に関する法律」を経て、2002年に「特定独立行政法人等の労働関係に関する法律」＜特労法＞に名称を変えた）、および地公労法（1952年）が制定されている。これらは、労組法、労調法の特別法である。なお、特労法および地公労法の適用を受ける労働者には、その法律に規定のないものについては、労組法、労調法の規定が適用される。

④**電気事業及び石炭鉱業における争議行為の方法の規制に関する法律**（1953年）——電気事業と石炭鉱業の労働者の争議行為を制限する法律で、スト規制法と呼ばれている。

3 個別的労働関係法

①**労働基準法**（1947年）——労働条件の最低基準を定める基本的な法律。

②**労働者災害補償保険法**（1947年）——憲法27条に基き政府が保険者となって保険料を使用者から徴収し、労働災害が発生したときに被災労働者や遺族に保険給付することを定めた法律。

③**船員法**（1947年）——船員労働の特殊性に対応した労働条件基準を定めた法律。

④**最低賃金法**（1959年）——最低賃金制を定める法律で、労基法から分離独立した。

⑤**家内労働法**（1970年）——家内労働者の保護を定めた法律。

⑥**労働安全衛生法**（1972年）——労基法から分離独立した法律で、職場の安全衛生の重要性に鑑み、さらに規制を拡充してより安全

国公法
1947年制定の国家公務員法。1948年に争議行為の禁止等を内容とする改正がなされた。

地公法
1950年制定の地方公務員法。国公法と同様に争議行為の禁止等が定められた。

公労法
国鉄、専売事業の公社化に伴い職員の争議行為の禁止、団体交渉の手続、特別の争議調整制度などを内容として1948年に制定された公共企業体労働関係法のこと。その後日本電信電話公社、郵便事業等5つの国の直営事業をも適用対象に拡大したため、公共企業体等労働関係法に改称された。

地公労法
1952年制定の地方公営企業等の労働関係に関する法律。

衛生の確保を図った法律。

⑦**男女雇用機会均等法**（1972年制定の勤労婦人福祉法を1985年に全面的に改正し、雇用の分野における男女の均等な機会及び待遇の確保等女子労働者の福祉の増進に関する法律として制定。その後、この法律は、雇用の分野における男女の均等な機会及び待遇の確保等女性労働者の福祉の増進に関する法律と改称された後、1999年には雇用の分野における男女の均等な機会及び待遇の確保等に関する法律と改称され現在に至っている）——労基法では必ずしも明確でなかった雇用上の男女平等を実現するための法律。

⑧**賃金の支払の確保等に関する法律**（1976年）——第1次オイル・ショック後の不況にともなう未払賃金の立替払などを定めた法律。

⑨**育児介護休業法**（1991年に育児休業等に関する法律が制定されたが、その後1995年に育児休業等育児又は家族介護を行う労働者の福祉に関する法律に、1997年には育児休業、介護休業等、家族介護を行う労働者の福祉に関する法律に改称され現在に至っている）——男女の別なく育児・介護休業がとれることを定めた法律。

⑩**短時間労働者の雇用管理の改善等に関する法律**（1993年）——いわゆるパートタイマーの保護法で、「パート労働法」と呼ばれている法律。

⑪**労働契約承継法**（2000年）——会社分割に伴う労働契約の承継等に関する法律が正式名称で、会社分割が行われる場合における労働契約の承継等に関し、会社法の特則を定め、労働者を保護する法律。

⑫**個別労働関係紛争の解決の促進に関する法律**（2001年）

⑬**次世代育成支援対策推進法**（2003年）

⑭**公益通報者保護法**（2004年）

⑮**労働審判法**（2004年）

⑯**労働契約法**（2007年）——労働関係の基本である労働契約の合意に関する原則と契約内容に関する基本的事項を定めた法律。

4 **雇用保障法**

①**職業安定法**（1947年）——戦後、何よりも就職難と失業に対応する法整備が必要であったため、失業保険法、緊急失業対策法とともに制定された法律である。これらの法律の制定によって、職業紹介、労働者供給の事業への厳しい規制が確立され、公共職業安定所（今日ではハローワークと呼称する）による無料職業紹介および失業者に対する失業保険金の支給体制がつくられた。

②**障害者の雇用の促進等に関する法律**（障害者雇用促進法）（1970年）——わが国ではかなり早い時期にこの法律は制定されている。しかし、障害者の雇用促進は国際的課題であって、1981年の「国際障害者年」、1983年からの「国連・障害者の10年」などを契機に、

わが国でもとみに重要課題となってきた。そこで、1987年に法改正がなされ、知的障害者をも含めた障害者全般の職業の安定を図る法律に改められ、障害者雇用の安定を目指した法律として衣替えしている。また、2016年には障がい者雇用差別禁止の視点からなる抜本的改正がなされた。

③**労働施策総合推進法**（1966年）──わが国の高度経済成長のもとで、産業界の必要とする労働力を充足するために、いわゆる労働力流動化政策ないし積極的労働力政策を展開するために、その基本法としての性格をもつ法律。

④**雇用保険法**（1974年）──いわゆる労働力流動化政策を具体化するために職安法の改正と失業保険法の廃止に伴い制定された法律。

⑤**職業能力開発促進法**（1985年）── 1980年代以降の急激な技術革新の進行とサービス経済化の進行、高齢化社会の到来、女子労働者の増加といったわが国労働市場の構造的変化は、この分野において新たな法が生み出されるが、この法律は、総合的・計画的な職業能力の開発・向上の促進に職業教育を移行させるために、職業訓練法を大幅に改正し、名称も改めたものである。

⑥**派遣法**（1985年）──労働力の需給の適正な調整を図ることを目的とし、派遣労働を認知した法律で、労働者派遣事業の適正な運営の確保及び派遣労働者の就業条件の整備等に関する法律。

⑦**高年齢者雇用安定法**（1986年）── 1971年に中高年齢者等の雇用の促進に関する特別措置法が制定されていたが、1980年代以降急増する高年齢者の雇用の促進のために1986年に抜本的に改正の形で制定された法律で、「高年齢者等の雇用の安定等に関する法律」のことである。この法律は、その後の高齢化の進展に伴い、高齢者の雇用促進策として、2004年の法改正で、65歳定年制など65歳までの雇用確保措置を段階的に義務づける法規定が整えられた。

⑧**地域雇用開発等促進法**（1987年）── 1980年代後半の円高の急速な進行のなかで雇用失業情勢の地域間格差が顕著となってきたため、雇用失業情勢の特に厳しい地域における雇用開発を中心に総合的な地域雇用対策を講じていくために制定された法律。

2 労働法の法源

1 成文法

　労働法の中心部分をなすのは憲法の関係条文および法律とその法律にもとづいて定められた命令、いわゆる成文法である。憲法では直接的には25条（生存権の保障）、27条（労働権の保障）、28条（団結権の保障）であるが、これにとどまらず基本的人権の諸規定も労働法に関係するものが見られる。憲法の規定に基づいて多くの労働に関連する法律が制定されているが、それは具体的な労働法の中心をなすものである。これらの法律の主要なものはすでに詳述し

た。しかし、これら法律には大部の施行規則（命令）が付されていることも看過してはならない。とりわけ労基法の施行規則は綿密詳細であるばかりでなく、一般的・抽象的大綱のみを定める法律の隙間を埋める役割を果たしている。

2 国際労働条約

ILO条約は、それが総会で採択されても直接拘束力をもつものではないが、条約が批准されたときに国内法上の効力をもつこととなり、法源となる。なお、ILOは各国の政府・労・使の代表によって構成される機関であり、そこで採択される条約・勧告の内容は、先進資本主義国ではすでに常識化した労働基準であり、それを参加各国が実施することによって国際的な公正競争を実現することを意図するものである。したがって、ILO条約・勧告を実施しない国、ことに高度に経済成長を遂げ、国際的に常識化した労働基準を実施するだけの経済力を保持したわが国がそれを実施しないとすれば、当然国際的公正競争を阻害するとして国際的な非難・経済的圧力のもとにさらされることとなる。そのために、ILO条約・勧告は実質的な強制力をもつものとして機能する。それゆえに、労働法の研究にあってILO条約・勧告を見忘れることはできない。しかし、法源として機能するためには、それが批准されることが必要である。

3 判例・労働委員会命令

成文法の規定はどうしても抽象的・一般的に規定される。労働法の場合でもそれは同様である。ところで、判例によって、その規定を具体的事件に対して適用することによって、その抽象的な規定の内容があきらかになる。その判例が次第に積み重なってくると、多くの裁判所もそれにしたがうようになる。そこに一定の法則が生じ、それが法源とみなされるのである。なお、訴訟法上は、原則として最高裁判所が訴訟事件について最終的に決定する。したがって、判例法の形成には最高裁判例が大きな役割を果たすことはいうまでもない。このように判例法が労働法の法源として重要な位置を占めるのであるが、ただ、労働法は、市民法の場合と異なって、まさに相対立する労使関係を規律する法であり、そのために法理論もまたするどく対立する。したがって判例法が形成しにくい事情があることに注意すべきである。

労働事件の解決方法のひとつに不当労働行為の制度がある（なお、第5章60頁参照）。これは使用者からの団結権等の侵害状態を排除し、団結権保障を具体的・実質的に実現させるために労働委員会に対して救済の申し立てをする制度であり、司法裁判所を利用しないことによって、訴訟法上の規制にとらわれず、しかも迅速・簡潔に多額の訴訟費用を必要とせずに救済を図れる制度である。この労働委員会による救済命令も判例と同様、労働法の解釈にとって重要な役割を果たすもので、労働法の法源のひとつとなっている。

第2章 労働法の体系と法源

4 労働協約

①労働協約の法的性質と機能

労働組合と使用者との間で自主的に締結する労働協約は、重要な労働法の法源として承認されている。わが国の労働協約について、なにを根拠にしてその法規範性を承認するかは、協約の法的性質論として論議されるところであるが、いずれにしても、協約は労使の間で事実上の規範的効力を有するのみでなく、法規範性が承認され、法源として重要な位置を占めるものとして一般に容認される。ことに、流動的で、しかも複雑な労使の対抗関係を形式的・画一的な成文法のみで規制することは事実上できない。労使の間で形成される自主法としての労働協約によってその関係を規制することの必要性が強く認識される。それゆえに国家法もそれを承認する 労組法16条 。労働協約が労働法の法源として重要な位置を占めるのは、こうした理由による。

なお、本書は個別的労働関係法を中心としたため、労組法については十全な説明がなされていない。そこで、以下、労組法上の労働協約の概略を述べておく。

②労働協約の当事者

労働協約の締結当事者となりうる者（協約能力）は、「労働組合」と「使用者又はその団体」である 労組法14条 。

ここでいう「労働組合」は、必ずしも労組法上の労働組合である必要はない。組合が「民主性の要件」 労組法5条2項 を充足していなくても、実質的に自主性を保っていると考えられる限り協約能力はあると解される（高岳製作所東京工場事件＝東京地決昭25・12・23労民集1巻5号770頁）。自主性の要件を失った組合（「御用組合」）には協約能力はない。

「使用者又はその団体」とは、個人企業であればその企業主、法人ないし会社組織であればその法人ないし会社であるが、団体交渉および労働協約締結を目的として結成された使用者団体も協約能力を有する。

③労働協約の方式

労働協約は、「書面に作成」し、「両当事者が署名し、又は記名押印する」ことによって効力を生ずる（労組法14条）。書面に作成することで協約内容を明確に確定することができることと、「両当事者が署名し、又は記名押印する」ことによって両当事者の意思確認がなされるからである。したがって、この二つの要件を備えた労使の合意は、「覚書」「了解事項」「議事録確認」などと称されても、すべて労働協約である。

④労働協約の期間

労働協約の期間の定めをするかどうかは当事者の自由な決定によ

Q&A

Q．労組法上の労働組合とはどんな組合をいうのか。
A．労働組合が労組法上の手続きに参加し、労組法上の利益を受けることができるためには、労組法上の資格を有すること（有資格組合という）が必要である。この資格を得るには、労組法2条所定の「自主性の要件」と、5条2項所定の「民主制の要件」を充足することを要する。

Q&A

Q．口頭での合意はあるが、書面に作成していない場合とか、文書にしたけれど署名または記名押印がない場合には協約の効力は生ずるのか。
A．無用な紛争を引き起こすとして一切の効力を否定するのが最高裁の見解である（都南自動車教習所事件＝最3小判平13・3・13民集55巻2号395頁）。しかし、労働組合と使用者との間に合意さえあれば規範的効力（労組法16条）を認めるのが労働協約の本質であり、労組法14条は単なる確認規定にすぎないとするのが学説では有力である（社会的自主法説）。もっとも、この学説も一般的拘束力（労組法17・18条）については、それが労組法によって創設されたものであるから書面要件なしでは認められないとする。

Q&A

Q．期間の定めのある労働協約を更新できるということであるが、協約締結時に自動更新の約束をすることはできるか。
A．自動更新とは、協約締結時に、期間満了前に当事者が協約の改訂または破棄を申し出ないかぎり自動的に同一の有効期間を更新できると定めることである。こうした自動更新は制約されていないので、労使の合意があれば有効である。

るが、期間を定める場合に、あまり長い期間を定めると、その間に社会経済情勢や企業の実情が変化し、協約内容にそぐわない事態が生じ、労働者の生活利益を侵害し、労使紛争の種を作ることにもなりかねない。そこで、労組法では協約の有効期間の定めをする場合には、最長3年とした 15条1項 。仮に3年以上の期間を定めても、3年の有効期間を定めたものとして取り扱われる 同条2項 。ただし、労使の合意があれば3年の期間を更新することは否定されていない。

有効期間の定めがない場合には、当事者の一方が90日前に署名または記名押印した文書で相手側に予告することによっていつでも解約することができる 同条3・4項 。

労働条件その他の労働者の待遇に関する基準

具体的には、賃金（額、種類、形態、計算方法、支払い方法など）、退職金、労働時間、休日、休憩、休暇、災害補償（種類、額、算定方法）、安全衛生、福利厚生に関する事項、服務規律、昇進、昇格、異動、賞罰、解雇、さらに、団結権保障を目的とする事項のなかで個人の利害に関する事項（組合活動のための時間または賃金の保障、在籍専従者の待遇など）といった労働者の権利義務に関わる全ての事項である。ただし、採用についての事項は労働契約成立以前のものであるので含まれない。

Q&A

Q．協約で定める労働条件基準より上まわる労働条件を個別の労働契約で定めることができるか。

A．協約で定める労働条件基準が最低基準である旨の定めがあれば、それを上まわる労働条件を定めても問題はない。問題は協約上そうした定めがない場合である。この問題は、ドイツでは、有利性原則といって、労働契約の方が協約よりも有利な条件を定める場合には、労働契約が優先し労働協約に定める基準を変更することが許される、と解されている。わが国でも、ドイツやフランスの学説の影響を受け、かつては学説上有利原則を肯定する傾向がみられた。しかし、ドイツやフランスの場合には、労働協約は労働条件の最低基準を定めることを狙いとしているのに対し、わが国の労働協約は最低基準設定を意図するものではなく、労働条件の標準設定を意図するものである。したがって、協約で定める労働条件基準は両面的効力を持ち、労働契約でそれを下回る条件を定めることはもちろん、それを上まわる条件を定めることも許されず、結局は有利性原則は否定されるものである。

⑤労働協約の効力

Ⅰ）規範的効力

「労働条件その他の労働者の待遇に関する基準」を定める協約条項については規範的効力が認められる 労組法16条 。すなわち、第一段の効力として、労働契約の内容が労働協約の基準に違反するときにはその違反する契約部分を無効とし（強行的効力）第二段の効力として、無効になった部分および労働契約の定めのない部分は、労働協約によって補充する（直律的効力）、という効力が認められている。

Ⅱ）債務的効力

労働協約には、労働者の待遇に関する基準のほかに、在籍専従や事務所の貸与等の組合活動保障に関する事項、団体交渉や争議行為の手続きに関する事項などが定められることがある。これらは協約締結当事者である労働組合と使用者相互に一定の作為または不作為の義務を課すことを内容とするもので一種の契約としての性質を持つことから、その違反に対して債務不履行の責任を生ぜしめる効力（債務的効力という）が認められる。しかし、組合員の範囲や団交手続き、争議手続き、組合活動などは、団結権・団交権・争議権の具体的な行使に関わる労使関係のルールを定めたものであるから、かかる合意についての違反を損害賠償や契約解除という民法上の契約理論をあてはめて処理することは継続的な労使関係の場にあっては適切とは限らない。わが国では、労使関係のルールに関わる紛争に関しては不当労働行為制度が働くのであるからなおさらである。したがって、債務的効力という表現が適切かどうか疑問の余地がある。

Ⅲ）一般的拘束力＝労働協約の拡張適用

労働協約は、本来、協約の当事者である使用者または使用者団体の構成員である個々の使用者と労働組合の組合員に対して適用されるにすぎない。この協約の適用範囲を立法によって拡張したのが一般的拘束力の制度である。労組法では、職場単位の一般的拘束力と地域的な一般的拘束力の二つを定めている。前者は、「一の工場事業場に常時使用される同種の労働者の4分の3以上の数の労働者が一の労働協約の適用を受けるに至ったときは、当該工場事業場に使用される他の同種の労働者に関しても、当該労働協約が適用されるものとする」17条と規定する。わが国の労働組合が企業別組織として構成されていることから創設された独特の制度である。後者は、ドイツの一般的拘束力宣言制度に倣ったものといわれるが、他の欧米諸国においても広く制度化されている。労組法では、「一の地域において従事する同種の労働者の大部分が一の労働協約の適用を受けるに至ったときは、当該労働協約の当事者の双方又は一方の申立てに基づき、労働委員会の決議により、厚生労働大臣又は都道府県知事は、当該地域において従事する他の同種の労働者及びその使用者も当該労働協約……の適用を受けるべきことの決定をすることができる」18条と規定する。ただ、わが国の労働組合が企業別組織によって構成され、労働協約も個別企業内で締結されるのが一般であり、この制度が利用されるのはきわめて稀であるため、欧米のように機能しているわけではない（なお労働協約全般については、『基礎から学ぶ労働法Ⅱ〔第2版〕』第2編第3章第2節参照）。

5 就業規則

就業規則に法規範性が認められるかどうかについては、就業規則の法的性質論として学説上、華々しく論じられてきた。大別すれば法規説と労働契約説に分類される。しかし、どの立場にたつにせよ、いずれも就業規則が法的に当事者を拘束することについては異論がない。判例は、「就業規則は、一種の社会的規範としての性質を有するだけではなく、それが合理的な労働条件を定めているものであるかぎり、経営主体と労働者との間の労働条件は、その就業規則によるという事実たる慣習が成立しているものとして、その法的規範性が認められるに至っている民法92条ものということができ…、当該事業場の労働者は、就業規則の存在および内容を現実に知っていると否とにかかわらず、また、これに対して個別的に同意を与えたかどうかを問わず、当然にその適用を受けるものというべきである」（秋北バス事件＝最大判昭43・12・25民集22巻13号3459頁）として、法規説に立つ。結局、就業規則も労働法の重要な法源である（就業規則全般については、第2編第1章③労働条件決定の仕組み参照）。

6 労使慣行

一般的に法的確信に支えられた慣習法 法の適用に関する通則法3条 は

重要な法源と考えられているが、流動的で、しかも相対立する労働関係のなかに法的確信に支えられた慣習法が成立することは少ない。むしろ法源としての慣習法の成立はごく例外に属するといってよい。判例でも、「慣習法は社会の法的確信または法的認識によって支持される程度に達したものをいうのであって、…一企業の一事業所における慣行について慣習法の成立する余地はない（三菱重工長崎造船所事件＝長崎地判平元・2・10労判534号10頁）」と論ずるものもある。労働法の場合には、慣習法で説明できない労使慣行が事実上大きな意味をもつ。労使間において、労働条件や組合活動などについて労働協約、就業規則あるいは労働契約など明文化された規範にもとづかない取扱ないし事実が反復・継続して行なわれ、それが行為規範として機能することがある。このような不文の取扱ないし事実を労使慣行というが、今日では、学説・判例によって、それに法的拘束力を付与するのが一般である。その意味で労使慣行は法源として機能することになる。もっとも、こうした取扱ないし事実がすべて法的拘束力をもつわけではない。法的拘束力をもった労使慣行といいうるためには、一定の取扱ないし事実の反復・継続のほかに、それ自体に対する労使双方の規範意識の存在が推定できなければならない。

判例 *Case Study*

労使慣行の効力—商大八戸ノ里ドライビングスクール事件＝最1小判平7・3・9労判679号30頁

自動車教習所を営むＹ社では、労働協約および就業規則に反する①特定休日が祝祭日と重なる場合の休日出勤手当、②教習空き時間の能率手当、③特別休暇中の能率手当、④親の法要のための有給特別休暇の取り扱いを改める措置をとったため、労働者Ｘらはこれらの従来の取り扱いは労使慣行として定着しているとして争った。第1審（大阪地判平成4・6・29労判619号74頁）では、①、③については「労働契約上の労働条件を組成してきた」とし、②、④については労使慣行を否定した。第2審（大阪高判平5・6・25労判679号32頁）は、すべてを否定したため、Ｘらは上告。

最高裁は、第2審の判断を「正当として是認する」というのみで本件労使慣行の成立を否定したため、実質的には第2審の判決が労使慣行の判例法理とされている。第2審ではまず、次のように一般論を展開している。すなわち、「民法92条により法的効力のある労使慣行が成立していると認められるためには、同種の行為又は事実が一定の範囲において長期間反復継続して行われていたこと、労使双方が明示的にこれによることを排除・排斥していないことのほか、当該慣行が労使双方の規範意識によって支えられていることを要し、使用者側においては、当該労働条件についてその内容を決定しうる権限を有している者か又はその取扱いについて一定の裁量権を有する者が規範意識を有していたことを要するものと解される。そして、その労使慣行が右の要件を充たし事実たる慣習として法的効力が認められるか否かは、その慣行が形成されてきた経緯と見直しの経緯を踏まえ、当該労使慣行の性質・内容、合理性、労働協約や就業規則等との関係（当該慣行がこれらの規定に反するものか、それらを補充するものか）、当該慣行の反復継続性の程度（継続期間、時間的間隔、範囲、人数、回数・頻度）、定着の度合い、労使双方の労働協約や就業規則との関係についての意識、その間の対応等諸般の事情を総合的に考慮して決定すべきものであり、この理は、右の慣行が労使のどちらに有利であるか不利であるかを問わないものと解する。それゆえ、労働協約、就業規則等に矛盾抵触し、これによって定められた事項を改廃するのと同じ結果をもたらす労使慣行が事実たる慣習として成立するためには、その慣行が相当長期間、相当多数回にわたり広く反復継続し、かつ、右慣行についての使用者の規範意識が明確であることが要求されるものといわなければならない」。こうした一般論に基づいて、本件の場合には、Ｙ社の労働協約、就業規則を改廃する権限を有する者が明確な規範意識を有していたとは認められないので、労使慣行は成立していない、と結論づけた。

7 行政解釈

　行政官庁の通牒（解釈例規）・訓令は、行政官庁内部の準則であり、国民に対して法的効力をもつものではない。したがって、一般的にそれは法源としての役割を果たすものではない。しかし、厚生労働省の通牒、ことに労基法上の解釈例規は、労働基準監督行政の実施にあたって具体的運用基準として機能するものであり、それによって労使ともに事実上規律されることになる。そればかりか、行政解釈は判例や学説にも少なからず影響を与えることがある。労働法の特色のひとつでもある。

3 個別的労働関係の当事者—労働者・使用者

1 労働者概念

　労基法上の労働者 **労基法9条** と労契法上の労働者 **労契法2条** は、労働契約関係の当事者として、労基法では「事業」（56頁）に使用されるとの要件に縛られるものの、内容的にはほぼ同じである。

　労働者性判断に関しては、1985年の労働基準法研究会報告「労働基準法の『労働者』の判断基準について」が参考になる。そこでは、①「使用従属性」基準と②労働者性判断を補強する基準に分類されている。①に関しては、a）指揮監督下の労働であることとして、仕事の依頼や指示への諾否の自由や場所・時間の拘束の有無、代替性の有無が挙げられ、b）報酬の労務対償性が判断要素として掲げられている。②に関しては、a）事業主性の有無として、機械・器具の負担や報酬の額が挙げられ、b）専属性の程度（他社業務の制限）が判断要素として掲げられている。

　近年の就労形態の多様化の下でこれらの判断基準では割り切れない個人業務委託形態が生じているなか、労働法の保護が受けられるべきであるにもかかわらず受けられない事態にどう対処するか、今後の問題として、労働者概念の議論は重要である。

2 使用者概念

　使用者に関しては、労基法10条では、事業主のほかに、事業の経営担当者・事業の労働者に関する事項について事業主のために行為する者が含まれる。この点が、労働契約の当事者である者を指す労契法上の使用者 **2条** とは異なる。すなわち、労契法では契約上の責任主体を指すと考えられ事業主（雇用主）に限られるからである。もっとも、経営責任者たる代表取締役や取締役などは、労働契約上の使用者の履行補助者としてその行為が自己の不法行為責任とともに使用者責任の評価対象となりうる。

　近時の雇用形態の多様化は、労働契約の当事者といった単純な使用者概念では労働関係の安定に全く寄与しなくなってきている。例えば、派遣労働関係の派遣先の責任などである。政策的観点からの使用者概念の再構築が求められている。

第3章　労働基本権保障の意義

　憲法上、労働者の権利の中心をなすものに労働基本権の保障（憲法28条）がある。具体的には団結権、団体交渉権および争議権といった労働三権の保障である。この規定に基づいて労働組合が法認され、それを主体とした集団的労働関係法の体系が出来上がっている。労働組合は労働者の労働条件の向上を目指すために不可欠の組織であり、労働者にとってその活性は何よりも重要である。本章では、労働基本権保障の意義を明らかにする。

1　労働基本権保障の歴史的意義

　市民法の下においては、労働関係も労働力という商品の売買関係としてとらえられ、独立自由な人格者として平等な立場にたつはずの理念的・抽象的な「人」と「人」との間の自由な契約によってその関係を形成することが予定された。しかし、現実に取引の当事者としてたちあらわれる「人」は決して抽象的な「人」ではなく、生産手段を所有する使用者と、その使用者に労働力を売ってその対価である賃金で生活する労働者である。そして、労働者は使用者との関係では経済的に劣位の立場にたつ者である。それゆえに、自由な契約は貫徹せず、労働者は、使用者からの劣悪な労働条件のおしつけをうのみにして契約を結ばざるをえない事情のもとで、その生存をも否定される状態におかれることになったのである。市民法の保障する契約の自由は、たんに労働力を売らない自由＝退職の自由を意味するにすぎない。すなわち、そこでは形式的な契約の「自由」が保障されるにすぎなかった。そこで、労働者はみずからの人間らしい生活を確立するために団結し、ストライキをかけて闘うことになる。

　ここに労働運動の発生をみるのである。しかし、政府・資本の側は決してそれを簡単には承認しなかった。刑事上の犯罪としてそれを弾圧し、損害賠償の責苦によってそれを排除しようとし、さらに、解雇等による弾圧、団結結成・活動への妨害・干渉等のはげしい弾圧が行なわれた。しかし、労働者は長い年月をかけて、まさに血のにじむ思いをした闘いのなかで、そうした弾圧をはねのけ、組織的・継続的な運動を展開してきた。その結果、次第に労働運動は解放され、刑事罰からの解放が実現し、民事罰からの解放をも実現した。そして、次第に労働者が団結し、団体交渉を組み、争議行為を打つことが法律上も権利として承認されることとなるのである。団結権・団体交渉権・争議権のいわゆる労働基本権は、こうした歴史的背景のなかで承認されてきた権利である。

2　憲法28条による労働基本権保障

　憲法28条は「勤労者の団結する権利及び団体交渉その他の団体行動をする権利は、これを保障する」と定めているが、これはまさに上に述べてきた歴史的所産としての労働基本権を確認するものにほかならない。したがって、憲法28条の労働基本権は労働者の生存

権を具体的に保障するために承認された権利であるといってよい。す
なわち、憲法25条の生存権保障を労働者に具体的に保障するため
の手段として憲法28条の労働基本権が保障されたものと解されるの
である。そして、以上の労働基本権ないし生存権的基本権保障のも
とでとらえられた人間像は、市民法のもとでとらえられた抽象的・理
念的な「人」ではなく、使用者と従属関係のもとにある「労働者」と
いう具体的・社会的な人間像である。そして、その労働者の生存権
を具体的に保障しようとするのが、憲法28条の労働基本権保障であ
る。したがって、憲法28条の労働基本権保障は、たんに「自由権」
としてそれが保障されたにすぎないものではなく、より積極的な、か
つ具体的な内容をもつものと解すべきである。このことから、憲法
28条の労働基本権保障は、法的には以下のような意味をもつものと
考えられるのである。

　第1に、団結権・団体交渉権・争議権を国が不当に侵害すること
は許されない。すなわち、それを制限ないし禁止するにたるだけの
合理的な理由のないかぎり、法律によってもそれらの権利を剥奪し、
制限することは許されない。同時に、行政行為によって労働基本権
の行使を妨害し、干渉することも禁じられる。それゆえ、厚生労働
省の行政指導＝通達等によって事実上労働基本権を不当に侵害する
ような行為を行なうことが許されるべきでないし、警官の出動によっ
てそれを妨害したり、干渉することも許されない。さらにハローワー
クの求職者の紹介にあたっても、ストライキ（同盟罷業）、作業所閉
鎖の行なわれている事業場に紹介することは、争議行為に対する干
渉ないし妨害を結果することになるので許されない。職安法20条で
はそれを明文をもって禁止している。

　第2に、憲法に保障する労働基本権の正当な行使は、たとえそれ
が形式的には刑法各本条の構成要件に該当する行為であっても、犯
罪として処罰されないこととなる。すなわち、それが憲法上保障され
た権利の正当な行使にほかならないからである。労組法1条2項はこ
のことを確認して「刑法第35条の規定は、労働組合の団体交渉その
他の行為であって前項に掲げる目的を達成するためにした正当なもの
について適用があるものとする」と規定する。いわゆる「刑事免責」
の規定である。

　第3に、正当な「同盟罷業その他の争議行為」によって使用者に
損害を与えても、労働組合または組合員は、損害賠償責任を負わない。
労働者は労働契約にもとづいて継続的に労働力を提供することを義
務づけられている。ところが、ストライキ（同盟罷業）はその労働力
の提供を一時的に中断する行為であり、形式的にはストライキに参加
した組合員は労働力提供義務の不履行、すなわち債務の履行を怠っ
たことになり、債務不履行による損害賠償責任を負うことになり、そ
のストライキを実行した組合は債権侵害の不法行為を行なったものと
して、不法行為による損害賠償責任を負うことになるかのようにみえ
る。しかし、ストライキは憲法上保障された争議権の正当な行使であ

第1編 労働法総論

る。したがって、それは正当な権利行使として、使用者はそれを受忍する義務があり、右のような損害賠償責任は発生しないものと考えられる。このことを確認したのが労組法8条の民事免責の規定である。

第4に、使用者は、労働者の団結権・団体交渉権・争議権を尊重し、その行使の結果を受忍することが義務づけられ、その正当な権利行使に対し、解雇その他の不利益を課すことは許されない。使用者の行なった解雇その他の不利益処分は、憲法28条に違反し、違法な行為としての評価を受けることになる。また、その権利に対する使用者の干渉・侵害行為も違法行為としての評価を受けることとなる。

3 労働基本権の制限

労働基本権は、本来、それを禁止・制限するだけの合理的理由がないかぎり、法律によって禁止ないし制限することは許されない。しかし、実際には、法律によって多くの禁止・制限を行っている。主要なものをあげれば以下のごとくである。

①警察職員、消防職員、海上保安庁職員、刑事施設職員などは労働基本権を認められていない 国公法108条の2第5項 地公法52条5項 が、法改正がなされようとしている。

②非現業国家公務員・地方公務員は、国公法、地公法によって職員団体の結成は認められているが、登録制度によって団結権が制約されており、オープン・ショップ制が強制され、ユニオン・ショップ制をとることは禁止されている 国公法108条の2第3項、108条の3 地公法52条第3項、53条 。また、登録された職員団体は団体交渉を行うことは認められているが、管理運営事項については交渉対象事項とはならず、労働協約締結権は否定されている 国公法108条の5 地公法55条 。協約締結権を否定するのは、公務員の勤務条件が法律ないし条例で定められる仕組みになっているからである。さらに、公務員は争議行為が全面一律に禁止され、争議のあおり行為等に対しては処罰規定をおいている 国公法98条2項 地公法37条 。

③特定独立行政法人等の労働関係に関する法律 特労法 の適用を受ける職員 特労法2条 については、団結権、団体交渉権・労働協約締結権は原則として保障されている 特労法4条、8条 。しかし、管理運営事項は団体交渉の対象事項から外されている 特労法8条 。また、本法適用の公営企業の予算上・資金上不可能な資金の支出を内容とする協定の効力を国会の承認にゆだねていることから 特労法16条 、この件について当局には交渉当事者能力がないため、事実上の団体交渉権の制約を意味することになっている。さらに、本法適用職員は、全面一律に争議行為が禁止されている 特労法17条 。

地方公営企業等の労働関係に関する法 地公労法 の適用を受ける職員 地公労法3条 については、地公労法によって、特労法と同様の取り扱いがなされていて、団結権、団体交渉権、労働協約締結権等は保障されているが 地公労法5条、7条 、争議行為は全面一律に

禁止されている 地公労法11条 。

④電気事業および石炭鉱業等の労働者の争議権は、いわゆるスト規制法によって大幅に制約されている。

⑤運輸事業、郵便、信書便または電気通信の事業、水道、電気またはガスの供給の事業、医療または公衆衛生の事業といった公益事業 労調法8条 の争議行為については、10日前の予告を義務付けている 労調法37条 。

⑥労調法では、公益事業に関する事件、大規模または特別な性質を有する事業の争議行為が国民経済の運行を著しく阻害し、または国民の日常生活を著しく危うくする虞があり、その虞が現実に存するときに限り、内閣総理大臣は緊急調整の決定を行うことができることとし 労調法35条の2 、その決定の公表があった日から50日間の争議行為を禁止している 労調法38条 。

⑦労調法では、工場などにおけるいわゆる保安要員の争議行為が禁止されている 労調法36条 。

⑧調停委員会の調停案を労使双方が受諾した場合に、その調停案について意見の不一致が生じたときは、その調停案を提示した委員会にそれについての見解を明らかにすることを申請しなければならないこととされ、その見解が示されるまでは（具体的には15日以内）、その点について争議行為を行ってはならないとされている 労調法26条 。

4 労働基本権制約の合理性

憲法上、労働基本権が保障されているにもかかわらず、現実には、上にみたように様々な立法上の制約が存在する。これらの立法上の制約は、合理性があれば憲法違反にはならないが、不合理なものであれば、違憲立法のそしりを免れないことになる。戦後労働立法の成立と展開のなかで、こうした点についての学説上の議論は華々しいものであった。とりわけ、公務員等いわゆる官公労働者の争議行為の一律全面禁止措置が憲法28条との関係で違憲となるか否かの論議は、学説・判例の対立をも生み出す重要問題であった。本書では、この点の議論の内容については触れないが、「基礎から学ぶ労働法Ⅱ〔第2版〕」で検討している。

■ 参考文献

竹前栄治　『戦後労働改革』（東京大学出版会、1982年）

西谷敏　　『労働組合法〔第3版〕』（有斐閣、2012年）

渡辺賢　　『公務員労働基本権の再構築』（北海道大学出版会、2006年）

第4章 労働基準法の意義と機能

本書は、個別的労働関係法を中心とした労働法の教科書である。そこでの中心的な法は、2007年に労契法が制定されたが、依然として労基法であることは疑いない。第2編以下で労働契約論、労働条件論などを論じた部分も、労契法とあいまって労基法が中心的なものである。本章では、労基法の基本原理である労働憲章規定を論じるとともに、労基法の適用対象、およびその実効性確保の方法について明らかにする。

1 労基法の基本原理＝労働憲章

労基法は労働条件の基準を定める法であるが、その基準を定めるにあたっての基本原理を明らかにしている。労働憲章規定と呼ばれる労基法1条から7条までの規定である。

1 労働条件の原則

労基法1条1項は「労働条件は、労働者が人たるに値する生活を営むための必要を充たすべきものでなければならない」と定めている。これは、労働条件が労働者の人間らしい生活にふさわしいものでなければならないことを宣言したもので、憲法25条1項の「すべて国民は、健康で文化的な最低限度の生活を営む権利を有する」とする生存権保障の理念が労働条件保護の根底にあることを明らかにしたものである。また、2項では、労使間で労働条件を決定するに際して「この法律で定める労働条件の基準は最低のものであるから、労働関係の当事者は、この基準を理由として労働条件を低下させてはならないことはもとより、その向上を図るように努めなければならない」としている。

Q.「人たるに値する生活」とは、どの程度のものをいうのか。
A. その程度は一律に決められるものではなく、その時々の社会通念によって決まるもので、国際労働機関憲章で「その時及びその国において相当と認められる生活程度」といっているものと同じ趣旨のものと考えられる。

Q. 労基法で定める基準を理由として労働条件を低下させた場合の効力はどうなるのか。
A. 労基法全体が、それ以下のものを許さない最低基準を設け、それ以上のものにまで立ち入らないことから、その場合の契約は無効とはならないとするのが厚生労働省の解釈である。しかし学説では、労基法の理念からみて反規範性が強く、使用者の当該行為は違法・無効と解する説が有力である。

2 労使対等決定の原則

労基法2条1項は「労働条件は、労働者と使用者とが対等の立場において決定すべきもの」とし、労使対等決定の原則を定めている。契約当事者が対等な立場で契約内容を決定することは近代的契約法理からいえば当然のことである。しかし、ここでわざわざ対等決定の原則を示したのは、戦前のわが国労働関係の下では、しばしば対等決定がなされなかった反省の上で、実質的意味での対等性を視野に入れて定められたものといえる。こうした立場から、2項では、労使双方が承認した労働協約・就業規則および労働契約を労働者および使用者は忠実に守り、さらにそこでの義務を誠実に履行しなければならないとされている。

3 均等待遇

「使用者は、労働者の国籍、信条又は社会的身分を理由として賃金、労働時間その他の労働条件について、差別的取扱いをしてはならない」労基法3条として、均等待遇の原則を定めている。この規定は、

憲法14条の法の下の平等の考え方について、労働関係の場における具体化を規定したものである。労働契約は労働力を契約の対象とするものであるから、労働力の評価と直接関係のないことがらによって労働条件を左右する＝差別することを禁ずる趣旨である。

4 雇用上の男女平等

労基法4条は、「労働者が女性であることを理由として、賃金について」男性と差別することを禁じている。いわゆる男女同一賃金の原則である。この原則は、1919年の第1回ILO総会で採択された原則で、同一価値の労働についての男女労働者に対する同一報酬に関する条約（ILO100号条約、1951年）もあり、国際的には確立された常識である。しかし、実際には、あたかも男女異なった労働を課しているかのような体裁をほどこして賃金格差を設け、事実上同一労働を命ずるような脱法行為的賃金差別がみられる。この原則を実際に意味あるものとするためには、同一労働であるか否かの判断に当たって、形式的ではなく実質的判断がなされなければならない（秋田相互銀行事件＝秋田地判昭50・4・10労民集26巻2号388頁、岩手銀行事件＝盛岡地判昭60・3・28労判450号62頁、三陽物産事件＝東京地判平6・6・16労判651号15頁）。

ところで、この労基法4条は、形式的には「賃金について」の差別を禁止しているにすぎないため、かつて結婚退職制、男女別定年制、若年定年制など他の雇用上の差別がなされてきた歴史がある。こうした差別も憲法14条の趣旨からいって当然許されるはずはないが、立法的には十分とはいえない。判例も多くこうした事案につき差別認定を積み上げ、また国際的にも、国連における「女性に対するあらゆる形態の差別の撤廃に関する条約」（1979年）の採択をはじめ、各国における男女雇用平等法の成立が進むなどの環境のなかで、日本でも1985年「均等法」が成立し、雇用上の男女差別の禁止に新たな立法措置が講ぜられた（第4編雇用平等参照のこと）。

5 強制労働の禁止

近代的労働関係は、労働者と使用者との自由な意思にもとづく労働契約によってのみ成立するものである。しかし、戦前のわが国においては「タコ部屋」「監獄部屋」と称されるような労働者の自由意思を暴力的に踏みにじった労働の実態があった。憲法は「奴隷的拘束及び苦役からの自由」を保障したが 18条 、労働関係おける具体化として、労基法5条は「暴行、脅迫、監禁その他精神的又は身体の自由を不当に拘束する手段によって、労働者の意思に反して労働を強制してはならない」との、強制労働の禁止を定めた。

6 中間搾取の排除

戦前の労働関係のなかで、使用者と労働者の間に入って仕事をあっせんする労働ブローカーや募集人などと称される第三者が多額の幹

Q．採用の際に政治的信条を理由に不採用することは許されるか。
A．最高裁判決は、労基法3条は雇入れ後の労働条件の制限規定であって雇入れそのものを制約するものではないから採用はここでの労働条件に含まれないとし、政治的信条を理由に採用しないことは労基法違反にはならないとする（三菱樹脂事件＝最大判昭48・12・12民集27巻11号1536頁）。しかし学説では否定説と肯定説が鋭く対立する。

結婚退職制
結婚したら退職する旨の念書を差し入れた女性労働者が結婚したために解雇された住友セメント事件において、東京地判は、こうした念書は憲法14条の法の下の平等の理念に反するとした上で、公序良俗違反の法律行為の無効規定（民法90条）を媒介に、違法無効と判示した（東京地判昭41・12・20労民集17巻6号1407頁）。

Q．よく違法就労の外国人労働者に対する強制的な労働が話題になるが、この規定はこうした外国人労働者の場合にも適用されるのか。
A．労基法は日本で実際に働いている労働者に全て適用されるのが原則であるから、たとえ違法就労外国人といえどもこの規定は適用される。したがって、使用者は労基法違反として処罰されることになる。ただ、違法滞在という入管法上の問題があるが、それは別の話である。

第1編 労働法総論

Q. 従業員が地方議会の議員に当選したが、今後、会社の職務をこなすことが難しいと思われるので解雇したい。この解雇は正当か。
A. 労基法7条の公民権行使の保障は議員としての職務の遂行も保障するものであるので、議員になったからといって当然に解雇できるものではない。しかし、両方の職務をこなすことは事実上困難と思われるので、休職によって処理することが望ましい。

Q. 就業規則で、使用者の承認なしに公職に就任したときは懲戒解雇する旨の定めがあるが、従業員が使用者に無断で地方議会議員選挙に出て当選した。この従業員を懲戒解雇することに問題はないか。
A. 労基法7条の公民権保障の規定の趣旨からいって、こうした懲戒解雇を定めた就業規則条項は無効であるので、懲戒解雇はできない（十和田観光事件＝最2小判昭38・6・21民集17巻5号754頁）。

旋料を得ることを職業としていた。これにより賃金のピンはねがなされ、労働者の生活を脅かしたり、使用者による足止めや強制労働を引き起こすなど前近代的労働関係の醸成につながった。労基法は「法律により許される場合を除いて」、「業として他人の就業に介入して利益を得てはならない」6条と定め、こうした中間搾取を職業とすることを禁止した。「法律により許される場合」とは、職安法によって許容されている有料職業紹介 32条1項但書、委託募集 37条、船員職安法による委託募集 45条である。なお、「労働者派遣法」でいう労働者派遣は、派遣元、派遣労働者、派遣先の三者間全体として労働関係を構成するものであるから、派遣元による労働者の派遣は労基法でいう中間搾取にあたらない（昭61・6・16基発333号）。

7 公民権行使の保障

労働者が労働時間中に選挙権・被選挙権、最高裁判所裁判官の国民審査 憲法79条、特別法の住民投票 95条 および憲法改正の国民投票 96条、地方自治法上の住民の直接請求権 地方自治法74条 住民監査請求権 242条 など「公民としての権利」を行使し、国会議員、地方議会議員、労働委員会委員、裁判員制度における裁判員、裁判所・国会・労働委員会における証人など「公の職務」を執行するために必要な時間を請求した場合には使用者は拒むことができない 労基法7条。公民権の行使は民主主義社会における国民としての基本的な権利であり、義務でもあるため最大限尊重される必要があるからである。この権利は労働者の請求によるが、公民としての権利の行使または公の職務の執行に妨げがないかぎり、使用者は時刻を変更することができる。なお、ここでの「必要な時間」は有給とされていないから有給にするか無給にするかは当事者の定めるところによる。

2 労基法の適用対象

1 適用事業

労基法では適用事業を単位として労働基準監督署への諸手続をすることとなっている。この適用事業というのは、企業や経営主体そのものを指す概念ではなく、本社、支店、営業所、出張所、工場、店舗などの場所的に独立した個々の事業または事務所をいう。

労基法の適用が除外されるのは、①「同居の親族のみを使用する事業」、②「家事使用人」労基法116条2項である。また、③「船員法にいう船員」は船上での労働の特殊性から労基法の適用除外とされ 労基法116条1項、船員法による保護がなされている。

一般職の国家公務員に労基法は適用されない 国家公務員法付則16条。しかし、団体交渉原理の適用下にある現業職員については労基法が適用される 特定独立行政法人等の労働関係に関する法律37条。一般職地方公務員については、労基法は原則として適用されるが、地方公務員法58条第3項本文の規定により、公務員であることから特別規定が存する場合など

一定の条文の適用が除外されている。また、市電・市バス等地方公営企業に勤務する職員については労基法が全面的に適用される。

なお、「別表第1」で事業の分類列挙をしているが、これは各事業における労働の態様によって労働時間その他に関する労基法上の諸規定の具体的適用を異にする必要があるため労働態様ごとに分類しただけのことで、適用事業を限定的に示すものではない。

■ 別表第1 （労基法33条、40条、41条、56条、61条関係）

1、物の製造、改造、加工、修理、洗浄、選別、包装、装飾、仕上げ、販売のためにする仕立て、破壊若しくは解体又は材料の変造の事業（電気、ガス又は各種動力の発生、変更若しくは伝導の事業及び水道の事業を含む。）
2、鉱業、石切り業その他土石又は鉱物採取の事業
3、土木、建築その他工作物の建設、改造、保存、修理、変更、破壊、解体又はその準備の事業
4、道路、鉄道、軌道、索道、船舶又は航空機による旅客又は貨物の運送の事業
5、ドック、船舶、岸壁、波止場、停車場又は倉庫における貨物の取扱いの事業
6、土地の耕作若しくは開墾又は植物の裁植、栽培、採取若しくは伐採の事業その他農林の事業
7、動物の飼育又は水産動植物の採捕若しくは養殖の事業その他の畜産、養蚕又は水産の事業
8、物品の販売、配給保管若しくは賃貸又は理容の事業
9、金融、保険、媒介、周旋、集金、案内又は広告の事業
10、映画の製作又は映写、演劇その他興行の事業
11、郵便、信書便又は電気通信の事業
12、教育、研究又は調査の事業
13、病者又は虚弱者の治療、看護その他保健衛生の事業
14、旅館、料理店、飲食店、接客業又は娯楽場の事業
15、焼却、清掃又はと畜場の事業

---

2 労基法上の労働者

労基法でいう労働者とは、正社員、臨時雇用者、季節労働者、パートタイマー、アルバイト、契約社員、派遣労働者などの名称に関わりなく、「職業の種類を問わず、事業又事務所に使用される者で賃金を支払われる者」 労基法9条 、つまり「使用従属関係」にある者をいう。

3 労基法上の使用者

労基法でいう使用者とは、「事業主又は事業の経営担当者その他その事業の労働者に関する事項について、事業主のために行為するすべての者」 労基法10条 である。この使用者が労基法の基準を遵守する義務を負うことになるとともに、労基法違反に対して罰則の適用を受けることになる。

4 年少者

①労働者として使用できる最低年齢

労基法では、労働者として使用できる未成年者は、原則として満

使用従属関係の有無を判断する基準
使用従属関係の有無は以下の基準により判断される。①仕事や業務に関する諾否の自由の有無、②時間的拘束性の有無、③使用者の一般的指揮監督関係の有無、④労務提供の代替性の有無、⑤業務用器具の負担関係、⑥報酬の労務対象性の有無、⑦事業者性の有無（横浜南労基署長＜旭紙業＞事件＝最1小判平8・11・28労判714号14頁）

「事業主」
事業主とは、事業の経営主体をいい、法人企業にあっては法人自体を、個人企業では企業主個人をいう。
事業の経営担当者
「事業の経営担当者」とは、事業経営について権限と責任を有する者、会社の代表者、役員、支配人などをいう。
「事業主のために行為する」者／

15歳に達した日以降の最初の3月31日を終了した者とされている 労基法56条1項 。しかし、①健康・福祉に有害でなく、かつ軽易な業務であること、②修学時間外であること、③労働基準監督署長の許可を受けること、といった要件を満たした場合には、満13歳以上で満15歳の年度末を終了しない児童でも、非工業的業種（製造業、鉱業、建設業、運輸交通業及び貨物取扱業以外の業種）において使用することができる 同条2項 。また、映画の製作・演劇の事業については、同様の要件を満たせば満12歳以下の児童を使用することができる 同条2項但書 。

②未成年者との労働契約の締結

未成年者を雇い入れるとき、労働契約の締結は未成年者本人としなければならず、保護者が本人に代わって締結することはできない 労基法58条1項 。また、未成年者は独立して賃金を請求することができることとされているため、親権者または後見人は未成年者に代わって賃金を受け取ってはならない 労基法59条 。しかし、未成年者保護の観点から、その労働契約が未成年者に不利であると認められる場合には親権者もしくは後見人または労働基準監督署長はその契約を解除することができる 労基法58条2項 。

未成年者を採用した使用者は、満18歳未満の者については年齢を証明する「戸籍証明書」を、満15歳の年度末を終了しない児童については「戸籍証明書」に加えて、修学に差し支えないことを証明する「学校長の証明書」、「親権者または後見人の同意書」を事業場に備え付けなければならない 労基法57条 。

> 「事業主のために行為する」者とは、労働条件の決定、労務管理の遂行および業務に関する指揮監督などについて事業主から一定の権限と責任を与えられている者で、部長、課長等の形式にとらわれることなく実質的に判断される者をいう。

Q. 会社の課長は使用者側の立場に立つが、そうすると労基法上の労働条件に関する基準の適用はないのか。
A. 会社の部長、課長などの管理職は、その立場に応じて会社側の管理職としての権限と責任が決められているので、そのかぎりでは「使用者」であるが、会社の経営主体ないし経営担当者との関係においては「従属労働関係」の下におかれる労働者であることに変りはない。なお、労基法41条2号は「管理・監督者」を労基法上の労働時間、休憩、休日に関する規定の適用除外にしているが、ここでいう「管理・監督者」は会社の管理職全てを意味するものではない。なお、第3編第2章1 5 労働時間、休憩、休日の適用除外参照。

3 労働基準法の実効性確保の方法

労基法は労働者が人たるに値する生活を営むための必要を満たすべき労働条件の最低基準を定めているが、実際にその基準が守られなければ意味がない。そこで、労基法では、その基準の実効性を図るために一定の手段を定めている。

①罰則

労基法の実効性を図るために罰則規定を置いた。これは、労基法に定める労働条件の最低基準を守らない使用者に処罰を科すことを定めることによって労基法の労働条件基準の実効性を図ろうとするものである。罰則の内容は労基法117条から121条までに詳細に規定されているが、最高で、「1年以上10年以下の懲役」または「20万円以上300万円以下の罰金」（労基法5条違反＝117条参照）とかなり重い罰則を定めている。処罰されるのは労基法違反を犯した「使用者」であるが、この「使用者」とは、労働者を直接に使用する監督的地位にある管理職のみならず、違反を犯して労働者を使用させることによって利益を得た事業主も含まれる 労基法121条 。労基法58条、59条違反の場合のように、例外的に、使用者以外の者（親権者または後見人）が処罰される場合もある。

②付加金の支払い

解雇の予告手当 `労基法20条`、休業手当 `労基法26条`、時間外・休日および深夜の割増賃金 `労基法37条`、年休期間中の賃金 `労基法39条6項` を支払わなかった使用者に対して、裁判所は、労働者からの請求があれば、これらの未払金のほかに、これと同一額の「付加金」の支払いを命ずることができる。この付加金の支払いは違反のあったときから2年以内にしなければならない `労基法114条`。この2年という期間は、時効期間ではなく、除斥期間である。

③労基法違反の労働契約の効力

罰則および付加金の制度は、国家との関係で使用者に労基法を守らせようとするものであるが、労使関係は、使用者と労働者の労働契約にもとづいて形成されるわけだから、処罰覚悟で法違反をする使用者がいた場合には、罰則だけでは労基法上の労働条件の最低基準が事実上無視されてしまうことになる。そこで労基法は、実効性確保の手段として、労基法で定める基準に達しない労働条件を定める労働契約はその部分について無効とし、その無効となった部分は労基法で定める基準を補充することとした `労基法13条`。つまり、罰則という公法上の効力だけではなく、私法上の効力をも承認しているのである。

④労働基準監督制度

労基法、労働安全衛生法、最低賃金法、労働者災害補償保険法、賃金の支払の確保等に関する法律、じん肺法、家内労働法等の労働保護法を使用者に遵守させるために、これら法違反を監督し、その違反に対してそれを是正するための適当な処置をとらせる指導監督機関を設置し、行政の側面で労基法の実効性を確保することとした。この指導監督機関は、厚生労働大臣の下に厚生労働省労働基準局、都道府県労働基準局および労働基準監督署によって構成されている。職場で直接実際に監督を行うのは労働基準監督署における労働基準監督官である。労働基準監督官は、一定の身分保障を受ける `労基法97条3、4、5項`。

また、事業場等に臨検し、帳簿・書類の提出を求め、使用者および労働者に対して尋問をする `労基法101条1項` など監督実施上必要な行政上の権限 `労基法102条` や司法警察官としての権限を付与されている。それによって労働基準監督官は主体的に監督行政に取り組むことができるのである。

こうした労働基準監督官による監督行政は諸外国においても早くから採られてきた制度であり、その果たしてきた役割は大きい。しかし、監督官の定員の絶対的不足や不十分な予算の結果、すべての事業場に手が回るわけではない。そこで、労働者には、事業場に法令に違反する事実がある場合に監督署長または労働基準監督官に申告する権限を付与した `労基法104条1項`。労働者からの申告があると労働基準監督官がそれに対応すべく監督行政が動き出す方法を講じている。なお、この申告をしたことを理由としての使用者による労働者への不利益取扱は禁止されている `同条2項`。

除斥期間

ある種の権利について、法律関係（権利関係）のすみやかな確定のために定められている法律上定められた存続期間をいう。予定期間または失権期間ともいう。消滅時効に似ているが、必ずしも一定の事実状態が継続していることや当事者の援用を必要とせず、また時効の中断、時効の効力の停止が認められない点で時効と異なる。

第5章 労使紛争の解決方法

　利害対立が激しい労使間で避け難い労働紛争も、本来的には民事紛争として裁判（訴訟）によって解決されるものである。しかし、現実的には、裁判は多額の費用と多くの時間を費やすため、労働者にとっては利用しにくく、結局泣き寝入りしてしまうケースが多い。そこで、労働紛争には、費用的にも時間的にも簡便かつ適切な紛争処理が可能な裁判以外の紛争処理システムを設けている。本章ではこうしたシステムを解説する。

1 個別的労使紛争の増加と解決の必要性

　労使間の紛争は利害対立が顕著であるだけに避け難いものである。この労使紛争は、労働組合が関わる集団的紛争と、個々の労働者と使用者との個別的紛争に大別される。集団的紛争のうち労働争議については労働関係調整法に基づき労働委員会での調整が用意されている。また使用者による団結権等の侵害に関しては労働組合法に基づき労働委員会による不当労働行為制度（ 労組法7条 および 27条 以下参照）が設けられている。

　昭和20年代、30年代の労働争議の多発した時代にはこうした集団的紛争処理システムが活況を呈した。しかし、バブル崩壊以降の経済社会の構造変化のなかで、雇用・就業形態の多様化、労働組合の組織率の低下等を背景に進展する企業の人事労務管理の個別化の進行は労使の利害関係にも大きな影響を及ぼし、労使紛争の様相にも質的変化をもたらした。その結果、集団的労使紛争の減少と個別的労使紛争の増加という状況を現出した。

バブル崩壊

1980年代後半に株価・地価などの資産価格が投機目的で急上昇し経済が実態以上に泡（バブル）のように膨張したが、1989年以降日本銀行が金融引き締めに転じたため、株価・地価の急落を招き、経済不振状態になったことをいう。

Column コラム

労働争議の調整

　労働関係調整法では、争議行為によって労使双方ともに犠牲が大きいこと、第三者に不利益を及ぼすことがあること、場合によっては国の経済に大きな影響を与えることもあることなどから、争議行為の回避および早期の解決が望ましいとの観点により、斡旋（10条以下）、調停（17条以下）、仲裁（29条以下）の3種類の調整手続と、公益事業の争議行為に関する例外的な調整手続きとして緊急調整制度（35条の2以下）を定めている。このうち斡旋は斡旋員が当事者双方の間に立って自主的解決を促進するものであるが、斡旋には拘束力はないため、当事者がそれに従う義務はない。調停は、調停委員会が当事者の主張に基づいて調停案を作成し、その受諾を勧告するものであるが、受諾するかどうかは当事者の意思にまかせられる。仲裁は、仲裁委員会が当事者の事情聴取をした上で仲裁決定を出すもので、当事者を拘束する効果がある。

　従来から、労働基準法、労働安全衛生法、最低賃金法などに違反する個別的紛争の処理については労働基準監督官による労働基準監督制度(59頁参照) が用意されている。しかし、近年の個別労働紛争は、これらの法律違反を直接問題にするというものではなく、解雇・懲戒処分や配転・出向・転籍命令の効力を争うケース、賃金の決定・差別をめぐる問題、さらには就業規則による労働条件の不利益変更問題など労働契約上の権利義務に関わるものであるため、労働基準監督制度による紛争処理にはなじまない問題である。こうした問題については、各都道府県の労政事務所や労働センター等労働行政窓口における労働相談業務や「あっせん」で対処するものでしかなかった。そこ

で、増加する個別労働紛争に対処するための公的制度として、2001年6月に、「個別労働関係紛争の解決の促進に関する法律」（「個別労働紛争解決促進法」）が制定され、同年10月から施行された。

2 個別労働紛争解決制度

個別労働紛争解決促進法は、「労働条件その他の労働関係に関する事項について個々の労働者と事業主との間の紛争」（個別労働関係紛争）について、あっせんの制度を設けること等により、その実情に即した迅速かつ適正な解決を図ることを目的としている 1条。この法律による紛争解決システムは、以下のようになる。

Ⅰ) 基本は、紛争が生じた場合には、何よりも当事者が自主的に解決を図るように努めることである 2条。

Ⅱ) 都道府県労働局の出先機関に「総合労働相談コーナー」を設置し、そこでの都道府県労働局長（総合労働相談員）による情報提供・労働相談、その他の援助の実施をする 3条。

Ⅲ) 当事者双方または一方から紛争解決につき援助を求められた場合に、都道府県労働局長により、当事者に対して必要な助言・指導をする 4条。

Ⅳ) 当事者双方または一方から紛争解決につき「あっせん」を求められた場合には、都道府県労働局長は都道府県労働局に置かれた紛争調整委員会に「あっせん」をさせることができる 5条。

なお、本書の巻末資料「個別労働紛争解決システムのスキーム」参照のこと。

3 労働審判制度

個別労働紛争の大幅な増加という近年の動向を受け、また、上記の労働局によるあっせんでは任意のため、使用者側が手続きに参加しなければ打ち切られることから、より実効性を図るために、2004年5月に労働審判法が制定され、2006年4月よりそれに基づく労働審判制度がスタートした。この制度は、当事者の申立てにより、個別労使間の民事紛争（労働契約の存否、解雇や賃金・退職金の支払いなど）について地方裁判所で、専門的な知識・経験を有する者で構成される労働審判委員会が合議（調停）を行い、事案の内容に即した解決案を決定する仕組みとなっている 1条。調停が成立し、または審判が確定すれば「裁判上の和解」と同一の効力を生ずる。ただし、当事者が労働審判の結果に対して2週間以内に異議の申立て 21条1項 をすれば労働審判は失効し、当該紛争は審判申立て時点で訴えの提起があったものとみなされ、通常の訴訟へ移行する 22条1項。

なお、巻末資料「労働審判制度の概要」参照のこと。

4 均等法上の紛争解決制度

均等法上の紛争に関しては、一般的な司法救済のほか、以下のような行政的救済制度を定め、より実効性のある紛争解決策を講じて

裁判上の和解
民事事件において裁判所の面前でなされる和解で、調書に記載されると確定判決と同一の効力を生ずる。

Q&A

Q． 労働審判委員会の委員構成はどのようになっているのか。

A． 地方裁判所が当該地方裁判所の裁判官のなかから指定する労働審判官（労働審判法8条）1名とあらかじめ労働関係に関する専門的な知識経験を有する者のうちから任命された労働審判員（9条）のうち、事件ごとに裁判所によって指定された労働審判員（同法10条1項）2名の合計3名によって構成される（同法7条）。決議は過半数の意見によってなされる（12条）。

Q&A

Q． 労働審判委員会の審理が長引くことはないのか。

A． 個別労働紛争が長引くことは当事者にとって望ましくはないので、できるだけ迅速に処理することが要請される。したがって、労働審判にあたっても労働審判委員会は、速やかに当事者の陳述を聴いて争点および証拠の整理をすること（労働審判法15条1項）とされ、特別な事情がある場合を除き、3回以内の期日において、審理を終結させなければならない（同条2項）とされている。この2年間の解決までの平均期間は2か月半で、うち7割で調停が成立し、審判で確定したケースを含めると約8割が解決しており、きわめて実効性の高い制度となっている。

第1編 労働法総論

集団的労働関係における紛争解決

集団的労働関係における労使紛争の解決方法については、『基礎から学ぶ労働法Ⅱ〔第2版〕』第2編第2章第3節不当労働行為制度、第4章労働争議の調整・解決―労調法を参照すること。

いる。

まず、厚生労働大臣は、均等法の施行に関し必要があると認めるときは、事業主に対して、報告を求め、又は助言、指導もしくは勧告をすることができる `29条`。また、①性別を理由とする差別 `6条`、②間接差別 `7条`、③妊娠・出産等を理由とする不利益取扱 `9条`、④職場でのセクシュアル・ハラスメント `11条1項`、⑤母性健康管理措置 `12条` `13条1項` などについて、均等法上の紛争が生じた場合には、均等法で別途紛争解決制度が設けられている。

次に、厚生労働大臣は、均等法が定める一定の規定 `5条から7条` `9条1項から3項` `11条1項` `12条` `13条1項` に違反している事業主が勧告に従わないときは、企業名を公表することができる `30条`。

さらに、事業主は、労使間で、①性別を理由とする差別 `6条`、②間接差別 `7条`、③妊娠・出産等を理由とする不利益取扱 `9条`、④母性健康管理措置 `12条` `13条1項` などについて、女性労働者からの苦情の申し出を受けたときは、苦情処理機関等によって紛争の自主的解決を図るように努めなければならない `15条`。また、都道府県労働局長は、均等法が定める一定の規定 `5条から7条` `9条` `11条1項` `12条` `13条1項` をめぐる紛争 `16条` について、当事者の一方または双方から要請があれば、必要な助言、指導または勧告をすることができる `17条`。

加えて、都道府県労働局長は、募集、採用を除く均等法16条に定める紛争について、労働者と事業主の双方または一方から申出・申請があった場合、当該紛争の解決に必要と認めるときは、個別労働紛争解決促進法6条1項に定める紛争調整委員会に調停を行わせることができる `16条1項`。

第2編

労働契約論

　労働契約は、個別的労働関係を法として語るうえでの、端緒であり要である。近代市民社会の仕組みを取り入れて以降、個別的労働関係は、他の市民社会の諸関係と同様、個人が自由な意思に基づいて関係を形成する契約関係と捉えられる。しかし、個別的労働関係には、指揮命令とそれに従った労働という他の諸関係と異なる特徴がある。その特徴を法の視野に取り込んで労働紛争の妥当な解決を図ろうとするのが個別的労働関係法である。

　労働基準法は労働条件の最低基準をもって労働契約に強行的に及ぶ。これに対して、労働契約法は、個別的労働関係法領域において形成定着してきた判例法理を、条文化することによって、労働契約における解釈基準を示し紛争を予防しようとする。

　個別的労働関係法は、労働基準法と労働契約法の二つの基本法によって、妥当な法的解決を図ろうとする。

第1章 労働契約の権利義務と労働条件決定の仕組み

　個別労働関係は、①雇われ、指揮命令に従って労働し、②その労働に対して報酬が支払われる関係である。近代市民社会の成立とともに、他の関係と同様労働関係も、自由な意思主体としての個人によって形成・展開・解消される契約関係と捉えられる。しかし、他の契約関係と異なり、個別労働関係は、使用者の命令とそれへの労働者の服従という、命令・服従を伴って展開する。この命令服従は、権力関係につながり、自由対等な契約関係を絶えず脅かす。労働問題を法的に検討する際には、この点に十分留意し、労働者の労働の自主性を法的にどう確保するかを絶えず問いかけることが要請される。

1 労働契約の意義

　個別労働関係は、自由な意思主体である労働者と使用者とによって形成される契約関係である。しかし、第2次世界大戦後に体系づけられた労働法においては、労働基準法（労基法）などには労働関係を労働契約と表現するものの、明文上の定義規定は存在せず、その状態が長く続いてきた。

　2007年、労働契約法（労契法）が制定されて、定義規定が設けられ、労働契約は、ようやく明文上の根拠をもつこととなった。

　労契法では、労働契約は労働者と使用者との間の合意に基づくと定義 **2、3条** して、個別的労働関係が労働契約関係であることを実定法上確認した。また、同法は、労働契約の成立に関して、「労働契約は、労働者が使用者に使用されて労働し、使用者がこれに対して賃金を支払うことについて、労働者及び使用者が合意することによって成立する」**6条** として、個別労働関係が労働契約の下に成立する使用従属関係であることを明らかにした。

1 労働契約と従属労働

　労契法が成立するまでは、個別労働関係は、契約関係か身分関係かとする理論上の対立があったわけではない。労契法による労働契約の定義は、まさに、「労働契約」の定義として根拠づけられたというのであり、そのもとになる理論的展開は、民法の雇用 **623条** に関する議論として積み上げられてきたのである。

　民法623条において、雇用は、「当事者の一方が相手方に対して労働に従事することを約し、相手方がこれに対してその報酬を与えることを約することによって、その効力を生じる」と規定する。民法の同規定は、労契法6条成立まで、解釈論上は、雇用契約も労働契約も労働と報酬の双務有償契約である点では変わりはないとされ、労働契約の大きな柱となる従属労働を議論する際の実定法上の根拠として用いられ、そのことの妥当性も含め議論されてきた。

　現在、この議論は、労契法6条の論点である。基本的には、民法

の雇用をめぐって議論されてきたことに変化があるとは思われないが、労契法6条は、労働関係を、「使用されて労働する」関係と捉えていることから、いわゆる使用従属（労働者と使用者との個別的な従属性）に止まり、労働契約の本質的部分のひとつである、「組織的（従属）労働」を法的に十分捉えたものとなっていない。

　しかし、労契法が労働者の安全配慮義務を労働契約上の使用者の義務と定めたこと **5条** は、組織だった労働が行われることを予定しているといいうる。さらに、個別労働契約の労働条件決定において、就業規則に定める労働条件基準が労働者への周知を条件にして契約内容を決定付けることが法的に承認されたこと **7条** により、実質的には、組織性の観点が盛り込まれたといえる。

　ただ、労契法によって就業規則に付与された機能は、契約内容たる労働条件に大きな変更をもたらすことになった。とりわけ、労使対等で決定されるべき労働条件決定 **3条、労基法2条** に変容を迫るものといえよう。これは、「従属労働」の視点に逆行するとさえいえるかもしれない。従属労働が、合意を踏まえて、その虚偽性をどう実質的な労使対等に導くかの指導原理であり、だからこそ、労働契約論に親和的であった。これに対する労契法により付与された就業規則の機能は、かかる議論を回避して立法的に組織性を持ち込む。使用者優位となることはさけられない。

2　労働契約の基本原則

　個別的労働関係は労働契約の締結によって始まるが、労働契約の成立によって、以下のような権利義務関係が形成される。まず、主たる債権債務関係である労務提供に関わる権利義務（労働義務）と報酬に関わる権利義務である。それに加えて、労働を果たすうえで付随するさまざまなことに対応するために主に義務の観点から付随義務があると考えられている。このような付随義務の根拠は債権債務関係を一般的に規制する信義誠実の原則（信義則・ **民法1条2項** ）に求められる。

　労契法は、上記一般的継続的関係を労働関係でも特に確認して、第3条を設けている。すなわち、労働契約の原則として、当事者の労使が「対等の立場で」合意に基づいて締結しまたは変更すべきものとし **1項** 、信義誠実に基づく権利行使や義務の履行を求め **4項** 、また、権利の濫用を戒めている **5項** 。

　また、労契法は3条2項で、就業実態に応じて、均衡を考慮して労働契約を締結・変更するように労働者と使用者に対して求める。しかし、使用者の義務を明記しない点やどのような義務か全く不明確であり、宣言的な規定にとどまっている。そうではあるが、均衡処遇の原則が今後どう展開していくか興味深い。なお、同条3項では、仕事と労働者生活の調和にも配慮することを労使に求めている。

　さらに、配慮義務について、労契法は、第5条において、労働者の生命・身体等の安全を確保しつつ労働することができるよう必要

第2編 労働契約論

な配慮をするものとすると定め、使用者の義務を労働契約において明確にすることを求めている。

2 労働契約の権利義務

　労働契約は、その当事者たる労働者と使用者の権利義務を明らかにするものである。それには、①「指揮命令のもとに労務に服し賃金を受ける」という個別労働関係の中核的な部分と②それらの中核的部分をより効率的に誠実に履行するうえでのいくつかの権利義務からなっている。

1 労務提供と報酬支払い義務

　労働関係は雇い雇われて、指示に従って働き、対価たる報酬を受ける関係であるから、労働者は契約の内容に沿って認められた使用者の指揮命令に従って労働する義務がある。それは、使用者からみれば、指揮命令をする権限（労務指揮権・業務命令権）を有することである。そして、そのような労働に対して、労働者は、報酬（賃金）を受ける権利（賃金請求権）を有する。この場合の使用者は賃金支払い義務を負う者である 以上、労契法2条 。

　業務命令権が使用者にあるといっても、それは第1に、労使の間で取り決めた職務内容や勤務地を超えて業務命令できるわけでなく、第2に、労働者の人格を否定するような過酷な業務に労働者を就かせることや、第3に、業務命令できる職務内容であるとしても不当な目的や報復として命じることは、濫用になる（国鉄鹿児島自動車営業所事件＝最2小判平5・6・11労判632号10頁）。

判例 Case Study

業務命令権の範囲—国鉄鹿児島自動車営業所事件＝最2小判平5・6・11労判632号10頁

　労働者Xは、組合員バッジを着けたまま、就労前の点呼を受けようとし、上司Y1から取り外し命令を受けたが、無視した。そこで、Y1はXを担当業務である運輸管理係から外し、降灰除去作業を命じた。組合員バッジを着けたままで、降灰除去作業をするという状態が真夏の炎天下に数日おこなわれ、なかには同僚が清涼飲料水をXに渡そうとしたところ、Y1がこれを制止することもあった。XはY1の行為が懲罰的報復行為や他の組合員へのみせしめ行為であり不法行為に当たるとして慰謝料請求した。

　第1審と第2審は、合理的な理由もなく過酷な作業をさせたり懲罰・報復等の不当な目的で作業を行わせたりすることは業務命令権行使の濫用に当たるとし、本件行為を不法行為に当たるとして慰謝料を認めたが、その下級審の判断に対して、最高裁は、降灰除去作業をXにやらせたことが事実関係からやむを得ない措置であるとして不当ではないとした。

　労働契約は働くことに関する契約であるから使用者は労働者を取り決めた内容に従って働かせる義務があり、労働者は使用者に労働をさせろという権利（就労請求権）があるとの見解がある。これについては、労務提供（労働）は、労働者にとって、使用者の労務指揮権に伴う義務であって、その対価である賃金支払いを請求できる権利を有するに過ぎないと考えられてきた（読売新聞社事件＝東京高決昭33・8・2労民集9巻5号831頁）。したがって、原則的には、就労請

66

求権は認められていない。もっとも、労働させないことが労働能力を著しく減退させるようなたとえば、高級レストランのコックといった高度の専門職のような場合に例外的に認められることはある（スイス事件＝名古屋地判昭45・9・7労判110号42頁）。

判例 Case Study

就労請求権──読売新聞社事件＝東京高決昭33・8・2労民集9巻5号831頁
　定期入社した社員Xが、見習期間満了時に「やむを得ない会社の都合」を理由にY社より解雇通告された。Xはこれを無効な解雇であると主張し、解雇の効力停止などの仮処分を申請した。そのなかには、就労妨害排除の仮処分請求も含まれていた。第1審東京地決は、就労妨害排除の仮処分申請を却下したためXが抗告した。
　東京高裁は、労働契約とは労働者が使用者の指揮命令に従って一定の労務を提供する義務を負担するのであって、労働者の就労請求権は特別の場合を除いては、有しないと解するとして、抗告を棄却した。

長期的な雇用関係が多く、また、限定した職務を前提に労働契約を締結することが少ないわが国雇用社会にあっては、中核的な職務がどの範囲にあるかは、使用者が決めたものに限定されない場合がある。その場合、労働者が就労を申出たことに対して使用者がこれを拒否しても使用者は賃金支払義務を免れない（片山組事件＝最1小判平10・4・9労判736号15頁）。

判例 Case Study

可能な労務の提供申出に対する拒否──片山組事件＝最1小判平10・4・9労判736号15頁
　Y社のもとで長年にわたり現場監督業務に従事してきたXが、私傷病にかかり自宅療養命令を受けて治療に専念した。その後Xは、事務作業なら勤務可能とする診断書を提出し就労を申し出たが、Y社は、現場監督業務は困難と判断して自宅療養命令を維持し、その間Xを欠勤扱いとして賃金等を不支給とした。Xは賃金等の支払いを求めて提訴した。
　最高裁は、労働者が業務を特定せずに労働契約を締結したときは就業を命じられた特定業務ができなくても当該労働者が就労できる現実的可能性のある他の業務について労務提供ができかつ労務提供を申し出ているなら、なお債務の本旨に従った履行の提供があると解するのが相当であると判示したうえで、現実的可能性のある他の業務があったかどうかをなお検討するべきであると原判決を破棄し差し戻した。

2 誠実履行義務

権利義務の履行は、労使ともに債務の本旨に従った誠実な履行が求められる（誠実履行義務）。誠実履行義務はなにも、労働者のみに課された義務ではない **労契法3条4項**。最近では、労働者の人格権を侵害するような使用者の行為、たとえば、勤務状況をカメラで監視したり、会話を盗聴したり、人間関係を調査し干渉したりして、発見した労働者の言動に対して懲戒処分をすることがある。このような使用者の行為は、労使の信頼関係を破壊しかねず、誠実履行義務違反の問題を惹起する。使用者は、こうした使用者の行為が業務上の必要性に基づくものであり、方法もまた適切であることを主張し証明しなければならず、それができない場合は、誠実履行義務に反し、労働者に損害賠償を支払ったり懲戒処分を無効とされることになる（労働契約上の義務ではないが、不法行為を構成するとした事例に、関西電力事件＝最3小判平7・9・5労判680号28頁がある）。

第**2**編 労働契約論

判例 *Case Study*

人格権の保護と尊重―関西電力事件＝最3小判平7・9・5労判680号28頁

　Y社は、一般従業員に特定組合の組合員との接触を徹底してさせない、特定組合の組合員を孤立させる政策をとっていた。Y社は、特定組合の組合員であるXらに対する調査として、家族状況と称して第3者の知りえない情報を秘密裡に収集したり、日常的に監視したり、電話を取らせないようにしたり、家に侵入したり、日曜に家庭訪問したり、電話がかかってきた相手の確認報告をさせたり、退社後を尾行したりなどを実施していた。Xらは、Y社の行為につき不法行為による損害賠償請求と謝罪文の掲示を求めて提訴した。第1審、第2審ともXらの主張を認めたため、Y社が上告した。

　最高裁は、企業秩序が破壊されるなどの恐れがないにもかかわらず、Xらが共産党員などであることのみを理由に職制等を通して職場の内外で継続的に監視する態勢をとり日常的に監視してきた行為はXらの職場における自由な人間関係を形成する自由を不当に侵害するものであり名誉毀損に当たり、プライバシーを侵害し、したがって、同人らの人格的利益を侵害するもので、これらの行為がY社の方針に基づき行われたというのであるから、不法行為を構成すると判示した。

3　付随義務

　労働現場は多くの労働者が組織的に各々の仕事を遂行している。

　使用者は、労働者が課された職務を十分に発揮できるために、快適に安全に職務が遂行できるよう、安全に配慮する義務とか、快適な職場環境を保持する義務とかを負う。これらの義務は、労働契約を誠実に履行するうえでの信義則上の付随義務と捉えられる。

　なお、労契法は第5条で、使用者が労働者の生命・身体等の安全を配慮するように求めている（安全配慮義務）。安全配慮義務は労働契約上の使用者の義務として捉えられることになる。安全配慮義務違反は損害賠償請求そして特定の場合は履行請求ができる。また、証明責任は使用者にあると考えられる（詳しくは、第3編第5章労働災害の防止と補償参照）。

　労働者は、職務遂行中に知りえた営業上の秘密を漏洩しない機密保持義務、兼業避止義務などを、信義則上の義務として負うと考えられる。これらの労働者に課される義務は、労働者の自由を過度に拘束することがある。たとえば、機密保持や兼業避止義務に違反するとして退職金を没収したり、損害賠償を請求したり、転職を差止め請求したりすることがある。これが過度に強調されると労働者の職業選択の自由を奪う危険が生じ、拘束的契約を禁止する労基法16条に違反して無効となる（後述「4　3 賠償予定の禁止」参照）。

　労働者が会社設備を使用して職務として発明をすることがある。これが職務発明である。使用者は、会社設備を使用したことやその職務に対する賃金を支払っていることを理由に、その発明の特許を受ける権利が会社に帰属することを特約や就業規則の職務発明の規定を理由に承認させたりする。職務発明への報酬が支払われるとしてもわずかで、会社が特許取得によって受ける膨大な利益に比べると微々たるものにすぎない。これは不当ではないか。

　2015年改正前の特許法は、労働者の発明者としての利益を守る観点から、職務発明について、労働者の発明の特許権を認めたうえで

相当の対価を支払って会社が労働者の特許権を承継するとしていた。

しかし、その「相当の対価」は、額の予測が困難であり、争いも生じる。最高裁は、就業規則によって会社が労働者の特許権を有効に承継できるとし、労働者は「相当の対価」に満たない場合差額を請求できるとした（オリンパス光学工業事件＝最3小判平15・4・22労判846号5頁）。2015年、予め契約等で会社帰属を定めたときは、職務発明の時点で会社帰属となり、労働者は相当の金銭を受け取る権利と有するとして、発明の会社帰属を優先する改正を行った。

4 労働条件

働く上で、職務内容、勤務地、雇用期間、労働時間、賃金などの働く条件（労働条件）があいまいであると、指揮命令はオールマイティの支配と化し労働者の労働義務は服従と化す。労働条件は労働契約の履行にとって欠くことのできない要素であり、労働契約の内容であるといえよう。

このように労働条件は、契約内容を構成するが、詳細に個々の労働条件を労使で決定し文書化する例はあまり見られない。また、ヘッドハンティングや高度な専門的能力に期待するといったような個別的に労働条件を決める場合は例外的ですらある。

多くの企業では、多くの労働者が有機的・組織的に労働している。そこには統一的に集合的画一的に処理することが労務管理上必要であるしそれが結果的には公平な処遇になることもある。こうして、就業規則や労働協約の労働条件決定に果たす役割は大きい。端的に言って、個別労働関係において、労働条件は就業規則や労働協約で決定され、労働契約は、かかる労働条件のもとで働く根拠づけの役割を担う。この点の法的議論は大いになされるべきであるが、まずは労働条件決定の仕組みを観ることとする。

3 労働条件決定の仕組み

1 就業規則の意義と機能

就業規則とは、職場秩序維持のために、労働者の服務規律、行動規律および労働条件を統一的・画一的に定めた、職場における自主規範である。本来、労働条件などの決定は個別労働契約によってなされることとされているが、実際には、使用者が一方的に作成した就業規則で定めた労働条件が労働契約内容となっている。

もちろん労働組合が存在する場合には、労働協約が締結され、それによって労使合意に基づく労働条件の決定がみられることになる。しかし、労働組合はどこの企業にもあるわけではなく、近年では労働組合の組織率が年々低下し、1949年に55.8％に達した組織率は、2016年には17.3％にまで低下し、労働協約による労働条件の決定をするケースは次第に小さなものになった。

したがって、現実には、就業規則によって労働条件の決定がなさ

第2編 労働契約論

れることが多く、その意味で、就業規則は、職場における労働者の労働生活に重大な影響を与える。

労基法は、このような就業規則の労働条件決定に果たす役割を一定程度認めて、使用者に就業規則作成義務と労働基準監督署に届出る義務を課すなど一定の要件を満たす場合（後述「❷ 就業規則の作成手続」参照）、当該事業場の労働条件の最低基準を定立する効力を就業規則に付与した 労基法93条 労契法12条 。すなわち、就業規則に定める労働条件を下回る労働条件を定める労働契約はその部分を無効とし無効となった部分を就業規則で定める基準に置き換えるという効力である。就業規則の最低基準効とも呼ばれる。

なお、労働契約内容として労働条件を決定づける就業規則の重要性については、長年にわたり就業規則の法的性質論として議論されてきたが、議論は収束しないまま、2007年11月に制定され翌年3月1日に施行された労契法によって、判例法理を条文化されることとなった（後述「❸ 就業規則の効力」参照）。

❷ 就業規則の作成手続

①就業規則の作成義務

就業規則は、「常時10人以上の労働者を使用する使用者」に作成義務が課せられている 労基法89条 。作成単位は、企業単位ではなく事業場単位である。正社員、臨時社員、パート社員など従業員の種類が設定されている場合に、それぞれの種類ごとに就業規則を作成することは認められているが、たとえば正社員用の就業規則しか作成されていない場合には他の種類の労働者にも正社員用の就業規則が適用されることになる。

②就業規則の記載事項

就業規則に定める事項は、3つのグループに分けられる。第1に、必ず記載しなければならない事項（絶対的必要記載事項）、第2に、その定めをする場合には必ず記載しなければならない事項（相対的必要記載事項）、第3に、使用者が任意に記載する事項（任意記載事項）である。

絶対的必要記載事項は、(a) 労働時間関係（始業・終業時刻、休憩時間、休日、休暇、交替制で就業させる場合には就業時転換に関する事項）、(b) 賃金関係（賃金の決定・計算の方法、賃金の支払の方法、賃金の締切り・支払の時期、昇給に関する事項）、(c) 退職関係（退職の事由とその手続き、解雇の事由等）である 労基法89条1号～3号 。

相対的必要記載事項は、(a) 退職手当に関する事項（適用労働者の範囲、退職手当の決定・計算、支払の方法、支払時期）、(b) 退職手当を除く臨時の賃金等、最低賃金額、(c) 食費、作業用品、その他の負担、(d) 安全・衛生、(e) 職業訓練、(f) 災害補償、業務外の傷病扶助、(g) 表彰・制裁の種類・程度、(h) その他全員に適用されるもの（旅費、福利厚生等）である 労基法89条3号の2～10号 。

任意記載事項は、上記の絶対的必要記載事項、相対的必要記載

Q&A

Q．常時使用する労働者の数が10人未満の場合に就業規則を作成することはできるのか。

A．作成を義務づけられていないが、作成することはできる。実態としては作成しているケースが多い。労働条件の客観化、明確化のためには、むしろ作成することが望ましいといえる。この場合の就業規則も労働契約法所定の効力（7条10条12条）は認められる。

Q&A

Q．意見聴取をしたところ同意を得られなかった場合はどうなるのか。

A．意見聴取は同意を得るという意味ではないので、たとえ全面的に反対意見であったとしても就業規則の効力には影響がない。また、労働者側が意見書の提出を拒んだとしても、意見を聞いたことが客観的に証明できる限り労働基準監督署長に受理される（昭23・5・11基発735、同23・10・30基発1575）。

就業規則の周知方法

労基法106条の周知は、労基則52条の2によれば、①常時各作業場の見やすい場所に掲示または備えつけること、②書面を労働者に交付すること、③磁気テープ、磁気ディスクその他これに準ずるものに記録し、かつ各作業場に労働者が当該記録の内容を常時確認できる機器を設置すること、のいずれかの方法によるべきこととされているが、労働契約法7条の解釈例規では、これら3方法に限定されるものではなく、実質的に判断されるものであればよいとされる（平20・1・23基発0123004）。

事項以外のもので、使用者が任意に記載する事項、たとえば、会社の経営理念、就業規則の趣旨などである。

③就業規則の作成・変更手続き

使用者は、就業規則を作成・変更するときには、労働者にも一定の関与する機会を与えるために、労働者の過半数で組織される労働組合または過半数の労働者を代表する者の意見を聴かなければならない 労基法90条1項 。作成・変更された就業規則は、遅滞なく所轄労働基準監督署長に届け出なければならない 労基法89条 労基則49条1項 が、その際には労働者代表の意見を記載し、その者の署名または記名押印のある文書を添付しなければならない 労基法90条2項 労基則49条2項 。さらに、この作成した就業規則は、掲示その他の方法で労働者に周知させなければならない 労基法106条 。

④法令・労働協約との関係

労基法では、「就業規則は、法令または当該事業場に適用される労働協約に反してはならない。行政官庁は、法令または労働協約に抵触する就業規則の変更を命ずることができる」 92条 と定めている。これは、就業規則が法令(強行法規としての性質を持つ法律、政令および省令)に反してはならないことと労使合意により形成された労働協約が使用者によって作成された就業規則よりも優位に立つことを明らかにしたものである。したがって、法令または労働協約に反する就業規則については当然のごとく行政官庁が変更を命じうるのである。

なお、労働協約に定める労働条件等が就業規則のそれに優先するのは当該労働協約の適用下にある組合員である。もっとも、労働組合法17条による一般的拘束力を有する労働協約であれば非組合員にも及ぶ。

労契法でも、この関係を踏襲し、就業規則で定める労働条件が法令または労働協約に反している場合には、その労働条件は労働契約の内容とはならないことを明らかにした 13条 。

3 就業規則の効力

使用者が一方的に作成・変更しうるとされる就業規則が法的に労働者を拘束するのはなぜなのであろうか。この点は、長年にわたり就業規則の法的性質論として議論されてきた。現在は、労契法の制定によって、判例法理を土台にして立法的に解決された形となっているが、議論は内容的には解決されてはいない。

①就業規則の法的性質

学説では、大別して、就業規則自体を法規とみて労使を法的に拘束するとの法規説と、使用者が作成した就業規則自体には法的拘束力はないが、就業規則に対する労使の合意を媒介にして就業規則条項が労働契約の内容となり労使を拘束するとの契約説の対立がある。

Q． 先日、アルバイト先からマイナンバーの提示を求められた。何に必要なのか。個人情報ではないのか。

A． 2015(平成27)年にマイナンバー制度が導入され、会社は雇用保険や労災保険、従業員の所得税などの申告手続きの際、従業員のマイナンバーを記載して官庁に届けることが必要になった。そこで、会社が従業員にマイナンバーの提示を求めることが起きてきた。ただ、強制ではないので、就業規則にマイナンバーの提示あるいは届出を求める規定を設けて実施することが、トラブルを避けて円滑に運営するうえで好ましい。マイナンバーは個人情報であるから、その取扱いを明示して限定し漏らさないことを明記することも併せて必要である。

第2編 労働契約論

しかし、いずれの学説も通説を形成せず、俗に「ひとり一人説」ともいわれるように多岐に分かれている。他方、判例は、それは「一種の社会的規範としての性質を有するだけではなく、それが合理的な労働条件を定めているものであるかぎり、経営主体と労働者との間の労働条件は、その就業規則によるという事実たる慣習が成立しているものとして、その法的規範性が認められるに至っているものということができ…、当該事業場の労働者は、就業規則の存在および内容を現実に知っていると否とにかかわらず、また、これに対して個別的な同意を与えたかどうかを問わず、当然に、その適用を受けるものというべきである」（秋北バス事件＝最大判昭43・12・25民集22巻13号3459頁）として法規範性のあることを示し、最高裁の判例法理を確立した。しかしこの判例法理に対して、学説は、法規説の根拠として契約内容の補充要素たる「事実たる慣習」を挙げていることから、契約説と法規説との混乱があるとの強い批判を展開している。

判例 *Case Study*

法的性質に関する判例法理の確立—秋北バス事件＝最大判昭43・12・25民集22巻13号3459頁

　Y社では、一般従業員の定年を50歳としてきたが主任以上の従業員には定年制度を定めていなかった。そこで、Y社は、就業規則を改正して、主任以上は満55歳を定年とし、すでに55歳に達していたXを解雇した。

　最高裁は、労働条件は労使対等の立場で決定するべきものとしつつも、多数の労働者が働く企業では、労働条件は、経営上の要請に基づき、統一的画一的に決定され、労働者は、経営主体が定める契約内容の定型に従って、付従的に契約を締結せざるを得ない立場にあるのが実情であるとして、「労働条件を定型的に定めた就業規則は、一種の社会的規範としての性質を有するだけでなく、」「合理的な労働条件を定めている」かぎり、労使の間の労働条件は、「その就業規則によるという事実たる慣習が成立しているものとして、その法的規範性が認められるに至っている」として、労働者はその内容を知っているいないにかかわらず、また個別的に同意を与えたか否かにかかわらず、当然にその適用を受けると判示した。

....

労働契約と就業規則の関係—電電公社帯広局事件＝最1小判昭61・3・13労判470号6頁

　労働者Xは、業務上の疾病により治療を受けていたが、Y公社は就業規則に基づき、Y公社の指定する病院で精密検査を受けるようにXに業務命令をした。Xはこれを拒否した。Y公社は、当該拒否などを理由としてXを戒告処分にした。Xは当該懲戒処分の無効確認を求めて提訴した。下級審は、労働者の医師選択の自由を侵害する業務命令であるとその無効を理由にしてXの主張を認めたため、Y公社が上告した。

　最高裁は、就業規則の定めが合理的なものであるかぎり、法的規範としての性質を認められるに至っているから、「就業規則が労働者に対し、一定の事項につき使用者の業務命令に服従すべき旨を定めているときは、そのような就業規則の規定内容が合理的なものであるかぎりにおいて当該具体的労働契約の内容をなしている」と判示した。本件の精密検査を命じる規則も合理的であり、契約内容となっていると判示した。

その後、最高裁は、「就業規則の規定内容が合理的なものであるかぎりにおいて当該具体的労働契約の内容をなしているものということができる」と判示して、就業規則によって設定した合理的な権利義務規定は、契約内容として当事者を拘束するとした（電電公社帯広局事件＝最1小判昭61・3・13労判470号6頁）。しかし、当該判決は、なにゆえ労働契約の内容となるということができるのかの説明はなく、したがって、当事者の合意を過度に擬制したということができ、より混迷の度を深めたといえよう。

②労働契約を規律する効力

労契法では、労働契約の成立段階で「使用者が合理的な労働条件が定められている就業規則を労働者に周知させていた場合には、労働契約の内容は、その就業規則で定める労働条件によるものとする」 7条 と定めた。これは、この規定の要件を満たした就業規則に定める労働条件が労働契約の内容を補充する。つまりは使用者が一方的に作成した就業規則の定める労働条件を労働者との合意なしに労働契約内容とする法的効果が生じるとしたのである。

こうした効果が発生するための要件は、第1に、使用者が合理的な労働条件が定められている就業規則を「労働者に周知させる」こと（フジ興産事件＝最2小判平15・10・10労判861号5頁）である。周知方法は、すでに述べたところではあるが、①常に各作業場の見やすい場所に掲示または備えつけ、②書面を労働者に交付、③磁気テープ、磁気ディスクその他これに準ずるものに記録し、かつ労働者が内容を常時確認できるようにすることが一般的であろうが、労契法7条での周知方法は、これら3方法に限定されるものではなく、実質的に判断されるものであればよいとされる（平20・1・23基発0123004）。「周知」がなされていれば、労働者が実際に就業規則の存在や内容を知っているか否かにかかわりなく労契法の「周知」がなされていたことになる。

第2の要件は、「合理的な労働条件が定められている」ことである。ここでの「合理性」については、企業サイドに必要性があり、特に労働者の権利や利益を不当に侵害しないかぎりは合理性が認められると考えられる。

就業規則による労働契約内容の確定という効果は、労働契約において、労働者および使用者が就業規則の内容と異なる労働条件を合意していた部分については生じない 労契法7条但書 。あくまでも就業規則による労働条件は労働契約内容の補充にすぎないから、それと異なる特別の労使合意があれば合意が優先する。もっとも、労使合意の内容が就業規則で定める基準に達しない場合にはその合意が優先することはない 労契法12条 7条但書 。

③労契法10条による労働条件の変更

就業規則による労働条件の不利益変更についてはこれまで判例を中心に大いに論じられてきた。労契法では、この問題について従来の判例法理を容認する形で一定の立法化がなされた。

労契法では、まず、労働契約内容の変更については、労使合意により変更することが一般原則であり 8条 、就業規則の変更によって労働者の不利益に労働契約内容を変更することはできない 9条 と定めた。その上で、「就業規則の変更」により「労働条件を変更する場合」には、使用者は「変更後の労働条件を労働者に周知」し、かつ、「就業規則の変更」が、「合理的なものであるとき」は、「労働契約の内容である労働条件は、当該変更後の就業規則に定めるところによる」 10条 とした。このうち、「変更後の労働条件を労働者に周知」する方法は、前

> **労働契約の規律的効力を付与する理論的整合性**
> この効力の付与については、労使合意を前提とする労契法の考え方からみた場合、整合性を欠く立法政策だとの批判もある。

述の労契法7条で定める「周知」と同様である。「就業規則の変更」が、「合理的なものであるとき」というのは、「労働者の受ける不利益の程度」、「労働条件の変更の必要性」、「変更後の就業規則の内容の相当性」、「労働組合等との交渉の状況」、「その他の就業規則の変更に係る事情 10条」に照らし、個々の事案に応じて総合的に判断されることになる。この合理性判断の手法は、これまでの多くの最高裁判決によって形成されてきた判例法理にならうものであり、それを法律で後追い的に根拠づけるものである。

④個別合意による就業規則の変更

就業規則を変更し労働者の個別合意を取り付ければ、労契法10条に拠らず、労働条件を変更できるかが議論を呼んでいる（同法9条の反対解釈）。またこの議論は9条には10条のような変更の際に求められる合理性と周知の要件がないことをどう考えるかも問題となる。9条による変更が認められるとした場合の変更の有効要件をめぐる問題である。

最高裁は、山梨県民信用組合事件（最2小判平28・2・19労判1136号6頁）で、退職金規程の不利益変更への合意について、9条による変更を基本的に認めた。ただし、最高裁は以下の点を指摘して、原判決を破棄し差し戻した。すなわち、最高裁は、労使間の立場の相違や労働者の情報収集能力の限界を根拠にして、労働者の同意の有無についての判断は慎重になされるべきであるとして、①変更を受け入れる労働者の行為の有無に加えて、②変更を受け入れた労働者の行為が自由な意思によるといえる客観的合理的理由の存在いう点からも判断されるべきであるとした。その客観的合理的理由の存否の判断基準として最高裁は、不利益の内容と程度、労働者の行為がなされるに至った経緯と態様、労働者の行為に先立つ労働者への情報提供や説明の程度等を掲げている。

判例 Case Study

就業規則による労働条件の不利益変更に関する判例法理

―第四銀行事件＝最2小判平9・2・28労判710号12頁

定年を55歳とし58歳までは、賃金水準を維持して再雇用する制度を実施してきたY銀行は、高齢者の雇用対策として定年延長が強く求められるなか、人件費コスト問題も考慮して、定年を60歳に延長して、55歳以降の賃金・賞与を下げて、従来の再雇用時の賃金総額でほぼまかなえるようにした定年制度と賃金制度の変更を就業規則によって行おうとした。行員Xは、定年延長ではなく従来の55歳定年58歳までの再雇用の適用を求めて、就業規則変更の効力を争った。

最高裁は、前掲秋北バス事件最高裁判決にそって就業規則の作成または変更によって労働者の既得の権利を奪い労働者に不利益な労働条件を一方的に課することは、原則として許されないが、就業規則の性質（労働条件の統一的画一的処理）からいって、変更内容が合理的なものである限り、個々の労働者が、これに同意しないからと言って適用を拒むことは許されず、また、その合理性は、①変更の必要性、特に重要な権利、労働条件の変更には労働者に受任させることを許容する高度な必要性に基づいており、②労働者がこうむる不利益の程度、③変更後の内容自体の相当性、代償措置その他の労働条件の改善状況、④労働組合との交渉経緯を総合考慮して判断するべきであると判示した。本件の場合は、新制度によれば定年延長となり年間賃金が下がるから労働者にとって不利益な変更になると判示した上で、上記①から④についてはいずれも首肯でき、合理的な内容のものであると認めることができると判示した。

第1章 労働契約の権利義務と労働条件決定の仕組み

4 労働条件の決定の仕組み
＝労働契約と就業規則、労働協約、労使慣行、労基法との関係

労働協約、就業規則、個別労働契約がそれぞれ異なった内容の労働条件を定めた場合、たとえば、ある会社で、1日の労働時間について、就業規則で7時間30分の定めがあり、労働組合との労働協約では7時間との定めがあるとき、使用者がある労働者（組合員）との個別の労働契約で9時間と定めた場合に、当該労働者の1日の労働時間はいかなる内容のものとなるのであろうか。

この場合、まず労基法では1日の労働時間の長さについて「8時間を超えて労働させてはならない」 **労基法32条2項** との定めがある。労基法は労働条件の最低基準を定める強行法規であり、この基準に達しない労働契約の労働条件部分は無効となる。この場合、無効となった部分は労基法の定める基準によることとなる **労基法13条** 。したがって、このケースで9時間と定めた個別労働契約の内容は無効となり、労基法32条2項所定の8時間ということになる。他方、この会社の就業規則では7時間30分と定めてあるが、就業規則に定める基準に達しない労働条件を定める労働契約は無効とされ、無効となった部分は就業規則で定めた基準となる **労契法12条** から、個別労働契約の8時間は無効となり、就業規則で定める7時間30分が契約内容となる。さらに、就業規則は法令または労働協約に反してはならない **労契法13条** との定めから、就業規則と労働協約の定めが抵触する当該労働協約の適用を受ける労働者の場合には労働協約の定めが労働契約内容ということになるから、結局、このケースでは7時間が当該労働者の1日の労働時間基準ということになる。もっとも、実際には、労働協約で労働条件が新たに設定された場合には、会社は就業規則の当該条項を変更するのが通例であるから、労働協約と就業規則が一定の労働条件基準について異なる定めを置いたまま存在するという形はあまり生じない。

以上の諸規範によって労働契約の内容が定まるが、さらに、こうした関係に労使慣行が入り込むことがある。上記の例で労働契約上の1日の労働時間は7時間になるといったが、この場合に、就業規則ないし労働協約で始業時刻午前9時、正午から午後1時まで休憩時間、午後5時が終業時刻と決められていたとする。ところが、実際の労働時間管理では、就業規則に何ら定めがないにもかかわらず毎日午後3時から15分間の休憩時間をとることを労使双方共容認していたとする。判例は、このように長年にわたって反復・継続し、かつ黙示の合意が成立していたり、当事者がこの慣習による意思を有しているものと認められたりした場合には（これを「規範意識」が存在するという）、民法92条（事実たる慣習）を媒介にして労使慣行が成立し、その15分間の休憩時間は明文規定がなくても労働契約の内容となる効力を生ずるという。ただし、判例では、労働条件の決定権限を有する管理者が規範意識を持たなければ労使慣行は存在しないとされる（国鉄蒲田電車区事件＝東京地判昭63・2・24労

75

第2編 労働契約論

民集39巻1号21頁、東京中央郵便局事件＝東京高判平7・6・28労判686号55頁）。

4 労基法による労働契約の規制

労基法は、前近代的な労働関係を払拭して自由な意思による労働関係とするべく、過度に労働者を拘束する契約条項や特約に規制を加えている。

1 契約期間に関する規制

労働契約も他の契約と同じく期間を定めることができる。期間を定める場合は、3年を超えてはならないし、3年を超える契約期間を定めた場合は3年に短縮される。また、労働者は働き始めて1年を経過すると自由に退職することができる 労基法14条、137条 。民法では、契約期間は最長5年（商工業見習いでは、10年）とされているが 民法626条 、労基法は、過度に労働者を拘束する恐れがあるとして、前述のように短縮している。

なお、例外として、建設工事といった事業の完了に必要な期間を契約期間とすることが認められる。他に、新商品開発などの専門的知識を有する労働者を雇用する場合や高齢者雇用対策のため、5年以内の契約期間を設けることが認められている。

労働契約 | 期間の定めのない契約 |

| 期間の定めのある契約 | 契約期間の上限 | 原　則　3年 |
| | | 例外①　5年 |

① 専門的知識・技術・経験を有する労働者がその知識等を必要とする業務に就く場合
② 満60歳以上の労働者を採用する場合

| | 例外②　必要な期間 |

① 土木工事などの有期事業で必要な期間を定める場合
② 職業訓練の必要がある場合（労基法70条）

なお、有期労働契約の期間満了・雇止めや中途解約などに関する規制がある（詳細は第5編第1章有期労働契約による雇用244頁以下参照）。

2 労働条件の明示

労働契約の締結に際して、使用者には、労働者に対して賃金などの労働条件を明示する義務がある 労基法15条1項 労基則5条 。明示の方法には、口頭、文書などが考えられるが、労基法は、書面の交付によって、必ず明示しなければならない事項と必ずしも書面によらずともよくまた定めた場合に明示しなければならない事項を置いている。

また、労契法には労働契約の内容の理解を促進することを目的にして、第4条2項で、労働契約の内容についてできる限り書面により確認することを労働者と使用者双方に求めている。これは、変更し

た場合にもあてはまる。もっといえば、労契法は、労働者への周知を条件に就業規則に定める労働条件が労働契約の内容となることを原則としている 第7条 。したがって、第4条2項とあわせて考えれば、文書化されていない労働条件を労使の合意内容であるとすることは難しくなったといえよう。

なお、かかる明示義務によって明示された労働条件が事実と異なる場合には、労働者は当該労働契約を即時解除できる。その際、労働者が就業のために住居を変更しており、即時解除により14日以内に帰郷することにした場合、使用者は、帰郷のために必要な旅費を負担しなければならない。必要な旅費には、交通費のほか、食費、宿泊費、家財の運搬費、家族を伴った転居であれば、家族の旅費等も含まれる 労基法15条2、3項 。

Q. パート労働者には、労働条件の明示義務は適用になるのか。
A. パート労働者も労働者であり、労働に関する契約は労働契約であるから、労基法15条はもちろん適用される。さらに、パート労働者は、正規労働者とは労働条件が異なることが多く、また、あいまいな場合が多く見受けられる。そこで、パート労働法は特別の措置を講じている（6条）。

必ず書面によらなければならない事項

①契約期間、期間の定めのある労働契約を更新する場合の基準に関する事項
②就業場所・業務内容
③労働時間に関する事項（始業終業時刻、所定労働時間を超える労働の有無、休憩時間、休日、休暇など）
④賃金に関する事項（賃金の決定・計算・支払方法、賃金の締切り、支払時期など）
⑤退職に関する事項（解雇事由を含む）

以上、労基則5条、平11・3・31基発168

労基法15条が労働条件明示義務を課したのは、労働条件のあいまいさを放置すると使用者が一方的に労働条件を画することになってしまう恐れやあいまいさによる紛争を防止する点にある。この点は求人募集の際にもいえよう。求職者が応募するかを決めるとき、募集条件が労働条件となると信じて応募するか否かを判断すると考えられるからである。職業安定法5条の3は職業安定所などを介する募集には労働契約締結の際の労働条件を明示するよう求人者に義務付け、裁判例では特段の事情のない限り「求人票」記載の労働条件が労働契約の内容となるとしている（千代田工業事件＝大阪高判平2・3・8労判575号59頁）。

定期採用においてみられる内定（83頁参照）が労働契約の締結と判断される場合、内定時に明示した労働条件が労基法15条にいう労働条件となる。しかしわが国の賃金制度は就労後に確定される場合が多く、内定時に見込額で明示せざるを得ない事情がある。この場合、見込額で労働条件の明示といえるか、いえるとして下回るのは許されるのか問題となる。確定賃金が見込額より大幅に下回る場合労基法15条の趣旨は大幅に減殺されるからである。裁判例では、内定制度を考慮して見込額をもって労働条件の明示義務は果たされたとしつつも確定賃金が見込額を信義則に反する程下回る場合には許されないとする（八州測量事件＝東京高判昭58・12・19労判421号33頁）。

労基法15条は就労後の労働条件が締結時に明示された労働条件と異なる場合、労働者ができるのは即時解除と帰郷旅費の請求にとどまる。したがって、労働者が信じていた労働条件で働き続けるには、

第2編 労働契約論

労働契約締結に至る両当事者の意思解釈に拠ることとなる。裁判例では、労働者が信じかねないような使用者の説明と異なる結果は労基法15条に違反し契約締結過程における信義則に反するとして、慰謝料を認めた例がある（日新火災海上保険事件＝東京高判平12・4・19労判787号35頁）。

3 賠償予定の禁止

使用者は、契約期間中の逃亡を防止するために労働者に違約金を払わせたりちょっとしたミスによる損害の危険からも免れるために実損害に関係なく損害賠償額を予定したりすることが多かった。民法もこれを認めている 民法420条 が、労働関係において、この種の契約（特約）は、損害の有無、額、労働者の帰責事由の証明を問うことなく予定された損害額を請求できるし、労働者はその支払いのために使用者の下で働かざるを得ない。かかる拘束の下での労働をなくそうと、労基法は、違約金・賠償予定を禁止した 労基法16条、119条 。

ここで禁止されるのは、債務不履行について一定金額を違約金として支払うことの取決め（違約金契約）であり債務不履行や不法行為の場合の損害賠償額をあらかじめ決めておく（賠償額の予定）ことである。使用者が実際に生じた損害を賠償請求することを妨げるものではない。しかし、使用者は発生した実損害全てを求償できるかというとそういうわけでもない。他人にまかせることによる一定程度の危険は使用者が負担するのが公平と考えられるからである。

たとえば、会社が留学費用や研修費用を負担し、留学や研修修了後一定期間を経過しないうちに退職すると、かかった費用を返還する旨の取決めが賠償予定の禁止に抵触するのではないかとか、同業他社に就職した場合に退職手当を減額するとの退職金規程が賠償予定に当たるのではないかといった問題がある。

判例 Case Study

留学費用の返還と賠償予定の禁止──長谷工コーポレーション事件＝東京地判平9・5・26労判717号14頁

X社には、総合職社員の応募による外国大学院留学制度があり、労働者Yは、それにより米国T大学大学院に留学し、MBAを得て帰国した。当該制度からYは、渡航費、学費などを得たが、留学に先立ち、「帰国後、一定期間を経ずまた特別な理由もなく退職した場合留学に関しX会社が支払った一切の経費を返還する」旨の誓約書を提出していた。帰国して2年数か月後、Yは退職した。そこで、X社は留学費用のうち、学費に相当する466万円余りの支払いを求めて提訴した。

裁判所は、本件留学制度を、人材育成を目的とした社員の自由意思による応募であって、業務命令に基づくものでなく、留学先も本人の自由に委ねられ、学位取得などもX社の担当業務に直接結びつくものでない反面、本人にとっては有益な経験や資格になると判示して、本件留学を業務とすることはできず、一定期間X社に勤務すれば学費等の返還債務を免除する特約付きの金銭消費貸借契約が成立していると解した。なお、裁判所は、返還免除される勤続年数について、社会常識に照らしてある程度の特定はできるとして、本件の場合のような帰国後2年5か月しか勤務していないことは全額返還請求されれば認容されると判示した。また、裁判所は、本件金銭消費貸借契約が成立している場合には、留学費用返還債務は労働契約の不履行によって生じるものではないので、労基法16条の違約金の定めや損害賠償の予定には該当しないと判示した。

4 前借金相殺の禁止

使用者は、労働することを条件に一定の金銭を貸し（前借金・前貸し）、その返済を労働者に支払う賃金と相殺することによっておこなうことがある。労働することと借金とが密接なかかわりを持ち、借金返済まで労働を継続することが余儀なくされ、労働者は身分的に拘束されることになる。それを禁止するのが、前借金相殺の禁止である 労基法17条 。

労基法が禁止するのは、前借金と賃金との使用者による一方的相殺であって、労働者が使用者から借金をすることまで禁止する趣旨ではない。借金返済は、労働者に賃金が全額支払われた後、労働することと切り離してなされるのであれば、問題はない（昭63・3・14基発150）。なお、労基法24条の賃金全額払いの原則は前借金以外の労働者に対する使用者の金銭債権と賃金との相殺を禁止していると解されている（第3編第1章 4 3 全額払いの原則参照）。

「前借金でも貸付の原因、期間、金額、金利の有無等を総合的に判断して労働することが条件となっていないことが極めて明白な場合には、本条の規定は適用されない」昭63・3・14基発150

5 強制貯金の禁止

使用者は、労働することに関わって、労働者に貯金させそれを管理することを認めさせることがあった（強制貯金）。賃金の一部を人質にとるようなものである。これは、労働者の足止め策として、おこなわれたのである。このような拘束的取決めは労働の自主性を奪うもので容認できない。労基法18条は、かかる強制貯金を禁止する。

もっとも、労働者からの委託を受けて、貯金を預かり管理することは一定の条件を満たせば許される（社内預金）。すなわち、労使協定の締結・届出、貯蓄金管理規定の作成、一定の利子をつけること、返還・払戻請求には遅滞なく応じることなどを条件にして実施運用される「社内預金」は、会社倒産などによる返還不能に陥ることなく管理・運用できることが保障されていると認められるので、強制貯金とは区別される 労基法18条2項から7項 。

Q. 労働者が使用者から労働契約を締結する際に借金をすることがあるとは、どのような場合か。
A. 労働契約で決定された賃金は、実際に働いた後でないといくらとなるか確定できないから、賃金支払いは労働の後になされるのが一般的である（賃金後払い）。それまでの生活費は、労働者自身が工面しなければならない。そうすると、貯金のない労働者もいるわけで、そのような者は、賃金が支払われるまでの生活費を使用者から借金することが生じるのである。

■ 参考文献

労働契約

土田道夫	『労働契約法〔第2版〕』（有斐閣、2016年）
中窪裕也	「労働契約の意義と構造」『講座21世紀の労働法〔第4巻〕』（有斐閣、2000年）
石田眞	「労働契約論」 籾井常喜編『戦後労働法学説史』（労働旬報社、1996年）

就業規則

| 毛塚勝利 | 「労働契約変更法理再論」『水野勝先生古稀記念論集―労働保護法の再生』（信山社、2006年） |
| 唐津博 | 『労働契約と就業規則の法理論』（日本評論社、2010年） |

その他

金子征史	「労使慣行の法理」日本労働法学会誌62号
藤本茂	「労働条件の明示」金子征史・西谷敏編『基本法コンメンタール―労働基準法〔第5版〕』（日本評論社、2006年）
米津孝司	「労働契約の構造と立法化」日本労働法学会誌108号
砂押以久子	「情報化社会における労働者の個人情報とプライバシー」日本労働法学会誌105号

第2章 労働関係の形成

　個別的労働関係は、法的には、労働契約の成立に始まる。本章では、労働契約の成立前後の過程を見ながら、そこに起きた労働問題について、形成・定着した法理を検討する。

　労働契約は要式主義ではなくて意思の合致で成立する。その際の両当事者の締結への意思は事実関係の中から判断せざるを得ない。そのときそのときの雇用事情、その際の両者のやり取りをどう理解するかが労働契約成否に大きくかかわるといえよう。

1 労働契約の締結

Q．諸成契約とは何か。
A．当事者の合意のみで成立する契約のこと。当事者の一方が契約を成立させようと意思表示する「申込み」と他方当事者からの「承諾」の意思表示によって成立する。一定の方式に従った文書によってのみ成立する要式主義とこの点で大いに異なる。
　この合意に契約成立を委ねることは、いつの時点で、またどのような内容で合意したか判断することが難しいことにもなる。合意内容（契約内容）を書面にすることを求める（労基法15条、労契法4条2項）のは、このことによる。

例外的に年齢制限を行うことが認められる場合（雇用対策法施行規則1条の3第1項）
1号　定年年齢を上限として、当該上限年齢未満の労働者を期間の定めのない労働契約の対象として募集・採用する場合
2号　労働基準法等法令の規定により年齢制限が設けられている場合
3号のイ　長期勤続によるキャリア形成を図る観点から、若年者等を期間の定めのない労働契約の対象として募集・採用する場合
3号のロ　技能・ノウハウの継承の観点から、特定の職種において労働者数が相当程度少ない特定の年齢層に限定し、かつ、期間の定めのない労働契約の対象として募集・採用する場合
3号のハ　芸術・芸能の分野↗

　労働契約の締結（成立）は、労働条件の労使対等決定を含め使用者と労働者との間で、使用されて労働することとそれに対して賃金を支払うことを合意することによる。締結を文書をもってすることが好ましいことは労働者にとっては特にそうである。労働基準法も労働契約法もこの点を強調するものの、文書によらない締結は労働契約ではないとは言わない。この点で、労働契約は申込みと承諾によって成立する諸成契約であることに変わりはない。したがって、労働契約の締結に際しては、使用者と労働者のとのやり取り（＝事実関係）のなかで、どれが、申込みや承諾の意思表示と捉えるのが妥当かを判断することが重要となる。

　労働契約の締結過程について、わが国では、労働関係の形成では使用者からアクションを起こすのが一般的である。労働者のほうから、能力を会社に売り込むというのはあまり見られない。したがって、本章でも、使用者からアクションを起こす場合（採用）で考えることとする。

1 採用の自由

　採用の自由は法的には、使用者の契約の自由とりわけ労働契約締結の自由である。それには、契約をしない自由（締結しない自由＝採用拒否の自由）も含まれる。それを採用の自由というのは、使用者が労働者を雇い入れることを採用というからである。

　採用の自由は、締結の自由のほかに、雇入れ人数、募集方法、労働者選択・選択方法の自由、調査の自由などを内容とする。雇入れ人数は何人雇うかである。募集方法は、公募とか縁故とかであり、また、ハローワークを利用するか、求人情報誌に載せるか、学校募集とするかなども含まれる。労働者選択・選択方法は、誰を雇うか＝労働者選択の基準であり、選択方法には、適性試験や面接といった選択方法を意味するほかに、特定の思想信条や性を採用しないとすることがある。

　問題は、性、特定の思想信条や年齢制限などを募集・採用条件として、これらを理由に採用しないことが許されるかである。

　性については、男性であることや女性であることを理由とする採用拒否は2006年改正均等法の禁止する性別による差別として違法とされる 均等法5条 ので、公序違反 民法90条 となる。

　特定の思想信条に関して最高裁は、使用者にも経済活動の自由が

あるから、特定の思想信条を理由に採用を拒否しても直ちに違法とはいえないとしている（三菱樹脂事件＝最大判昭48・12・12民集27巻11号1536頁）。本判決は今日も判例として生きている（慶大医学部付属厚生女子学院事件＝最3小判昭51・12・24労経速937号6頁）。

しかし、学説では、経済的自由権と精神的自由権においてより尊重されるべき価値を担っているのは後者であることから、これに逆行する最高裁の見解に、疑問を呈するものが多い。

行政も、採用面接に際して個人の思想信条を聞くことに否定的である。2015年改正個人情報保護法（2003年制定。本改正法の全面施行は2017年5月30日）は、要配慮個人情報に思想信条を含め、使用者が勝手に思想信条の情報を取得することを禁止するとともに、労働者に不利益が生じないよう配慮するように求めている（「個人情報保護法ガイドライン（通則編）」参照のこと）。

また、少子高齢で人口減社会である今日、働く意欲や能力のある高齢者にできるだけ労働市場に残ってもらうために雇用保障をしようとの趣旨で、雇用対策法を改正して、年齢制限を付けて募集・採用することを原則禁止し、例外的な場合に年齢制限を付すことが認められるとした（雇用対策法10条、施行2007年10月1日 なお、本編第4章④ 定年制度参照）。また、年齢制限を付す場合には、その理由を書面や電子媒体で明示しなければならない 高年齢者雇用安定法20条第1項。

このように、今日では、立法政策の点からも変化が起きている。特に、雇用差別撤廃の観点からは募集・採用から解雇まで広い分野にわたって規制が及んでいるといえよう。

このように見てくると、現在にあって、三菱樹脂事件最高裁判決によって形成された判例法理は現在の採用に関する規制の方向に比べて著しく後退している。

現時点でも、採用の自由は決して無制限ではない。募集・採用条件や選択方法などについて差別などが疑わしい場合には、使用者は、問題採用制度が目的にかなった合理的なものであることを求められ、それが認められない場合法的責任が追及されると考えるべきである。

現在の問題は、責任追及のあり方にある。今までの多くの見解は、慰謝料請求にとどまり、契約締結を請求することはできないとされてきた。契約締結請求を認容することは使用者の意思とは全く逆のことを強制するものであるというのが、認められないとする理由である。自由意思の尊重というわけである。しかし、有力な見解がこれに対して疑問を提示し、契約締結強制を、採用差別の最も有効な救済方法として、採用されるべきことを主張している。

考えると、三菱樹脂事件をリーディングケースとする判例法理の背景には、長期の雇用保障を会社が行うという日本型雇用制度があったということができる。すなわち、企業による労働者丸抱えの雇用保障には、会社にとっては解雇をできるだけ控えることによる忠誠心の涵養と期待があり、労働者にとっては自由よりも生活安定が利益になると考えられた。しかし、この考えは、実際の歴史たとえば、エネルギー

における表現の真実性等の要請がある場合
3号のニ　60歳以上の高年齢者又は特定の年齢層の雇用を促進する施策（国の施策を活用しようとする場合に限る。）の対象となる者に限定して募集・採用する場合

障がい者雇用促進法

障がい者雇用について、2016年4月に改正障がい者雇用促進法（2013年制定）が施行され、障がいを理由の差別が明確に禁止された。また、障がい者雇用の使用者への義務付けは従前と変わらない。

改正法では、身体・知的障がい者に加えて精神障がい者も対象であることが明確にされた。また、障がい者の法定雇用率は2.0％であるが、5年ごとに雇用率を見直しすることとなった。

改正法では、障がい者雇用差別の禁止は募集・配置など雇用の全ステージを差別禁止の範囲とするとともに、事業主に障がいの特性に配慮した職務の円滑な遂行に必要な施設などの整備を義務付ける、いわゆる合理的配慮の提供義務を定めた。合理的配慮の例としては、車いすを利用する方に合わせて机や作業台の高さを調整すること、知的障害を持つ方に合わせて、口頭だけでなく分かりやすい文書・絵図を用いて説明することが掲げられる。もっとも、使用者に過重な負担をかけないことも記されている。

改正法の制定に伴って「障害者差別禁止指針」と「合理的配慮指針」も制定された。

第2編 労働契約論

革命のときや鉄鋼産業の大不況のときの大量解雇や人員整理を思い返せば「然り」と簡単にはいえない。職場における人権尊重の重要性とともに最高裁もそろそろ、変わってもいいだろう。

判例 Case Study

採用の自由と思想・信条の自由——三菱樹脂事件＝最大判昭48・12・12民集27巻11号1536頁

　大学新卒定期採用で幹部候補社員として入社した労働者Ｘは、働き始めて約3か月、試用期間満了（以降は正社員）直前に、本採用を拒否された。Ｙ社は長期の期間の定めのない契約の締結を拒否した労働契約締結拒否だとして、以降は従業員として取り扱っていない。労働者Ｘは、特定の思想信条を理由とする本採用拒否は違法であるとして、従業員としての地位にあることの確認を求めて提訴した。これを受けて、Ｙ社は、履歴書に学生活動等の記載をせずまた面接時の質問にも「特にない」との回答をしていたことが「詐欺」にあたり信頼関係を著しく毀損したとして、本採用拒否の正当性を主張した。本件は、本採用拒否が、すでに締結されていた労働契約の解除（解約告知）すなわち解雇なのか、労働契約の締結の拒否なのか、前者であれば、いつ労働契約は締結されたのか、本採用拒否は通常の解雇と同じ基準で判断されるのか、試用期間制度の法的性質いかん、後者であれば、締結の拒否＝採用の自由と思想信条の自由などの論点が提起された。最高裁はこれらの論点について初めて、自らの考え方を明らかにした。

　最高裁は、憲法は思想・信条の自由や法の下の平等を保障すると同時に、財産権の行使、営業その他の経済活動の自由も基本的人権として保障している、それゆえ企業者はその経済活動の一環として契約締結の自由を有し、自己の営業のために労働者を雇用するにあたり、いかなる条件で雇うかについて、法律その他による特別の制限がない限り、原則として自由にこれを決定することができるのであって、特定の思想信条を有する者をその故をもって採用拒否してもそれを当然に違法とすることはできず、また、労基法3条は、雇い入れ後における労働条件の制限であって雇い入れそのものを制約する規定ではないとも判示した。また、以上であるから、企業者が労働者の採否決定にあたり、労働者の思想信条を調査しそのためその者からこれに関する事項についての申告を求めることも違法ではないと判示した。試用については省略。

2　労働契約締結時の規制

　労基法では、労働契約締結の際、使用者に一定の義務を課している。労働条件明示義務などである。また、労契法も契約内容の書面による確認を勧める **労契法4条2項**（本編第1章④ ② 労働条件の明示参照）。

3　身元保証契約

①意義

　わが国では、従来、労働契約の締結に際して、使用者は、労働者に保証人（身元保証人）を立てさせ、その者との間で労働者の身辺を保証する契約（身元保証契約）を結ぶことがおこなわれてきた。身元保証契約は、労働者の行為によって使用者が損害をこうむった場合それを身元保証人が賠償することを旨とする、労働者の労働に関わる使用者と身元保証人との間の契約である。このように身元を保証することは身分社会にあって奉公人の身元を保証する制度に端を発するといわれている。

　本来、労働者の行為は自己の責任においてなされるものであるし、それによって他者に与えた損害もまた行為の責任において負担する。それが近代市民社会における原則である。

　これからすると、自らが労働の責任を負うべきであるし、労働能力の評価に関わっては、使用者が労働契約の一方当事者であることからいって、使用者の責任である。したがって、労働契約関係に直接かかわらない第三者に、契約の本旨に関わる保証を求めて、そこにおいて生じる損害を回避しようとすることは自己責任の原則を蔑ろにする点で、反公序性が強いといえよう。しかし、今日の多くの論者は、

身元保証ニ関スル法律
1933（昭和8）年4月1日法律第42号
1933（昭和8）年10月1日施行
第一条　引受、保証其ノ他名称ノ如何ヲ問ハズ期間ヲ定メズシテ被用者ノ行為ニヨリ使用者ノ受ケタル損害ヲ賠償スルコトヲ約スル身元保証契約ハ其ノ成立ノ日ヨリ三年間其ノ効力ヲ有ス但シ商工業見習者ノ身元保証契約ニ付テハ之ヲ五年トス
第二条　身元保証契約ノ期間ハ五年ヲ超ユルコトヲ得ズ若シ之ヨリ長キ期間ヲ定メタルトキハ之ヲ五年ニ短縮ス
2　身元保証契約ハ之ヲ更新スルコトヲ得但シ其ノ期間ハ更新ノ時ヨリ五年ヲ超ユルコトヲ得ズ
第三条　使用者ハ左ノ場合ニ於テハ遅滞ナク身元保証人ニ通知スベシ
一　被用者ニ業務上不適任又ハ不誠実ナル事跡アリテ之ガ為身元保証人ノ責任ヲ惹起スル虞ア↗

そこまではいわず、身元保証契約が過度に身元保証人に責任を課していることを問題とするに止まっている。

②身元保証法（1933〈昭和8〉年）

身元保証人に課される責任が広範囲に及ぶことから、「身元保証ニ関スル法律（身元保証法）」を設けて、過度の責任を負担することのないよう責任の軽減を図っている。それは、主に契約の期間に関することと、身元保証人の損害賠償責任に関することからなる。

期間に関しては、期間を定めない身元保証契約は3年（商工業見習者は5年）、期間を定めるときは、5年が上限となるなどが定められている。

身元保証人の賠償責任に関しては、労働者の行為により身元保証人に責任が発生する恐れが生じたときなどに、使用者は身元保証人にその旨を通知しなければならない。これは、身元保証人に身元保証契約を解約するか否かを判断することができる定めがあり、その判断を求めるためにしなければならない通知である。責任の有無および金額に関しては、労働者に対する使用者の監督責任、身元保証人の注意の程度、労働者の身分等の変化など一切の事情を斟酌して決めることとされている。

ルコトヲ知リタルトキ
二被用者ノ任務又ハ任地ヲ変更シ之ガ為身元保証人ノ責任ヲ加重シ又ハ其ノ監督ヲ困難ナラシムルトキ
第四条　身元保証人前条ノ通知ヲ受ケタルトキハ将来ニ向テ契約ノ解除ヲ為スコトヲ得身元保証人自ラ前条第一号及第二条ノ事実アリタルコトヲ知リタルトキ亦同ジ
第五条　裁判所ハ身元保証人ノ損害賠償ノ責任及其ノ金額ヲ定ムルニ付被用者ノ監督ニ関スル使用者ノ過失ノ有無、身元保証人ガ身元保証ヲ為スニ至リタル事由及之ヲ為スニ当リ用ヰタル注意ノ程度、被用者ノ任務又ハ身上ノ変化其ノ他一切ノ事情ヲ斟酌ス
第六条　本法ノ規定ニ反スル特約ニシテ身元保証人ニ不利益ナルモノハ総テ之ヲ無効トス
附則　〈省略〉

② 内定

労働契約の締結の意思表示は文書によることを義務づけられていないから口頭でできる。もちろん、文書でおこなうことは、意思を明確に示すこととなり、証拠として重視されるから労働者にとっては特に重要である。しかし、必須ではないから、いつの時点で、労働契約が成立したかは問題となる。事実、問題となってきた。

特に、学卒予定者の採用に関して、使用者と学卒予定者との間のやり取りは、実際に働き始める相当程度前から始まる。よりよい人材を他社に先駆けて獲得しようとの思惑、よりよい企業に他者に先駆けて決まりたいとの思惑からである。学業がおろそかになるのでは学業に期待する企業も学卒予定者も本末転倒になる。問題である。また、すでに多くの企業で学卒予定者の新規採用が終了して、入社間際になって、人事計画変更などの理由で内定が取消されることがある。他に雇用を得ることが難しいから問題である。事実、70年代後半や90年代そして今もかかる事態が生じ社会問題となっている。

こうした中で、労働契約が口頭で成立する（諾成）ことに変わりはないものの、労働法は文書により確認することを求めているといえよう `労基法15条` `労契法4条2項`。

Q&A

Q．採用内定など学卒（予定）者の定期採用で問題となる、労働契約とはどのようなものか。働くことをさすのであれば、試用も内定後のアルバイトや研修も同じではないか。それぞれ労働契約だとすると、内定によって成立する労働契約というのは何なのか。

A．定年までといった長期の労働関係を前提とした労働契約の成立に関する問題である。だからこそ、学卒（予定）者は内定取消しや本採用拒否をきっかけにこれらを、長期の労働契約の実質的な解雇として捉え権利濫用法理で救済されると主張する。使用者は内定取消しや本採用拒否がかかる労働契約の締結を拒否したに過ぎないと主張する。両者は鋭く対立する。

■ 中途採用、アルバイトなどの採用

募集（就職情報誌、ハローワーク）　　応募 ➡ 面接・試験 ➡ 採用・勤務開始

■ 学卒予定者（新卒者）の採用

					◀──（内定期間）──▶		◀ 試用期間 ▶	本採用
セミナー	OB訪問	筆記	面接	内々定	内定通知・誓約書提出	アルバイト・卒業	入社・研修	辞令
（誘引） ➡	応募（申込み）➡				内定（承諾）➡	卒業	入社（試用）➡	本採用

第2編 労働契約論

1 内定の法理

　採用内定はもともと、企業の学卒定期採用の優秀な人材を早期に獲得しようとしてできた社会的制度である。かかる方式を採用しない企業もあり、一義的に判断できない。法的関係は個別具体的に、学卒予定者と企業とのやり取りといった事実関係に左右される。

　採用内定の法的性質に関する議論は、内定取消しによる学卒予定者の不利益をどう捉え、どう救済するのが妥当かという問題である。

　内定も学卒予定者と使用者との一連の接触（図参照）のひとつに過ぎず、法的に特段の意味はないとする見解（労働契約締結過程説）、内定を労働契約の予約と見る見解（予約説）が見られた。これらは、内定時には未だ労働契約は未成立とするので内定取消しは労働契約の締結拒否となり、不法行為による損害賠償に止まることになる。

　次に、内定が労働契約締結との見解が現れる（労働契約締結説）。これは、内定取消しは解雇に相当するとの認識が背景にある。とすると、労働契約成立は内定取消しの前の適切な時期ということになる。

　多くの会社での定期採用の実際が、内定をもって終了し、以降には、特段に労働契約の締結の意思表示といえるような事情が見られない。このような場合、内定を労働契約の締結と見るのである。

　最高裁は大日本印刷事件（最2小判昭54・7・20労判323号19頁）で、上記のような事実関係の下、内定を承諾（応募を申込み）として誓約書の提出とあいまって解約権留保付就労始期付労働契約が成立したと判示した。その後、最高裁は電電公社近畿電通局事件（最2小判昭55・5・30労判342号16頁）で、大日本印刷事件最高裁判決を踏襲しつつ、始期については、効力始期と判示した（後述）。今日でも最高裁はこの点に関して、統一見解を示していない。

判例 Case Study

採用内定と内定取消し―大日本印刷事件＝最2小判昭54・7・20労判323号19頁

　内定者（学生）Xは大学卒業を控えた4年次の7月において、数次の面接等を無事終えて、Y社より内定通知を受け、併せて卒業後に入社することと採用内定取消し事由が書かれた誓約書に署名して提出した。ところが、卒業式を間近に控えた2月、突然に理由もなく内定取消しの通知を受け取った。

　最高裁は、わが国で広く行われている学卒予定の定期採用内定制度は、その実態が多様であるため、法的性質を一義的に論断することは困難であり、具体的事実関係に即して検討する必要があるとして、本件のような採用内定通知のほかには労働契約締結のための特段の意思表示をすることが予定されていない事実関係においては、Y社の募集が申込みの誘引、内定者による応募が契約締結の申込みで、内定通知が承諾にあたり誓約書の提出とあいまって、卒業の後を就労の始期とする解約権留保付労働契約が成立したとの原審判断を支持した。また、内定取消しは、留保解約権の行使であって、その取消し事由は、内定当時知ることができずまた知ることが期待できない事実であって、これを理由として採用内定を取消すことが解約権留保の趣旨・目的に照らして客観的に合理的と認められ社会通念上相当として是認することができるものに限られるとした。本件では、労働者Xはグルーミーな印象なので当初から不適格と思われたが、それを打ち消す材料が出るかもしれないということで採用内定としたがそのような材料がなかったという理由は、留保解約権の濫用にあたると判示した。

2 内定期間中の権利義務

内定で労働契約が成立するとなると学卒予定者（内定者）と使用者との間の権利義務関係はどう捉えられるのか。内定期間中、内定者は学生であり卒業に向けて学業に専念しなければならない。使用者にとっても、学卒程度の学力や知識を期待してのことであるから、そうである。それでは、いつから労働契約上の効力（労働義務や指揮命令権）が生じること、換言すれば毎日働き始めることになるのであろうか。この問題が、「始期」である。

労働契約の締結とその履行開始が接近している始期は効力始期と理解して不都合はなかろう。しかし、内定期間は長く、その間は学業に専念し、通常の労働を予定しない。といっても、一部に研修や課題提出などを課すところがある。これらをどう法的に理解するかが、内定期間中の権利義務の問題である。

上記の始期を「就労始期」と捉えれば、これら研修などは、契約にもとづく指揮命令と労働義務と捉えられるが、「効力始期」であれば、研修などは契約の効力発生前であるから、契約上の権利義務とは捉えられず、内定者の個別合意が必要である。もっとも、効力は発生していなくとも、内定期間中特有の義務として、研修も学業に支障がないかぎり参加する義務があると考えることもできよう。

3 内定取消しの法的性質

採用内定によって労働契約の成立となるとする現在の判例法理によれば、内定取消しは使用者からする留保解約権の行使すなわち解約告知である。大日本印刷事件最高裁判決では、内定取消し事由は、「採用内定当時知ることができず、また知ることが期待できないような事実であって」、これを理由にして内定を取り消すことが「解約権留保の趣旨・目的に照らして客観的に合理的と認められ社会通念上相当して是認することができるものに限られる」とする。たとえば、内定者が卒業できなかったことは是認される取消し事由である。留保解約権の行使はそれによる学卒予定者の不利益が解雇による労働者の場合と同じような重大な不利益であると捉えることの証左がここに示されている。

留保解約権の行使が、合理的でなくしたがって濫用であるとされれば、当該内定取消しの意思表示は無効とされ、内定者の従業員としての地位は存続することとなる。

なお、内定者からの内定辞退は、退職（労働者側からの将来に向けた解消の意思表示）であり、原則自由である。したがって、解約告知として2週間後に効力が発生する 民法627条 。

4 内々定

内々定は、内定に関する判例法理の定着を反映して、新たに登場したものである。主に、10月に内定式を催すなどして労働契約締結の意思の明確化を図り、他方では内定式以前は柔軟な採用管理を図

Q． 卒業すること（できないこと）を条件とする労働契約の締結と解することはできないか。

A． できる。事実関係から、卒業の可否といった不確定な事実に効力発生あるいは消滅をゆだねたといえる場合もあろうからである。もっとも、条件と解することが、学卒予定者の利益になるかどうか、法的安定に寄与するかどうか、考えることが必要である。

内定取消し事由の例
①提出書類に虚偽の記載をした場合
②卒業できない場合
③健康状態の悪化によって就労できない場合
④その他、勤務に不適当と認められた場合

内定取消しが認められた例
・デモに参加し逮捕・起訴猶予処分になったこと（前掲電電公社近畿電通局事件最高裁判決）
・高校での学園紛争で教職員に対する暴行が判明したこと（桑畑電機事件＝大阪地判昭51・7・10労判257号48頁）

第2編 労働契約論

りつつ、新規採用予定者を絞り込むあるいは拘束することが多いようである。かかる内々定の法的性質は、事実関係をどう捉えるかによる。つまり、労働契約締結の意思表示（承諾）にあたるほどに意思が明確であるかである。内々定は内定式への参加を呼びかけるに過ぎず、それまでは使用者も学卒予定者もともに自由な採用・就職活動を認めるものであれば、内々定を内定と同一視することは難しい。

しかし、たとえそうであっても、内定式直前の内々定取消は学卒予定者にとっては深刻な不利益となる。裁判例でも、事実関係から本件内々定は確定的な意思の合致とはいえないが、内定通知交付日間近の内々定取消は契約締結過程における信義則に反し期待利益を侵害するとして、慰謝料（100万円）が認められた例がある（コーセーアールイー［第2］事件＝福岡地判平22・6・2労判1008号5頁）。

3 試用

1 試用の法的性質

定期採用で入社後、一定期間（3か月から半年）、新入社員は、働きながら職務上の適性や適格性などを判断する期間が設けられその後本採用するという取扱いを受けることが多い。会社が新入社員の適格性を最終的に判断するために設けた多くの企業が実施している社会的制度である。この制度を試用といい、その期間を試用期間という。試用期間満了時に辞令書を受けて、新入社員は晴れて正社員となり、本格的な労働者生活が始まる。

しかし、長期の雇用を予定した雇用制度の下にあっては試用期間満了時に本採用拒否されると、よりよい雇用の機会から遠ざけられ生涯賃金に多大な悪影響が生じるなど、労働者は大きな不利益をこうむる。

また、試用期間の長さも問題となる。長期の試用期間の後、本採用を拒否されるとその後の労働者の職業生活には重大な不利益が生ずる。試用の目的である職務遂行能力の評価に適切な期間に限られるべきである。あまりにも長期の試用期間を設けることは労基法15条の趣旨に反し公序違反となる（ブラザー工業事件＝名古屋地判昭59・3・23労判439号64頁）。

コラム Column

試用と本採用拒否

試用の法的問題は本採用拒否を発端に議論されるようになったといってよい。この点、採用内定の法的問題の場合と似ている。実際には、試用の法的性質の議論のほうが、採用内定よりも早かった。内定の判例法理を形成した大日本印刷事件最高裁判決（前掲）も試用の判例法理を形成した三菱樹脂事件最高裁判決（前掲）を引用している。

試用は目的や機能がそれを採用する企業によって異なることから試用の法的性質を一義的に論ずることはできない。この点、内定と同様に、いろいろな見解が示された（採否決定のための特別な労務供給契約など）。

新規学卒者の定期採用における試用（期間）について、最高裁自らの見解を示したのが、前掲三菱樹脂事件である。本件最高裁は、試用期間満了時の本採用拒否の前例がなく、雇入れについて契約書を作成することなく職名や配属先を記載した辞令書を交付するだけといった事実関係のもとでは本件試用は解約権留保付労働契約であるとの見解を示した。

2 本採用拒否の法的性質

事実関係から試用の法的性質が解約権留保付労働契約とされると、試用期間満了時の本採用拒否は、留保された解約権の行使といえる。では、留保解約権の行使はどのように判断されるのか。

三菱樹脂事件最高裁判決では、留保解約権の行使はその「趣旨、目的に照らして、客観的に合理的な理由が存し社会通念上相当として是認される場合」に許されるとした。実質的には解雇法理の適用である。しかし、留保解約権行使には、通常の解雇の場合よりも広く解雇の自由が認められると解されている（前掲三菱樹脂事件最高裁判決、後掲神戸弘陵学園事件最高裁判決）。

3 試用期間か特別の期間を定めた労務契約か

定期採用の場合に職務遂行能力を判断するとして期間を定めることがある。この期間について、有期労働契約の契約存続期間とみるのかそれとも試用期間と捉えるべきかが問題となる。

最高裁は定期採用で他の職員と同じ勤務実態である場合は、有期労働契約ではなく、期間の定めのない契約の下での試用期間と捉えるべきであるとした（神戸弘陵学園事件＝最3小判平2・6・5労判564号7頁）。定期採用の場合は、長期雇用を予定した期間の定めのない契約での試用期間とみるのを原則としたといえよう。

Q． 試用期間中の社員の身分はどうなっているのか。

A． 学卒者の定期採用について、会社によって異なるものの、多くは適格性判断や業務の習得を目的に新規採用後3か月から6か月の試用期間（見習期間、研修期間）を設けている。当該期間中、新入社員は、見習社員、試用社員あるいは研修社員と呼ばれ、他の社員とは異なる身分の下にある。なお、当該期間満了後は、他の社員と同様の扱いになるほか、退職手当の算定などの勤続期間の算定にあたっては、試用期間も算入されるのが一般的である。

判例 Case Study

試用期間か有期試用契約か──神戸弘陵学園事件＝最3小判平2・6・5労判564号7頁

Y学校の社会科教諭として新卒採用された労働者Xは、面接の際、契約期間は一応1年とするがその間の勤務状況を見て再雇用するか否かを判断するとの説明を受けながらも、30年でも40年でも頑張ってくれともいわれ、期限付職員契約書を取り交わして、常勤の教諭とほぼ変わらない勤務をしていたが、翌年3月31日をもって期間満了で契約終了とする旨の通知を受け取った。そこで、労働者Xは、教諭の地位確認などを求めて提訴した。

最高裁は、労働者を新規に採用するにあたり労働契約に期間を設けた場合その趣旨・目的が労働者の適性を評価・判断するためであるときは、期間の満了により労働契約が当然に終了する旨の明確な合意が成立しているなど特段の合意が認められるならともかく、そうでないとき、その期間は契約の存続期間ではなく、試用期間であると判示した。

■ **参考文献**
　採用の自由
　有田謙司　　「採用の自由」土田道夫・山川隆一編『労働法の争点』（ジュリスト増刊・新・法律学の争点シリーズ7、2014年）
　毛塚勝利　　「採用内定・試用期間」『現代労働法講座〔第10巻〕』（総合労働研究所、1982年）
　木南直之　　「採用内定・試用期間」同上『労働法の争点』

第3章 労働関係の展開

　企業は、多くの従業員が有機的に連関しながら各々の役割を果たすことによって、営まれる。従業員をどう配置転換するかは、重要な経営判断である。労働者にとって配置転換は、基本的な労働条件の変更であると共に、労働者の私的生活に重大な影響を及ぼす。たとえば、勤務場所が変わり単身赴任を余儀なくされるなどである。

　こうした事態は、長期継続を予定する労働関係にあっては、特殊な問題ではなくどの労働者にも起こりうる。業務上の必要性が増すとともに人事異動に応じられない私生活上の事情も増える。私生活か雇用継続かの選択を迫られ、多くは雇用継続を選ぶ。すると、多少の不利益は皆が被り我慢している。だから、あなたも我慢を、と…。しかし、そうであろうか。

1 業務命令

　個別的労働関係は業務命令権（労務指揮権）とそれに従って労働することによって展開される（労働契約の履行過程）。業務命令権は労働契約に由来する。また労働者の負う労働義務は業務命令権に対応するので、業務命令に背くことは、労働義務を果たしたことにならず、労働契約違反や懲戒処分の対象となる。業務命令といえるかとか濫用に当たらないかとかが問題となる所以である。人事異動に関する法的問題もこの業務命令（配転命令）にかかわる問題である。

　業務命令権の範囲は労働契約の内容による。範囲は業務の範囲すなわち本来業務と労務が円滑に実施されるに必要な附随的業務である。それは明確であることが重要である。曖昧であることは無限定な命令になりやすく対等で自由な意思主体間の合意といえなくなるからである。

　また、本来業務の業務命令であっても、生命にかかわる場所での業務命令は濫用となる。組合員であることを嫌悪しての業務命令といった不当な目的あるいは報復による業務命令も権利濫用として無効である（本件は否定されたが、論理は認めた判例として、国鉄鹿児島自動車営業所事件最2小判平5・6・11労判632号10頁）。労働者が生命に危険の及ぶ場所での業務を拒否しても使用者はその責任を問えないとした裁判例に、日本電信電話公社千代田丸事件（最3小判昭43・12・24民集22巻13号3050頁）がある。

2 人事異動

　配置転換、出向といった人事異動は、応援や出張といった一時的臨時的なものとは異なり、3年から4年の間隔で移る。したがって、単身赴任を強いられたり、労働者の私的生活への影響も無視できない。また、出向では、一定期間とはいえ別の会社でその指揮命令の下に賃金をもらって働くことになるので、出向期間は明確か、果たして元の職場に戻れるのか、そもそも労働条件はどうなるのかなど配転とは格段に異なる労働者生活が予想される。

わが国の雇用・人事制度は変わってきているとはいえ依然として労働者の雇用を保障する長期継続関係を予定したものが多い。使用者にとって、人事異動は、長期の雇用を労働者に保障することに伴う、人事の腐敗防止・活性化ひいては雇用調整の方法として必要であったし、今もそうである。だから、業務命令権の行使と捉えてスムーズに行いたい。他方、労働者にとっては長期安定雇用保障上やむを得ないと受け止める部分もあろうが、労働関係が長期化する間に生じる労働者生活における変化も大きく、労働者の私的生活や人生観にも触れる重大な問題を惹起する。すなわち、拒否せざるをえない事情の生じることも多くなる。

Q．人事権は法的概念か。
A．労務管理の概念として、人事という配置、処遇、懲戒などの措置をさす用語がある。人事権はその措置を行う事実上の権能をいい、その場合法的権利ではない。しかし、労働契約でもって使用者が配置や懲戒する権能をゆだねられ、これらを総称して人事権という場合は法的権能である。

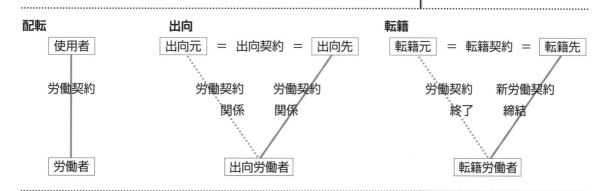

1　配転（配置転換、配置換え、転勤）

　配転は、勤務場所や職務内容という労働条件の変更である。労働契約の当事者に変更はないから、労働条件が変更されるとしても、出向や転籍よりはその変更のもたらす影響は少ない（図表参照）。
　人事異動は、第2次世界大戦後の経済発展・企業活動の広がりとともに拡大してきたが、配転はその中心をなす。
　配転は、配置転換とか、配置換えとか、転勤とか、会社によって呼称が異なるが、その目的とするところは、腐敗防止、人事の活性化などにあり、定期的に実施される。また、経営悪化に伴う雇用調整として用いられたりもする。このように、配転は正社員には身近なものとなっており、それだけに、問題も多い。
　配転に関する企業の必要性は長期雇用を前提として、いわばルーティン化しているから、スムーズに運んでほしいところであろう。しかし、同じく長期雇用の下では、結婚、子育て、介護など労働者の私的生活にも様々な変化が生じる。配転命令に応じられない労働者が出てくることもまた必然である。配転の法的問題は、雇用継続を前提とした勤務場所や職務内容の変更であるから、労働者の使用者の利害対立をどう調整するかが問題となる。
　配転は辞令交付という形で一方的に使用者が変更場所や職務内容を命じる形をとることが多いが、法的にも使用者に委ねられた命令権（配転命令権）の行使として捉えられるのであろうか。命令権の行使だとすると、労働者は従う義務があり、特段の事由がなければ拒

否できず、拒否すると配転命令違反を理由に懲戒処分されることになる。逆に、法的には命令権ではなく配置換えの申し入れにすぎないとなれば、それに対する拒否はそれを理由にして懲戒処分されることはない。しかし、ルーティン化した人事異動が滞る恐れも生じよう。継続雇用を前提とする以上、拒否の自由といっても限界がある。

①配転命令権の根拠

労働関係に入るということは、労働者は労働能力を処分する権限を全面的に使用者に委ねたということだから配転という勤務場所や職務内容の配置や変更は具体的な業務上の指示と同じで自由にできる、との考え方もあった。しかし、現在では、勤務場所や職務内容は基本的な労働条件であるから、配転はその変更であり、使用者に勤務場所や職務内容を変更する権限をゆだねる旨の特約（合意）が労使間に形成されていないと配転命令権が使用者に存するとはいえない。当然に使用者が配転命令権を有するとはいえないと考えられているのである。

問題は、その特約（合意）をどう捉えるかである。その特約を契約上の合意と捉え、その合意に配転命令権の根拠を求めることができるとし、就業規則の「業務上の必要によって配転を命じることがある」旨の定めにその合意をみるのが、東亜ペイント事件最高裁判決（最2小判昭61・7・14労判477号6頁）である。就業規則で労働者の義務を定める規定がある場合その規定が合理的であれば契約内容となるとの最高裁判例（電電公社帯広局事件＝最1小判昭61・3・13労判470号6頁）もあることからすれば、東亜ペイント事件で最高裁が述べたことも理解できる。

こうして、判例法理では、就業規則の規定の存在とその規定に基づきさらに頻繁に配転が実施されている勤務実態のあることを加えて、原則、使用者に広範な配転命令権がゆだねられていると解し次に、例外として勤務場所や職務内容を限定する特約があるか否かを確認するという考え方が定着するようになった。

かかる配転命令権はいつ、だれに、どこへ、どんな職務に変えられるかは不明であるが、ひとたび、業務上の必要があると使用者が判断・行使したら、労働者は原則これに従う義務があるという点で、包括的な命令権ということができる。

②配転命令権の濫用

判例法理によって形成定着した使用者の包括的配転命令権は、どのようにして労働者の生活上の不利益との利害調整を図るのであろうか。その利害調整の法理が、権利濫用法理である。すなわち、配転命令権の濫用である。

前掲東亜ペイント事件で最高裁は、①業務上の必要性がないこと、②不当な動機・目的があること、③労働者に対し通常甘受すべき程度を著しく超える不利益を負わせるときなどがあれば、配転命令権

の濫用になるとした。もっとも、最高裁は、業務上の必要性について、転勤先への異動が余人をもって代えがたいといった高度の必要性まで求められているわけではないとし、労働力の適正配置、業務の能率増進、労働者の能力開発、勤務意欲の高揚、業務運営の円滑化など、合理的運用であると認められるなら、業務上の必要性があるとしている。これでは、恣意的な命令でない限り、業務上の必要性は、容易に認められるであろう。

　主要な論点は、③の通常甘受すべき程度を著しく超える不利益とは、どのような場合かである。しかしこれも、労働者の主張が認められる場合は少ない。というのは、通常甘受すべき不利益というように、配転命令によって多少なりとも不利益が労働者に及ぶことは想定内だからである。通常とは社会的慣例であろう。したがって、単身赴任というだけでは通常甘受すべきものということになる。

　こうなると、通常甘受すべき程度を著しく超える不利益にあたる場合は極めて限られることになる。としても、意欲的な労働を期待する使用者からすれば、労務管理上は少なくとも、労働者の多様な価値観を踏まえ配慮することが求められる。これを使用者の信義則上の付随義務と捉え、かかる配慮義務を尽くしているかを配転命令権の濫用判断のひとつに加える裁判例もある（帝国臓器製薬事件＝東京高判平8・5・29労判694号29頁）。また、育児介護休業法や男女共同参画社会法など多様な労働者生活に配慮した法制度が整備されつつある現在、これらも配転命令権の濫用の判断要素になる。この点に関して、転勤による通勤時間の長時間化が育児に支障を生じさせるとして配転命令権の濫用が争われた事件で、最高裁は、結論としては濫用にあたらないとしたものの、育児に支障をきたすことが配転命令権の濫用判断の要素となると判示している（ケンウッド事件＝最3小判平12・1・28労判774号7頁）。

> **通常甘受すべき程度を著しく超える不利益にあたるとされた例**
> ◎ 兄はてんかん、妹は心臓弁膜症、母は高血圧症で、本人がこれら家族の面倒を見るとともに家計を支えている（日本電気事件＝東京地判昭43・8・31労判62号14頁）。
> ◎ 二人の子供の病気、農業を営む体調不良の両親をかかえている（北海道コカ・コーラボトリング事件＝札幌地決平9・7・23労判723号62頁）
> ◎ 精神疾病の配偶者の看護（X1）や老親の介護（X2）をしなければならない2名の労働者に対する配転命令（ネスレジャパンホールディング（配転本訴）事件＝神戸地姫路支判平17・5・9労判895号5頁）。

■　**配転命令権**

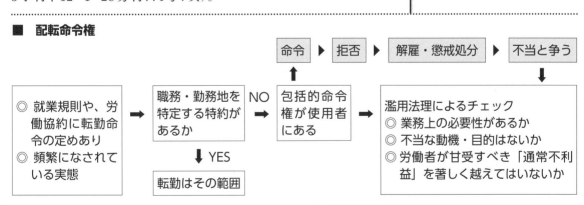

第2編 労働契約論

判例 Case Study

配転命令権の根拠と濫用法理—東亜ペイント事件＝最2小判昭61・7・14労判477号6頁

　　労働者Xは、Y社大阪営業所で営業を担当し、71歳の母、保育士の妻と2歳の子と暮らしていた。Xは広島営業所への配転の内示を受けたが家庭の事情を理由に拒否した。Y社は代わりに名古屋営業所への配置換えを内示したが同じ理由で拒否された。Y社はそれでも正式に名古屋営業所への配転命令の辞令を出した。しかし、Xは当該配転命令を拒否した。Y社は当該拒否を理由に、Xを懲戒解雇した。Xは不当な配転命令を理由とする懲戒解雇であると当該懲戒解雇無効を争った。

　　最高裁は、Y社の労働協約や就業規則には、業務上の都合により従業員に転勤を命ずることができる旨の規定があり、現に全国の営業所に転勤を頻繁に行っており、Xは大学卒業資格の営業担当者として、労働契約締結時に勤務地を大阪に限定する旨の合意はなされていなかったという事情の下においては、Y社は個別的同意なしに転勤を命じる権限を有すると判示した。

　　また、配転命令権の行使について、裁量によってできるが、転勤は一般に労働者の生活関係上少なからぬ影響を与えるから、当該配転命令につき業務上の必要性が存しない場合、存する場合であっても他の不当な動機・目的をもってなされたとき若しくは労働者に対し通常甘受すべき程度を著しく超える不利益を負わせるときには、当該配転命令は権利の濫用になると判示した。なお、業務上の必要性に関して、余人をもって替え難いといった高度の必要性には限定されず、労働力の適正配置、業務の能率増進、労働者の能力開発、勤務意欲の高揚、業務運営の円滑化など企業の合理的運営に寄与する点が認められれば業務上の必要性は肯定されるとした。

> 労契法の法案段階では、14条2項として、出向の定義が定められていた。そこでは、使用者との労働契約を終了することなく、使用者の出向先との間の出向契約に基づきその範囲内で、出向先との労働契約のもとで労働することをいうとなっていた。制定法には、削除されているものの、この出向に関する定義は、在籍出向を意味している（平20・1・23基発012304）。

2　出向（在籍出向）

①出向の法的性質

　　出向は、企業活動が拡大し、関連会社やグループ、系列会社が多くなり、相互間の資本上あるいは経営陣だけでなく、一般従業員間の人事交流を図って結びつきを強固にしようとの経営方針や不況期にあっては雇用調整をグループや系列間で行うことで一社による限界を乗り越えようと、実施されるようになった。

　　出向とは、①出向元会社との労働契約関係を継続する、②出向元会社と出向先会社は、出向先会社が当該労働者に指揮命令すること及び負担する義務の範囲について定める出向契約を締結し、③労働者が、当該出向契約に基づき、出向元会社との間の労働契約関係を継続しつつ、出向先会社との間の労働契約に基づく関係の下に、労働することをいう。

　　出向は、労働契約の当事者である使用者の変更を伴う（89頁図表参照）。この点で、出向は、配転とは異なる。それにより、勤務場所や職務内容はその一部にすぎない、全ての労働条件の異なることが想定される。もっとも、出向におけるこの変更は一時的なもので数年後には元に戻ることが予定されている。すなわち、出向とは、元の使用者との労働契約関係を残しつつ（したがって、在籍したまま）、一定期間、他の使用者の下で労働をすることを意味する。

　　出向は、配転よりも複雑な法的関係である。元の会社（出向元会社）との契約関係を残すとはいっても、出向期間中はほとんど機能しない。どの程度の関係が残るのか出向期間中の労働条件はどうなるのかあるいは労働条件や処遇に関して出向契約によって決められるとしても出向元出向先のどちらが何を負担するのかは問題となる。ま

92

第3章 労働関係の展開

た、出向期間を満了し出向元会社に復帰することの確認や復帰時の
職務、勤続年数に関して出向期間をどう取り扱うかなども予め決めて
おくことがトラブルを回避する上で肝要である。

②出向命令権の根拠

出向は、期間限定とはいえ労務提供の相手方を変更するものである
から、労働契約の要素の変更であり、明確な労働者の同意がなけれ
ばできない。民法ではこれを、一身専属制の原則という **625条**。最高
裁判例でも、出向命令には特段の根拠が必要であるとの根拠に、こ
の労働契約に関する一身専属制を挙げた原審を支持した（日東タイヤ
事件＝最2小判昭48・10・19労判189号53頁。同事件＝東京高判
昭47・4・26労判189号58頁）。したがって、出向の必要が生じたとき
になされる出向命令は法的には原則、出向の申込みと観念されよう。

もっとも、最近では、出向が頻繁に行われ、人事・労務管理上も、
円滑に出向が実施できるように整備されると、別言すると、出向元会
社と出向先会社との間で出向に関する労働者の労働条件や出向期間
などを決めた出向契約が整ったものになってくると、様相は変わって
くる。直接かつ明確に限定したあらかじめの同意（就業規則や労働
契約）も認めようというのである。

就業規則に直接かつ明確に限定した出向規定が存する場合、こ
のような就業規則の規定は合理的な労働条件を定めたものとして契
約内容になっているので、使用者に出向命令権が認められるとの判
例が登場した（ゴールド・マリタイム事件＝最2小判平4・1・24労判
604号14頁）。最高裁判決は以下の原審判決を支持した。すなわち、
就業規則の内容が出向先を限定し出向する社員の身分や処遇を明確
にして保証するなど合理的で、関連会社との提携強化といった業務
上の目的が明確で、その趣旨に即して合理的に運用されている場合
は、個別の合意がなくても出向元使用者の命令によって出向義務が
生じるとするものである。本件自体は、業務上の必要性も人選の合
理性も認められないとして労働者勝訴となった（同事件＝大阪高判平
2・7・26労判572号114頁）。

こうして、出向の場合も、直接かつ明確に限定したとの制限がある
ものの、就業規則の定めを根拠に「命令権」が契約内容として使用
者に委ねられるとする。この見方は、配転命令権を使用者に認める
論理と極めて近似するといえよう。

判例 Case Study

出向命令権の根拠——新日本製鐵（日鐵運輸）事件＝福岡高判平12・11・28労判806号58頁

Ｙ社の収益悪化にともない、出向が実施された。Ｘらは、出向を拒否したが、その後不同意のまま出向先
に赴いたが、延長措置のたびに復帰を希望したが容れられなかった。Ｘらは、本件出向命令の無効確認を求
めて提訴した。

裁判所は、出向には人員合理化のもと大幅な人員削減を回避する役割もあり、多数実施されてきたなどの
事実関係のもとにおいては、就業規則・労働協約の出向規定は個別の同意に代わる出向命令権の根拠となる
と判示した。本件の場合は権利濫用には当たらないと結論づけた。

第2編 労働契約論

③出向命令権の濫用と労働契約法

　また、出向命令権の濫用も認められる。出向命令権の濫用は無効である。その法理もまた、配転法理に近似する。すなわち、業務上の必要性があっての出向であるから、必要性のない出向は権利濫用となる。また、業務上の必要性が認められても、不当な動機・目的によることは許されない。問題は、出向中の労働条件が曖昧なまま出向を命じることが濫用になるかどうかである。労働条件が曖昧なまま出向を命じることは、そもそも出向命令権の行使ととらえる前提を欠く。したがって、このような場合の出向命令は権利の行使とはいえず、いうなら出向の申込に過ぎない。これを拒否しても不利益は生じない。また、仮に出向命令権の行使と捉えても労働者の労働条件ひいては法的地位を不安定にするので権利の濫用となる。

　出向命令権のあることを前提にした濫用について、労契法では、出向「命令が、その必要性、対象労働者の選定に係る事情その他の事情に照らして、その権利を濫用したものと認められる場合には、当該命令は、無効とする」**第14条**としている。

④出向中の労働関係

　出向は出向先会社の下で労務を提供するが、出向期間中、出向元会社との労働関係が切断されることはない。しかし、指揮命令だけでなく出向中の賃金は、出向先会社が支払うのが通常であることから、労働者派遣法上の派遣とも異なる。出向中の出向先会社と出向労働者の関係は派遣関係ではなく労働契約関係として捉えるのが現実に適っている。

　問題が生じたとき出向先、出向元いずれが責任を負うのかは、原則、出向契約によって決まる。出向先会社が指揮命令し賃金も支払っている点からいえば、出向先が使用者として責任を負う場合が多いといえよう。不明な場合は双方が連帯して責任を負うと解するのが適切である。

⑤復帰命令

　出向は出向期間満了をもって終了し、出向労働者は出向元会社に復帰することになる。この場合、特に、出向元会社が復帰命令を出す必要があるか。出向は、期間満了をもって終了するのであり、ここでの出向は在籍出向であり、出向元に戻ることを前提とする以上、復帰命令を特に必要としない。復帰命令が出されたとしてもそれは、終了したことを確認する意味でしかない。

　ただ、出向期間途中での復帰命令や出向期間を定めないまま出向した場合は、復帰命令は復帰の申込と解される。労働者の意思が重視されるべきだからである。判例では、もともと労働者が出向元会社の監督下で労務を提供するのだから、復帰命令については出向元との労働契約において合意がなされていたとして、特段の事情がない限り復帰命令に従うものとしている（古河電気工業・原子燃料工業事件＝最2小判昭60・4・5労判450号48頁）。

第3章 労働関係の展開

判例 Case Study

復帰命令とその拒否—古河電気工業・原子燃料工業事件＝最2小判昭60・4・5労判450号48頁
　Xは、Y1とY2との間の出向契約により、Y2先に出向していたが、欠勤などにより勤務状態が不安定で仕事に支障が生じY1とY2との間の信義上の責任が生じるとして、Y1に復帰するよう命じられたが、拒否した。Y1はXを懲戒解雇した。Xは復帰命令に業務上の必要性がないことなどを理由に、Y2との雇用関係確認を求めて提訴した。
　最高裁は、在籍出向の場合、出向元が出向先の同意を得て、出向関係を解消し労働者に復帰を命じるについては、出向元の指揮監督のもとに労務を提供することはない旨の合意が成立していると見られるなどの特段の事由のない限り、当該労働者の同意を得る必要はないと判示した。

---

3 転籍（移籍、移籍出向）

　転籍は、従来の労働関係を解消して新たな労働関係を形成させることである（89頁の図参照）。別言すれば、転籍先会社と新たな労働契約を締結することを前提として従来の労働契約を円満に解消する、解約の申込みである。
　グループ企業や系列企業間の人事交流やグループ・系列企業間での労働者の雇用保障を目的に、近時盛んに実施される人事異動である。

①転籍の法的性格

　転籍は法的には従前の労働契約の合意解約と新たな労働契約の締結の2つの法律行為が同時におこなわれるものと捉えられる。労働契約の締結は強制されない個人、とりわけ労働者の自由であるから、労働者の意に反しては成立しない。かかる意味では、転籍命令は法的にはあってはならない。したがって、他の前述した人事異動とは異なり、就業規則に「業務の必要により転籍を命じることがある」とか「正当な事由なしに転籍を拒否できない」との定めがあっても、包括的な合意も予めの合意も法的には認められない。
　転籍の必要が生じたときにその都度、合意がなされることが必要である（ミロク製作所事件＝高知地判昭53・4・20労判306号48頁）。特定の転籍先や転籍の条件が明確であって一般的な転籍可能性が認められても、直ちに個別の合意に代えることはできない（三和機材事件＝東京地決平4・1・31判時1416号130頁）。

判例 Case Study

転籍の法的性質—三和機材事件＝東京地決平4・1・31判時1416号130頁
　Y社は倒産後、和議中にY社の営業部門を独立させ新会社を設立した。Y社は、Xら営業部門社員全員を新会社に移籍させることとし、Y社就業規則に出向規定を設けその中に移籍出向も含まれるとした。Y社はXに転籍出向を命じ、これを拒否したXを懲戒解雇した。Xは転籍出向命令の無効および懲戒解雇の無効を主張して提訴した。
　裁判所は、本件のような実質的にも独立の法人格を有する2つの会社にあっては、いかに労働条件に差異はなく、人的にも資本的にも結びつきが強いとしても、法的に両会社間の転籍出向と一方の会社内部の配転とを同一と見るのは相当ではないとして、転籍出向命令権を否定し、合意が必要であると判示した。もっとも、個々のその都度の合意が必要であるかは疑問がないわけではないとも述べている。

第2編 労働契約論

②労働契約承継法と転籍

2001年4月、会社分割に伴う労働契約関係の異動に関して、「会社の分割に伴う労働契約の承継等に関する法律」（労働契約承継法）が施行され、労働者の意思を問うことなく自動的に承継される会社に異動させることが可能となった。すなわち、会社が商法上の会社分割を行い分割される会社に主として従事する労働者を分割計画書等に記載すれば、該当する労働者の意思を確認することなく一方的に設立会社に転籍させることができる（自動継承の原則）。その結果、当該労働者は分割計画書等に記載されず継承されない場合にのみ異議を申し立てることができるだけとなった。これは、自動継承される原則が労働者の保護になると考えられるからとされる。しかし、企業年金や福利厚生といった労働条件が当然引き継がれるわけでなくいろいろ問題が指摘されている（後掲参考文献参照）。この点から、自動継承される労働者にも自動継承されることに対して異議申し立てできないとする点は問題であろう。

③転籍拒否と解雇

転籍拒否に対して使用者はそれを理由に直ちに解雇できるかは疑問である。解雇の脅威で転籍先との労働契約締結を強制するからである。したがって、転籍拒否を理由とする解雇は、解雇権の濫用に当たると解される。使用者は拒否した労働者の配転先などの解雇によらない措置を講じるなど整理解雇法理にしたがった検討を求められることになる（千代田化工建設事件＝横浜地判平元・5・30労判540号22頁）。

3 昇進（降職）・昇格（降格）・昇給（降給）

労働関係の展開過程には、昇進や昇格に関する問題もある。昇進は、部長、課長、係長などの職位に関する上昇人事を指し、昇格は、部課長といった職位に就く資格や賃金制度の等級格付けを上げることを意味する。逆に、降職は職位を下げることで降格は職位の格や賃金制度の格付けを下げる人事である。賃金制度の等級格付けを特に意味する場合は、昇給（降給）という。

昇進や降職は、管理監督的な地位に就けるあるいは解く措置であるため、経営判断による部分が多く、したがって使用者の裁量に委ねられることが多くなる。それに対して、昇格は、格付けを意味することが多い分、勤務経験や勤続年数などの客観的基準によってなされることが多い。降格は等級格付けを下げることであり、年功制の強いところでは従来あまりみられない例外的なことであった。しかし、成果主義人事管理の下で見られるようになった。

1 法的問題

昇進・昇格・降格は法的には労働契約の変更に当たることから労働者の同意を要するが、昇進・昇格は労働者にとって一般的には有利

な変更にあたり問題となることは少ない。これに対して、降格は、労働者にとって不利益な変更になり問題が多い。裁判例では、降格に理由があるとしても一方的な降格はできないとされた例がある（アーク証券事件＝東京地判平12・1・31労判785号45頁）。ただし、就業規則などにより昇進・昇格・降格制度が明らかにされている場合は、使用者がかかる措置をとることについて労働者から予め同意があると解することができるから、理由がないとか、不当な動機によるなど濫用と判断される場合を除き、許される。男女差別による場合は均等法違反・公序良俗違反であり許されず、濫用になる。

> **降格の法的根拠——アーク証券（本訴）事件＝東京地判平12・1・31労判785号45頁**
> 　Y社では職能資格制度に基づく給与体系が設けられている。Xらは、平成4年4月までは降格されることなく昇格してきたが、それ以降は何回か降格させられた。Y社就業規則には営業成績や勤務評価に基づく降格を予定する規定はなく、平成4年5月以前には成績不良を理由に降格された者はいなかった。平成6年11月、Y社は、就業規則を変更して、昇減給が人物評価や成績評価を勘案して行うと定めた。それ以降も、Xらは何回か降格させられた。Xらは、降格には法的根拠がなく無効であると主張して、差額の賃金分の支払いを求めた。
> 　裁判所は、就業規則変更までの降格には法的根拠がないと結論付けた。理由は、平成6年11月の就業規則変更は、これまでの安定した地位を失い、多数の労働者が降格や減給の不利益を受けているので不利益変更であり、営業収益の減少から、給与総額を削減する必要性のあることは否定できないが代償措置も設けないなど変更の合理性はないというのであり、就業規則変更の効力はなく、降格に法的根拠はないと結論した。

2　昇進・昇格の請求

労働者が昇進・昇格を請求することができるか問題となる。通常は、昇進に関しては、管理監督的な地位につけることに対する使用者の裁量が働く余地が多く、労働者からの請求は認められにくい。それに対して昇格は、格付けに関する客観的基準や一律の取り扱いが行われる慣行が認められることなどがあり、昇進と比べて認められやすい傾向にある。たとえば、下級審では、男女差別にかかわって、職能資格制度の下で長く主事資格であった女性が課長職への昇格を求めた事案がある。裁判所は男性職員に対しては年功的に一律に昇格させていたことなどより、昇格差別と認め、昇格および当該資格による賃金支払いを認容した例がある（芝信用金庫事件＝東京地判平8・11・27労判704号21頁。同事件＝東京高判平12・12・22労判796号5頁）。

> **Q&A**
> Q．査定や人事考課とは。
> A．人事考課は、労働者の昇進（降職）、昇格（降格）などの措置を実施するにあたり、労働者の職務能力を評価することを意味する人事管理用語である。査定ともいう。これを、法的概念として使用者の裁量行為とみる向きがある。しかし、職務能力は労働契約締結を左右する重要な要素であるから、労働者にとってもまた使用者にとっても重要である。使用者の裁量行為と簡単にいうことはできない。使用者に人事考課をおこなう権限があることを認めるにしても、人事考課に際しては、公正・適正な評価が求められる。労働契約上の信義則に基づく使用者の義務ということができる。したがって、不合理な人事考課方法や人事考課は、かかる義務違反として裁量権の濫用と評価される。

■ **参考文献**

土田道夫・守島基博　「人事考課・査定」荒木尚志・大内伸哉・大竹文雄・神林龍『雇用社会の法と経済』（有斐閣、2008年）
金子征史　「配転・出向をめぐる現代的課題」　金子征史編『労働条件をめぐる現代的課題』（法政大学出版局、1997年）
藤内和公　「人事制度」『講座21世紀の労働法〔第4巻〕』（有斐閣、2000年）
盛誠吾　「企業組織の再編と労働契約承継法」季刊労働法197号
奥田香子　「配転」土田道夫・山川隆一編『労働法の争点』（ジュリスト増刊・新・法律学の争点シリーズ7、2014年）

第4章 労働関係の終了（解雇を除く）

個別的労働関係は、退職（辞職）や解雇といった労働者や使用者から相手に対して一方的に終了の意思を伝えることによって終了したり、労働者と使用者の合意によって終了したり、労働者の死亡や倒産によって終了したりする。その後、多くの労働者は新たな雇用先を見つけ再就職しなければならない。労働関係の終了は、新たな労働関係の形成を予定する。定年も、その例外ではなくなって久しい。労働関係の終了は労働市場からの引退ではなく失業を意味する。ここに、労働関係の終了は多くの労働問題を生み、その法的解決＝ルールが形成された。

1 労働関係の終了原因（事由）

労働関係の終了は法的には労働契約の終了である。その原因には、いくつかある。退職（辞職）、解雇から合意解約、期間満了退職などである。

■ 労働関係の終了あれこれ

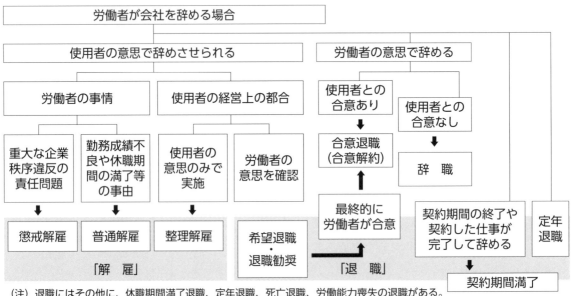

（注）退職にはその他に、休職期間満了退職、定年退職、死亡退職、労働能力喪失の退職がある。
出典　神奈川県労働手帳

1 契約当事者の死亡・消滅

①契約当事者の死亡

労働関係は、労働契約の当事者である労働者が死亡した場合、労働契約は労働者意思によるものであり相続されないので、終了する。他方、個人企業の場合で事実上相続されて継続するようなときは、労働契約もまた継続すると考えるのが現実的であろう。

②法人の解散

法人が解散する場合は、その清算終了時（法人格の消滅）に、終了する。もっとも、会社解散後に新会社として事業が継続される場合、

第4章 労働関係の終了（解雇を除く）

たとえば、資産、株主、役員構成や従業員などがほとんど変わらないといった実質的に同じ事業が継続されるときは、法人格否認の法理が適用され、新会社に労働契約関係も継承されたと解されることがある。この場合に労働契約は会社解散によって当然に消滅したとは言えず、新会社に継承された（後述第6章）とされ、当該消滅による終了は新会社による解雇（整理解雇）として扱われることになる。

2 退職（辞職）願の提出－合意解約（合意退職）

　労働者が退職（辞職）願を提出して辞める場合、法的には、図のように、一方的な解約の意思表示と使用者の合意を経る解約の申し込みの2つが考えられる。いずれにあたるかは両当事者のやり取り（事実関係）から判断されることになる。この点、実際には判別が難しい。

　労働者からの一方的な解約の意思表示は、退職（辞職）として後述するが、解約の申込み（使用者からの場合と労働者からの場合の双方がある）と承諾（これも使用者と労働者双方がある）という合意による場合は、使用者からの一方的意思表示による労働契約の解約すなわち解雇でもないので、解雇規制（後述第5章）の適用はない。

　合意による解約の場合、解約の申込みは、承諾の意思表示がなされる前に撤回することができると解されている。

　また、使用者から懲戒解雇事由があるが退職すれば不問にするといわれ、労働者がそれを真に受けて退職したが、実は懲戒解雇事由がなかったといった場合、労働者は、強迫や錯誤によって、無効や取消しを主張することができる。

　問題は、使用者が経営上の都合を理由とした退職勧奨や退職強要が強迫にあたる場合が生じたり、経営上の都合という使用者の説明が窮迫でないにも関わらずそのように労働者を惑わせ、錯誤にあたる場合が生じることである。事実関係からどう評価されるかによるが、労働者が強迫や錯誤にあたると主張立証することは相当困難である。

　考えるに、経営上の都合を理由の退職勧奨とそれに対する了承は合意解約や強迫や錯誤の問題として議論される性質のものではない。労働者が退職を了承するといっても、それは、経営上のことを慮ってのこと（会社都合）であり労働者側に、退職する都合（自己都合）はないからである。解雇類似のものである（後述）。

② 労働関係終了時の使用者の義務

　使用者は、労働関係終了時に労働者の請求があれば、退職証明書を交付しなければならない。1998年の労基法改正によって、使用者は、労働者からの請求があれば、解雇の意思表示か否かさらに解雇の場合には解雇理由も退職証明書に記すことが義務付けられた 22条1項。さらに2003年改正で、解雇予告の場合にも同様のことが義務づけられた 同条2項。

　なお、労働関係の終了によって、労使間の権利義務もまた消滅する。

99

第**2**編 労働契約論

退職時等の証明への制限
使用者は①労働者の請求しない事項を記入してはならず（22条3項）、②再就職を妨げることを目的に、国籍、信条、社会的身分または組合運動歴などを他者と通信したり、そのための秘密の記号を記入してはならない（ブラックリストの禁止、同条4項）。

これが原則であるが、例外として、競業避止義務は信義則上、労働関係が終了しても残ると考えられている。もとより、原則に対する例外として考えるのであるから、労働関係が終了しても存続する旨の特段の合意がある場合に限られる。さらに、職業選択の自由が制限される結果、退職の自由もまた制限されることになる。

そうすると、競業避止義務は、軽々に肯定されてよいものではない。同義務が肯定されるには少なくとも、競業となる範囲や期間が合理的であることそしてかかる不利益の代償となる対価があることなどが必要である（フォセコ・ジャパン・リミテッド事件＝奈良地判昭45・10・23判時624号78頁）。

なお、かかる競業避止特約がなくても労働者が不当な方法で顧客を奪うなど前の会社に損害を与えることは信義則に反し、不法行為が成立することにも留意する必要があろう（ラクソン等事件＝東京地判平3・2・25労判588号74頁）。

判例 Case Study

競業避止義務の及ぶ範囲—フォセコ・ジャパン・リミテッド事件＝奈良地判昭45・10・23判時624号78頁

労働者Yは、退職前に、労働契約終了後満2年は競業関係にある一切の会社と関係しない旨等の特約をX社と交わしていた。にもかかわらず、労働者Yは退職後まもなく競業関係のある会社に取締役として就任した。X社は、特約に反するとしてYの競業行為禁止の仮処分申請を申請した。

裁判所は、競業禁止特約は労働者の生存を脅かし、職業選択の自由を制限するものであり、その特約が競争者の排除・抑制を目的とする場合は公序に反し無効として、特約を結ぶことに合理性が求められるとした。また、労働者は雇用中種々の知識技能を修得するが、他の使用者の下でも同様に習得できるであろう一般的知識技能であれば、雇用終了後も大いにこれを活用してよく、これを禁じることは公序に反するが、特殊な知識は、使用者にとり、一種の客観的財産であり一般的知識技能の場合とは異なり、「営業上の秘密」として法的に保護され、この場合は、特約を結ぶことも合理性があり、退職後一定期間、競業避止義務を負わせることも有効であると判示した。さらに、合理的範囲の確定は、制限の期間、場所、制限する職種の対象、代償の有無などについて、X社の利益、Yの不利益および社会的利害（公正かつ自由な競争秩序の維持）の観点から検討されると判示した。

....

転職・引抜きと背信的行為—ラクソン等事件＝東京地判平3・2・25労判588号74頁

英会話学校（X社）の営業本部長であったYは、X社の経営に対して不満があり、P社に転職した。その転職の際に、部下であったX社の従業員多数を引き抜いた。Yは、当該引き抜きを行うにあたって、X社に知られないように段取りをして、共にP社に転職した。X社は、Yの背信的行為により売上が激減したとして、YとP社に対して損害賠償を求めた。

裁判所は、従業員は雇用契約に付随する信義則上の義務として、使用者の正当な利益を不当に侵害してはならない義務を負うとしたうえで、不当に侵害した結果損害を与えた場合には損害賠償責任を負うと判示した。本件の場合は、個人の転職の自由の保障と企業の利益の保護という二つの利害をいかに調整するかの問題であるとしつつ、転職の自由は最大限に保障されなければならないから、引き抜き行為のうち単なる勧誘にとどまるものは違法とは言えないが、退職時期を考慮せず事前の予告をおこなわないばかりか、内密に移籍の計画を立て一斉かつ大量に引き抜くなど単なる転職の勧誘の域を超え社会的相当性を逸脱し「極めて背信的方法」で行われた場合は、違法行為と評価されると判示した。その判断に際しては、転職する従業員のその会社における地位、会社内部における待遇及び人数、従業員の転職が会社に及ぼす影響、転職の勧誘に用いた方法（退職時期の予告の有無、秘密性、計画性等）等諸般の事情が総合考慮されるとした。

---

3 退職（辞職）

労働者が退職（辞職）願を提出して辞めるといった場合、法的には、

第4章 労働関係の終了（解雇を除く）

一方的な解約の意思表示と使用者の承諾を経る解約の申し込みの2つが考えられることは前述した。以下では、主に、労働者の任意による一方的な解約の意思表示の場合を検討する。

なお、辞職の場合、労働者の意思表示が使用者に到達すれば撤回はできない。その後は、錯誤 民法95条、詐欺や強迫 民法96条 によって、その無効や取消しを主張するほかない。

1　辞職の自由確保の重要性

民法によれば、辞職も解雇も、同じ解約告知 民法627条1項 と捉えられる。また、即時解除 民法628条 は、やむをえない事由による場合に認められる。契約の自由を確認したものといえる。

しかし、辞職と解雇には、その相手方に与える不利益において、大きな違いがある。退職によってこうむる使用者の不利益は経済的不利益にとどまるが、解雇によってこうむる労働者の不利益は失業という生活への脅威である。このような差異を考えると、退職は、失業の脅威の下で、あえておこなう労働者の人間の根源に根差す、ぎりぎりの自由（人身の自由）の行使ということができる。この点は特に重要である。転職先を決めて退職するというのも、かかる脅威があるからであり、ぎりぎりの自由の行使であることを否定するものではない。こうした退職自由に対して制限を認めることは、労働関係を契約関係で説明することを困難にさせる。できる限りの自由を確保することがむしろ労働関係を契約関係と捉える上で重要な意味を持つ。他方、解雇によってこうむる労働者の打撃は労働関係のありようにも影響を及ぼすものであり、労働者生活に及ぼす深刻な経済的打撃にとどまらない（後述）。労働法の生成の中で、退職と解雇を同列に論じることは、適切な法的解決をもたらさないと認識されるようになった。労働法が辞職と解雇を区別し解雇に関する規制を多く設けるのに対して辞職には制限を設けないというのも、以上の違いによると考えられる。

2　辞職による労働関係の終了

辞職には、労基法上の制限はないから民法の原則による。

期間の定めのない契約であれば、2週間の予告期間をおいて解約できる（解約告知・民法627条）。もっとも、月給制の場合には、民法627条2項では翌月に解約するには月の前半に予告しておかなければならないとされているが、これは、労働法が労働関係を規律する法分野となった現在にあっては、辞職の自由を確保するべき観点から辞職には適用されないと考えるべきである（片面的強行性）。期間の定めのある契約では、やむを得ない事由による場合にのみ辞職（即時解除）できる 民法628条。

辞職に関して使用者の承諾を必要とするとの特約を締結することがあるが、使用者の不承認が解約告知としての辞職の効力を否定することはない。辞職の自由は人身の自由と密接にかかわること前述のとおりであり、その確認である民法627条等は、強行法規といえるからである。結局、使用者の不承認は、使用者からの合意解約の拒絶

Q. 退職（辞職）の撤回はできないのか。
A. 退職（辞職）であっても、内部決裁が完了するまでであれば、使用者にとっても不都合はないであろうから、退職届の撤回が認められるべきである。しかし、大隈鐵工所事件（最3小判昭62・9・18労判504号6頁）で、最高裁は、人事部長の受領したことが即時承諾の意思表示にあたると判断した。この場合、退職の意思表示の到達としては、人事部長にわたったときと捉えたといえよう。

民法改正について
2017（平成29）年4月14日、債権法を中心とする120年ぶりの民法大改正が衆議院を通過し、6月2日に公布された。施行は政令より3年を超えない時期とされているが、2020年1月とか言われている。
辞職に関連していくつか改正がある。まず、期間を定めた労働契約を解除する場合、労使ともに3か月の予告を義務付ける規定であったが、今般の改正で労働者について2週間前の予告に改められた（改正民法626条2項）。次に、期間を定めない労働契約の解約申し入れに関して、期間によって報酬を定めた場合の解約申し入れは労使とも次期以降であったが、改正では、使用者からの解約申入れに関してのみ次期以降とされた（改正民法627条2項）。労働者については適用されない。両規定とも労働者に関しては「辞職の自由」がより明確にされたといえよう。

第2編 労働契約論

を意味するにすぎない。

なお、民法上のこれらの規定を守らずに退職して使用者に損害を与えた場合、労働者は損害賠償責任を負うが、労働契約の存続を強制されることはない。そうでないと強制労働になるからである。

3 退職勧奨（退職強要）

事業の見直しの結果余剰が生じた場合、わが国では、直ちに解雇をおこなうのではなく経営上の都合を理由に辞職を勧めるいわゆる「肩たたき」が実施されることが多い。これを退職勧奨という。

退職勧奨自体は、後進に道を譲るなどの退職の説得にとどまり、その手段・方法が社会通念上相当な範囲内であれば特に法的に問題とするにあたらないと考えられる。そうすると、経営上の都合を理由とする退職勧奨を受けて労働者が退職することで、使用者は、解雇ではないとして、整理解雇法理（後述第5章）など様々な解雇制限を回避することが可能になる。そうしたことから、退職勧奨の成果をだそうとして、退職勧奨が退職強要と化し、職場八分（いやがらせ）とか上司からのパワー・ハラスメントの性格を帯びることも生じよう。こうした場合、退職勧奨を受けている者に対する敵対的労働環境を作り出しあるいは良好な環境を維持する義務を果たしていないとして、不法行為責任（使用者責任）あるいは契約責任が実行行為者のみならず使用者にも問われる。

また、退職勧奨が行過ぎて退職を余儀なくされた場合は、法的には退職と評価せず解雇に類するもの「準解雇」あるいは「みなし解雇」として、復職など解雇に準じた救済が議論されてもいる。

なお、会社都合と呼ばれる経営上の都合を理由とする退職（合意退職）は、自己都合と呼ばれる労働者自身の理由による退職と異なり、退職金の算定や雇用保険の失業等給付（失業保険）受給開始日に違いがある。退職金は会社都合の場合の方が通常多く支払われ、失業等給付は3か月ほど早く受けられる。

4 早期退職優遇制度

人事の刷新やリストラの一環として、比較的若年層も対象にして退職金の上乗せ（特別退職金の支給）を伴う早期退職者を優遇する制度が実施されることがある。その際、使用者は必要な人材の流失を防止する意図から、使用者の承認する者に限定することがある。この場合の退職は法的にはどう理解すべきであろうか。

早期退職制度による労働関係の終了を合意解約と理解して、使用者の承認を労働者の退職の申込に対する承諾と解することが公序に反しないとする裁判例もある（大和銀行事件＝大阪地判平12・5・12労判785号31頁）。しかし、使用者の恣意で運用し、労働者の意思をもてあそぶのは問題である。少なくとも、使用者が労働者の申込に対して承諾しないと決定した場合は、その決定の合理性が求められると解するべきである。

第4章 労働関係の終了（解雇を除く）

4 定年制度

　わが国では、人事の刷新や世代交代をスムーズに図るために労働者本人の意欲や能力にかかわりなく、労働者が一定の年齢に到達したら、労働関係を終了させることを制度として実施してきた。これは正社員の長期雇用保障と年功制賃金を維持する上にも必要な措置でもあった。

　労働者にとって現在の定年は、労働市場からの引退ではなく労働者生活の再出発を意味するに過ぎなくなっている。こうした雇用社会にあって、今までの定年制度に対する肯定的な考えも変わってくる。定年制度は年齢を理由とする不公正な差別であるとの考えである。たとえば、雇用対策法では、2001年改正において、高齢者雇用確保の観点から、事業主に対して、労働者がその有する能力を有効に発揮するために必要であると認められるときは、募集及び採用について、年齢にかかわりなく均等な機会を与えるように努めなければならないと事業主の努力義務 **旧雇用対策法7条** を定め、この努力義務規定に事業主が適切に対応するための指針（「年齢指針」）を厚生労働大臣が定めること **旧雇用対策法12条** とした。さらに、2007年10月1日より、同規定は義務規定となり年齢制限を設けることは原則禁止となった（本編第2章参照）。

　高齢者雇用安定法に関しては、2004年には、同法を改正して、一方で、高齢者雇用確保の観点から定年制度の合理性を認めつつ、①定年年齢の（65歳まで）引き上げ、②定年後の継続雇用制度の導入を図るよう事業主に求め、あるいは他方で、年齢差別の考え方を容れ、年齢による募集制限に関しては合理的理由の存在を使用者に求めて高齢者の雇用確保をはかり、また、定年制度を廃止することも容認する姿勢をとっている。

　2013年度から厚生年金受給開始年齢が段階的に65歳に引上げられるのに対応して、2012年に高齢者雇用安定法が改正された。主な内容は以下である。第1に、事業主に定年後も厚生年金受給開始年齢に合わせ継続雇用を希望する者全員の雇用を義務付け、2025年度には65歳までの雇用を義務付ける。改正前は、継続雇用対象者の範囲に、能力や勤務態度など条件を労使協定で定めることができたが、今改正は原則、希望者全員（心身の健康状態など例外を指針で示す）が対象となった。第2に、雇入れ企業は当該会社、子会社にグループ会社が加えられた。第3に、指導や助言に従わない企業について企業名を公表することとなった。

　また、この高齢者雇用確保対策として、労基法では、60歳以上の高齢者雇用に対して、通常3年が有期の上限であるところを、5年の有期労働契約を締結することを認めている **労基法第14条** 。

■ **参考文献**

　小宮文人『雇用終了の法理』（信山社、2010年）

　森戸英幸　「辞職と合意解約」『講座21世紀の労働法〔第4巻〕』（有斐閣、2000年）

第5章 解雇

　労働関係の終了の中で、古くから、解雇は重要なテーマであり続けてきた。現在においても、労働者の立場は、変わらない。会社に雇われなければ、自らの能力を発揮できないし能力を評価されることもなく、さらには能力自体を養成することもできない。

　解雇は、解雇されることによる労働者の経済的不利益が労働者の生活自体を脅かすものである点で、退職されて使用者がこうむる不利益とは比べられない深刻な事態である。

　より重要な問題がある。それは、解雇による不利益が、現在ある労働関係に深刻な影響を及ぼす点である。すなわち、解雇を恐れるあまり、労働関係において労使対等が貫徹しにくい状況を作り上げてしまうことである。私たちは、労働問題の妥当な法的解決を検討するに際して、この点を考慮して、実質的な労使対等の実現を図る解釈を試みるべきである。

1 解雇の自由と規制の意義

解雇の種類

解雇は、普通解雇、整理解雇、懲戒解雇に分けられる。法的には、普通解雇は、使用者が労働者側に労働契約を継続しがたい事情があるとして、予告をしたうえでの労働契約の将来に向けた解約の意思表示をいい、整理解雇は労働契約を継続しがたい事情が経営側に生じた場合の解雇をさし、普通解雇から切り離して論じられる。

懲戒解雇は労働者が職務規律違反やとくにひどい非行がある場合に、懲戒処分としておこなわれる解雇をさす。懲戒解雇をされると再就職に不利になるといわれる。法的には労働契約の解約の意思表示であるが、普通解雇と異なり解雇予告の適用除外を受けて即時解雇をし、退職金が支払われない。

　解雇には一般的に、労働者の言動等に起因するものとそうではなく、使用者の経営上の都合によるものとに分けられる。さらに前者は解雇予告と退職金の支給がなされる普通解雇と退職金支給や予告のなされない懲戒解雇に分けられる。

　解雇は、近代市民法上は、契約自由の原則のもと、解約の自由として、辞職の自由と同列視して観念された。しかし、その形式的対等性は、労働関係の実態から著しく乖離しており、労働法の登場を招くもとにもなった。それは、辞職の自由への規制は、人身への不当な拘束に行き着くので、自由の確保の方向で捉えられるべきであると考えられた。それに対して解雇は、労働者に対する生活基盤の喪失（＝失業の自由）を意味し深刻な経済的脅威を与えるとともにそれにとどまらない重要な法的論点を惹起する。それは、労働関係が一方に命令権限を認め他方にそれに従う義務を課すものであり、命令に従わなければ契約の解消が自由にできることを安易に容認すれば、個人の自由な意思を前提に成り立つ労働関係は使用者の勝手を意味するに過ぎなくなる点である。労働法はこうした不公正を、放置できない。こうして、解雇は辞職と区別され、法的制限の下に置かれるようになった。なかでも、解雇理由を問うことは、解雇への大きな制約である。

　わが国では、第2次世界大戦後早くから、解雇は正当な理由があってはじめてできるとする「正当事由」説と解雇には合理的理由が必要でそれを欠く場合は解雇権の濫用となり無効であるとする「解雇権濫用」説の間で議論がされた。実定法に根拠を持つ後者の「解雇権濫用」説は、説明をつけやすく法技術的に優れている点で、おもに判例法理として形成・定着してきた。

　そして、その法理は、2003年の労基法改正で「解雇は、客観的に合理的な理由を欠き、社会通念上相当であると認められない場合は、その権利を濫用したものとして、無効とする」`18条の2`と法文化されるにいたった。さらに、2007年の労働契約法制定によって、労基法18条の2は、労働契約法16条に移され、現在にいたっている。

2 解雇制限

労基法上の解雇規制には、制定時からの解雇禁止期間 19条 や解雇予告制度 20条、21条 そして、近時の解雇権濫用法理を法条化した労契法16条などがある。

1 解雇禁止期間（労基法19条）

労働者が業務上負傷・疾病し、療養のために休業する期間およびその後30日間、あるいは、女性労働者が産前産後休暇で休業する期間 労基法65条 およびその後30日間、使用者は、当該労働者を解雇できない 同法19条 。したがって、当該期間中の解雇は、合理的な理由がある場合でも、無効となる。もっとも、同条には、業務上負傷疾病による療養休業について同法81条の打切補償をおこなった場合、天災事変その他やむを得ない事由により事業継続が不可能となった場合（この場合は行政官庁の認定が必要）には当該期間中でも解雇できる。ただ、解雇禁止期間の適用除外は、解雇禁止事由ではないので、解雇予告の適用除外とは異なり、労働者の責に帰すべき事由は含まれていない。

解雇禁止期間は、労働したくてもできない絶対的な労働不能状態にある労働者をさらに解雇して経済的苦境に追い込まないようにするとともに健康回復を期待するとの労働者保護の観点から、労基法が特に設けた制度である。

その禁止期間中に解雇予告もできないのかは議論がある。禁止期間中に予告はできるとする見解もあるが、「解雇をしてはならない」との文言や「その後30日」の解雇禁止も健康回復期間に含まれると解しうるので、予告もまたできない期間であると解するのが妥当であろう。なお、禁止期間中に解雇事由のあることが判明した場合は、禁止期間終了後に解雇予告をすることになる。

2 解雇予告制度（労基法20、21条）

解雇は、前章でも触れたように、民法にあっては期間の定めのない解約告知は2週間の予告を必要としていた。労基法は、その解約告知を辞職と解雇とに法的概念として区別し、解雇についてのみ、短かくても30日の予告期間を設けるよう使用者に義務付けている。また、予告期間は予告手当に換えることができる。予告手当に換えることで予告期間を短縮することができる。

この解雇予告制度の趣旨は、抜き打ち的な解雇による労働者の経済的打撃を多少なりとも和らげようとしたところにある。しかし、解雇予告期間中は労働義務を果たしながら再就職先を探さなくてはならず、解雇そのものによる労働者の生活基盤の喪失という点が解消されるわけでもなく、程度問題に過ぎない。つまり、解雇予告制度は解雇そのものの制限ではない。しかし、そうであるからこそ、解雇予告制度はまさに最低限の解雇制限として厳格に解されねばならないといえよう。

Q. 労災補償は現在、労災保険によるのが一般的である。労災保険による療養補償給付が行われている労働者にも打切補償を行って解雇制限を解除することはできるか。

A. この問題を取扱った最高裁判決を紹介して回答とする。専修大学事件（最2小判平27・6・8労判1118号18頁）である。最高裁は①労災保険給付は労基法の災害補償に代わるものであり、②労災保険給付と労基法の災害補償とで取扱いを異にする理由は見当たらないとして、打切補償を行うことによって解雇制限を解除できるとした。

なお、解雇予告期間に換える解雇予告手当は、1日当たりで計算されるが、その日は実際に働くわけではないから、その計算をどうするかの問題が生じる。1日の生活費ということで平均賃金 労基法12条 でもって算出される 同法20条2項 。

```
                            解　雇
        ┌─────────────────┴─────────────────┐
   解雇予告（20条）              解雇予告を必要としない場合
                          ┌─────────────┴─────────────┐
   30日前の予告         有期労働契約（21条）      解雇予告の適用除外事由（20条）
   30日分の予告手当     日雇労働者（1か月まで）   ◎ 労働者の責に帰すべき事由の解雇
   これらの併用         2か月以内の契約           ◎ 天災事変等により事業の継続不可能
                        4か月以内の季節的業務       なときの解雇
                        試用期間（14日以内）
```

※ 但し、行政官庁（労働基準監督署長）の認定が必要である。

①**解雇予告期間**

解雇予告制度は、解雇予告期間、最低30日前の予告とその予告を解雇予告手当に換えることによって、日数を減らすことからなる。日数を減らすことができるということは、解雇による法的効果すなわち将来に向けて労働契約関係を解消させる効果の発生日が解雇予告の日に近づくことを意味する。すなわち、30日前の予告に換えて30日分の解雇予告手当を支払って解雇通告すれば、その翌日から、解雇の効力が生じることになる。

なお、民法は、月給制の場合、解約告知は当該期間の前半におこなうよう求めその効力は次期以降に発生するとしている 627条2項 。そうすると、当該期間の後半に解約告知がなされた場合、解約の効力は次期には発生せず、次期の前半に告知がなされたこととなり次々期に発生することになる。つまり、解約の効力発生は最大1か月半後になる。この点、労基法が解雇予告制度を設けたことによって、排除されると解するのかどうか問題となる。労基法が民法の特別法であるとの観点から民法の規定を排除するとの見解もあろうが、労基法の趣旨からいって、労働者に有利な民法の規定を排除するいわれはなく、かかる場合は、民法の規定を援用できると解すべきである。

②**予告制度の適用除外**

労基法20条は、「天災事変その他やむを得ない事由のために事業の継続が不可能となった場合」、「労働者の責に帰すべき事由に基づいて解雇する場合」には、行政官庁の認定を経て、解雇予告制度の適用除外を認めている。解雇予告制度の除外認定は、労働者にとって重大な影響をもたらしまた解雇予告制度の意義にも関わる。例外はあくまで例外としてその適用には慎重かつ明確な基準に基づいて実施される必要がある。行政官庁もそのように対処しているし、就業規則の懲戒事由に拘束されないとしている。

Q． ここにいう月給制は、日給月給制とどう違うか。

A． ここにいう月給制とは、多くは第2次世界大戦前の職員に対して支給されていた報酬制で、期間で報酬を決めた制度である。欠勤しても賃金減額はしない。

これに対して、日給月給制は賃金支払いを月単位にしているだけで、賃金計算は日給あるいは時給である。欠勤や早退、遅刻すれば、その分、賃金は休まなかったときの賃金より少なくなる。

③除外認定を受けない予告なし即時解雇の効力

除外認定を受けない即時解雇は、労基法違反であり処罰される `同法119条`。問題は、適用除外事由が存在すると見られる場合でも行政官庁の認定を受けなかったら、当該即時解雇は無効となるかである。除外認定は手続規定であり解雇の効力とは関係ないとすると、労基法20条の最低基準としての意義が見失われる。したがって、除外認定は即時解雇の有効要件とすべきである。しかし、一般には、除外認定は行政官庁の事実確認手続に過ぎないとし、適用除外事由が客観的にある限り即時解雇は有効であるとされている。

では、適用除外事由が存在しないことが明らかな場合に解雇予告制度に従わず除外認定も受けず即時解雇すると、当該解雇は無効となるか。この問題が「予告を欠く解雇」である。

労基法20条は取締規定であるとして、その履践のあるなしが効力に影響を与えないとし、したがってこの限りで有効であるとする見解がある（有効説）。また、同条の予告制度は最低基準を強行的に守らせる規定であるから強行規定であるとして、その履践をしないことは直ちに無効であるとする見解もある（無効説）。判例（細谷服装事件＝最2小判昭35・3・11民集14巻3号403頁）は、即時解雇としては無効であるが、使用者がそれに固執しない限りで通知後30日あるいは予告手当を支払ったときに、解雇は有効に効力を発生して契約は解消すると説く（相対的有効説）。これに対して、労基法上の義務を守らない使用者が私法上では常に有利な選択ができる立場となる判例の見解に疑問を提示し、固執しない限りというあいまいな基準によることを批判して、労働者が解雇無効を主張するか解雇を争わず解雇予告手当の支給と付加金を請求するかのいずれかを選択できるとする見解がある（選択権説）。選択権説が最も妥当である。

最近では裁判例もこの立場のものが多い（農事組合法人乙山農場ほか事件＝千葉地八日市場支判平27・2・27労判1118号43頁）。

判例 Case Study

予告を欠く解雇の効力—細谷服装事件＝最2小判昭35・3・11民集14巻3号403頁

労働者XはY社に雇われていたが、昭和24年、解雇予告手当を支給することなしに即時解雇の通告を受けた。そこでXは、未払賃金と解雇予告手当の支払いを求めて提訴した。口頭弁論終結時にY社はさかのぼって給与と解雇予告手当を支払ったが、Xは当該即時解雇が無効であり従業員としての地位を有しているなどの主張を行った。

最高裁は、労基法20条の予告期間をおかないまたは予告手当を支払わない即時解雇は、即時解雇の効力を生じないが、使用者が即時解雇を固執する趣旨でない限り、通知後30日の期間を経過するかまたは予告手当の支払いをした時は、いずれかの時から解雇の効力を生ずるものと解すべきであると判示した。

---

④有期労働契約と解雇予告制度の適用除外

本来、期間を定めた労働契約は、その期間は誠実に債権債務を果たして満了することを第一義とし、期間途中の解除は「やむを得ない」場合に限り解雇・即時解除を認めるだけである `労働契約法17条1項` `民法628条`。その中途解除でも使用者のそれ（解雇）に関して、労基法21条は、一定範囲内の有期労働契約の場合に限り、解雇予告制

労働者の責に帰すべき事由の例

労働者の故意過失またはこれと同視すべき事由で、判定にあたっては、労働者の地位、職責、勤続年数や勤務状況を考慮して総合的に判断する。解雇予告制度を適用すると当該事由との均衡を失するような保護を与える必要のない重大・悪質なものに限られる。

1 事業場内における盗取・横領・傷害など刑事犯に該当する行為。事業場外での同種の行為で著しく会社の名誉・信用を害し取引関係に悪影響を与えたまたは労使間の信頼関係を喪失させるような場合など。

2 賭博、風紀紊乱等により職場規律を乱し、他の労働者に悪影響を及ぼす場合。事業場外での同種の行為で著しく会社の名誉・信用を害し取引関係に悪影響を与えたまたは労使間の信頼関係を喪失させるような場合。

3 採否の判断として重大な要素となる経歴の詐称

4 転職の場合

5 2週間以上の正当な事由のない無断欠勤。

6 出勤不良で改悛の見込みのない場合

以上、昭23・11・11基発1637、昭31・3・1基発111参照

第2編 労働契約論

度の適用除外を定めた（前掲106頁図表参照）。

　このことは、単なる適用除外ではなく、有期労働契約期間中の解雇にも予告を義務付けた、すなわち、解雇予告制度を有期労働契約の中途解除にも拡大した上での適用除外である（例えば、2か月の有期には適用除外。3か月の有期には適用）。したがって、解雇予告制度の適用除外認定事由もまた有期無期にかかわりなく判断されるのであるから、有期労働契約の中途解除に求められる「やむをえない事由」よりも一段厳格に解されなければならない。

　有期労働契約の場合、期間満了・雇止め（更新拒絶）の際に、解雇予告と同様の予告が必要ではないかとの疑問がある。有期労働契約には、職務内容が恒常的で臨時ではないものが多く見られる。このような場合、特に問題がない場合は更新されることが予定されている。現代の有期労働契約の期間満了・雇止めは解雇に匹敵する打撃を労働者に与えるといえよう。ところが、民法下での有期労働契約では、期間満了・雇止めが前提であったことからすると、期間満了・雇止めは中途解除（解雇）とは異なる労働契約の終了原因であるから、解雇規制は及ばず、したがって、雇止めに予告は義務付けられない。ここに上述した疑問が生じるのである。

　こうした問題に対処するべく、行政は「雇止めに関する基準」を定めて有期労働契約の更新拒絶・雇止めに期間満了の30日前の予告を使用者に求めてきた。（後述第5編第1章参照）。

3　法令による解雇禁止事由

　国籍・信条・社会的身分を理由とする差別的解雇は労基法3条によって許されない。このように、法令によって禁止される解雇事由がいくつかある。組合への加入や組合活動を理由とする解雇 労組法7条1号、性別を理由とする解雇 均等法6条4号、育児・介護の申出や取得を理由とする解雇など 育介休業法10、16条 である。

主な禁止される解雇事由	根拠法令
信条、国籍、社会的身分	労基法3条
企画業務型裁量労働制の適用を拒否	労基法38条の4第1項6号
労基法違反の事実を申告	労基法104条2項
女性であること・性別を理由とすること	均等法6条4号
婚姻、妊娠、出産、産前産後休業の取得	均等法9条
紛争解決の援助・調停の申請	均等法17条2項、18条2項
育児・介護休業の取得	育介休業法10条、16条
組合員への不利益取扱、報復的不利益取扱	労組法7条1号、4号
公益通報	公益通報者保護法3条

第5章 解雇

3 解雇権濫用法理

1 解雇権濫用法理と条文化

解雇権行使を解雇事由に照らして制限することの意義は、すでに述べた。恣意的解雇が権利の濫用となることがあるのは権利の濫用法理の発展からいって自明のことであろう。解雇権濫用法理は、恣意的解雇の排除から一歩超えて、①解雇には一定の合理的理由が必要で、②解雇が社会的に見て、問題になった事情への対処として解雇が相当でなければならず、③それがないと判断されると権利の濫用として無効になるとした（日本食塩製造事件＝最2小判昭50・4・25労判227号32頁、高知放送事件＝最2小判昭52・1・31労判268号17頁）。

この解雇権濫用法理は、権利濫用という民事法上の一般原則 民法1条3項 を実定法上の根拠として、解雇には正当事由がなければならないことを事実上、規範化したということができる。

さらに濫用に当たる場合の法的効果として解雇の意思表示を無効とした点が留意されなければならない。使用者の意思に反するにもかかわらず労働者の利益が雇用継続（雇用保障）にあることを法的に認めたからである。その結果、労働者は雇用関係が継続しまた解雇紛争期間中に就労拒否でこうむった財産的損害を未払賃金として請求できる道が拓かれた。もっとも、解雇紛争期間の財産的損害を不法行為と捉えて損害賠償請求することもできるが、わが国の解雇権濫用法理は雇用保障としての役割と未払賃金請求のほうが簡便である点で優れているといえよう。

こうして形成・定着した解雇権濫用法理であるが、その第1の要点である解雇の合理性に関して、何が合理的理由になるかは、おおむね4つに分けることができる。第1は、労働者の行為などに、使用者をして解雇を決断させた原因がある場合である。勤務成績の著しい不良、適格性の欠如などである。第2は、労働者の規律違反行為である。懲戒事由とも重なり懲戒解雇となる場合もある。第3は、ユニオン・ショップ協定（Q&A参照）に基づく解雇であり、第4は、労働者の行為に原因があるのではなく、それとは全く逆の場合である。すなわち、使用者自身に原因がある経営上の必要性による解雇である（整理解雇として、後述）。

2003年の労基法改正は、判例法理として定着していた解雇権濫用法理を条文化することによって確固たる規範として据えることとなった 18条の2 。さらに、同条の意義はこれに止まらず、同改正時において解雇に関連したいくつかの条文を設けたこととあいまって、解雇事由に関する法規整にあらたな1ページを画することとなった。解雇事由の明示と立証責任の転換の明確化である。

労基法18条の2は、2007年に成立した労契法16条に引き継がれた。前述した点に変更はなく、したがって、現在も有効である。

Q&A

Q．ユニオン・ショップ協定とは何か。

A．ユニオン・ショップ協定とは、労働組合と使用者との間の協定（労働協約）で、労働組合は団結強化を目的として、また、使用者は団結尊重の証として、締結されるショップ制の一つである。ユニオン・ショップは、組合を除名された場合や入社後一定期間に組合に加入しない場合労働者は従業員の地位を失う（解雇される）というもので、組合員資格が労働者の雇用を左右することから強力な団結強化の手段と捉えられている。

第2編 労働契約論

判例 *Case Study*

解雇権濫用法理──日本食塩製造事件＝最２小判昭50・4・25労判227号32頁

　労働組合の指示に従わないと除名処分を受けた労働者Ｘは、使用者が組合との間で締結したユニオン・ショップ協定に基づき、解雇された（ユニオン・ショップ解雇）。労働者Ｘは、当該除名処分が除名事由に該当しない無効な処分であり、除名処分を理由とする解雇もまた無効であると主張して、解雇無効・従業員としての地位の確認を求めて提訴した。

　最高裁は、ユニオン・ショップ協定にもとづき使用者が労働組合に対し解雇義務を負うのは除名処分が有効な場合すなわち、ユニオン・ショップ協定によって使用者に解雇義務が発生している場合に限り、客観的に合理的な理由があり社会通念上相当なものとして是認することができると判示した。また、最高裁は、逆に除名が無効な場合には、使用者に解雇義務が生じないから、かかる場合には客観的合理的な理由を欠き社会的に相当なものとして是認することはできず、他に解雇の合理性を裏づける特段の事由がないかぎり権利の濫用として無効であると判示した。

⋯⋯

合理的理由と社会的相当性──高知放送事件＝最２小判昭52・1・31労判268号17頁

　Ｙ放送会社のアナウンサーである労働者Ｘは、二度にわたって寝過したためラジオの早朝定時ニュースを放送することができなかった。Ｘを起こす役目も負っていたＡファックス担当者も共に寝過ごした。Ｙ社はＸの行為が懲戒解雇事由に該当するとしつつも将来を考慮して就業規則所定の普通解雇とした。他方、Ａに対しては譴責処分に止めた。Ｘは当該普通解雇の無効および従業員としての地位継続確認を求めて訴えた。第１審、第２審ともに、Ｘの請求を認容している。

　裁判所は、Ｘの行為が就業規則所定の普通解雇事由に該当するとしつつも、「普通解雇事由がある場合においても、使用者は常に解雇しうるものではなく、当該具体的な事情のもとにおいて、解雇に処することが著しく不合理であり、社会通念上相当なものとして是認することができないときには、当該解雇の意思表示は、権利の濫用として無効になる」と判示した。そして、本件事案に関しては、「解雇をもってのぞむことは、いささか過酷にすぎ、合理性を欠くうらみなしとせず、必ずしも社会的に相当なものとして是認することはできないと考えられる余地がある」として、第２審判決の判断を支持した。

解雇事由に関する就業規則の例

従業員が次のいずれかに該当する時は、解雇する

① 勤務成績が著しく不良で向上の見込みがなく、他の職務への転換もできない場合

② 無断欠勤、職務怠慢、業務命令違反、協調性の欠如、職場規律違反など、勤務状況が不良で改悛の見込みがない場合

③ 疾病で回復の見込みがなく、職務に耐えられない場合

④ 事業の運営上やむを得ない事情または天災事変その他の事情で事業の継続が困難となった場合または事業の縮小・転換あるいは部門閉鎖の必要が生じ他の職務に転換させることが困難となった場合

⑤ その他、上記に準ずるやむを得ない事情が生じた場合

⑥ ユニオン・ショップ協定に基づく組合の解雇要求による場合

2　解雇事由に関する規整の意義

　2003年労基法改正のおり、契約締結時の労働条件明示を書面でなすことを義務づけられる事項に、解雇事由が加えられた ‖15条、労基則5条1項4号‖。また、同法89条の就業規則の絶対的必要記載事項に解雇事由が加えられた。さらに、同法22条では、退職時に労働者が請求した場合に使用者が証明しなければならない「退職時証明」に解雇事由をその事由に該当する具体的事実とともに、文書で交付しなければならなくなった。これは、さらに解雇予告をなす際も同様に取り扱われることになった ‖22条2項‖。

　これら改正が解雇の意思表示を明確にさせた点で、雇用の終了局面でのいろいろな紛争、解雇か辞職かはたまた合意解約かといった争点の入口段階でのトラブルの多くが回避されることに意義がある。

　さらに、列挙された解雇事由に即して解雇がなされることになるから、列挙された解雇事由は、限定列挙か例示列挙かの議論に、限定列挙であるとして、終止符が打たれた。

3　解雇事由該当性と社会的相当性

　解雇をなすにあたってまず要求された合理性（前述❶①）は、解

110

雇をもって対処しようと決意した具体的な事実が、就業規則等であらかじめ列挙された解雇事由に該当するかどうかで判断される。したがって、合理性の問題は、実際には解雇事由該当性の問題となり、より客観的な基準にブラッシュ・アップされたといえよう。しかるのち、具体的な事実に対して解雇をもって対処することが、社会的に見て相当といえるかが判断されることになる。このように、解雇事由に関する法的整備は、解雇権濫用法理の整理にも一役買ったといえよう。

4 立証責任の転換と理由の競合

解雇権濫用法理の特徴は、立証責任の転換にある。判例法理の時には解雇には合理性が必要であるといわれるものの、「合理性ないこと」を労働者が主張立証する責任を負うのか、はたまた「合理性のあること」を使用者が主張立証するのか明確でないといわれたりした。

合理性を明らかにできる証拠は使用者の下にあり公正な負担の観点から、立証責任は事実上、使用者側にあるとして処理されてきた。もっとも、最近でも「解雇は本来自由に行いうるものであることからすれば、使用者は単に解雇の意思表示をしたことを主張し疎明すれば足り、解雇権の濫用を基礎づける事実については労働者がこれを主張し疎明すべきである」とする裁判例もある（角川文化振興財団事件＝東京地決平11・11・29労判780号67頁）。

2003年労基法改正による前記の整備は、使用者に解雇事由の存在を主張・立証する責任のあることを、補強したといえよう。

したがって、解雇された労働者が解雇の当否を争う場合、その労働者は、先述した退職時証明で使用者が明らかにした解雇事由および具体的事実の不存在あるいは不当とする真実の理由の在ることを主張すれば足り、それに対して、使用者は自ら該当するとした解雇事由及び該当するとした事実及び解雇をもって相当であるとする社会的相当性を証明することになる。それに成功しても、解雇された労働者は使用者の解雇事由及び社会相当性に対してそれが口実であることを示すことができれば解雇が濫用であると最終的に決することができる。

なお、使用者側が解雇事由とすることと労働者側が真実の解雇理由であることが競合することがあるといわれる。この場合は、解雇に合理的理由があることを証明する責任は使用者にあるので、使用者側の主張する解雇事由が実質的に該当することとそれによる解雇に社会的相当性があることを優越した証拠をもって証明することで、解決すると考えられる。解雇事由の競合は、使用者の主張する合理的理由の社会的相当性に解消されたといえよう。

5 解雇紛争期間中の賃金

解雇権濫用法理の次の問題は、解雇の意思表示から解雇無効の確定判決までの解雇紛争期間中の賃金問題である。

①解雇紛争期間中の未払賃金

Q． 勤務成績が著しく不良で向上の見込みがないことを理由とする解雇の例をあげてほしい。

A． 人事考課で下位10％にいた者に対する解雇が不当であるとされた判決を一つ上げる（セガ・エンタープライゼズ事件東京地決平11・10・15労判770号34頁）。判決は相対評価による人事考課で平均的水準を下回るからというだけでは、「勤務成績が著しく不良で向上の見込みがない」とはいえないとした。なぜなら、相対評価では平均を下回る者は誰かしら常に出るので、それだけでは「向上の見込みがない」とまではいえないからである。

濫用の判断基準（高知放送事件）
① 過去の処分歴の有無及び程度
② 反省の有無及び程度
③ 日頃の勤務態度、勤務成績
④ 同種の事故に対する過去の処分の有無及び程度
⑤ 同僚に対する処分との比較

第2編 労働契約論

　解雇訴訟は、通常、解雇無効・従業員としての地位存続確認の訴えと併せて、解雇期間中の未払賃金支払い請求がなされる。労働者は無効な解雇であり、解雇紛争期間中も従業員であるとして債務たる労働の提供を申出るもののその受領を拒否され、結果、債権者（使用者）の責めに帰すべき事由によって債務を果たすことができなくなったので、債務者（労働者）は反対給付（未払賃金）を受ける権利がある 民法536条2項 との理屈である。

　これは一般に承認されており、例外的に、ユニオンショップによる解雇の場合に除名無効が使用者の責めに帰すべき事由に当たらないとされ解雇紛争期間中の未払賃金が認容されないと考えられることを除いて、ほぼ異論のないところである。

②未払賃金と中間収入

　民法536条2項は、反対給付請求権を失わないことと並んで「自己の債務を免れたことによって利益を得たときは、これを償還しなければならない」と定める。この利益を中間収入と呼ぶ。

　解雇紛争期間中の賃金に関する次の問題は、未払賃金を支払う際、解雇紛争を支える経済的資力を得るために労働者が他のところで働いて得た収入が償還すべき中間収入と評価されるかである。

　解雇され労務提供を拒否された労働者が、当該解雇の是非を争うには、生活をしながら訴訟を継続しなければならず確定判決までの一時とはいえ他に職を求めざるを得ない。労働債務を免れることによって得た収入というよりも労働債務の受領を拒否されたことによって（生きて訴訟を継続するために）余儀なくされた収入である。償還すべき中間収入と解するべきではない。

　判例は、他のところで得た収入が副業的で解雇がなくても取得しうるなど特段の事情がない限り、償還すべき中間収入であると解している（米軍山田部隊事件＝最2小判昭37・7・20民集16巻8号1656頁）。

　償還すべき中間収入と解されるとして、次に問題となるのは、それを償還請求するまでもなく使用者が未払賃金の支払い時に中間収入分を控除（相殺）して残額を支払うことができるかである。できるとすればその範囲と労基法26条の休業手当請求権との関係いかんである。まず、控除（相殺）できるかについては、労基法24条の賃金全額払いの原則との関係で問題となる。判例は、決済を簡便にするために当該控除は許されると解している（あけぼのタクシー（民事・解雇）事件＝最1小判昭62・4・2労判506号20頁）。次に、休業手当請求権との関係では、解雇紛争期間の未払賃金のうち6割は、労基法上特に労働者の生活保障の観点から義務付けられた休業手当であり償還の対象からは除外されるが、残りの4割や賞与などは償還されるべき中間収入との相殺対象となると解している（前掲あけぼのタクシー事件最高裁判決）。なお、償還されるべき中間収入は解雇紛争期間中に支払われるはずであった賃金の支払い期間と対応する時期に他のところで働いて得た収入であり、対応しない期間に得た収入は

相殺対象にはできない（前掲あけぼのタクシー事件最高裁判決）。また、支援金や配偶者の収入などは債務を免れて得た利益ではないので償還対象にならない。

4 整理解雇

　会社の経営事情の悪化を理由とする解雇がある。いわゆる整理解雇である。就業規則の解雇事由「事業の継続が困難となった場合または事業の縮小・転換あるいは部門閉鎖を実施する必要が生じ他の職務に転換させることが困難となった場合」に該当するかが問題とされる解雇である。法理の枠組みは、解雇権濫用法理である。しかし、労働者にとって整理解雇は、自己に帰責事由のない点で他の解雇事由と著しく異なる。この点から、他の解雇事由による解雇と異なる判断基準が判例によって構築されてきた。

　解雇が有効とされる判断基準は、①人員整理の必要性、②整理解雇の必要性（解雇回避努力を尽くしたこと）、③解雇対象基準および適用の合理性、④労働者および労働組合に対する説明協議を尽くしたことであるとされている（東洋酸素事件＝東京高判昭54・10・29労判330号71頁）。

　判断基準については、この判断基準4つをすべて満たしてなければ解雇は有効にならないとの意味での要件ではなく、単に、解雇権濫用の主要な判断要素にすぎないとする裁判例（ナショナル・ウエストミンスター銀行（第3次仮処分）事件＝東京地決平12・1・21労判782号23頁）が登場し、議論がされている。

　①の人員整理の必要性に関しては、整理解雇法理形成期にあっては、人員整理なしには倒産するなど経営状況が危殆に瀕していることまで求める裁判例も見られたが、徐々に、人員整理の必要性は使用者の経営判断が合理的であるか否かで判断されるように移っている。②には、解雇回避の手段としての配転命令が広く容認されるようになったり、③では、正規従業員に対する整理解雇の前に非正規従業員を優先解雇することが肯定されたり、個々に様々な展開をみせている。

解雇の金銭解決制度

解雇金銭解決制度は2000年初めその導入が検討された。当時の案は使用者からも金銭解決を要求できたため、使用者の都合を優先するものとして反対され実現しなかった。

解雇が使用者にとって特に重要になるのは、リストラによる人員整理の場合である。しかしその時期は景気が悪く転職先も見つからない。労働者にとって金銭で簡単に解決できない事情である。

安倍政権は、2015年に再度解雇金銭解決制度の導入を閣議決定した。2017年5月、厚労省は「透明かつ公正な労働紛争解決システム等の在り方に関する検討会」報告を受けて、本格的な議論を始めることになった。今回は今までと異なり、①解雇無効の場合に労働者のみが金銭解決を申立てることができ、使用者はできない、②解決金についても上限・下限を明確にするとの方向が示された。

労働者にとって魅力ある金銭解決制度となるかが成否のカギである。そのためには、金額の多寡ではなく、希望ある転職機会の確保が図られることが重要であろう。

判例 Case Study

整理解雇の4要件──東洋酸素事件＝東京高判昭54・10・29労判330号71頁
　Ｙ社はアセチレン部門を需要低下・赤字転落を受けて閉鎖することとした。Ｙ社は、配転や希望退職者を募集するなどの措置を取ることなく、同部門で働いていたＸらを就業規則の「やむを得ない事業の都合による」との事由に基づき解雇した。Ｘらは地位保全仮処分申請を行った。東京地裁はＸらの主張を認めたため、Ｙ社が控訴した。

　東京高裁は、終身雇用制を原則とするわが国雇用関係にあっては解雇は労働者の生活に深刻な影響を及ぼすから企業運営上の必要性を理由とする解雇の場合も一定の制約を受けると判示した。そして、当該整理解雇が有効となるためには、①事業部門の閉鎖が企業の合理的運営上やむを得ない必要に基づき、②閉鎖部門の従業員を配転してもなお全企業的に見て剰員の発生が避けられず、解雇が恣意によらないものであり、③解雇基準が客観的合理的であることが必要であるとし、④なお、解雇手続き上信義則に反したら解雇権濫用となると判示した。本件の場合は、やむを得ない事業の都合による解雇といえると判示した。

第2編 労働契約論

判例 Case Study

整理解雇の4要素

―ナショナル・ウエストミンスター銀行（第3次仮処分）事件＝東京地決平12・1・21労判782号23頁

　外資系Y銀行は国際競争の激化に伴い貿易金融業務から撤退し、従業員Xの属する分門を閉鎖することに決定した。Y銀行はXに再就職援助や特別退職金を提示するなどして合意解約を申し入れたが、Xはこれを拒否した。その後も組合と協議し、大幅な賃金減額を伴う転職先を提示するなどY銀行は解決に努めたが、Xは拒否したため、Y銀行は解雇した。これに対して、Xは地位保全等の仮処分を申立てて、第2次までは認容されていた。

　本件第3次仮処分では、整理解雇のいわゆる4要件は整理解雇の範疇に属する解雇について解雇権濫用に当たるか否か判断する際の考慮要素を類型化したものであって、各々の要件が存在しなければ法律効果が発生しないという意味での法理要件ではなく、解雇権濫用判断は、事案ごとの個別具体的な事情を総合考慮して行うほかないと判示し、本件では解雇権濫用とはいえないと結論した。

5 変更解約告知

1 意義と問題点

　解雇の新しい形態に、変更解約告知と呼ばれるものがある。変更解約告知とは、労働条件を新たなものに変更することを目的として、新たな労働条件を内容とする労働契約の締結を申込みつつ、今までの労働契約を解除すなわち解約告知するという解雇である。

　従来の法理では、事情が変わり今までの労働条件が維持できなくなった場合は、労働契約の継続を前提にした労働条件変更の法理が形成されてきた。いわゆる就業規則改定による労働条件変更法理である。これは労契法にも条文化されている。変更解約告知は、労働関係の継続を予定しない解約（解雇）を織り込んだ労働条件変更法理ということがいえるかもしれない。しかし、労働条件の変更は、変更解約告知にあっては新規労働契約内容という形で示されるに過ぎず、その前提に解雇がある点、労働条件変更法理とは異質である。

　また、労働条件を変える必要が生じるのは、経営上の都合による。経営上の都合による解雇は、従来の法理では、整理解雇法理であった。整理解雇法理では、解雇の合理性判断基準に解雇回避努力が使用者に求められており、また整理解雇を検討する前に、労働条件の変更が検討されることも多い。

　変更解約告知は、整理解雇の際に新たな内容の労働契約締結を申込むのであるから、労働者により手厚いといえるであろうか。

　変更する労働条件は労働者にとって有利に変更されるとは考えられない。その変更を解雇を背景に呑むように求めることは、労働者に選択肢のない選択を強いることを意味する。かかる法理が肯定されることは慎重でなければならない。労働条件不利益変更法理とも整理解雇法理とも甘い基準になるのであれば、なおさらである。

2 有効性判断基準

　裁判例には、整理解雇とは別に、①労働条件変更が業務運営上

第5章 解雇

不可欠である、②変更の必要性が労働者の被る不利益を超える、③新たな労働契約の締結に応じないとき解雇正当化事由がある、④解雇回避努力が尽くされていることを挙げて、これらが満たされる場合に解雇を容認する（スカンジナビア航空事件＝東京地決平7・4・13労判675号13頁）。他方、別の裁判例では、新しい労働条件に応じない限り解雇される点をとらえ、労働者に厳しい選択を求めることになるとして、変更解約告知の法理を採用せず整理解雇法理でもって解決が図られた（大阪労働衛生センター第1病院事件＝大阪地決平10・8・31労判751号38頁）。

判例 Case Study

変更解約告知—スカンジナビア航空事件＝東京地決平7・4・13労判675号13頁
　Xらは、Y社で、地上やエアーホステスとして勤務してきた従業員である。収益赤字により、全従業員を対象として早期退職募集と再雇用をおこなうこととし、組合と団交を重ねた結果、多くは早期退職に応じたが、Xらは、これを拒否しそのため再雇用の募集にも応じることなく、地位保全等の仮処分を申請したが、その後、Xらは、新ポジションおよび新賃金の提案を示され募集期限までに応募するよう促されたが、後に解雇の意思表示を受けた。Xらは解雇の効力を争いつつ地位保全等を求めた。
　東京地裁は、本件解雇の意思表示は雇用契約で特定された職種等の労働条件を変更するための解約、換言すれば、新契約締結の申込みを伴った従来の労働契約の解約であっていわゆる変更解約告知であると判示し、①職務及び勤務場所が特定されており、職務、勤務場所、賃金および労働時間等変更を行うためにはXらの同意が必要で一方的に不利益変更はできない事情にあり、②かかる変更が事業運営に負って必要不可欠でその必要性が労働条件変更によりこうむる労働者の不利益を上回るとき、③新契約締結の申込みに応じない場合解雇を正当化するに足りるやむを得ないものと認められ、④かつ解雇を回避する努力が十分に尽くされているときは、⑤新契約締結の申し込みに応じない労働者を解雇することができると判示した。

■ 参考文献
野川忍　　　「解雇の自由とその制限」『講座21世紀の労働法4巻』（有斐閣、2000年）
根本到　　　「解雇権濫用法理」土田道夫・山川隆一編『労働法の争点』（ジェリスト増刊・新・法律学の争点シリーズ7、2014年）
盛誠吾　　　「整理解雇法理の意義と限界」労働法律旬報1497号
大内伸哉　　「変更解約告知」『講座21世紀の労働法3巻』（有斐閣、2000年）

第6章 企業組織の変動と労働契約

　情報テクノロジーや市場経済がグローバル化する中、企業活動もその影響を受け、企業再編が盛んにおこなわれるようになった。2000年の商法改正さらに2005年制定の会社法によって、会社分割という概念が導入され、事業に関して有する権利義務の全部又は一部を分割して他の会社に承継させることができるようになった。これに伴う労働契約の帰趨は労働者に大きな影響を与えずにはおかない。労働法はかかる事態にあって果たして労働者の法的地位の安定に寄与するのであろうか。

　企業組織の変動には、会社法上、3つある。事業（営業）譲渡（会社法467条以下）、合併（会社法2条27、28号、748条以下）と会社分割（会社法2条29、30号、757条以下）である。

1 合併と労働契約

1 合併の意義と種類

　合併とは、複数の企業が合体して一つになることである。合併の方式には、吸収合併と新設合併とがある。吸収合併とは、合併する会社のうちの一つの会社を存続会社として残し、それ例外の残りの会社について権利義務を存続会社に承継させて消滅させるものをいう 会社法2条27号 。新設合併とは、合併する各会社を解散して、新たに設立する会社に全て承継させる方式をいう 会社法2条28号 。

■ 合併の種類

2 合併と労働契約の承継

　合併は吸収合併であれ新設合併であれ、財産や事業そのものを一括（包括）して合併後の新会社に承継させる契約であり、労働契約も包括的に承継される。合併に伴い元の会社はすべて消滅する。元の会社に残る利益は通常存在せず、労働者にも不利益はないと考えられ、「使用者は、労働者の承諾を得なければ、その権利を第三者に譲り渡すことができない」とする民法625条1項の適用は排除され、労働者の個別的同意なしに新会社に承継されると理解されている。

　したがって、合併の際に配転や解雇といった問題は生じない。しかし、合併の後には生じうる。たとえば、合併後の支店の統廃合による余剰人員の発生に伴う配転・出向や整理解雇問題である。あるいは、ばらつきのある労働条件を統合する必要から就業規則や労働協約の労働条件不利益変更も生じる。

2 事業譲渡（営業譲渡）と労働契約

1 事業譲渡の意義

　事業譲渡とは、会社が一部の事業を譲渡することをいい、会社法

制定以前には、「営業譲渡」と言われていた。事業の意義については争いがあるが、事業譲渡については、会社法制定前の判例において述べられた「営業の譲渡」（＝営業そのものの全部または重要な一部を譲渡すること）の定義が会社法制定のための必要な修正を加えて、事業譲渡の定義として維持されているとされる。すなわち、事業譲渡とは、一定の営業目的のため組織化され有機的一体として機能する財産の全部または重要な一部を譲渡して、譲受会社が受け継いだ譲渡の限度に応じ法律上当然に競業避止義務 会社法21条 を負うことをいう。

事業を構成する権利義務の譲渡にあたっては、譲渡会社と譲受会社との間で個々別々に何を承継するか否かを決めていく。特定承継とよばれる。この点が、包括承継する合併とも会社分割とも異なる。また、その譲渡される財産は、単なる物質的な財産（商品、工場など）だけではなく、のれんや取引先などを含む事業に必要な有形的・無形的な財産を一体としたものを指すと解されている。

会社分割では、包括承継であることや債務超過の事業部門を切り離すことができないのに対して事業譲渡は、個別に継承する範囲を決めることができることや不採算部門も分割できる。このことから、事業譲渡は会社分割が認められた現在でも、広く用いられている。

■ 事業譲渡

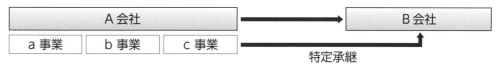

2 事業譲渡と労働契約の承継
①労働契約の承継

事業譲渡は、営業目的のため有機的一体として財産を移転して、経営主体を移転・継承する行為である。有機的一体として経営主体を変更・継承するとき、労働契約はどうなるのであろうか。この点、法律上明確な定めはない。解釈に委ねられている。ひとつは、事業譲渡が有機的一体として財産を移転・継承する点に着目して、労働者もまた移転すると理解する見解（包括継承）がある。他方で、契約によって移転・継承する点に着目すれば、移転する範囲も営業目的に即した契約内容次第であり、労働者の範囲も事業譲渡の契約内容によって決まるとする見解（特定継承）が成り立つ。契約上明記すれば、包括的継承を排除し個別労働者ごとに承継をするかしないかを決めることもできるから、当然に包括承継であるということはできない。

もっとも、契約上明記されないからといって、譲渡会社に留まるから問題はないと言い切れるであろうか。譲渡会社には譲渡した事業はなくなり、譲受会社がそれを引き継ぐことを考えれば、承継しない

とはいってないことは既存の労働者を継続雇用する意思があるとみるのが合理的であろう。裁判例では、包括的承継の場合ではあるが、「黙示的合意」（松山市民病院事件＝松山地判昭40・5・26労民集16巻3号394頁）や事実関係から承継意思を推認した例（タジマヤ事件＝大阪地判平11・12・8労判777号25頁）がある。

②労働契約承継の合意と労働者の拒否

　譲渡会社と譲受会社との間で特定の労働契約を承継する合意がある場合、当該労働契約の一方当事者である労働者が譲渡会社に残留を望むことがあろうから、会社間の承継合意を拒否できるか問題となる。使用者は労働者の承諾なしにはその権利を譲渡できない 民法625条1項 ことからすると、かかる合意を労働者は拒否できると解される。したがって、かかる合意は、労働者の承諾を停止条件としていると解するべきである。

　譲渡会社と譲受会社との間で特定の労働契約を承継しない合意がある場合、当該労働契約の一方当事者である労働者は譲受会社との労働契約の締結を求めることができるか問題となる。事業譲渡の時点では労働契約に変更はないのであるから、労働者に不利益はないといえるだろうか。当該労働者の職務は譲渡会社にはなく、同社内の配転もまた労働者の意に沿わない場合、当該労働者は自己に非なく意に反する辞職を余儀なくされるかあるいは解雇される。労働者に不利益がある。この場合、事業譲渡の目的に沿った特定の労働契約の承継拒否であるか否かが問われるべきである。譲渡会社がその理由を説明できない場合は当該労働契約の承継が認められるべきである。裁判例では、労働組合員であることを理由に承継されず解雇された事案で、不当労働行為にあたるとして救済された例がある（マルコ事件＝奈良地葛城支決平6・10・18判タ881号151頁）。

③承継と労働条件変更

　事業譲渡による労働契約の承継は労働契約総体の移転を意味するから、譲渡会社での従前の労働条件が譲受会社に引き継がれることになる。したがって、譲受会社に移った労働者は、譲受会社に従前の契約上の権利を行使できる。もとより、譲受会社が事業譲渡後に、就業規則の改訂を行って労働条件を労働者の不利益に変更することはある。この場合は、労働契約法10条などに定める労働条件変更規定による。しかし、承継されるとは、特定事業を消滅させるために不採算部門を切り離すのではなく、事業を継続させるために行うと考えられる。だとすれば、このままでは事業継続が困難であるとして労働条件が変更されることがあるとしても、事業譲渡の時期と労働条件変更の時期との間に合理的な期間の存することが必要であろう。

3 会社分割と労働契約承継法

1 会社分割の意義と種類

　2000年5月に改正された商法、2005年制定の会社法によって、会社の営業の全部または一部を分割して他の会社に承継させる「会社分割」制度が設けられた。この制度は、経済のグローバル化に伴う企業の提携・組織再編を迅速におこなう必要に対応するために設けられたとされる。企業組織再編の方法としては従来、企業内一部事業部門を分社化して子会社とする方法について事業譲渡（営業譲渡）が用いられてきた。この方法は株主総会の特別決議などを必要とするなど手続が煩雑であった。

　会社分割は、これらに応えるために創設された。会社分割は、法律による事業の移動を包括承継でおこなうこととなった。その際、債権者の同意を不要とするなど手続きの簡素化を図かり、また株式の発行や株式交換を認めて分割資金の調達を容易にするとともに課税されないといった利点が用意された。

　会社分割には、分割会社の一事業を分割して、新設会社に承継させる新設分割と他の既存会社に承継させる吸収分割とがある。分割会社と新設会社双方の株式を持株会社が持つ場合には、分割会社と新設会社はともに姉妹会社となる。分割会社が新設会社の株式を保有する場合には、新設分割の場合は親子会社であろうし、吸収分割であれば関連会社ということになろう。

■ 分割の種類

2 会社分割と労働契約の承継

　会社分割は事業譲渡や合併と同様、労働者にとっては、労働契約の当事者たる使用者の変更をもたらす恐れが生じる。大きな問題である。会社分割が法制度化されるに際して労働契約の承継が問題とされた。労働者保護の観点から、2000年5月、労働契約承継法（「会社分割に伴う労働契約の承継等に関する法律」）が制定された。

　同法は、会社分割が分割し移転する事業の包括継承を原則としているから、労働契約も承継することを原則に据えて、関係労働者を2つに区分する。すなわち、第1に、「承継される事業に主として従事する」労働者は承継されるものとし、そうであるにもかかわらず特に分割計画書等により承継対象とされていない場合に限り、労働者の

異議申出を認め、認められれば承継になる。第2に、承継される事業に従としてしか従事してこなかった労働者は分割会社に残留することとし、そうであるにもかかわらず特に承継対象として分割計画書等に記載された場合に限り、異議を述べると分割会社に残留できる。

承継される事業に主として従事する労働者が承継される場合は、労働者の同意なく承継され異議をはさむ余地はない。当該労働者が分割を機会に分割会社に残留したくとも、それはできず、結局は労働者の自己都合による退職（辞職）を決断せざるを得なくなる。あるいは、承継した会社に出社しないことは業務命令違反でありこれを理由に懲戒解雇されよう。労働者の法的地位の安定を考慮した包括承継の結論であるが、労働者の意思を無視しての措置は問題が残る。異議を申出る権利を認め第三者機関によって判断されるまでは解雇を禁止して分割会社との雇用関係を維持するといった法的措置を講じる改正が考えられてしかるべきである。

承継される事業に従として従事する労働者が承継される会社に承継されることを希望する場合はどうであろうか。包括承継ではないし、労働契約に変更はないから、承継されないこと自体は問題ない。結局転籍の法理によって解決される。

なお、転籍の合意によって転籍する者にも、以下の通知や個別協議の手続は踏まなくてはならない（改正施行規則）。

3 分割に伴う労働契約承継手続
①労働者・労働組合への通知
　会社分割しようとする会社は、それを行うときには分割計画書等を承認する株主総会等の2週間前までに分割の関係労働者に、労働契約承継の記載の有無、承継される事業の概要や分割され設立される会社の名称や所在地などを書面により通知しなければならない（ 労働契約承継法2条1項 など）。

　また、労働組合に対して、承継される事業の概要、分割され設立される会社の名称や設立会社が承継する労働協約の内容などを通知することになっている（ 労働契約承継法2条2項 など）。

②労働者との協議
　分割会社は、前記通知だけでなく、事前に関係労働者と協議することを義務付けられる 商法等の一部を改正する法律（公布平成12年5月31日法律第90号）5条1項 。その際、分割会社は、労働組合等にも理解と協力を得るよう努力するよう求められる 労働契約承継法7条 。

　なお、平成28年9月より施行規則・指針が改正され、個別協議の対象となる労働者が承継される事業に従事していない者も追加された。

■ 会社分割の手続きの流れ

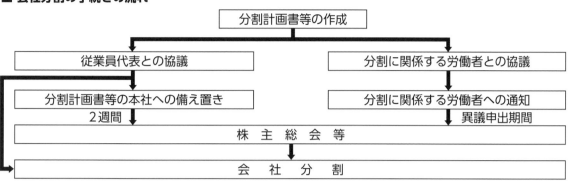

■ 労働者の区分と労働契約の承継

	分割計画書等への記載	通知の有無	異議申出権の有無	異議申出権の行使	承継会社との労働契約へ転移
承継事業に主として従事する労働者	あり	○	×		移転
	なし	○	○	行使	移転
				不行使	分割会社等に残留
承継事業に従として従事する労働者	あり	○	○	行使	分割会社等に残留
				不行使	移転
	なし	×	×		分割会社等に残留
承継事業に全く従事しない労働者	一部承継会社が承継する者について個別協議の対象者に追加された。移転は労働者の個別同意による。				

判例 Case Study

労働契約の継承無効―日本IBM事件＝横浜地判平19・5・29労判942号5頁

被告Y会社とA会社が両社のHDD事業部門を統合して合弁会社C社を設立した際、Y社は同社同部門の従業員（原告Xらを含む）の労働契約を、一旦、Y社の分割（新設分割）子会社B社に承継させた後、C社に株式譲渡する形で統合することとした。Y会社は、従業員の理解を得るための努力をするための法的措置すなわち労働契約承継法7条の措置（7条措置）をとり商法改正附則5条の協議（5条協議）をおこなった。原告Xらは、その方法や態様などに7条措置や5条協議違反があるとして、労働契約承継の無効を主張して提訴した。

横浜地裁は、労働契約の承継が無効とされるのは分割が無効となる原因がある場合に限られ、「労働者との事前協議」はその原因のひとつであるが、本件の場合にその瑕疵は認められないなどとして、労働者の訴えを却けた。控訴審（東京高判平20・6・26）も上告審（最2小判平22・7・12）も維持した。

■ 参考文献

島田陽一　「企業組織再編と労働関係」ジュリスト1326号
盛誠吾　「企業組織の再編と労働契約承継法」季刊労働法197号
成田史子　「会社分割と労働契約の承継」土田道夫・山川隆一編『労働法の争点』
　　　　　　　　　　　　　　　　　　　（ジュリスト増刊・新・法律学の争点シリーズ7、2014年）
橋本陽子　「事業譲渡と労働契約の承継」同上『労働法の争点』

第3編

労働条件論

　本編の労働条件論は、労働法に関する原理（意義・史的展開・体系そして労基法の原理・対象・効力）、すなわち第1編に導かれ、労働関係が成立した後の賃金・労働時間・休憩・休日・休暇等の労働条件を扱う。また、企業と求職者とが出会い解消されるまでの労働契約法の基本的な規制の枠組みを理解する第2編とも異なる。

　わが国の労働条件法制は、憲法27条2項に基づき制定された労働基準法などの賃金・労働時間・休憩・休日・休暇等に関する規整と規制を意味する。実際の労働条件は、労働契約の内容となる就労をめぐる諸条件を意味するが、個々の事業場の労働条件内容は様々である。労働基準法などの規定は最低限の基準であって、労使はそれを守らなければならない。

　本編では賃金・労働時間（時間外労働・変形労働時間）・休憩・休日・休暇・企業秩序と懲戒等を取り上げて、労働条件法制を学ぶこととする。

第1章 賃金

　賃金は、労働者および家族の生活を支える糧となる点で重要な労働条件である。しかし、雇われて働くことなしに生きられない労働者は契約自由の名のもとに賃金を低く抑えられてきた。労働法は、こうした労働問題に法的に対処するものとして生成された。

　労働法の賃金に対する規制の観点は、労働者の意思が制限された結果を改善することにある。その観点は3つある。第一に、「額」である。普通に働けば普通に生活できる最低限度の賃金を保障することである。第二に、賃金は働いた本人の手に確実に渡らなければならない。第三に、使用者の都合によって働けなくなった場合の賃金の保障であり、また、使用者の都合によって支払えなくなった場合、どう労働者の生活を保障するかである。

1 賃金とは

1 賃金の構造と決まり方

　わが国における賃金は、一般に基本給や各種の手当からなる通常の賃金と、賞与・退職金など特別の場合に支払われる特別賃金からなる。支払いに関しては、一定期間に一定額を支払う固定給のほかに成果に応じて支払われる能力給などに分類できる。賃金は、支給期間の単位に応じて、月給、週給、日給があり、通常、月給制がとられる（月例賃金）。

　また月例賃金には、所定内労働時間に対応する所定内賃金と所定外労働時間に対応する所定外賃金に分かれる（以下、図表参照のこと）。

> **基本給の決定要素**
> 所定内賃金のうち基本給の決定要素には、仕事給、属人給、そして総合給がある。仕事給は職務内容や職務遂行能力などの仕事の要素に、属人給は年齢、勤続年数、学歴等の属人的要素に着目する、総合給は仕事的要素と属人的要素を総合的に考慮する給与である。

■ **賃金制度**

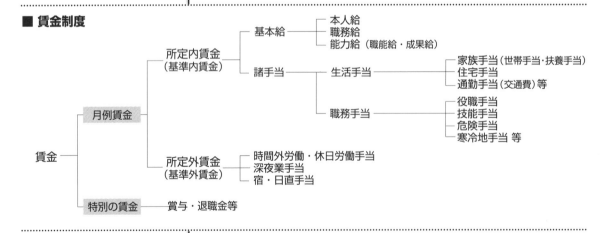

2 出来高払制の保障給

　労働基準法（労基法）は、出来高払制その他の請負制で使用される労働者たとえば、タクシー運転手、セールスマン、保険外交員などの賃金について「労働時間に応じ一定額の賃金」を保障すべきことを使用者に義務づけている 労基法27条 。仕事の成果に基づいて賃金を支払う出来高払給の場合、労働者が労務提供しても、成果がない場合には賃金支給がなくなることもある。労働に対して報酬が支払

われるのが賃金であり、成果すなわち出来高がすべてではない。普通に働けば普通に生活できる賃金が保障されなければならず、労基法27条は、それを保障給に求めたのである。この場合の保障額は労基法に定めはなく、行政解釈も「常に通常の実収賃金をあまりへだたらない程度の収入が保障されるように保障給の額を定めるよう」（昭22・9・13発基17）というにすぎず、明確ではない。さらに、本条は、使用者に対し、労働契約において、保障給を定める義務を課したものにすぎないと解されているため労働契約に定めがない場合は、労働者は保障給の請求権を有しないとする裁判例もある（第三慈久丸事件＝金沢地判昭36・7・14判時274号30頁）。本条の趣旨の重要性からいってそのあいまいさは問題である。

3 能力主義または成果主義賃金制度

賃金のあり方は、労使自治にゆだねられるため企業の賃金・人事制度に大きく左右される。従来は、長期雇用のもと、生活保障重視の年功賃金制度が採用され、基本給が学歴や勤続年数などの客観的基準により決定するとされ、労働者の業績は能力給（成果給）や賞与などの一時金において考慮される傾向が高かった。

内外の競争激化と低成長は、年功賃金制度を維持することが困難となり、他方、若年・中堅労働者のモラル低下に対処するため、能力・成果主義的要素を考慮した多様な賃金制度改革が試みられるようになった。能力・成果主義賃金制度は、一般的に労働者の能力を重要な要素とし、その結果としての仕事の成果または業績を重視する。このため労働者と企業の個別交渉、人事考課によって決定される部分が多くなった。能力・成果主義賃金制度が属人的賃金制度といわれるゆえんである。

能力・成果主義賃金制度への評価は、個々の労働者の賃金決定に管理者の行う業績評価が大きな比重を占めるため、評価基準および評価方法が能力や成果を的確に評価できるかが重要になる。目標を設定しそれを達成することが評価につながる目標管理制度は、その代表的なものであるが、円滑に機能することが予想される職種がある一方で、集団で取組むような個人の成果に還元できないことにより、適切な評価システムの構築が困難な職種も存在する。

したがって、能力・成果主義賃金制度には、明確かつ公正な基準設定とその基準の適切な運用が不可欠であり、今後業績評価をめぐる個別紛争が増大することは避けられない。この意味で企業内に紛争解決機関を設けることも必要である。個別紛争の増大に対処するため、2001年7月に「個別労働関係紛争の解決の促進に関する法律」が制定されたり、2004年5月に労働審判法が制定された。

Q． 保障給を定める労働契約において労働者が就労しないとき。
A． 労働者が就労しない場合は、労使いずれに責任があるか、あるいは不可抗力であるかを問わず、使用者には本条の保障給を支払う義務がない（昭23・11・11基発1639）。

Q． 年俸制とはどのようなものか。
A． 年俸制の内容や形態は様々であるが、プロ野球選手のように1年の成果を評価して来年の賃金を決める場合が多い。報酬は、勤続年数や職務といった客観的基準ではなく達成すべき目標を定めその達成度の評価でもって決まる。

第3編 労働条件論

2 賃金の意義

1 賃金保護に関する規制

　賃金は働いた労働に対して使用者が労働者に支払う対価である。健康で文化的な生活をするために不可欠な賃金は、労働者本人と家族の生活原資であるから賃金額の保障だけでなく、賃金支払いが裁判を待たずに使用者の任意により確実に支給されることが求められる。そこで、労基法は賃金を定義 `11条` し、最低賃金の保障（最低賃金法）を行い、賃金支払いの4原則 `24条` を定めるとともに企業倒産時の賃金確保（賃金の支払の確保等に関する法律）の規制を設けている。また、賃金制度や退職金制度の設計は、労働協約、就業規則などの労使自治の決定に委ねられることが多い。

2 賃金債権の性質（ノーワーク・ノーペイの原則）

　賃金請求権の発生根拠は、労働契約の成立 `民法623条` `労契法6条` にある。賃金の支払い時期は当事者の合意によるが、民法では、労働者はその約した労働を終わった後でなければ報酬を請求することはできないと定めている `民法624条1項`。いわゆる賃金の後払いである。
　労働契約は労働に対して賃金を支払うことを約することで成立するから、賃金は労働の前に支払われても問題はない。しかし、実際に具体的に労働して初めて、支払われるべき賃金額も具体的に定まるし、あらかじめ支払われていると過払分を労働者が返還するという問題も生じ煩雑である。したがって、賃金は具体的労働の後に請求できるとしたのである（片山組事件＝最1小判平10・4・9 労判736号15頁参照）。

3 賃金を規制する意義

　契約どおりの賃金を受領できても、それが人たるに値する生活を営むのに十分な額である保証はなく、現実には労働者に必ずしも確実に賃金が手渡されるとも限らない。また、経営上の障害または倒産によって既往の労働に対する賃金債権の確保も危うくなる。賃金のもつ労働者の生存権実現の役割を考えれば、国家は、労働者が一定水準以上の賃金を確実に確保できるための手立てを講ずる必要が生ずる。

4 賃金の定義

　労働法は賃金に関して様々な法規制を行っている。そこで、労働法の規制対象となる賃金の意味と範囲を確定することが必要になる。労基法は、賃金を「賃金、給料、手当、賞与その他名称の如何を問わず、労働の対償として使用者が労働者に支払うすべてのものをいう」 `労基法11条` と定める。
　賃金は、名称の如何を問わず使用従属関係の下での労働の対償をいい、具体的労働に対する対価よりも広いと考えられる（後述）。し

第1章 賃金

かし、対償という文言は抽象的であり、その意味するところは明確ではない。解釈に委ねられることとなる。

行政解釈では概要以下のように解釈され、学説判例でも概ね支持されている。すなわち、賃金とは、①各会社により様々の名称が用いられている実態と限定することによる労基法上の規制回避を防ぐため名称を問わない。そして、②サービスを提供する業種で顧客が使用者を介さず直接、サービスを提供した者に支払うチップなどは「使用者」が支払わないので賃金に当たらない（昭22・2・3基発164）。また、使用者が給付しても、③それが任意的・恩恵的性格を有するものでとりわけ任意的なもの（使用者の自由裁量で支払うことやその額を決めること）は、労働者であることとは関係しないといえるので「労働の対償」と解されない。たとえば、結婚祝い金、弔慰金または見舞金などの給付がそれに当たる。また、④会社の社員寮や保養施設等の利用あるいは資金貸与といった利益が社員の一部にとどまる福利厚生的な給付、⑤会社の業務を遂行するための必要経費たる出張旅費、作業服や作業用品代などは、賃金に当たらない。

しかし、「労働の対償」の意味は広く、結婚祝い金のような給付であっても、就業規則または労働協約によって支給基準が明記され、使用者に支払義務があると明らかにいえるものは、具体的労働とは直接関係はないとしても労働者に関わって支給されるわけであり労働と関係すると考えられ、労働の対償であると解されている（昭22・9・13発基17）。賞与や退職金も同様である（賞与：大和銀行事件＝大阪高判昭56・3・20労判399号12頁。退職金：後掲伊予相互金融事件）。

また、一般的に「労働の対償」と「任意的・恩恵的」給付は対立的であるが、賞与や退職金が賃金だからといって、「恩恵的な」意味をもたせることが否定されるとはいえない（伊予相互金融事件（住友化学事件）＝最3小判昭43・5・28判時519号89頁）。これは、当該給付の義務的性格が「労働の対償」を判断する重要な要素となっていることを意味する。したがって、就業規則に基づき支給基準が明確な家族手当、住宅手当や通勤手当（通勤定期の支給も含む）もまた、賃金である。

Q．自社株購入権（ストックオプション）は賃金か。
A．ストックオプションは、自社株購入の権利付与された労働者が権利行使をするか否か、また、権利行使をする場合でも、その時期や株式売却期間をいつにするかを労働者自身が決定するものであり、この制度から得られる利益は、それが発生する時期および額ともに労働者の判断に委ねられる。したがって労働の対償とはいえず、報酬としての性格を有するが労基法上の賃金ではない。ただし、当該制度を創設する場合は、就業規則に記載（平9・6・1基発412）を要し、税法上は給与所得となる（荒川税務署長事件＝最3小判平17・1・25労判885号5頁）。

■ 賃金の判断基準

賃金となるもの
　下記以外の使用者が労働者に支払うすべてのもの
賃金とならないもの
　① 使用者が支払わないもの……　例えば、チップなど
　② 任意的恩恵的なもの…………　例えば、結婚祝金、死亡弔慰金など（ただし、労働契約、就業規則、労働協約などで予め支給条件が明確になっているものを除く）
　③ 福利厚生給付など……………　住宅の貸与など（ただし、住宅を貸与する場合に、住宅の貸与を受けない者に均衡上一定額の手当を支給している場合を除く）
　④ 企業の用意する備品など……　制服、作業着など
　⑤ 業務遂行の必要経費的なもの　出張旅費など

第**3**編 労働条件論

> **平均賃金算出方法**
> 日給制、時給制、請負制をとっている場合や日雇労働者については、平均賃金の算出方法が異なる。

5 平均賃金と通常の賃金

　平均賃金は、特別な場合の労働者の生活を保障するため労基法によって設けられた使用者が支払い義務を負う手当などを算出する上での技術的概念である 労基法12条 。その算定に当たっては、労働者の1日あたりの生活費を念頭に置く。したがって、労基法上の手当には、慶弔金などの臨時的なものや夏季や年末の賞与は算入されない。

　算定方法は、当該労働者の3か月間の賃金をその期間の総日数で除して算定されるのが基本である（暦日日数、起算日は「事由の発生した日」）。

　労基法上の手当とは、解雇予告手当 20条 、休業手当 26条 、年次有給休暇手当 39条 である。他に平均賃金は、休業補償 76条 および障害補償 77条 を支払う場合、および減給制裁の限度額 91条 を算定する場合にも利用される。

　労基法は、平均賃金のほかに通常の賃金という概念を設けている。これは、労基法上、労働者が時間外・休日労働に従事した場合に支払わねばならない割増賃金を算定する場合に利用される 37条1、3項 。割増賃金の算定にあたっては、分母に労働しない日まで含めることは不合理であるから、通常の賃金、すなわち当該労働者の労働時間または1労働日あたりの賃金額を用いる。その際、割られる数にあたる賃金に、家族手当、通勤手当、その他厚生労働省令で定める賃金を算入しなくてもよい（ 労基法37条4項 本編第2章2 4 ①164頁参照）。

■ 平均賃金の算定式

$$\text{平均賃金額} = \frac{\text{算定理由発生日前3か月間の賃金総額}}{\text{算定理由発生日前3か月間の総日数}}$$

←（除く賞与など）

←（総労働日でない。ただし、業務上の傷病による休業、産前産後の休業、使用者の責めに帰すべき事由による休業、育児休業・介護休業および試用期間が含まれる場合は除外される。その期間中の賃金は低いからである。したがって、同期間中の賃金も除外される。）

---

3 賃金額の保護－最低賃金法

　賃金は、本来、労使自治により賃金制度や「額」が決定される。他方、それが労働者の人たるに値する生活を確保するにふさわしい賃金水準になく、社会的に見て明らかに不公正であれば妥当なものにしなければならない。契約自由の名のもとに低賃金を甘受せざるを得ない労働関係において生存権保障を目的にして、契約自由の原則に修正を迫る労働法が生成した理由はまさにここにある。

1 最低賃金制度の推移

　最低賃金制度の推移を見ると、労基法制定当初、最低賃金の定め

は、4か条 労基法28条〜31条 を有した。しかし、労働大臣（当時）の裁量に委ねられた同規定による最低賃金の実施は、1959年の最低賃金法の制定まで実施されなかった。

　最低賃金法（以下、最賃法）は①業者間協定による最低賃金、②業者間協定に基づく地域的最低賃金、③労働協約による最低賃金、そして④最低賃金審議会による最低賃金の4つの決定方式を定めたが、いわゆる業者間協定による最低賃金決定方式が実際に機能した。しかし、この事業主の協議による最低賃金の決定という「異例な」方式では、生存権の保障からは程遠い最低賃金額が決定されたため、1968年の改正で削除された。

　1968年改正では、先の最低賃金の4つの決定方式のうち、後半の2方式が残された。しかし、③の方式は地域別産業別労働組合が発達していないわが国ではほとんど利用されず、もっぱら、④の最低賃金審議会方式が最低賃金を担うことになった。最低賃金審議会方式による最低賃金には「地域別最低賃金」と「産業別最低賃金」があった。地域別最低賃金については、労働側は全国一律の最低賃金を求めており、中央最低賃金審議会はかかる労働側の主張に配慮し、全国を4つのランクに分けて目安を示し、各都道府県の地方最低賃金審議会がそれを参考にしながら額を決定する方式になった。

　21世紀に入り、低所得家族の賃金が生活保護受給家族の給付額を下回るという問題が顕在化し、ワーキング・プア問題は単に正規雇用と非正規雇用間の賃金格差にとどまらず最低生活問題がクローズアップされた。2007年に最賃法が改正（2008年7月1日施行。最終改正2008年5月2日法26号）され、地域別最低賃金の決定について、生活保護との整合性を考慮することが明確にされた 最賃法9条3項 。なお、ほとんど利用されなかった労働協約方式は廃止され審議会方式による地域別最低賃金に一本化された（後述）。

　しかし、最低賃金額の引上げが実施されても、それによって受領する賃金額に変化が生ずる労働者の割合はきわめてわずかで、最低賃金はパートまたはアルバイトの形態で雇用される労働者について、その賃金を底上げするには至っていない。改正がなされたとはいえ、未だに最低賃金額の水準は、生活保護を下回るところがあり、決して十分でないといわなければならない。

2　最低賃金の意義と内容

　最賃法の目的は、賃金の最低額を保障することにより、労働条件の改善を図ることによって、労働者生活の安定、労働力の質の向上および事業の公正な競争の確保に資するとともに、国民経済の健全な発展に寄与することにある 1条 。最低賃金の効力は、使用者が最低賃金額以上の賃金を労働者に支払わなければならない文字通りの最低賃金で、労働契約によって決められた賃金が最低賃金額を下回る場合はそれは無効となり、無効となった賃金は最低賃金額で補充される 4条1項 。なお、最賃法に違反した使用者は、罰則の適用を

最低賃金の対象から除かれるもの
①臨時に支払われる賃金（結婚手当）②1か月を超える期間ごとに支払われる賃金（賞与など）③割増賃金　④精皆勤手当　⑤通勤手当　⑥家族手当。

地域別最低賃金改正の答申状況

都道府県	時間額
東京都	958円
神奈川	956円
大阪	909円
北海道	810円
山形	739円
沖縄	737円
	2017年10月現在

第**3**編 労働条件論

受ける 40条 。

最低賃金額は、旧最賃法では時間、日、週または月によって定めるとなっていたが、現行法では時間によって定めるものとされている 3条 。

最低賃金の決定は2007年改正により最低賃金審議会方式に一本化された。二種類ある。まず、都道府県単位の地域別最低賃金。地域別最低賃金額を下回る賃金を支払った使用者に科される罰金の上限が2万円から50万円に引き上げられた 40条 。最低賃金審議会による産業別最低賃金は廃止が検討されたが、一定の事業もしくは職業にかかる最低賃金（特定最低賃金）となって存続した。これが二つ目である。ただし、船員の特定最低賃金以外の特定最低賃金を下回ることによる違反については、最賃法の罰則の適用は受けず、労基法24条違反の罰則（ 120条 、罰金の上限30万円）が適用される。もっとも特定最低賃金の適用を受ける労働者の賃金が地域別最低賃金をも下回る場合罰則が上限50万円であることは変わりない。なお、存続したということは、特定最低賃金は地域別最低賃金を上回る額が決定されることであり 16条 、特定最低賃金の適用を受ける労働者の最低賃金は特定最低賃金であることを意味する。

地域別最低賃金の決定の原則は、①全国各地域にあまねく決定されなければならないことが強調され、②地域における労働者の生計費や地域の賃金の状況、同地域の通常の事業の賃金支払能力を考慮するとともに、③特に、労働者の生計費を考慮する際には、労働者が健康で文化的な最低限度の生活を営むことができるよう、「生活保護にかかる施策との整合性に配慮する」ことが明示された（以上、 9条 ）。③の意味は、最低賃金は生活保護を下回らない水準となるよう配慮するとの趣旨であり、ワーキング・プア問題に応えた。

最低賃金額以上であることが求められる賃金は、通常の労働時間に対して支払われる賃金であり、賞与、結婚祝い金のような臨時に支払われる手当、残業手当、精皆勤手当、家族手当や通勤手当は規制の対象ではない 4条3項 （行政解釈）。

最賃法は、労基法が適用されるすべての労働者と使用者を適用対象とする 2条 。正規従業員はもとより、アルバイト、パートまたは契約社員など雇用上の身分を問わない。外国人労働者にも適用される。ただし、都道府県労働局長の許可を受けて、使用者は、特定の労働者の最低賃金を厚生労働省令で定める率を乗じて減額した額にすることができる 7条 。その労働者とは、①精神または身体の障害により著しく労働能力の低い者、②試用期間中の者、および③職業能力開発促進法による認定を受けて行われる職業訓練のうち厚生労働省令で定める基礎的な技能や知識を習得させるものを受ける者、④軽易な業務に従事する者、⑤断続的労働に従事する者の厚生労働省令で定める者である。

4 賃金支払の4原則

賃金は、たとえ労働者の人たるに値する生活を確保するのにふさわ

しい水準額であっても、労働者の手に確実に渡る支払方法に関する規制がなくては意味がない。

第2次世界大戦前は、労働契約に親方または手配師が介在し、賃金を代理受領することによって働いた本人に渡されない等の弊害が存在した。このような歴史的経験を踏まえて、労基法は、労働者が確実に賃金を確保できるよう、賃金支払に関する4つの原則を罰則（30万円以下の罰金）付きで使用者に守るよう義務付けている。4原則とは、使用者は労働者に①通貨で、②直接に、③全額を、④毎月1回以上、一定期日に支払うことである 労基法24条 120条1号 。

1 通貨払いの原則

賃金は「通貨」で支払わなければならない 労基法24条1項 。この原則は、工場の製品や商店の商品で賃金を支払う現物給与の禁止にある。その理由は、現物が予め決められた賃金額を下回って換金されうるリスクにある。現物給与が支払われた時点では労働の価値通りだったとしても現物そのものでは生活ができず、換金する必要がある。換金の時点で価値を下回れば生活するのは換金後の価値であり、結局は価値以下で生活せざるをえない。この点が問題である。

労基法はこの問題を解消するため、原則を現物給与の禁止とはせずに端的に「通貨払いの原則」としたのである。したがって、賃金は強制通用力のある日本銀行券や財務省造幣局発行の補助貨幣で支払われなければならない。

手形、小切手、外国通貨、郵便為替、商品券、プリペイドカードなどによる支払いは禁止の対象となる。これは、手形、小切手による不渡りの危険を避けることができず、外国通貨と邦貨との交換が地域により困難であることなど、労働者にとって、換金に際し大きなリスクを負うことになるからである。

この原則に対する例外 24条1項但書 は、①法令に別段の定めがあるとき、②労働協約に別段の定めあるとき、③厚生労働省令で定める賃金で、確実な支払いの方法によるときである。まず、例外①は、現在、存在しない。例外②の労働協約の定めとは、労組法14条の要件（書面作成と両当事者の署名と記名捺印）を備えた労働協約を意味し、この労働協約の適用を受ける組合員にのみ通貨以外の支払いが認められる。現物給与も、平均賃金等の算定の基礎となるので、労働協約で評価額を定めることが必要である 労基則2条2項 。労働組合が現物給与に関与することにより、法の危惧する弊害が除去できるとの政策的判断によると考えられる。

これによれば、製造業で自ら生産した商品をもって給与とすることが可能になるが、労働組合にその判断をすべて委ねたと解するべきではなく、通貨払いの原則が上記の現物給与の問題点にその趣旨がある以上、通常の賃金には適用されるべきではなく、賞与等の一部に限られるべきであり、合理的範囲を超える現物給与の定めは当該原則の趣旨に悖り公序に反すると解される。

Q&A
Q．賃金の口座振込に同意しない労働者はどうしたらよいか。
A．口座振込は、労働者の個別の同意が必要であるため、現金支給になる。

第3編 労働条件論

　　例外③は、厚生労働省令による場合である。まず、給与の口座振り込みがある。一定の条件を満たせば、賃金の金融機関への振込みは通貨払いの原則に反しない。その条件とは、以下の図表の通りである。次に、退職手当の支払について認められる。すなわち、退職金については、労働者の合意がある限りにおいて、金融機関の自己宛小切手、支払保証小切手または郵便為替で支払うことができる 労基則7条の2 。例外③は労働者にとっての利便性を考慮したものであることに留意しなければならない。なお、いずれの場合も労働者本人の同意を条件にしている。それは、次の「直接払いの原則」にもかかわるからである。

■ **賃金の口座振込み**（労基則7条の2）、昭50・2・25基発112号
- a．労働者本人の同意があること。
- b．労働者本人名義の預貯金等の口座に振込まれること。
- c．支払うべき賃金総額が賃金支払日に全額払い出しできる状況にあること。
- d．賃金支払日に給与明細書を出すこと。

2　直接払いの原則

　　賃金は、労働者に直接支払わなくてはならず 労基法24条1項 これには例外がない。賃金が働いた本人に支払われるのは当然である。しかし、過去には親方または職業仲介業者が賃金を代理受領し「その上前をはねる」（ピンハネをする）職場慣習があったため、なおのこと本人に支払うことを徹底させるために直接払いの原則が定められた。

　　一般に、法定代理人または労働者の委任を受けた任意代理人への支払が禁止される。未成年労働者の賃金をその親が代理受領することも禁止される 労基法59条 。ただし、労働者が病気等によって欠勤し賃金を受け取れない場合に、それによる不都合を防ぐために使者（例えば配偶者）に支払うことは直接払いの原則に反しないと解されている（平10・9・10基発530）。

　　なお、直接払いの原則には例外は定められていないが、全額払いの原則の例外として、労使協定による控除が認められており、議論はあるものの、労使協定による賃金控除の一形態として定めれば、譲受人への支払いが許されるとの見解もある。

判例 Case Study

直接払いの原則と譲受人への支払い―小倉電話局事件＝最3小判昭43・3・12民集22巻3号562頁
　Xは訴外労働者PがはたらいたXに対する暴行の償い金としてPの退職金の一部を譲り受けた。しかし、Pが退職金全額をY公社より受け取ったため、譲受人XはY公社にその譲受けた金額の支払いを求めた。
　最高裁は、賃金債権の譲渡は禁止されていないが、直接払いの原則が罰則をもってその履行を使用者に強制している趣旨にかんがみて、賃金の支払は労働者本人に対してしなければならない。使用者がその譲受人に賃金を支払うことはこの原則に違反すると判示した。

3　全額払いの原則
① 控除の禁止

第1章 賃金

賃金は、使用者が支払い義務のある賃金の全額を支払わなければならず 労基法24条1項 、控除または相殺は原則、禁止である。労働者の重要な生活の糧である賃金の控除が労働者の足止め策として用いられてきたことから、全額払いの原則はそれを防止し、賃金全額の受領を確保する目的で設けられた。なお、欠勤、遅刻による賃金の減少はノーワーク・ノーペイの原則からその部分の賃金支払い義務そのものが発生しないことによるので、原則に反しない。

全額払いの原則にはいくつか例外がある。①所得税法183条に基づく源泉徴収および社会保険料の控除など、法令に別段の定めが存在する場合、②労使協定に基づき、賃金を控除する場合である。②では、使用者が貸与した住宅建設資金の返済のため、または社内旅行の費用を積み立てるために労使協定を結び、毎月の賃金から一定額を控除する場合などがこれに該当する。

これに関連して、使用者による組合費の代理徴収制度であるチェック・オフについて、過半数代表との労使協定を必要とするか否かが問題となる。最高裁は、チェック・オフといえども、賃金からの控除である以上、本条の手続きを必要とするとの見解をとっている（済生会中央病院事件＝最2小判平元・12・11労判552号10頁）。

② 相殺の禁止

相殺とは、一般には自己の有する債権（自働債権）を自己の負う債務（受働債権）で一方的に差引することをいう。債権債務の便利な処理方法として民法では認められている 民法505条 。このように相殺は控除ではない。しかし、相手の了解を待たずに一方的に差引するところが控除に似ている。

賃金支払に関してこの相殺ができるのかがここでの問題である。通説判例とも、できないとしている（日本勧業経済会事件＝最大判昭36・5・31民集15巻5号1482頁）。

相殺を認めることは、使用者が当該労働者に対して有していると信じる損害金などの債権を賃金と相殺することを認めることである。使用者はそれによって自己の主張を一方的かつ容易に実現できるのに対して損害金の有無やその金額などに異を唱える労働者は、裁判を通じて時間と経費をかけて自らの賃金を回収しなければならない。唯一の生活の糧を時間と経費をかけて回収することを労働者に強いることを認めることは労基法の趣旨にもとるというべきである。判例の考え方は妥当である。

③ 調整的相殺の容認

過払い賃金をその後の賃金と相殺することは、許されるのであろうか。月給制の場合、たとえば月の末日に賃金が支払われる場合その数日前より賃金計算がなされるためにその数日間は出勤したものとして計算せざるを得ない。欠勤扱いすると出勤分の未払いが生じ全額払いの原則に反するからである。すると、逆に欠勤した場合は、賃金

Q&A

Q．賃金カット額として「欠勤1日」の場合の計算をどうするか。
A．欠勤1日分の計算は、一般に月額を1年間における1ヵ月平均の所定労働日数で割って算出される。

第**3**編 労働条件論

の過払いが生じることになる。

　この点について、最高裁は、福島県教組事件（最1小判昭44・12・18労判103号17頁）で、このような過払いを避けることができない場合の相殺は、他の債権との相殺とは趣を異にする賃金どうしの相殺であるから、相殺できるとし、時期、方法、金額等からみて経済生活の安定上不当と言えない場合は許されるとしている。

　しかし、最高裁の言う合理的に接着した時期とか多額でないとかはあいまいであり、過払い分は不当利得返還請求などにより回収することができる以上、調整的相殺を特別に認める理由はない。

判例
Case Study

調整的相殺と全額払いの原則―福島県教組事件＝最1小判昭44・12・18労判103号17頁
　Ｙ県の公立学校の教員であるＸらは、勤務評定反対の統一行動を勤務時間に実施した。Ｙはその間の賃金が過払いとなったとして返納を求めたがＸらは応じず、Ｙはその後の賃金から控除して残額を支払った。Ｘらは、控除が労基法24条違反であるとして控除相当額の金員の支払いを求めて訴えた。
　最高裁は、賃金が労働者の生活を支える重要な財源であるから労働者に確実に受領させ生活に不安のないようにすることが労働政策上必要であり、一般的には労働者の賃金債権に対して使用者の有する債権でもって相殺することは許されないと、労基法24条の法意を解した。そのうえで、最高裁は、賃金支払事務において一定期間の賃金がその期間の満了前に支払われる場合には賃金の過払が生じることは避けがたく、これを清算ないし調整するために後の賃金から控除することは合理的であり労働者にとっても他の相殺とは趣を異にして実質的には本来支払われるべき賃金全額を受けたことになると判示して、適正な賃金額を支払う手段としての相殺は、行使の時期、方法、金額等からみて労働者の経済生活の安定との関係上不当とは認められない場合は同法の禁止するところではないと解されるとして、許される相殺は、①過払の時期と賃金の清算調整の実を失わない程度に合理的に接着した時期になされ、②労働者に予告されるとか、③多額にならないとか、④労働者の経済生活の安定を脅かす恐れのない場合でなければならないと判示した。

④ 同意による相殺

　労働者の事前の同意に基づく相殺は全額払いの原則に抵触するのであろうか。破産した労働者が住宅ローンの残債を退職金から償還することにつき合意し、使用者である会社もその通り処理したことに対して、破産管財人が本件相殺を全額払いの原則に反して無効と主張して争った事件で、最高裁は、「労働者がその自由な意思に基づき右相殺に同意した場合においては、右同意が労働者の自由な意思にもとづいてなされたものであると認めるに足りる合理的な理由が客観的に存在するとき」には、相殺は本条に違反しないとした（日新製鋼事件＝最2小判平2・11・26労判584号6頁）。

　同意による相殺は、一方的相殺ではないが、前述の調整的相殺でもない。調整的相殺のような賃金同士の相殺でも労働者の生活の安定という全額払いの原則からいって、慎重であるべきことは、いくつか条件を課している最高裁も認めるところである。これに対して、同意による相殺は、賃金同士でないことはもとより、使用者の債権発生と相殺の時期が密接するわけでもなく、また少額であるとも限らない。労働関係の実際からみて、労働者は同意せざるをえない場合が多いとも考えられる。全額払いの原則からすれば、同意による相殺を容認することは調整的相殺と比べてもできない。

第1章 賃金

また、労基法24条は1項但書で、書面による労使協定で賃金の一部を控除することを例外として認めている。本件のような長期間にわたる労働者の債務返済の場合に予想される残債の処理としての賃金との相殺は、まさに労使協定によって解決されるべきである。同意による相殺は、容認されないと考える。

⑤ 賃金債権の放棄

退職者が在職中の疑惑にかかる損害金の一部を補てんする趣旨で退職金債権を放棄する念書を会社と交わしたことの有効性が争点となった事件で、最高裁は、労働者自らが賃金債権を放棄した場合、放棄の意思表示が労働者の「自由な意思表示にもとづくものであるという合理的理由が客観的に存在」していれば、放棄の意思表示の効力を肯定できるとしている（シンガー・ソーイング・メシーン事件＝最2小判昭48・1・19民集27巻1号27頁）。

しかし、労働者が賃金のみで生活する社会的存在であるとはいえ、個々の事情によって労働者の意思もまた変わることもあろう。ただ、賃金の放棄は賃金のみで生活するという労働者の存在と矛盾するので労働者の自由意思によるといえる利益など考えられない。したがってそもそも疑問である。最高裁の全額払い原則に対するこうした柔軟な態度は、前記のチェック・オフについての厳格な対応と果たして整合するのか、甚だ疑問である。

他方、経営不振の会社から賃金引下げ提案がなされ、労働者はこれからの賃金引下げには応じたもののすでに働いた部分の賃金減額には反対したが、会社はこの部分の賃金を減額して支払ったところ労働者は異議なく受け取り、後になって減額分の賃金支払請求した事案で、最高裁は、前掲シンガー・ソーイング・メシーン事件最高裁判決を引用しながらも、減額に同意したとする高裁の事実認定を否定し、既発生の賃金債権を放棄する意思表示としての効力を肯定できないと判示している（北海道国際航空事件＝最1小判平15・12・18労判866号15頁）。賃金引下げに遡及はなくしたがって、減額した賃金を異議なく受け取ったことから会社側は、労働者が減額部分を放棄したと主張し、高裁はこれを認容した。しかし、最高裁は認めなかった。賃金の放棄に関して、安易に労働者の自由意思によるものと認めない最高裁の姿勢をみることができよう。しかし、自由意思による放棄とするうえで必要な客観的な判断要素が不明なままでの事実判断では、上記批判は、本件最高裁判決にもそのままあてはまるといわざるをえない。

4 毎月1回以上、一定期日払いの原則

労働者生活の安定を図るために労基法は、賃金は毎月1回以上、一定期日に支払わねばならないと定めた。したがって、年俸制を採用した場合においても、少なくとも、毎月1回、特定の期日に支払うことが義務づけられる。

賃金計算期間と支払日の関係
― 銀行振込みの場合 ―

一定期日とは賃金支払い日であり、賃金計算期間とは異なる。たとえば、20日締め（前月の21日から今月20日までが賃金計算期間）の25日支払いは問題ない。また、銀行振込みにおいて賃金支払い日が営業日でないときは、直前の営業日に振込まなければ、賃金支払い日に振込まれたことにはならない。直後の営業日に振込むのでは、毎月1回以上を下回り同原則違反になることに留意するべきである。

銀行振込みに関する通達。平10.9.10 基発第530号、平13.2.2 基発第54号。

第3編 労働条件論

民法改正による短期消滅時効の削除
2017年民法（債権法）改正（施行時期2017年12月8日現在未定）により、民法の短期消滅時効が削除されるに至った。賃金請求権（民法174条1項）の短期消滅時効1年もなくなり、賃金の消滅時効は原則、「権利を行使できることを知った時から5年間、または権利を行使できる時から10年間の場合、時効によって消滅する」（改正民法166条）となる。これは民法改正であり、労基法115条は変わらない。とはいえ、単純に言って民法のほうが労働基準法より賃金債権の保護に資することになる。これは労基法の趣旨に適うであろうか。

支払日は特定の期日というのであるから、第3金曜日というのは許されない。もっとも、パート労働者のように決まった曜日しか出勤しない労働者にとって、曜日で定めることは好ましいともいえよう。

なお、この原則は、臨時に支払われる賃金、賞与など命令で定める賃金には適用されない 労基法24条2項 労基則8条 。

5 賃金の消滅時効

賃金不払いは、30万円の罰則が適用される 労基法24条、120条 。

いつまでも請求しないと賃金請求権は消滅してしまう。賃金請求権は短期消滅時効にかかり民法上は、1年 民法174条 であるが、労基法はそれを2年、退職手当は5年としている 115条 。

5 賃金債権の確保

Q．非常時払いは賃金の前借り制度か。
A．この制度は、すでに働いた分の賃金を支払期日前に請求するのであるから、これから働いて借りた分を返す「借金」すなわち前借りとは異なる。

労働者にとって賃金は生活の糧となる重要なものである。すでに働いて、後は賃金支払い日を待つばかりでも、待てない場合もある。また、使用者の事情により支払えない事態に陥ることもある。さらに、労務提供の準備はできていても何らかの事由により働けなくなることもある。このような場合はどうなるのであろうか。

1 非常時払い

労働者はすでになされた労働についても労働契約上、支払期日以前に賃金を請求できない。しかし現実の生活において臨時の出費を余儀なくされることは稀ではない。労基法は臨時の出費にともなって生ずる労働者およびその家族の生活難に対応するため特別の事由が生じた場合に、すでになされた労働に対応する賃金について、支払期日以前であっても請求できることとした。非常時払い制度という 労基法25条 。

非常時払いの義務が生ずるのは、労働者の収入によって生計を維持する者の①出産、②疾病、③災害、④結婚、⑤死亡、⑥やむをえない事由による1週間以上にわたる帰郷の場合である 労基則9条 。

Q．賃金債権の回収としてどのような法律があるか。
A．例えば民事執行法は、一定の範囲内で労働者の生活保障への配慮から、賃金等につきその4分の1を超える差押えを禁止している（同法152条）。また、民法や商法も賃金債権を先取特権として一定の配慮をしている（民法306条、商法295条）。さらに、企業が倒産した場合の賃金債権につき、会社更生法（130条）および破産法（39条）が保護規定を設けている。

2 賃確法による賃金債権の保護

倒産の場合、賃金債権の確保は容易ではない。民法、商法、民事再生法に規定する債権回収で賃金は一般債権にすぎず多数債権者の中から賃金債権を確保することは困難である。また、多くの倒産は法律上の倒産手続をとらない私的整理である。この現状から、賃金債権をいかに確保するかは労働者にとって重要な問題である。

なにより、労働者およびその家族にとって今後の収入の道が喪失することに加えて、既往の労働に対する賃金をも失う。事実、オイル

ショック・ドルショック時にこの事態は、顕在化した。

この問題に対処するため1976年に「賃金の支払の確保等に関する法律」（以下、賃確法）が制定され、労働者の賃金債権の確保に配慮がなされ、いくつかの措置が講じられるようになった。なかでも、立替払制度が特徴的である。当該制度は、1年以上事業を行っている事業主が破産宣告を受けたとき、当該事業に従事していた労働者に未払賃金があった場合に、当該労働者の請求に基づき、退職日の6か月前からの未払賃金の80％（ただし、年齢ごとに上限額がある）を政府が代わって弁済する 賃確法7条 賃確法施行令4条 というものである。いうまでもないが、国が立て替えたからといって、事業主の支払い義務がなくなるわけでなく、国が立替分について求償することになる。

他に以下のものがある、①社内預金に関する一定の保全措置。すなわち、社内預金の払戻しにかかる債務を金融機関において保証することを約する契約の締結等を事業主に義務づける 賃確法3条 。②就業規則または労働協約等において支払条件が明示された退職手当については、社内預金の保全措置に準ずる保全措置を講ずべき「努力義務」が課せられた 賃確法5条 。③退職手当を除く賃金の一部または全部について、退職の日までにその支払がなかった場合には、支払をする日まで年14.6％という高率の遅延利息が事業主に課せられる 賃確法6条1項 賃確法施行令1条 。

Q．立替払制度が利用できるのはどのような場合か。
A．未払賃金が立替払の対象となる倒産は、法律上の倒産と事実上の倒産がある。前者は、破産、更生手続き、会社整理などについて裁判所の宣告、決定、命令が出された場合である。後者は再建の見込みが立たなく、賃金が払えなくなる場合である。立替えられる金額は基準退職日の年齢により異なる。

■ 立替払の流れ

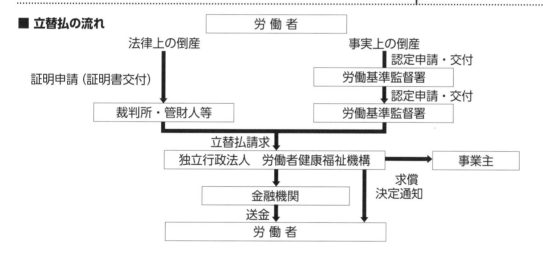

■ 賃金の支払の確保等に関する法律施行令に基づく限度額（平成14年1月1日以降）

退職日における年齢	未払賃金総額の限度額	（参考）立替払の上限額
45歳以上	370万円	296万円
30歳以上45歳未満	220万円	176万円
30歳未満	110万円	88万円

3 休業手当
① 休業手当の趣旨

労働者側には労務を提供する準備ができているにもかかわらず、使用者側の事情によって就労できなかった状態を休業という。特定の工

第3編 労働条件論

場、事業場の全体または一部の休業だけでなく、特定の労働者に対する就労拒否も含まれると解されている。また、休業期間が1日の所定労働時間に満たない場合も休業に該当すると解されている 労基法26条 。

この場合に、労働者は賃金を請求できるであろうか。労働義務は、使用者の指示を待ってそれに従うことによって果される。労働者の側に何の支障がないにもかかわらず履行不能に陥り、その結果賃金が得られないとすると、労働者はその間の得られるはずの賃金を失ってしまい、労働者の生活は成り立たなくなる。

労基法は、労働者の最低限度の生活を確保する趣旨で、使用者の責めに帰すべき休業の場合には、休業期間中、平均賃金の60%以上の支払を義務づけた 労基法26条 。これを休業手当と呼ぶ。

休業手当制度は、平均賃金の60%と最低基準を定めているが、その趣旨は、罰則規定の適用を背景に支払いができる現実的な範囲を最低基準とすることによって、使用者の任意の支払いを期待するところにある。

② 休業手当と反対給付請求（民法との関係）

労基法26条によらなくとも民法上、債務者たる労働者は、「債権者の責めに帰すべき事由」によって履行できなくなった場合には、反対給付を受ける権利を失わない。すなわち賃金の全額を請求することができる（危険負担の原則） 民法536条2項 。ここに休業手当と民法との関係が問題となる。

民法の「債権者の責めに帰すべき事由」は、使用者の故意・過失または信義則上これと同視すべき事由に限定される。すなわち、不可抗力またはその他経営障害はこれに含まれないと狭く解されている。これに対して労働者の生活を配慮して設けられた労基法26条の「使用者の責に帰すべき事由」は、不可抗力は除かれるものの、広く経営障害を含むと解されている（昭23・6・11基収1998。ノース・ウェスト航空事件＝最2小判昭62・7・17労判499号6頁）。

つまり、労基法26条の休業手当は、労働者の生活保障という観点から設けられたものであり、取引における一般原則たる過失責任とは異なる。

なお、休業手当を受けとることは、反対給付請求権の放棄を意味するわけではない（労基法はかかる規定を設けていない）。したがって、債権者の責めに帰すべき事由があると考える労働者は、残りの賃金相当額につき、反対給付を請求できる。

帰責事由の範囲

労基法26条の帰責事由「使用者側に起因する経営、管理上の障害」

民法536条2項の帰責事由「故意、過失、または信義則上これと同視すべき事由」

判例 Case Study

休業手当—ノース・ウェスト航空事件＝最2小判昭62・7・17労判499号6頁

Ｙ社は羽田などにおけるストライキが原因でその争議外の大阪や沖縄での操業が不可能になったとして休業を命じその間の賃金をカットした。このことに対して、Ｘは休業手当等の請求を求めた。

最高裁は、労基法26条にいう「使用者の責めに帰すべき事由」とは「取引における一般原則たる過失責任主義とは異なる観点をふまえた観念」であり、民法536条2項より、広く「使用者側に起因する経営、管理上の障害を含む」ものであると判示した。なお、本件はストライキによる休業であったが、それは経営者側に起因する経営・管理上の障害ではないとして、過失責任を基本とする反対給付請求はもとより休業手当請求も否定している。

第1章 賃金

6 賞与

1 賞与をめぐる法的問題

　賞与は、月例賃金と異なる。多くは夏季と冬季に臨時に支給される。現在、賞与は労働者の一年間の給与の見過ごせない一部となっており、生涯賃金としては重大な割合を占めるに至っている。

　一般に夏季と冬季に臨時の賃金として支給される賞与は、一時金とも呼ばれる。賞与が就業規則などに定められた 労基法89条4号 当該賞与算定期間における企業の実績や労働者の勤務実績評価に基づいて支給される場合、その額は変動するとはいえ、賃金である。

　したがって、就業規則に定められた算出方法により賞与請求権が発生する（御國ハイヤー（賞与）事件＝高松高判昭63・4・27労判537号71頁、同事件＝高知地判昭61・4・14労判537号73頁）。

2 賞与の支給日在籍要件

　賞与をめぐる問題としては、支給日に労働者が在籍していることを支給条件とする就業規則の有効性である。一般的に賞与は、一定期間の勤務実績を評価して算定される。したがって、当該期間を勤務していれば受給できるはずであり、賞与の支給日に在籍していないことをもって支給されないことは、当該労働者にとって納得しがたい。しかし賞与にかかる支給条件をつけることは、その間の勤務の報奨とならんで今後の忠勤を期待する奨励としての一面をもたせるものである。それ自体は不当とはいいがたく、公序に反するとも直ちにはいえない。そこで、当該期間の勤務の報奨としての性格と賃金の後払い的性格双方をふまえ、労働者が任意に退職する「時期」を選びうる限りで、賞与支給日在籍条項は公序に反しないと解するのが妥当であろう。したがって、賞与の支給日在籍要件が有効であるとしても、支給日を前に解雇して支給しないことは、支給日在籍条項の濫用的行使として許されない。

　また、産前産後休暇や育児介護休暇など労働法上の権利行使を賞与の算定において不利な算定期間とすることは、労働法上の権利行使の抑制効果をもたらすものであり、公序に反する。

　なお、最高裁は、長年にわたる支給日在籍要件の慣行を明文化した就業規則に基づく不支給措置を是認している（大和銀行事件＝最1小判昭57・10・7労判399号11頁）。

賞与の定義

行政解釈によれば、「定期又は臨時に、原則として労働者の勤務成績に応じて支給されるものであって、その支給額が予め確定されていないものをいう」（昭22・9・13発基17）とされる。

Q. 賞与は恩恵的給付とはいえないのか。
A. 賞与は就業規則に定めがあっても支給基準が具体的でない場合は、任意的恩恵的給付とされ、所与請求権は発生しないこともある（江戸川会計事務所事件＝東京地判平13・6・26労判816号75頁）。

判例 Case Study

賞与の支給日在籍者支払条件—大和銀行事件＝最1小判昭57・10・7労判399号11頁

　Y銀行を退職した労働者Xは、「賞与は賞与支払日に在籍する者に対してのみ、該当する期間を対象とする賞与が支払われる」旨の慣行（後に就業規則で明文化）を理由に、賞与を受給できなかった。Xは、当該期間勤務していたのであるから受給できるとして、当該期間を対象とする賞与の支払いを求めて提訴した。

　最高裁は、当該慣行と就業規則がその内容において合理性を有し退職後を支払日とする賞与の受給権は有しないとした高裁判決を、正当として是認することができると判示した。

第3編 労働条件論

7 退職金

退職金は退職時に使用者が労働者に支払うもので多くの企業で実施されている。しかし、かつての退職金規定には、たとえば永年勤続者に支給すると抽象的に定めるだけで誰がそれに該当しいくら支給されるのかをはっきりさせず、恣意的に運用する余地を残したものが多かった。退職金をめぐる問題は当初は賃金であるか否かの法的性質が問題となり徐々に現在のように整理されてきた。

高齢社会や労働市場の流動化に伴い、最近の退職金制度は、一時金支払いによる経営負担増を軽減しようと、一時金方式から年金方式への変更あるいは併用へと変わってきている。

1 退職手当（退職金）の法的性質

退職金は、その支払基準や要件が就業規則または労働協約に記されている場合「労働の対償」労基法11条 として明確であるといえるから、賃金である。労基法は、就業規則において退職手当の定めを設ける場合には、適用される労働者の範囲、退職手当の決定、計算、支払時期および支払方法を明記するよう求めている 労基法89条第3号の2。同条の退職手当に関する相対的必要記載事項の規定は、あいまいな退職手当規定による退職手当の不支給をめぐる紛争とりわけ、額が定まらないことによる請求却下判決に対して、立法的に解決を図ったものであった。

退職金制度の多くは、正社員のみを対象にして勤続年数に応じて漸増するなど功労報償的性格がみてとれる。また、退職事由に関して自己都合と会社都合を分け後者のほうを前者よりも多く支給する旨の規定を設けている。さらに、懲戒解雇や「同業他社への転職」といった会社にとって好ましくない場合は退職金を全額没収したり減額したりする規定を設けている会社も多い。

退職金は、就業規則などで明確な退職金規定を設けている場合、賃金であり、退職時においてそれまでの労働を再度評価して支給する賃金の後払い的性格を有すると解される。とはいうものの、退職金は、退職時にその時の退職事由や支給基準に照らして、初めて確定するものであって、勤続年数ごとに確定した退職金債権が退職時にまとめて支払われるのではない。したがって、在職中、賃金に未払いがあるわけではなく、全額払いの原則に違反するわけではない。

2 退職金の没収・減額

賃金としての退職金について、功労報償的性格から懲戒解雇や「同業他社への転職」の場合に退職金を減額・没収することができるか、できるとすればその程度いかんが問題となる。

退職金が賃金である場合、使用者の恣意的判断で減額・没収はできない。しかし、だからといって、退職時に退職金債権が確定する以上、その確定に当たって、退職金に功労報償的性格を付与しそ

> 退職金は、労働協約、就業規則、労働契約等によって予め支給条件が明確である場合は賃金にあたる。（昭26・12・27基収5483、昭63・3・14基発150）

第1章 賃金

の観点から支給に一定の条件を付けること自体が公序に違反するとまでは言えない。

① 懲戒解雇と退職金の没収・減額

就業規則などによって退職金支給に一定の条件を付けること自体は公序に反しないのであるから、就業規則において、懲戒解雇された場合には退職金を減額するかもしくは支給しない旨の定めがあり、懲戒解雇された場合に、それに基づき退職金が没収・減額されても無効ではない。しかし、すべて有効というわけでなく、退職金の賃金としての性格からいって懲戒解雇事由に在職時の勤務を完全否定すると評価できる程度の著しい背信性が認められることが必要である。かかる程度に至らない場合は、退職金没収は権利の濫用として無効になる（小田急電鉄（退職金請求）事件＝東京高判平15・12・11労判867号5頁）。

② 「同業他社への転職」と退職金の没収・減額

「同業他社への転職」を理由にする退職金の没収・減額に関して、判例では、同業他社への転職を理由とする退職金の半額を減ずる就業規則の規定を「ある程度の期間に」転職すると勤務中の功労に対する評価が減るという意味であるとして有効と判断し、当該減額を有効としている（三晃社事件＝最2小判昭52・8・9労経速958号25頁）。また、同業他社への6か月以内の転職につき退職金を全額不支給とする就業規則の規定に関して、それを労働の対償たる退職金を失わせることが相当であるような顕著な背信がある場合に限って有効とする裁判例（中部日本広告社事件＝名古屋高判平2・8・31労判569号37頁）がある。

判例 Case Study

> **賞与退職金の減額—三晃社事件＝最2小判昭52・8・9労経速958号25頁**
> Ｘ社の就業規則には、退職金を支給する条件とともに、同業他社に転職するときは自己都合の場合の退職金の2分の1となることが規定されていた。また、Ｘ社は、同業他社への転職あるいは自営をする場合はＸ社の承諾を得ることを約する誓約書を入社の際に提出させていた。労働者・退職者Ｙは、誓約書を提出して入社し、10年間勤務したのち自己都合退職した。Ｙは、退職1週間後、退職前から誘いのあった同業他社に入社した。これを知ったＸ社は、退職金2分の1減額規定にあたるとして、支払済み退職金の2分の1を不当利得としてＹに返還することを求めた。
>
> 最高裁は、退職後の同業他社への就職をある程度の期間制限することが直ちに職業の自由等を不当に拘束するとは認められず、また、本件退職金2分の1減額規定も、本件退職金が功労報償的な性格を併せ有することからすれば、合理性がある。この規定は制限違反の就職をしたことにより勤務中の功労に対する評価が減殺されて退職金の権利そのものが一般の退職の場合の半額程度においてしか発生しないこととする趣旨であると解すべきであると判示した。

同業他社への転職に関して退職金を没収・減額する旨の就業規則の規定は、使用者のこうむる経営上の打撃を低く抑えようとして設けられるが、退職金の功労報償的性格を付与することを認めつつも退職金のもつ賃金としての性格からして、在職中の功労に対するマイナス評価は限定的であるべきである。それには、第1に、退職金の没収・

減額は合理的期間内に限られるべきである。これを過ぎて同業他社に転職した場合の退職金の没収・減額規定の行使は、競業避止を強制し、労働者の職業選択の自由や退職（転職）の自由を過度に制限するから、公序に反する。第2に、退職金を没収・減額するに足る強度の背信性のあることが求められる。その判断に当たっては、当該勤務との関係からくる競業避止の必要性（単純作業には不要と考えられる）、減額率の妥当性、同業他社への転職によって打撃を受ける経営活動の範囲、退職に至る経緯、退職によってこうむる使用者の具体的損害などが考慮されるべきである。

3 企業年金の減額・打切り

一般に、年金は、①公的年金（基礎年金）、②報酬比例方式などによって①に上乗せされる厚生年金などと③企業が私的かつ任意に実施するものとがある。③が企業年金と呼ばれる。企業年金制度は退職金を原資として一時金方式と年金方式あるいはその併用などとするのが一般的である。

企業年金制度の登場により退職金は、従来の将来支払われる額が保障される「確定給付」型を主とする制度から、運用により給付額が変動して支払われる「確定拠出」型の制度も導入されている。

企業年金をめぐっては、予定されていた年金額が支払い期間中に減額される問題がある（幸福銀行事件＝大阪地判平10・4・13労判744号54頁、早稲田大学事件＝東京高判平21・10・29労判995号5頁）。

バブルがはじけた1990年以降の長期不況や少子高齢・人口減社会は、企業年金基金を底支えする経営規模が縮小する危険を増大させ、増加する受給者そしてわが国経済規模の縮小が現実味を帯びてくることによる企業年金原資の減少・枯渇が懸念される。こうしたなか、想定していなかった受給年金額の減額が現実のものとなったのである。これが、前掲幸福銀行事件である。同事件は、規定通りの退職年金額に上積支給されてきた部分（制度設計当時は受給者も少なく支える従業員数も右肩上がりが期待されており、上積みできる状況であったと推測される）をカットし、規定通りの年金額に戻すことの当否が争われた。裁判所は、退職年金の功労報償的性格を認めて年金受給額変更の合意が有効であるとしたうえで、永年に渡り期待も大きかった上積支給を勝手に改定することは許されず「経済変動及び社会保障制度などに著しい変動」があるなどの「一定の合理性及び必要性が認められる場合にのみ許され、そうでない減額は権利の濫用として無効となる」と判示した。本件の場合は有効であると判示している。

しかし、事はこれで収まるとは思われない。年金原資の枯渇は現実のものである。先の幸福銀行事件には続きがある。経営破たんした銀行側は、年金額の3か月分を支給して、事情変更を理由に年金支給を打ち切ったことに対して、労働者側が退職年金の支給を求めた事件が生じている（幸福銀行（年金打切り）事件＝大阪地判平

12・12・20労判801号21頁）。大阪地裁は、前掲幸福銀行事件大阪地裁判決の論理に沿い本件打切りの事情変更の合理性及び必要性を判断するなかで、社会保障制度としての意義があるといえるし原資枯渇の原因には運用ミスがあり経済変動に帰すことができずしたがって事情変更の原則に言う事情の変更に当たらず、3か月の支給が代償措置ともいえないなどを判示して、本件退職年金の打切りを違法無効とした。

また、企業によっては、将来の経営状況や社会保険制度の変動を考慮して、年金規程に年金額の減額・制度廃止など改廃条項を設ける企業もある。この改廃条項が会社の巨額赤字をきっかけに支給率を2％引き下げることに用いられ争いになった事案がある。松下電器産業（年金減額）事件（大阪高判平18・11・28労判930号13頁、最1小決・上告不受理平19・5・13）である。

本件判決では、本件年金規程に年金契約を締結して加入し既に権利義務が発生している場合給付の不利益変更は信義則に反することであるので年金受給者の権利を変更するにつき改定の必要性・程度等必要に見合った最低程度であるとの相当性が求められると一般的規範を示したうえで、本件の場合は有効であると判断した。

賃確法には退職年金に関して立替払いする制度はなく、先取特権も確実とは言い難いなかで、企業年金の原資枯渇あるいは経営破たんによる支給不能に対する抜本的解決はまだないといってよいであろう。

4 兼務役員と退職金

わが国では従業員兼務取締役という地位が広く認められている。この場合、退職に際して退職金に関しては退職金に二つの部分が含まれると解されている。取締役の報酬は、退職金を含めて、定款または株主総会の議決による 旧商法269条 会社法361条 。また、従業員としての退職金については、取締役の報酬等ではないがゆえに、労働者に対して支払われる退職金として請求することになる（前田製菓事件＝最2小判昭56・5・11判時1009号124頁）。

■ **参考文献**

『講座21世紀の労働法〔第5巻〕』（有斐閣、2000年）の諸論文

『賃金の処遇制度の変化と法』日本労働法学会誌89号（総合労働研究所、1997年）の諸論文

季刊労働法185号（特集「能力・成果主義賃金と労働法の課題」）の諸論文

岩永昌晃　「賃金全額払いの原則と相殺・放棄」土田道夫・山川隆一編『労働法の争点』（ジュリスト増刊・新・法律学の争点シリーズ7、2014年）

三井正信　「労働基準法第24条」西谷敏・野田進・和田肇編『新基本法コンメンタール　労働基準法・労働契約法』（別冊法学セミナー、2012年）

山本圭子　「休業手当」同上『労働法の争点』

第2章 労働時間

労働時間は、賃金とならぶもっとも重要な労働条件である。労働時間を法的に規制する目的は、長時間労働が労働者の健康を害するとともに、労働者を拘束し心身を疲弊させ、ゆとりを損なうため，長時間労働を禁止しそれによって労働者に余暇を保障し心身の健康を確保することにある。また、政策論的には失業者にも雇用の機会を分けること（ワークシェアリングする目的で時間短縮することである）、労働者の生活にかなった多様な働き方を可能にする自立と生活の調和を可能にする適正な雇用システムを構築することである。

1 労働時間とは

1 法定労働時間

① わが国の労働時間法規制の推移

わが国の労働時間に関する規制の課題は、長きにわたって問題であり続けている「長時間労働の短縮」と工場労働者を念頭に制度化された固定的・定型的な規制の「柔軟化」の2つである。こうした課題にとり組んだ1987年労基法改正は、法定労働時間を「1週40時間制・1日8時間」 労基法32条 に改正した。

労基法制定時（1947年）の法定労働時間は、「1日8時間・1週48時間および週休1日制」とされ、いわゆる8時間労働制の原則をとっていた。制定当時の「1日8時間・1週48時間」は世界水準であった。しかし実際の労働時間は、戦後の混乱の中で法定労働時間を軽く超える長時間労働（これは超過労働時間が長いことも同時に意味する）が一般的であり、高度経済成長を経て世界有数の経済大国になった現在に至っても変わりない。

他方、わが国の経済は、高度経済成長を支えた第2次産業から顧客サービスを中心とする第3次産業へとシフトした。サービス産業界は顧客の利用時間帯に対応したより柔軟で弾力的な労働時間の運用を要望する。それに応じて生まれたのが、柔軟かつ弾力的運用である。しかしこの運用は、連続長時間労働をもたらし労働者の心身の健康が危ぶまれる事態が生じた。人口減少社会となり、働く担い手が少なくなった現在でもこの事態は変わらない。

1987年労基法改正は、労働時間短縮の実現と、法制定後に生じた産業構造の変化に適応させることの2つであった。その内容は、前者の対応として、①週40時間制を法定労働時間とする、②年休開始の最低付与日数の引き上げ（6日から開始を10日からにする）、後者の対応として、③裁量労働の「みなし」時間制を新設、④1か月単位・1年単位の変形労働時間やフレックスタイム制の創設という具体的な施策となった。週40時間制は激変を緩和するために段階を経て、1999年4月にようやく週40時間労働制の原則が名実ともにスタートした。

第2章 労働時間

Column **コラム**

> **労働時間規制の最小限単位は「1日」から「1週」へ──1987年改正時のもう一つの議論**
>
> 　労基法制定から40年を経過すると、当時の世界水準も変わってくる。規制の最小単位もそうである。世界の先進諸国で、ライフスタイルの多様性がみられる中、集中して働き余暇をまとめて多く取りたいとする労働スタイルを望むものが出てきた。その労働スタイルを可能とするには労働時間規制の最少単位に変更を迫る。つまり規制単位を「1日」から「1週」へとの考えである。1987年改正時において、この線に沿って「1日」を廃止しようとの意見もあったが、1日の長時間労働が心身の不健康を招くことは払拭できていないとの労働側の意見により「1日」単位は復活した。しかし、規制順序としては、「1週・1日」となった。

　1998年改正には、労働時間の実質的削減を目指すうえで欠くことのできない時間外労働に関する上限規制を盛り込み、実際の働く時間を短縮することに乗り出した。

　この間、時短促進法（1992年「労働時間の短縮の促進に関する臨時措置法」）は、5年間の時限立法で成立し、二度にわたり廃止期限の延長がなされたが目的達成できずに2006年3月31日で廃止 **時短促進法附則2条** の予定であったが、「労働時間等の設定の改善に関する特別措置法」と改められ、年間総実労働時間の短縮の促進を図る法律から、各企業の実態に応じて、労働時間・休日などのあり方を労使で決定し、改善することを目的とする法律に恒久化され、併せて「労働時間等設定改善指針」（平18・3・31厚労告197）が策定された。

② わが国の労働時間法制の仕組み

　労基法は、第4章の32条から41条までに労働時間、休憩、休日および年次有給休暇を定め、わが国の労働時間法制の枠組みを定める。これを制定の経緯および内容から、AからDのグループ別（次頁図）に分類できる。まず、労働時間の基本的な枠組み（法定労働時間）をAと定め、Bは1989年に導入された働き方の弾力的労働時間規制で変形労働制とフレックスタイム制であり、1998年改正で1か月単位の変形労働時間の導入要件に労働協定の締結が加えられた。つぎに、時間外労働等労働時間の例外に関するCと、労働時間の算定についての特別なルールを定めたDのグループがある。Dの裁量労働制では、専門業務型裁量労働制を独立させ、企画業務型裁量労働制を新設し、みなし労働制を事業場外労働以外に大幅に拡大した。

> **1日**
> 通常午前0時から午後12時までの暦日を指す。輸送トラックの運転手など特別な勤務形態の場合は、連続した24時間でもかまわないとされる。
>
> **継続勤務**
> 暦日を異にする1勤務を始業日の属する日の労働日に取扱（昭23・7・5基発968）。
>
> **1週**
> 就業規則に定めない限り、日曜日から土曜日にいたる暦週（昭63・1・1基発1）。

145

第3編 労働条件論

■ 労働時間法制の体系

A 法定労働時間の原則
1. 週40時間労働（32条1項）
2. 1日8時間労働（32条2項）
3. 週休1日制（35条）
[4. 休憩時間の原則（34条）]
[5. 年次有給休暇（39条）]

C 労働時間の例外
1. 時間外・休日労働
　①33条の場合
　②36条の場合
2. 労働時間・休憩の特例（40条）
3. 適用除外（41条）
　①農業等労働者（1号）
　②管理監督者等（2号）
　③監視断続労働者（3号）

D 労働時間の計算等
1. 労働時間の通算（38条）
2. 事業場外労働（38条の2）
3. 裁量労働制
　①専門業務型裁量労働
　　　　　　　（38条の3）
　②企画業務型裁量労働
　　　　　　　（38条の4）

B 労働時間の弾力化
1. 1か月単位の変形労働（32条の2）
2. 1年単位の変形労働（32条の4）
3. 1週間単位の非定型的変形労働（32条の5）
4. 変形週休制（35条2項）
5. フレックスタイム制（32条の3）

③ 法定労働時間の趣旨と基本的ルール

　法定労働時間は、労基法が定める労働時間の最低基準で、1週・1日のもっとも長い労働時間を意味する。使用者は、休憩時間を除き1週間について40時間を超え、また、1日について休憩時間を除き8時間を超えて労働させてはならない 労基法32条 。具体的には、三六協定を締結するなど時間外・休日労働に関する法の認める例外に該当しない限り、法定労働時間を超える所定労働時間を内容とする労働契約のその部分は無効となり、1週40時間制・1日8時間が労働契約の内容となる 13条 ほか、これを超えて労働者を労働させた使用者は、6か月以下の懲役または30万円以下の罰金刑に処せられる 119条1号 。

　労基法が法定労働時間制を設けた趣旨は、第1に労働者の心身の健康保持にある。労基法が憲法25条の生存権理念を受けた憲法27条に基づくことから当然と考えられる。その生存権理念も40年を経てある程度経済的に豊かになってくると、人間としてのあり様（人間としての尊厳）の意味内容が問われるようになる。それにつれ、法定労働時間の意義にも新たな視点が盛り込まれるようになった。すなわち、私的生活時間確保の重要性に関する認識であり、それが第2の趣旨である。いいかえれば、余暇の重要性である。人間の働くことに対する考え方の多様性をどう尊重し雇用社会に活かすか大いに考えなければならない課題である。

　法定労働時間を超える時間外労働（法定時間外労働）の問題を労基法では、33条の非常災害時等の特定事由による時間外労働とそれ以外の「時間外・休日労働協定（36協定）」方式による時間外労働 36条 を定めて、例外として容認している。つぎにこれらの時間外労働に関して、割増手当の支払いを義務付けている 労基法37条 。特に労基法36条による時間外労働は、その許容範囲を一定限度に限っている。

法定労働時間は最長労働時間であり、これを超えて労働することが労働者の心身の健康を害し、私的生活時間を削り、労働者から人間らしい生活を奪うと考えている。だから時間外労働は例外なのである。過労死や過労自殺に直面する現代の労働環境をみれば、法定労働時間を設けたことの意義を再確認できるであろう。

④法定労働時間制の特例措置

週40時間制への特例としては、零細規模の商業・サービス業にかかわるものがある。現行法では、商業、映画・演劇業（映画の製作を除く）、保健衛生業、接客娯楽業のうち常時10人未満の労働者を使用する事業についてのみ、1週44時間が法定労働時間である。1週平均44時間を超えない範囲での1か月単位の変形労働時間制、同じく1週44時間を超えない範囲でのフレックスタイム制が認められている 労基法40条、労基則25条の2 。

特例に該当する事業の法定労働時間は、1週44時間であるが、重要なことは、この特例は永続的なものではないことである。特例に該当する企業であっても、最長1年単位の変形労働時間制導入に際しては、平均週40時間で算出される時間を割り振ることになっている。これは、かかる特例の対象となる事業であっても、本来は週40時間であることを示している。

2 労働時間の概念

①労働時間の一般的定義

労基法には、労働時間を定義する規定が存在しない。わずかに労基法が規定する「労働時間」は、休憩時間を除いた1週40時間、1日8時間を超えて労働させてはならないと定める 労基法32条 。労基法上の労働時間とは、実労働時間を指す。労働時間とは休憩時間を除く使用者が労働者に「労働させる時間」であり、逆に、労働者側からいえば「使用者に労働を命じられている時間」である。したがって、その「時間」であれば、たとえ現実に作業していない時間であっても労基法上の労働時間となる。これに対して、企業が実際に就業規則などに定める労働時間を所定労働時間といい、個々の労働者の就労時間である。

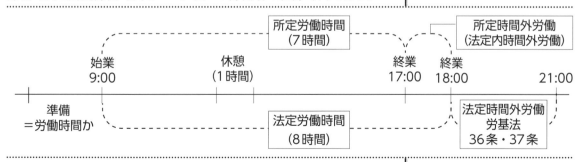

実労働時間の判断基準は⑦の指揮命令下にある時間で④客観的に評価できるとの二つの要素からなる。⑦は、実際に労働に従事している時間（実作業時間）のみならず、使用者からの作業指示を待っ

所定労働時間
事業場において、就業規則、労働契約などによって定められた1日または1週間などの労働時間。
拘束労働時間
労働者が、始業から終業まで職場に拘束されている時間のことで、実労働時間と休憩時間を合計したもの。労基法では坑内労働についてのみ拘束時間制をとっている。
実労働時間
労働者が事業主のために実際に労務を提供している時間をいい、休憩時間を含まない時間のことである。

Q. 労基法の労働時間の判断基準の課題とは。

A. 労働者の勤務の仕方や企業の時間管理が複雑化するなかで、労働者の具体的な行為がこの使用者の「指揮命令下にある」という労働時間概念だけでは不十分な場合がある。たとえば、①特段に命令を待つまでもなくなされる作業の準備・後始末、ミーティング・体操、作業服・保護帽などの着用に費やされる時間、②企業外で任意で実施される研修・教育訓練、運動会等への参加、仕事を自宅に持ち帰った仕事に要する時間、③「不活動時間」、たとえば、ビル管理業務従事者の仮眠時間、トラック運転手のフェリー乗船中の時間などをいかに解すか課題となる。これらの労働時間判断は、労働義務下に置かれているか、場所的に拘束されているかによって、客観的になされる。

ている時間（手待時間）も労働時間となる。④の客観的に評価できるという点で、当事者の合意や就業規則の定めなどによって操作することができない。

判例は、手待時間は顧客が来れば直ちに労務に従事しなければならず完全に労働から解放されているわけではないとし、労働時間であるとする（すし処「杉」事件＝大阪地判昭56・3・24労経速1091号3頁）。手待でも労働義務下にあるというわけである。また、タクシーの客待ちなどの待機時間も労働時間に含まれると解される（中央タクシー（未払賃金）事件＝大分地判平23・11・30労判1043号54頁）。通説・行政解釈の立場でもある。

このように労働時間とは、労働者が使用者の指揮命令下に置かれている時間をいい、労働時間に該当するか否かは、労働者の行為が使用者の指揮命令下に置かれたものと客観的に評価することができるか否かにより定まる（三菱重工長崎造船所事件＝最1小判平12・3・9労判778号11頁）。この場合の指揮命令は、使用者の直接明示でも黙示でも構わない。結局のところ当該時間における行為が、使用者から義務づけられたものか（職務性・業務性）、余儀なくされた状態（事実上の拘束）かが判断基準である。

② 労働時間の具体的判断例
（a） 始・終業時刻などの労働時間性

始・終業時刻は労働契約によって定められる。始・終業時刻は就業規則の絶対的必要記載事項であるから 労基法89条1号 、実際には就業規則の定めが労働契約上の労働時間であるが、労働協約によって定まることもある。しかし、これらにより定められた始・終業時刻が不明確あるいは定めとは異なる慣行によって運用されている場合、どの時点が労基法上の労働時間を算定するうえでの始・終業時刻ととらえるのが妥当か問題となる。

この場合、労働者が使用者の指揮命令の下にある時間を労働時間と捉える以上、契約条項にかかわらず始業時刻は労働者が使用者の指揮命令下に実際に入った時点であり、終業時刻は実際に使用者の指揮命令下を離脱した時点をいうことになる。

前掲三菱重工長崎造船所事件では、①造船所の作業服・保護具などの着脱、②更衣室から作業場までの移動、③入・退場門から更衣所までの移動、④資材受出しや散水などの準備行為、⑤作業終了後の手洗い・入浴などが、労基法32条の労働時間に当たるかどうかが問題となり、最高裁は「労働者が、就業を命じられた業務の準備行為等事業所内において行うことを使用者から義務づけられ、又はこれを余儀なくされたときは、当該行為を所定労働時間外において行うものとされている場合であっても、使用者の指揮命令下に置かれたものと（客観的に）評価することができ、当該行為に要した時間は、それが社会通念上必要と認められるものである限り、労働基準法上の労働時間に該当する」と判示して、①作業服の着脱では作業開始前と終了後および

②更衣室から作業場までの移動と③資材受出しや散水などの準備行為を労働時間とし、①～③でも休憩時間の際の作業服の着脱および各移動や⑤作業終了後の手洗い・入浴などは労働時間に入らないとした。

（b） 仮眠時間（不活動時間）の労働時間性

　実作業のない時は仮眠をとることが許されているとき、その実作業のない時間は労働時間といえるか。実際の取扱いでは、実労働からの解放とみなされ、休憩時間と同様に賃金支払いの対象としないことが多い。特に、ビル管理の夜勤勤務にそのようなことが多い。こうした場合、実作業がなくとも緊急時には遅滞なく必要な処理を行なわなければならず必要な処理を行えるように仮眠をとる場所が決められているのが常態である。こうした場合の実作業がなく仮眠している時間も場所的拘束を受けまた義務の下におかれ、したがって指揮命令下にあるといえるであろうか。

　最高裁は、この夜勤勤務時の仮眠時間（不活動時間）の労働時間性について、「労働者が実作業に従事していないというだけでは、使用者の指揮命令下から離脱しているということはできず、当該時間に労働者が労働から離れることを保障されていて初めて、労働者が使用者の指揮命令下に置かれていないものと評価することができる。したがって、不活動仮眠時間であっても労働からの解放が保障されていない場合には労基法上の労働時間に当たるというべきである。そして、当該時間において労働契約上の役務の提供が義務付けられていると評価される場合には、労働からの解放が保障されているとはいえず、労働者は使用者の指揮命令下に置かれているというのが相当である」とし、仮眠時間（不活動時間）の労働時間性を肯定した（大星ビル管理事件＝最1小判平14・2・28労判822号5頁）。

③ 使用者の労働時間把握義務と自己申告制

　労基法が労働時間を規制し使用者に対して一定の義務を課したのは、使用者による指揮命令が労働者の心身の健康や人間らしい尊厳ある生活に影響を及ぼすことによる。

　働き方改革関連法に伴い、安衛法第66条の8の3に労働時間の状況の把握義務が定められた（2019年4月1日施行）。これは、労働者の健康確保措置を適切に実施する観点から、労働者がいかなる時間帯にどの程度の時間、労務を提供し得る状態にあったかを把握するものである。

　労働時間の状況の把握は、労働者の健康確保措置を適切に実施するためのものであり、その対象となる労働者は、高度プロフェッショナル制度の適用者を除いた下記の者である。①研究開発業務従事者、②事業場外労働のみなし労働時間制の適用者、③裁量労働制の適用者、④管理監督者等、⑤派遣労働者、⑥短時間労働者、⑦有期契約労働者を含めた全ての労働者。

　事業者が労働時間の状況を把握する方法としては、原則として、タ

イムカード、パーソナルコンピュータ等の電子計算機の使用時間（ログインからログアウトまでの時間）の記録、事業者（事業者から労働時間の状況を管理する権限を委譲された者を含む。）の現認等の客観的な記録により、労働者の労働日ごとの出退勤時刻や入退室時刻の記録等を把握しなければならない。

④ **複数の勤務先をもつ労働者への使用者の労働時間把握・管理義務**
　労働時間の計算は、法定労働時間が労働者の心身の健康や私的生活時間の確保の点から最長時間を法定したことからいって、重要な問題である。とりわけ、マルチ・ジョブなど複数の勤務先を持つ労働者にとっては、その重要性は切実である。
　労基法は、客観的に算出された労働時間を積み上げて、1日あるいは1週、何時間働いているかと計算するとの通算方式を明定している 労基法38条1項 。これに基づき、複数の勤務先で働く労働者は、法定労働時間を超えることなく働いているかが評価される。したがって、使用者は、当該労働者が自分のところで勤務する前にどこかで働いているか、他社で働いているとすると何時間働いているかを把握しておかなければならない。これもまた労働時間の把握・管理義務である。

3 休憩の原則
① **休憩の意義**
　休憩とは、1日の労働時間の途中にある余暇であり「労働者が権利として労働から離れることを保障されている時間」（昭22・9・13基発17号）を意味する。休憩時間の法制度は、戦前のわが国における工場労働のように、長時間の連続労働という劣悪な労働環境を背景にして設けられた。したがって、労働から完全に解放された状態でなければ休憩とはいえない。労基法に定める休憩時間が最低基準であることは言うまでもない。労働から解放されることで心身のリフレッシュを図ることは、仕事の能率を維持し事故を防ぐ意味もある。
　休憩時間の制度は、休みのない労働からくる心身の疲労・作業効率の低下、労働災害の発生といった悪影響を防止して労働者の心身の健康を維持するところにある。その意味で、憲法27条第2項の休息権の具体化である。
　休憩時間をめぐる最近の問題に、顧客の来店する時間に対応して、労働時間の途中に労基法上の休憩時間を大幅に上回る休憩を設けることがある。こうした扱いは、労働者が出社し退社するまでの拘束時間が非常に長くなり、帰宅して出社するまでの完全に会社から解放される時間（休息時間）が短くなる。労働者自身の私的生活時間がなくなってしまう問題である。
　帰宅しても睡眠時間しかとれない状態は労働者の人間らしい尊厳ある生活を否定するのであり、休息を労働者の権利とする憲法の精神に反する。この新たな労働環境問題は現行休憩時間制度では対処できない。こうした問題解決には新たな法規制が求められる。

Q． 他社とかけ持ちで働く労働者に、当社では何時間働かせることができるか。
A． 労働者の労働時間は1日8時間が原則である。2社以上かけもつ労働者についても、通算して8時間を超えてならない。他社で5時間働いた場合、この会社で働かせることができるのは3時間となり、それ以上は時間外労働となる。

最近よく耳にするようになった勤務間インターバル制度は、その具体化の一つである。勤務と次の勤務との間に11時間程度、休息時間を設けるものである。

② 休憩時間の3原則

休憩時間の原則は労基法で、1日の労働時間が6時間を超える場合は少なくとも45分、8時間を超える場合は少なくとも1時間の休憩時間を（a）労働時間の途中に与えなければならないと定める `34条1項`。休憩時間は、（b）「一斉に与え」`同条2項`、（c）「自由に利用させ」`同条3項` なければならない、の3つである。

1日8時間を超える労働の場合、使用者は1時間の休憩時間を付与しなければならない。8時間の途中に45分の休憩時間となっていれば、不足分の15分は8時間を超えた労働時間のなかで付与する必要がある。8時間の途中にすでに1時間の休憩時間が付与されていれば、新たに設ける義務はない。また、労基法は有給を義務づけてはいない。無給でも休憩を付与すれば労基法違反とはならない。

（a）途中付与の原則

休憩時間は、1日の労働時間の途中に設けることが義務付けられる。始業時刻や終業時刻に絡めた休憩時間の設定は本来の趣旨を無視するもので休憩が与えられたとは認められない。

労基法では休憩時間を分割することや、どの時間帯に付与するかについては何も定めていないが、30分に5分の休憩とか細かく分割したり、始業後30分たった時点で45分の休憩を与えるなどは休憩時間の趣旨から適当ではない。立法による解決がのぞまれる。

> **Q＆A**
> Q．勤務間インターバルとは何か。
> A．「終業から次の始業までの休息時間を確保することを指す。欧米にならい11時間が一般的なインターバル時間である。就業規則等に定める。使用者にとっても労働者が十分な休養をとって翌日も十分な労働を期待できるうえで意味がある。休息と労働のバランスの取れたワークライフを目指して、厚労省も職場意識改善助成金制度を設けて実施を促している。連続した長時間労働の抑制にもつながる最低限の休息時間といえよう。

判例 Case Study

就業規則上の休憩時間の労働時間性—日本貨物鉄道事件＝東京地判平10・6・12労判745号16頁

夜勤を伴う警備業務に従事した出向労働者が休憩時間（仮眠時間も含む）とされていた時間は出向先会社の指揮命令下に置かれていたとして労働時間であると争った。

裁判所は休憩時間であっても「使用者が労働者に対し、使用者が個別に指示した場合又は通常の業務遂行の範囲内で生じることが想定される事態であらかじめ使用者の定めたものが生じた場合に、労務を遂行しなければならない職務上の義務を課し、適時にこの義務を履行することができるようにするために、場所的に拘束する等使用者の指揮命令下に置いているときは、就業規則上は休憩時間であっても、労働基準法34条に規定する休憩時間とはいえず、全体として労働時間に当たるものと解するのが相当である」と述べて、就業規則上休憩時間とされている仮眠時間について、休憩時間ではなく労働時間と判断した。

Q. 「一斉休憩」の原則が適用されない事業は。

A. ①貨物運送事業（別表第1第4号）、②販売事業（同8号）、③金融保険業（同9号）、④映画演劇事業（同10号）、⑤郵便通信事業（同11号）、⑥保健衛生（同13号）、⑦接客娯楽事業（同14号）ならびに官公署（労基法別表第1及び労基則31条参照）。

(b) 一斉休憩の原則

休憩時間は原則として（事業場単位で）一斉に与えなければならない 労基法34条2項 。他の労働者が仕事をしていては、交替で休憩時間をとると上司や同僚に対する気兼ねから自由利用という休憩の趣旨が生かされないからである。または、労働時間や休憩の監督上の便宜さから一斉休憩が望ましいと考えられていた。

ただし、事業によっては窓口が一斉に閉まるなどによる公衆の不便などが考えられることから、一斉休憩の例外が認められている。まず、事業場の労使協定によって、適用労働者の範囲と休憩の与え方を定めた場合である 労基法34条2項但書 労基則15条 。

また、公衆の便益を勘案して原則それ自体を適用しないとする例外がある 労基法40条 労基則31条 。なお、坑内労働についても、その労働の特殊性から拘束8時間労働制を採用しており、一斉休憩の原則は適用されない 労基法38条2項 。

コラム 一斉付与の原則の時代的変化

一斉付与の原則に対する例外は、当初から労基法が行政官庁の許可を受ければ交替で休憩を付与することを許していた（適用除外の許可制度）。その後の変化すなわち①自由利用を担保するための手段として一斉付与を一律に義務づける必要性が低下したこと、②労務管理の個別化や自律的に働く労働者の増加などにともない、改正前の規定がこうした労働者の主体的な労働時間の配分を制約していることなどを理由に、1998年の労基法改正で、適用除外の許可制度を廃止し、職場の実情に応じた労使協定の締結により適用除外とすることに改めた。その結果、今日では一斉付与の原則の必要性はかなりうすめられている。

Q. 休憩付与義務違反に対する法的責任は。

A. 休憩付与義務違反の使用者は、6か月以下の懲役または30万円以下の罰金という刑事罰に処せられる。民事責任の場合には、債務不履行責任が生じる。賃金相当額および慰謝料請求が考えられる。この場合、最高裁判例には、休憩を与える義務の不完全履行ではあるが拘束されていても完全には労働に服していないとして賃金相当額を否認し、慰謝料しか認容しなかった原審判断を、特に理由を付することなく認めた事例がある（住友化学工業事件＝最3小判昭54・11・13労経速1032号3頁）。休憩付与義務に反して労働義務のもとにおいていれば賃金は支払われるべきであることはもちろん、休憩なしに働いたことにより法定労働時間を超える労働をした場合には、労働者は時間外労働としての割増賃金の請求をすることができると考えるべきである。

(c) 自由利用の原則

休憩時間は、労基法が労働から離れることを権利として労働者に保障した時間であるから、原則として労働者は休憩時間を自由に利用できる。労基法は労働者が休憩を自由に利用できることを使用者の義務とした 労基法34条3項 。したがって、休憩時間中の外出を禁止したり、外出の際に許可を要するなどの措置は違法である。しかし、外出に際して労働者の所在確認をする目的で届出ることを求めることは自由利用を承認した上での手続を規制するに過ぎず合理的な規制として許容される。

なお、休憩時間を事業場内で過ごす場合に、事業場の規律保持や施設管理の面から、労働者が一定の制限を受けることは自由利用の原則の趣旨をそこなわない範囲で必要最小限のものであればやむをえない（昭22・9・13 発基17）。昼の休憩時間中に職場で弁当を食べている労働者に電話応対をさせることは、自由な休憩を与えたとはいえず、その休憩時間は労働時間となる（147頁参照）。スポーツ禁止は合理的規制の範囲をこえることから違法と考えられる。

自由利用の原則の例外もいくつかある。まず、坑内労働について、労働現場の特殊性から、自由利用の原則が適用されない 労基法38条2項 。

①警察官、消防吏員、常勤の消防団員および児童自立支援施設

で児童と起居をともにする者や②乳児院、児童養護施設、知的障害児施設、盲ろうあ児施設および肢体不自由児施設に勤務する職員③児童福祉法6条の3第11項に規定する居宅訪問型保育事業に使用される労働者のうち家庭的保育者として保育を行う者（同一の居宅において一の児童に対し複数の家庭的保育者が同時に保育する場合を除く）で児童と起居をともにする者は、勤務の性質上休憩時間であっても一定の場所にいなければならず、自由利用が困難であるため、自由利用の原則は適用されない 労基法40条労基則33条 。なお、②の場合には、その員数、収容する児童数および勤務の態様につき労働基準監督署長の許可が必要である 労基則33条2項 。

自由利用の原則の問題は、休憩時間中のビラ配布や政治的活動の禁止や許可制が許されるかどうかである。労働者は、企業施設内にいるかぎりは、職場規律や施設管理上の制約に服さなければならない。もっとも、同事件最高裁は、秩序風紀を乱す恐れのない特別の事情が認められる場合許可のないことを理由に懲戒権を行使することは権利の濫用になるとしている。権利の濫用法理で、労働者の自由と企業秩序維持との調整を図ったということであろう。

判例 Case Study

休憩時間中のビラ配布や政治的活動——目黒電報電話局事件＝最3小判昭52・12・13労判287号26頁

最高裁は「休憩時間の自由利用といってもそれは時間を自由に利用することが認められたものにすぎず、その時間の自由な利用が企業施設内において行われる場合には、使用者の企業施設に対する管理権の合理的な行使として是認される範囲内の適法な規制による制約を免れることはできない。また、従業員は労働契約上企業秩序を維持するための規律に従うべき義務があり、休憩中は労務提供とそれに直接付随する職場規律に基づく制約は受けないが、右以外の企業秩序維持の要請に基づく規律による制約は免れない。……局所内において演説、集会、貼紙、掲示、ビラ配布等を行うことは、休憩時間中であっても、局所内の施設の管理を妨げるおそれがあり、更に、他の職員の休憩時間の自由利用を妨げ、ひいてはその後の作業能率を低下させるおそれがあって、その内容いかんによっては企業の運営に支障をきたし企業秩序を乱すおそれがあるのであるから、これを局所管理者の許可にかかわらしめることは、前記のような観点に照らし、合理的な制約ということができる」と判示した。

4 休日（週休制）の原則
① 週休制と変形週休制

休日とは、労働者が労働契約上労働義務を負わない日をいう。労基法が使用者に義務付ける休日（法定休日）は、毎週少なくとも1回の休日 労基法35条1項 （週休1日制の原則）である。労基法は国民の祝祭日に関して特に休日と定めることはなく、1週に1日の休日を付与するよう使用者に求めるだけである。したがって、週休2日制にするか、国民の祝祭日などを休日とするかは、労使間で決められる。

労基法の休日に関する趣旨は、家庭生活や社会参加といった人間らしい生活を労働者に実現するため休息権のひとつとして具体化したところにある。1週間のうち少なくとも1日を労働から解放し、肉体的・精神的疲労を回復させ、その1日を余暇として健康で文化的な社会生活を営むために利用するよう確保する趣旨である。

Q&A

Q．週休2日制の場合、法定休日の特定や割増賃金はどうなるのか。
A．週休2日制を導入している場合は、罰則をもって最低基準を遵守するよう求める労基法からすれば、その内の1日の休日が労基法上の休日（法定的休日）で、もう1日の休日は法定外休日となる。だから週休2日の内のどちらが法定休日かを特定しておき、法定休日労働であれば、3割5分以上の割増賃金の支払い（労基法37条）が必要となる。問題は特定されていない場合である。その場合の不利益は休日を設けるよう義務付けられた使用者

第3編 労働条件論

が負担するべきである。したがって、週休2日のうち最初の休日労働が法定休日労働になると考えるべきである。

②休日の付与と特定

　労基法の定める「休日」は、暦日（午前0時から午後12時までの24時間）意味する（昭23・4・5 基発535）。毎週とは暦週でなく7日の期間ごとの意味である。ただ、実務上は8時間3交替勤務の場合に継続24時間を休日とすることを許容している（昭23・10・14基発1507）。

③休日振替と代休

　休日振替とは一時的な業務上の必要性に基づいて、使用者が労働者に対して就業規則に定める法定休日を労働日に「事前に振り替える」変更し、代わりに前後の労働日を休日に変更することをいう。

　休日に労働させる必要がある場合、使用者は三六協定を締結し休日労働で処理することも可能である。しかし、協定を締結できない場合や休日労働の要件が整わない場合でも、所定の休日に労働させる必要がある場合使用者は休日振替を利用しがちである。

　しかし、（ア）就業規則によって特定されている法定休日は、労働契約内容となっているので使用者が勝手に振替をすることはできず、もし振替をしたいときは労働者の個別的同意を得なければならない（鹿屋市立笹野原小学校事件＝鹿児島地判昭48・2・18 判時718号104頁）。他方、建設会社において天候不良などの理由でたまたま仕事を中止した日を従業員の休日に充てるのは、適正な振替手続とはいえないとして振替の効力を否定した事案もある（最上建設事件＝東京地判平12・2・23 労判784号58頁）。

■ 休日出勤における休日振替と代休の違い

	＜事前＞	＜事案＞	＜結果＞
休日の振替 （事前処理）	①就業規則等の規定 ②振替日の特定 ③1週間前の通知	日曜日（休日） 火曜日（労働日）	→ 労働日 → 振替休日 ➡ 割増賃金発生せず
代休 （事後処理）	三六協定（休日労働協定）が必要	日曜日（休日） 火曜日（労働日）	→ 労働日 ➡ 休日労働日（割増賃金発生） → 代休

　（イ）労働者の個別的同意があっても頻繁に休日が変更されることは、休日の趣旨をないがしろにするものとして許されない。さらに、（ウ）個別同意なしに休日の振替をするには、何らかの労働契約上の根拠が必要である。一般的には、労働協約や就業規則において休日振替の制度を定めること、および振替をすることのできる事由やその方法を定めることが必要である（三菱重工横浜造船所事件＝横浜地判昭55・3・28 労判339号20頁）。なお、（エ）振替を行っても1週1日または変形週休制（4週4日）の休日の要件を満たさなければならないので、振り替えられる休日はこの範囲のなかに納まらなければならない。

第2章 労働時間

5 労働時間、休憩、休日の適用除外

労基法上の労働時間、休憩および休日の原則に関する諸規定は、労働者の人間らしい生活の実現にとっていずれも必要なものばかりである。しかし、事業や業務の特殊性から一定の範囲の労働者には、画一的かつ厳格に労基法上のこれらの原則を適用することがふさわしくないケースもある。そこで、労基法41条は以下の3つのケースにおける労働者に対しての労働時間、休憩および休日の適用除外を定めている。

なお、39条はこの適用除外の対象とされていないので、これらの労働者にも年次有給休暇は付与しなければならない。同様に、深夜業に対する法規制も適用除外されていない（ことぶき事件＝最2小判平21・12・18労判1000号5頁）。

①農業および畜産・養蚕・水産業に従事する者

労基法別表第1（57頁）第6号のうち林業を除いた農業等に従事する者と同7号の畜産・養蚕・水産業に従事する者は適用除外とされている 労基法41条1号 。これらの者は天候・季節等自然天然現象に大幅に左右される事業に従事する者であるから、画一的・人為的に労働時間規制を行うことが不合理であるとして、法制定当初より適用除外とされてきた。

②管理・監督者または機密の事務を取り扱う者

管理監督者は、「監督若しくは管理の地位にある者」 労基法41条2号 で、一般には会社の部長、課長といった「管理職」がそれに該当すると考えられる。それは部下を指揮監督する職責が一般の労働者と同様な労働時間規制になじまないからである。すなわち、管理監督者は、使用者と一体の立場にたって労務管理を行う地位にあり、職責を果たす上で出勤、退勤の時間を自由にできる必要があると考えられる。形式的な名称に左右されず、地位や権限が使用者と一体の立場にたつか否か、出・退勤の時間的自由が保障されているか否か、残業手当を受けずとも職責にみあった十分な賃金が支払われているかなどを個別具体的に判断することが重要になる。

近年、管理監督者の判断を争う事案が多い。支店長の管理監督者性が否定され、超過勤務手当の支払いが命じられた判決がある（日本マクドナルド事件＝東京地判平20・1・28労判953号10頁）。

行政解釈では、役職手当、その地位にふさわしい待遇などの判断基準も加えられ（昭63・3・14基発150）、2008年にはより解釈を厳格にする通達も発せられた（平20・4・1基監発0401001）。判例にはマネージャー職、カラオケ店長に関するものもある（日本コンベンションサービス事件＝大阪高判平12・6・30労判792号103頁、風月荘事件＝大阪地判平13・3・26労判810号41頁）。

機密の事務を取り扱う者とは、秘書といった経営者や管理監督者と一体となって、経営者などの職務を果たすことを職務とする者をさ

第3編 労働条件論

すと考えられる。経営者や管理監督者と行動を共にする必要があり、かかる職務に従事する限りで、出勤や退社時刻の管理を受けるのが不適切と考え、適用除外とされた。

③監視・断続的労働に従事する者

監視労働や断続的労働に従事する者も適用除外となる 労基法41条3号 。監視労働とは、一定部署にあって監視することを本来の業務とし、常態として身体または精神的緊張の少ない労働をいう。断続的労働とは、監視労働と類似するが、特に実作業が間欠的に行われて、手待時間の多い労働を意味する。双方とも、一般の労働に比して、労働の強度、精神的緊張度の少ない労働であるから通常の労働に対して適用される厳格な労働時間規制を必要としないと考えられ、適用除外とされた。具体的には守衛、門番、団地の管理人、小・中学校の用務員などがあてはまると考えられる。

監視・断続労働であるか否かを使用者が決定するというのは好ましくない。法定労働時間の原則が無意味になるおそれがあるからである。第三者機関の判断に基づくべきである。そこで、労基法は行政官庁（労働基準監督署長）の許可によるとした。したがって、軽易な労働であっても許可がなければ、適用除外されず、労働時間も通常の労働と同じように算定される。

② 時間外・休日労働

1 時間外労働とは何か
①時間外・休日労働の意義

労基法上、時間外労働とは、1週または1日の法定労働時間 32条 を超える労働であり、休日労働とは法定休日 35条 における労働である。所定労働時間が法定労働時間よりも短い場合における所定労働時間を超え法定労働時間に達するまでの残業時間（法内残業）や法定外休日労働は労基法上の時間外・休日労働には当たらない。もっとも、大企業を中心とする多くの企業では、このような区別した取り扱いをせずに、所定外労働として両者を包含した取り扱いが三六協定の締結や割増手当についてなされている。

労基法が時間外・休日労働を認めるのは、たとえば災害等の被害から1日も早く平常に戻るためといった例外的事由であり、それを認めないのは現実的でないからである。労基法33条は、この点を考慮して、①非常災害等臨時の必要ある場合 33条1項 、②公務のための時間外・休日労働の必要ある場合 33条3項 を特定の事由として時間外労働を認めている。

問題は、通常業務の処理に時間外や休日を使うことについてである。そこで労基法は、労働者の集団的意思とそれを確認する一定の手続きを要件にして、容認した。それが、③労使協定の締結・届出による場合 36条1項 である。

使用者は、前記①〜③の時間外・休日労働に割増賃金を支払わなければならない 37条 。しかし、わが国は、前述した状況を踏まえ、割増率を時間外・休日労働に支障のない低い率に抑えてきた。

労基法が制定されて40年がたった1980年代後半、わが国が経済大国と呼ばれる頃になると、長時間労働は安価な労働力で競争力の強い商品を生む元であり公正な競争を阻害していると世界的に非難を受けるようになる。わが国はその批判に応えて、長時間労働の削減に努める政策を掲げ実施するとともに、1993、1998年に労基法改正をおこない、時間外労働の抑制策を設けた。

具体的には、①時間外労働が例外であることを鮮明にしていくつかの規制を設けたこと、②これまでなかった時間外労働の上限を規定すること（1998年改正）、③割増手当の割増率を見直したこと（1993年改正）である。しかし、①②について特段に繁忙のときの特別の例外（例外の例外）を設け、③についてはわずかに休日割増率のアップにとどまるなど不徹底であった。

②時間外労働の上限規制
―限度基準告示を労基法36条に格上げ―

働き方改革関連法により、2019年4月1日より、労基法36条2項及び労基則17条において、三六協定で定める事項は、以下のようになった。「協定の有効期間」(1年)、「時間外・休日労働を必要とする具体的事由」、「業務の種類」、「労働者数」、「1日の法定労働時間を超える時間数」「1か月の法定労働時間を超える時間数」（1か月に限る）、「1年の法定労働時間を超える時間数」、「労働させることのできる法定休日の日数」、「労働させることができる法定休日における始業及び就業の時刻」、「時間外労働及び休日労働を合算した時間数は、1か月について100時間未満でなければならず、かつ2か月から6か月までを平均して80時間を超過しないこと」である 労基則16〜17条 。

また、特別条項付き協定（160頁欄外参照）には、上記に加えて、「臨時的に限度時間を超えて労働させる必要がある場合における1か月の時間外労働時間と休日労働の合計時間数（100時間未満）」「1年の時間外労働時間数」（720時間以内）、限度時間を超えることができる回数（年間6回以内）、「限度時間を超えて労働させることができる場合」、「限度時間を超えて労働させる労働者に対する健康及び福祉を確保するための措置」、「限度時間を超えた労働に係る割増賃金率」、「限度時間を超えて労働させる場合における手続」を定めなければならない。

なお、三六協定を締結する労使当事者は、労基法36条7項の規定に基づき策定された「労働基準法第36条第1項の協定で定める労働時間の延長及び休日の労働について留意すべき事項等に関する指針」（平成30年9月7日厚生労働省告示第323号）に留意しなければならない。

Q． サービス残業とは何か。

A． 近年の残業を自己申告制とする企業が多くなり、終業時刻後も自発的労働として申告せずに仕事をしたり、帰宅しても自宅のパソコンでクラウドにアクセスして仕事をしたりと、終業時刻後も働くものの時間外割増手当を受けずに仕事（残業）することが多くみられるようになった。このような仕事（残業）を「サービス残業」という。

サービス残業は長時間労働を招くため、過労死・過労自殺や労働者の心身を害するもとになる。

使用者がサービス残業の実態を把握しながら放置する行為は労基法違反であり、罰則の適用を受ける。2016年以降、特に大企業の長時間残業の実態が摘発される報道が数多くなされている。

残業上限規制の適用猶予
限度基準の適用除外である建設業、自動車運転業務、研究開発、その他厚労省指定業務（平12厚労省告示316号）や医師（治療の求めを拒んではならない医師法による応召義務や労基法41条の適用除外（監視断続労働）の活用）といった業務は、長時間労働が以前より大きな社会問題となっていた。2018年の上限規制案は、これらの業務への適用は他の業務とは別扱いで2024年からと施行5年後としているうえ、研究開発は適用除外のまま据え置くとされている。

期間	限度時間（カッコ内は対象期間が3か月を超える1年単位の変形労働時間制により労働する者の延長時間の限度）
1か月	45（42）時間
1年間	360（320）時間

③非常災害時等における時間外・休日労働
(a) 非常災害時における時間外・休日労働
　使用者は、災害その他避けることのできない事由によって、臨時の必要ある場合は、事前に行政官庁の許可を受けて、その必要の限度において、労働時間を延長し、または法定休日に労働させることができる。事態急迫のために行政官庁の許可を受ける暇がない場合は、事後に遅滞なく届け出なければならない 労基法33条1項 。これについて、行政官庁がその労働時間の延長または休日の労働を不適当と認めるときは、その後その時間に相当する休憩または休日を与えるべきことを命ずることができる 同条2項 。
　この「災害その他避けることのできない事由」とは、災害、緊急、不可抗力など、客観的に避けることのできない事態をさし、通常予見される範囲を超えたものをいう。

(b) 公務における時間外・休日労働
　官公署の事業の場合は、「災害その他避けることのできない事由」ではなく、単に公務のために臨時の必要があれば、時間外・休日労働をさせることができる 労基法33条3項 。対象となる公務員は、官公署の事業（別表第1に掲げる事業を除く）に従事する国家公務員および地方公務員である。

④労使協定（三六協定）による時間外・休日労働
　前に述べたように、労基法は通常業務を時間外・休日労働によってこなすことを例外として容認している 36条 。すなわち、使用者はその事業場の労働者の過半数で組織する労働組合、過半数で組織する労働組合がない場合には労働者の過半数を代表する者と書面における協定（労使協定）を締結し、これを行政官庁に届出た場合には、その労使協定の定めるところによって労働時間を延長し、または休日に労働させることができる。この労使協定は、労基法36条に基づくことから、三六（サブロク）協定と呼ばれる。
　通常業務に際し、三六協定を締結することなしには、時間外・休日労働が許容されることはなく、その意味で、三六協定の締結・届出は絶対的な要件であり、割増賃金の支払を要すること 労基法37条 を勘案すると、結局、労使協定による時間外・休日労働を許容した労基法36条の趣旨は、時間外・休日労働が本来、臨時・例外的なものとして必要最小限にとどめられるべきものと捉えていると解される（昭22·9·13発基17、昭63·3·14基発150）。

Q．非常災害時における時間外・休日労働が認められる・認められない事例は何か。
A．非常災害時における時間外・休日労働と認められる具体的事例は、解釈例規も、①急病、ボイラーの破裂その他、人命または公益を保護するための必要、②電圧低下により保安等の必要がある場合、③事業の運営を不可能ならしめるような突発的な機械の故障の修理は認められる。しかし、④単なる業務の繁忙その他これに準ずる経営上の必要や、⑤通常予見される部分的な修理、定期的な手入れは認めない（昭22·9·13発基17、昭26·10·11基発696）。

第2章 労働時間

（a）三六協定の適用対象

三六協定の適用対象となる「労働者」の範囲について、労基法10条の使用者の定義に該当する者、管理監督者と機密の事務を取り扱う者はかかる職務に就いている間は職務遂行上労働時間管理下にあるとはいえないから、三六協定適用対象としての「労働者」から除外されるべきである。解釈例規は「当該事業場に使用されているすべての労働者の過半数の意思を問うためのもの」（昭46・1・1845基収6206）であるとの理由から、管理監督者 **労基法41条2号** 、監視・断続業務従事者 **同条3号** 、年少者 **労基法60条** 、病欠者や休職期間中の者も含むとしている。

三六協定は労働者の超過労働に対する規制であるから、そもそも労働時間の規制対象とならない者には、超過労働の規制は及ばない。すなわち、36条にいう労働者でない者の超過労働には何の規制もないので、逆に自由に超過労働ができる。こうしたことから、「名ばかり店長」の残業手当不払いが問題となったのである。

コラム Column

名ばかり店長

ハンバーガー・チェーン「M」の直営店の店長が会社を訴えたのに対して、東京地裁は、未払いの残業代など750万円余の支払いを会社に命じた。訴えの内容は「職務権限も自由に働く裁量もないのに管理職扱いされ、残業代を受け取れなかったのは違法だ」との主張であった。

労基法は、1日8時間・週40時間を超える労働には残業手当を支払うよう義務づけている。ただし、管理監督の立場にある場合は適用外である。会社はこの適用除外規定を利用し、店長を管理職扱いとして残業代の支払いをしなかった。厳しい判決が出るのは当然である。判決は「店長には経営者と一体的立場といえる重要な職務と権限はなく、労働時間の裁量もない」とし、残業代不払いは労基法違反であると認定した。労働に見合った賃金を払うのは企業の義務であり、管理職に登用するならば、手当や権限がともなわなければならない。

同様に、紳士服大手「C」の元店長が、残業代の支払いを求めた労働審判では、会社が解決金600万円を支払うことで合意した。非正規雇用がふえ、労働紛争の相談も急増し労働関係の民事事件は年間3100件を超えている。労働行政のほころびが働く人々の立場を不安定にしている証拠だろう。

（b）締結当事者たる労働者代表

三六協定は、事業場単位で締結される労使協定である。締結当事者は、使用者と労働者代表（前述したように過半数で組織した労働組合、それがなければ労働者の過半数を代表する者）である。労使協定は適用事業場に働く労働者の集団的意思が適切に反映されることを条件にして様々な制度を労基法上容認しようとする制度である。したがって、三六協定の労働者側当事者たる労働者代表は、適用対象たる労働者を正当に代表するものでなければならない。使用者の利益代表者の参加する社員親睦会の代表を何らの手続きもなく当然に労働者代表にして締結された三六協定は無効である（トーコロ事件＝東京高判平9・11・17労判729号44頁）。

（c）三六協定に記載すべき内容および限度基準

三六協定に記載すべき内容は、①時間外または休日の労働をさせる必要のある具体的事由、②必要のある業務の種類、③労働者の数、

159

第**3**編 労働条件論

特別条項付き協定

臨時的に時間外労働の限度基準を超えて時間外労働を行わせなければならない特別の事情が予想される場合に、あらかじめ労使間で、限度時間を超える一定の時間まで労働時間を延長できる旨の協定を締結することが認められている。これを「特別条項付き協定」という。ただし、これは、時間外労働の限度基準をさらに超えることになるため長時間労働による健康への影響の点から、ここでいう「特別の事情」とは、一時的または突発的に時間外労働を行わせる必要がある「臨時的なもの」に限られる。具体的には、予算・決算業務、ボーナス商戦に伴う業務の繁忙、納期のひっ迫、大規模なクレームへの対応、機械のトラブルへの対応などで、全体として1年の半分を超えないことが見込まれるものでなければならない。

④1日に残業できる時間および一定の期間についての延長することができる時間または労働させることができる休日である 労基則16条 。

厚生労働大臣は、時間外労働を適正なものにするため、三六協定で定める時間外労働の上限その他の必要な事項について、限度基準を定めることができる 労基法36条3項 。限度基準を超える時間を定める三六協定は、どう扱われるのであろうか。行政指導の根拠の意味でしかないとの見解や単に時間外労働命令の権利濫用判断の一要素に過ぎないとする見解もある。しかし、時間外労働が労働者の心身の健康を蝕み私的生活を蚕食するとして例外的に認めるにとどまり、その無限定な超過労働を上限規制(まさに時間外労働ができる上限の意味である)で端的に枠をはめたのである。限度基準を超える時間を定める三六協定は、法に適合しないので、違法・無効であり、時間外・休日労働自体違法になる。

この改正に伴い示された限度基準(平10・12・28労告154)には、三六協定に記載すべき内容がさらに詳細に定められている。業務区分を細分化して業務の範囲を明確にすることや1年間の上限時間を記載しなければならない。延長時間については、1日(以前からあった)、一定期間、そして1年の3つの期間について定めなければならなくなった。このように働きすぎを予防するとの企図が明確になった部分があるものの、問題なのは、特別な場合に時間外労働の延長の再延長を認めている点である(特別条項付き協定)。これによって、限度基準を設けた意義が大きく縮減された。

■ 三六協定の時間外労働には一定期間について延長できる上限がある

週または月を単位とする期間	1週間	2週間	4週間	1か月	2か月	3か月	1年間
時間外労働の限度時間	15 h	27 h	43 h	45 h	81 h	120 h	360 h
＜3か月を超える1年単位の変形労働＞	14 h	25 h	40 h	42 h	75 h	110 h	320 h

＊ 平15・10・22厚労告355 　＊8時間までの法定内残業はこれに含まない。

厚労大臣による限度基準の適用除外

上記限度基準には適用除外がある。建設業、自動車運転業務(別に改善基準告示で限度基準を設けている)、研究開発、その他厚労省指定業務である(第5条)。平10年労告154号、平12年厚労省告示316号

(d) 有効期間

三六協定には、有効期間の定めが必要である 労基則16条2項 が、有効期間の長さの規制はない。前述した延長できる時間を定めなければならない3つの期間のうち、1年が最長であることもあり、実務上は三六協定の有効期間について1年を超えない範囲で定めることが多い。

三六協定は有効期間の満了により当然に失効する。有効期間の途中であっても当事者の合意があれば失効する。三六協定の有効期間中の一方的破棄については、契約一般の法理と同様に解し、破棄することはできないとの見解があるが、協定による時間外・休日労働が本来、臨時・例外的なものとして必要最小限にとどめられるべきであるとの労基法36条の趣旨からすると、恒常的超過労働は認められるべきではない。したがって、少なくとも客観的にみて時間外・休日労働が恒常化していると認められるような長期間の有効期間を置く三六

協定は、著しく法的正義に反しており、原則として、一方的に破棄できると解すべきである。

2 労働者の時間外労働義務

　三六協定の締結・届出は、労働者が使用者からの時間外労働命令に従うことを当然に意味することではない。三六協定は、使用者が時間外労働を行っても、法定労働時間の原則に違反せず、罰則の適用を受けないという効果（免罰的効力）をもつのみで、労働者が時間外労働義務を有するかどうかはもっぱら労働契約上の義務の有無にある。三六協定の手続は具体的残業命令に従って残業をするとの個別労働者の意思を確認できるほどに確固たるものではないからである。個々の労働者の時間外労働義務が発生するためには、労働契約上、そのような義務が肯定されなければならない。

　初期の学説・判例には、三六協定そのものから時間外・休日労働義務が生じるとするものがあった（池貝鉄工所事件＝東京地決昭25・6・15労民集1巻5号740頁）。今日では、判例・通説とも三六協定自体からの残業義務の発生を否定する。事業場の過半数代表としての資格で締結した三六協定に残業義務の発生を認めると協定に関与しない労働者の個別合意を擬制することになるが、それはあまりにも個々の労働者の意思を無視することになり、強制労働につながると考えるからである。結局、三六協定は免罰的効力を発生させるための手続にしかすぎない（片山工業事件＝岡山地判昭40・5・31労民集16巻3号418頁）。

①時間外・休日労働義務の発生根拠

　三六協定自体から直ちに時間外・休日労働義務を生じさせることができないとすれば、時間外・休日労働義務はどのような根拠に基づいて発生するのだろうか。

　第1の立場は、労働協約または就業規則において業務上の必要あるときは三六協定の範囲内で時間外・休日労働を命じうる旨が明確に定められている限りは、労働契約上当該協定の枠内でその命令に従う義務が生じるとの見解である（命令説とよばれる）。最高裁も、三六協定を締結し、これを届出た場合に、「就業規則に当該三六協定の範囲内で一定の業務上の事由があれば労働契約に定める労働時間を延長して労働者を労働させることができる旨を定めているときは、当該就業規則の規定の内容が合理的なものである限り、それが具体的労働契約の内容をなすから、右就業規則の規定の適用を受ける労働者は、その定めるところに従い、労働契約に定める労働時間を超えて労働する義務を負うものと解するを相当とする」（日立製作所武蔵工場事件＝最1小判平3・11・28民集45巻8号1270頁）との判断を示し、すでに国家公務員の事案で示した判断（静内郵便局事件＝最3小判昭59・3・27労判430号69頁）を民間私企業の労使関係の場にまで拡大した。

　第2の立場は、あらかじめどのような形で時間外・休日労働義務を

明記しても、それは労基法違反で無効であり、時間外・休日労働義務が生ずるはずはないが、ただ三六協定成立後、使用者から時間外・休日労働の申込みがあり、個々の労働者が自由意思により個別的に合意した場合にのみ時間外・休日労働義務が生ずるとの見解である（明治乳業事件＝東京地判昭44・5・31労民集20巻3号477頁、東京現像所事件＝東京地八王子支判昭54・7・2労判323号37頁、申込説ないし合意説と呼ばれる）。そこでいう労働者の同意とは、その都度の個別具体的な同意なのか、事前の同意でよいかなどについては議論がある。

最高裁による見解が示されたこともあり、第1の立場に与する見解も有力であるが、この立場に立つと、本来的に労働者は自らの意思に基づいて自らの労働力を売る自由を有するにもかかわらず、こうした自由を他律的に強要されるあるいはそれを許容したとされる点で問題である。労基法36条は、恒常化・長期化する時間外・休日労働を排除し、法定労働時間の原則への復帰を予定したものである。時間外・休日労働は、臨時・例外的でその必要最小限度でそれを認め労働者の人間らしい生活を保障するところに立法趣旨があると捉えるべきである。私法上の効力については第2の立場のように解すべきである。

3 時間外労働義務の免除など

特別の事由がある場合、時間外労働命令によって時間外労働義務を負う労働者の中でも、時間外労働義務が免除されたり、他の労働者より短縮することが認められたりする。

妊産婦の請求による場合には、使用者は時間外・休日労働をさせてはならない 労基法66条2項 。また、育介休業法は、男女を問わず、小学校入学前までの子を養育するものや、家族介護に従事する労働者が請求した場合、使用者は、1か月24時間、1年150時間を超えて時間外労働させてはならないと規定する 育介休業法17条、18条 。

■ 時間外労働にともなう制約

＜制約事項＞	＜制約内容＞	＜根拠条文＞
①三六協定、就業規則記載の事由	事由の存在	労基法36条1項、施行規則16条1項、様式9号
②限度基準		労基法36条2項、平成10年告示154号3条、別表1、2
③健康に特に有害な業務	1日2時間以内	労基法36条1項但書、施行規則18条
④妊産婦の請求	命令不可	労基法66条1項（労基法64条の3第1項参照）
⑤育児・介護を要する男女の別なく申出	1か月24時間、1年150時間以内	労基法133条、育介休業法17条、18条
⑥割増賃金の支払い	時間外労働の割増率2割5分以上 休日労働の割増率3割5分以上 1か月60時間超の割増率5割以上	労基法37条1項、平成6年政令5号

第2章 労働時間

4 時間外・休日労働の割増賃金
①割増賃金の概要

割増賃金の発生は、非常災害時または三六協定により、時間外労働、休日労働そして深夜労働の3つの場合に生じる。なお、深夜労働は深夜時間帯（欄外用語説明参照）での労働に対して割増賃金が支払われるので、使用者は、深夜時間帯のみでの労働（たとえば、午後11時から午前3時までの4時間労働）に対しても割増手当を支払わなければならない。

割増率については、使用者は、通常の労働時間または労働日の賃金の計算額の2割5分（125%）以上5割（150%）以下の範囲内で、それぞれ、労働者の福祉、時間外または休日の労働の動向その他の事情を考慮して政令で定める率以上の率で計算した割増賃金を支払わなければならない 労基法37条1項 。現在の割増率は、時間外労働と深夜労働は2割5分（125%）以上、休日労働は3割5分（135%）以上である（労基法37条1項の時間外労働及び割増賃金にかかわる率の最低限度を定める政令【割増賃金令】、同条3項）。

なお、深夜労働と時間外労働が重複した場合には、割増率は合算され5割（150%）以上となり 労基則20条1項 、同様に、深夜労働と休日労働が重複した場合には、割増率は6割（160%）以上となる 同条2項 。しかし、休日労働と時間外労働とが重なった場合については、規定がなく見解が分かれる。何時間労働しても休日労働であるとして3割5分（135%）というのが行政解釈であるが、学説上は、休日の8時間を超える労働は超える部分については時間外労働でもあるとして6割以上とすべきであるという有力な反対説がある。なお、休日労働でも深夜時間帯での労働は合算して6割（160%）以上であることに異論はない。

> **時間外労働**
> 法定労働時間、1日8時間あるいは1週40時間を超えた労働時間である。
>
> **休日労働**
> 1週1休日の法定休日（35条）の労働である。
>
> **深夜労働**
> 原則として午後10時から午前5時までの労働（厚生労働大臣が認める場合においては、その定める地域または期間については午後11時から午前6時までの労働）を意味する。

> **Q．** 年少者や女性の深夜業はどうなっているか。
> **A．** 1999年労基法改正前は女性の深夜業は原則禁止であった。男女雇用平等の流れの中、それを妨げる法規制が撤廃され深夜業の原則禁止も廃止されかつ、女性が働きやすいように仮眠室を設けるなど、女性労働者の就業環境を整備する指針が設けられた（平10・3・13告示23）。なお、満18歳未満の年少者による深夜業はその者の健康や福祉の観点から好ましくないと原則禁止となっている（労基法61条1項）。

■ 時間外・休日・深夜労働に関する法定の最低割増率

	法定労働時間	時間外労働	時間外労働＋深夜時間帯
労働日	－	25%以上	50%以上
休　日	35%以上	35%以上＊	60%以上＊＊

＊ この点、学説では、60%以上。
＊＊ この点、学説では、85%以上

■ 月の時間外労働の最低割増率　2008年改正（施行：2010年4月1日）

45時間まで	45時間超 ～ 60時間	60時間超
25%以上	25%超＊	50%以上＊＊

＊ 特別条項付36協定の協定締結事項で25%超の割増率を締結。
＊＊ 引き上げられた割増率分を有給休暇（時間）に代えることも可能。

割増賃金の支払 労基法37条 については、文言上は労基法33条および36条の規定に基づく時間外・休日労働についてなされることとなるが、最高裁は非常災害の必要性のない場合や三六協定のない場合の時間外・休日労働（いわゆる違法な時間外・休日労働）であっても、

使用者は労基法37条の割増賃金の支払を義務づけられる（小島撚糸事件＝最1小判昭35・7・14刑集14巻9号1139頁）。

また、割増賃金の基礎となる賃金は、所定労働時間における時間あたりの賃金であり、日給制、週給制、月給制、出来高払制など具体的な計算方法は労基則19条に定められている。この割増賃金の基礎となる賃金には、家族手当、通勤手当その他命令で定める賃金は算入しない（でもよい） 労基法37条4項 とされている。命令（「厚生労働省令で定める賃金」 労基則21条 では、別居手当、子女教育手当、臨時に支払われた賃金、1か月を超える期間ごとに支払われる賃金があげられている。これらの賃金が割増賃金の算定基礎から除外されるのは、労働と直接的な関係が薄く個人的事情に基づくなどの理由による。

②**1か月の時間外労働の割増率**

長時間労働の抑制などを目的とする労基法改正（2010年4月1日施行）が2008年12月になされ、1か月の限度基準（45時間）を超える時間外労働の割増率が新たに設けられた。

a）60時間を超える時間外労働の最低割増率が50％に引上げられる（中小企業は適用が猶予される 改正37条1項、138条 ）。なお、引上げ分について手当に代えて、相応の有給休暇付与も可能である（時間外労働80時間の場合、(80 − 60) × (0.5 − 0.25) ＝ 5（時間分の有給休暇）。 改正37条3項 ）。

b）限度基準を超える時間外労働が適法におこなわれるには、そもそも特別条項付の三六協定を締結しなければならない 36条3項 が、締結事項として、割増率を定めることと割増率につき法定割増率を超える率を定める努力を労使に課した。

③**割増賃金の定額制**

割増賃金を毎月の手当として定額で支払うことが許されるであろうか。この点、労基法37条は最低割増率以上の割増賃金の支払いを求めるだけで、その算定方法を最低基準とはしていないと考えられる。したがって、割増賃金額が法定の最低割増率を下回らない限り、法定の算定方法と異なる支払方法をとっても適法である。こう解することに、行政解釈（昭24・1・28基収3947）、判例とも異論はない。営業社員の時間外労働に対する手当が、法定の割増率による算定を上回る割増賃金額であるときは適法であると判断した裁判例がある（関西ソニー販売事件＝大阪地判昭63・10・26労判530号40頁）。

定額制で重要なことは、時間外労働の時間が変わることから、当該定額が、割増率によって算定された割増賃金額を上回ることが明白でなければならない。そのために、a）三六協定で割増率を明白にしておくこと、b）割増賃金算定基礎たる所定の賃金が明白であることが必要である。したがって、通常の賃金と割増手当とが判別できなければ割増賃金が支払われたとはいえない（高知県観光事件＝最

Q． 判例の「除外賃金」に当たるか否かの事例と理由とは何か。

A． 判例のいう「除外賃金」は、個人的事情によるものとして家族手当（三菱重工長崎造船所事件＝最2小判昭56・9・18労判370号16頁）をあげ、臨時に支払われた賃金や1か月を超える期間ごとに支払われる賃金を計算上困難な賃金とするが、住宅手当、皆勤手当などは「除外賃金」にあたらないとする（小里機材事件＝最1小判昭63・7・14労判523号6頁）のである。だが、実質的にはこれらの賃金に該当する場合でも、支給月額が毎年あらかじめ定められ、これにより月毎に支給されている場合には、割増賃金の算定基礎に含めるべきである（日新火災海上保険事件＝東京高判平12・4・19労判787号35頁）。

60時間超の時間外労働の割増率50％に関する中小企業への猶予措置は、2017年法改正案では廃止することとなっている。

2小判平6・6・13労判653号12頁、同旨、テックジャパン事件＝最1小判平24・3・8労判1060号5頁)。それは形式ではなく実質的に判別できなければならない（徳島南海タクシー事件＝最3小決平11・12・14労判775号14頁、同事件＝高松高判平11・7・19労判775号15頁、国際自動車事件＝最3小判平29・2・28労判1152号5頁）。また、実際の時間外労働の割増賃金が予め定めてある一定額を超えた場合にはその差額を支払われなければならない（三晃印刷事件＝東京高判平10・9・16労判749号22頁）。

④割増賃金の未払いと付加金支払

割増賃金の未払いの事案に付加金の支払いを求めることが、労働者性や労働時間性などの判断が微妙なことなどから使用者に付加金を課すのは酷であるとして、認容しなかった裁判例がある（日新火災海上保険事件＝東京高判平12・4・19労判787号35頁）。

一般論として、付加金については、「裁判所は、使用者による労基法違反の程度や態様、労働者の受けた不利益の性質や内容、右違反に至る経緯やその後の使用者の対応等の諸事情を考慮して、その支払命令の可否、金額を決定することができる」とする（共立メンテナンス事件＝大阪地判平8・10・2労判706号45頁）。

仮眠時間を労働時間と判断した裁判例は、「付加金は制裁としての性質を有するものであり、裁判所は付加金を命ずることが不相当であると判断した場合にはこれを命じないことができるものと解するのが相当である」とし、本件事案の仮眠時間の労働時間性については、裁判所の判断で解決される必要のある問題について判断を誤っていたために生じた労基法違反であり、使用者が労基法違反を認識していなかったとして、付加金の支払を命じることは相当ではないと判示した（日本貨物鉄道事件＝東京地判平10・6・12労判745号16頁）。

なお、付加金支払義務の発生する時点に関しては、少なくとも、裁判例では、労働者の請求時ではなく裁判所による支払命令の確定時ということになろう。というのは、既述のように裁判例では、付加金を、労働者の損害填補としてではなく裁判所の判断に基づくある種の法定の民事罰と捉えているからである。

Q．付加金とは何か。
A．労基法上の付加金制度 労基法114条 は労基法違反の使用者に対して課される一種の懲罰的損害賠償制度である。使用者が労基法に基づき労働者に支払うべき賃金ないし手当（解雇予告手当 20条 、休業手当 26条 、年休手当 30条7項 そして割増賃金 37条 ）を支払わなかった場合に、裁判所は使用者に対してかかる未払賃金や手当に加えてそれと同一額の金員を労働者に支払うよう命じることができる。この金員を付加金という。

3 法定労働時間の弾力化

法定労働時間は、1週40時間・1日8時間が原則である。こうした法定労働時間の規制は、所定労働時間を事業場で統一し、かつ年間を通してこの労働時間内で定型化できる工場労働を前提にしたものである。しかし、産業が高度化するにつれ、産業の中心が製造業からサービス（業）へと移り、それに従って労働時間法制に弾力化を求めることは、わが国独特のものでない。第3次産業に産業の中心が移ることに伴い、サービス業に見られる顧客の流れに即応した弾力的労働時間制度の導入を容認しさらに容易にする法制度の改革を

求めるようになる。わが国では、80年代後半に、全産業に占める第3次産業の割合が6割を超えるようになった。加えて、他の先進諸国が週40時間労働になり労働時間の短縮が進む中、戦後より続いてきた長時間労働に対する他の先進諸国からの批判に応えるために、労働時間短縮への本格的な取り組みが求められるようになった。週休2日制の推進をはじめ、就業構造や労働態様および労働者意識などの変化に応じて労働時間の枠組みの柔軟化が求められ、繁忙時に多くの労働時間を配置することを可能にするために、1週間という枠を外して一定期間の総労働時間を平均すると法定労働時間に収める労働時間制度（変形労働時間制）を1987年労基法改正で採用した。労働時間の弾力的運用を可能にして労働時間の短縮を図ろうとしたのである。

1 変形労働時間制

変形労働時間制は、一定の単位期間における1週間あたりの所定労働時間が、平均して1週の法定労働時間の範囲内におさまっていれば、1週40時間または1日8時間の法定労働時間を超える労働時間も法定労働時間の原則に含めるという制度である。したがって、特定の週や特定の日に1週40時間・1日8時間の枠組みを超えても、予め定められた時間の範囲内では時間外として扱われず、労基法違反の刑事制裁や割増賃金の支払い対象にはならない。

この制度は、部分的に法定労働時間を緩和するため、労働者の心身の健康や私的生活領域を蝕む恐れが生じる。この点を解決するために、労使協定または就業規則その他これに準ずるもので各日・各週の所定労働時間を特定する必要がある。また、単位期間の上限をどのように設定するかが問題となる。労基法はこれを、変形期間の長さと業務の繁閑の予測可能性の違いにより、区分した。

業務の繁閑の予測可能な場合には、1か月単位の変形労働時間制、1年単位の変形労働時間制、そして業務の繁閑が予測不可能な場合の変形制度として、1週間単位の非定型的変形労働時間制の3つの変形制度を設定し、それぞれ実施の要件を課した。なお、業務の実態上就業規則などによる事前の特定が困難な場合には、変形労働時間制の基本事項だけを定めておいて、各人の各日の労働時間を1か月ごとに勤務割表によって特定していく方法も認められる（昭63・3・14基発150）。

2 1か月単位の変形労働時間制

①制度概要

1か月単位の変形労働時間制は、1か月以内の一定期間を平均して1週間の労働時間が40時間（労基法40条の特例措置による場合は44時間）を超えない定めをした場合には、特定の週に40時間（44時間）を超え、または特定の日に8時間を超えて労働させることができる 労基法32条の2 。

使用者は、就業規則その他「これに準ずるもの」により、または、過半数組合それがなければ過半数従業員代表者との書面協定（労使

Q．変形労働時間のメリットとデメリットは。
A．変形労働時間制には、次のようなメリットがある。第1に、業務が閑散な時期において労働時間を減らすことができるので、社会的に要請されている総労働時間の短縮や週休2日制を促進させることが期待できる。第2に、繁忙期において所定労働時間を長くすることにより時間外労働を減らすことができ、企業にとっては、割増手当分のコストを削減することができる。一方で、労働時間が不規則となり、労働者の生活に影響を及ぼすデメリットがある。

Q．労基法制定当初から変形制度があったそうだが。
A．労基法制定当初は、4週間単位の変形労働時間制度が32条2項に設けられていた。変形8時間制と呼ばれていた。
当時は週48時間の時代。4週192時間を割り振る。ILO条約はこの種の変形制度を認めておらず、当時は、甚だしい例外だと批判的であった。

協定）を締結して初めて労働時間の弾力的運用に道が拓ける。労使協定の場合には行政官庁に届け出る必要がある。いずれの場合にもその定めの労働者への周知が必要である 労基法106条労基則12条 。

労基法制定当初は、4週間単位の変形労働時間制だけであったが、賃金計算期間が多くの企業では1か月であること、業務の繁閑の周期が月単位のケースがみられることなどから、改正法は1か月以内の一定期間単位に改めた。

なお、当該労使協定にもとづく変形制の下で労働するには、労使の間でその旨の合意が個別に必要である。具体的には就業規則などに定めを設けておかねばならない。

②労働日とその日の労働時間の「特定」とその変更

1か月単位の変形労働時間制の要件は、①就業規則や労使協定により、事前に定めておくこと（学校法人桐朋学園事件＝東京地八王子支判平10・9・17労判752号37頁）、②あらかじめ特定の週もしくは日の労働時間を特定すること（岩手第一事件＝仙台高判平13・8・29労判810号11頁）である。

特定された労働時間を変更することは労働者生活を考慮して原則許されない。この場合、就業規則の変更事由は具体的に定める必要がある。包括的変更条項は労基法32条の2の「特定」の要件を欠き、違法、無効となる（JR西日本（広島支社）事件＝広島高判平14・6・25労判835号43頁）。

なお、1か月単位の変形労働時間制の単位期間は、例えば4週間単位、20日単位など1か月以内である。1日・1週の労働時間の上限の定めがないので、1か月以内の一定期間を定めるときには期間の起算日を明らかにしておくことに注意しなければならない。

③1か月単位の変形労働時間制度と時間外労働

以上の要件を満たした変形労働時間制の下では、特定の週や日に法定労働時間を超える労働がなされても時間外労働とならないし労基法違反にならない。しかし、これは変形労働時間制に時間外労働が発生しないことを意味するものではない。

1か月単位の変形労働時間制で時間外労働とは、①1日については、8時間を超える労働時間を定めた日はその時間を、それ以外の日は8時間を超えて労働させた時間、②1週間については、40時間（特例の場合は44時間）を超える労働時間を定めた週はその時間を、それ以外の週は40時間（特例の場合は44時間）を超えた時間（但し、①で時間外労働になる時間を除く）、③変形期間については、変形期間における法定労働時間の総枠を超えた時間（但し、①②で時間外労働になる時間を除く）が時間外労働になる。

3 1年単位の変形労働時間制

使用者は、過半数組合、それがなければ過半数従業員代表者との書

第3編 労働条件論

面協定により、以下の事項を協定した場合、1年単位の変形労働時間制は、1か月を超え、1年以内の対象期間において、1週間の労働時間が平均して40時間（特例事業にあってもこの変形制を採用すると週40時間平均としなければならない）を超えない範囲で、1週に40時間・1日8時間を超えて労働させることができる 労基法32条の4 。これが1年単位の変形労働時間制である。

　この制度は、当初、季節等の業務の繁閑への効率的な対応を目的に、1987年の労基法改正において、3か月単位の変形労働時間制として導入され、その後、1993年の同法改正により変形期間の上限が1年に延長されたものである。この3か月をはるかに超えた1年間にわたる長期の変形労働時間制が休日の年間管理による休日増をはかり、結果として時間短縮の効果を一層高めると考えられた。

①制度概要

　1年単位の変形労働時間制の要件は、労使協定の締結である（労使協定は行政官庁への届出 同条4項 が必要である）。

　労使協定で定めなければならない事項は、①対象となる労働者の範囲、②対象となる変形期間（1か月を超え1年以内の期間に限られる）、③特定期間（対象期間中の特に業務が繁忙な期間）、④対象期間における労働日および当該労働日ごとの労働時間（対象期間を1か月以上の期間ごとに区分することとした場合においては、当該区分による各期間のうち当該対象期間の初日の属する期間における労働日数および当該労働日ごとの労働時間ならびに当該最初の期間を除く各期間における労働日数および総労働時間）、⑤労使協定の有効期間である。

　育児を行う者、老人等の介護を行う者、職業訓練または教育を受ける者その他特別な配慮を要する者については、これらの者が、育児等に必要な時間を確保できるような配慮をしなければならない 労基則12条の6 。

　なお、当該制度の下で労働者を働かせるには、当該制度の下で働くとの労使の個別合意がなければならない。就業規則等にその旨の定めを設けておくことが必要である。

②変形できる限度

　最長1年単位の変形労働時間制では、変形期間が長期であるから、特定の日や週の労働時間が異常に長かったり、連続労働日数が多かったりしたのでは労働者に過重な負担をかけることになる。そこで、労基法は、対象期間における労働日数の限度ならびに1日および1週間の労働時間の限度、同時に、連続して労働させることのできる日数の限度について、規制を加えている 労基法32条の4第3項 。

　厚生労働省令は、対象期間における労働日数の限度について、変形期間が3か月を超える場合に原則として変形期間1年につき280日まで、また、1日の労働の限度は10時間、1週間のそれは52時間（この場合において、対象期間が3か月を超えるときは、①対象期間中に、週48時間を超える労働時間を設定するのは連続3週以下であること、

Q&A

Q．法定時間の総枠はどう計算されるか。

A．総枠の計算式は40時間（週法定時間）×変形期間の日数÷7（1週間の日数）である。

②対象期間をその初日から3か月ごとに区分した各期間において、週48時間を超える労働時間を設定した週の初日の数が3以下であること、のいずれにも適合しなければならない）、さらに、連続して労働させることのできる日数については原則として6日とし、特定期間（対象期間中の特に業務が繁忙な期間）についてのみ「1週間に1日の休日が確保できる日数とする」 労基則12条の4第3項〜5項 。

■ 労働日数の限度

対象期間における労働日数の限度

3か月以内……………………313日（週休制による休日日数の確保）

3か月以上1年未満…………280日×変形期間中の日数÷365日

③ 1年単位の変形労働時間制度と時間外労働

1年単位の変形労働時間制の時間外労働は、①1日について、8時間を超える労働時間を定めた日はその時間を、それ以外の日は8時間を超えて労働させた時間、②1週間について、40時間を超える労働時間を定めた週はその時間を、それ以外の週は40時間を超えた時間（但し、①で時間外労働になる時間を除く）、③変形期間について、変形期間における法定労働時間の総枠を超えた時間（但し、①②で時間外労働になる時間を除く）が時間外労働となる。

> **3か月以内の場合も3か月を超える場合も共通した限度**
> 〈 労働時間の限度 〉
> 1日 10時間、1週 52時間
> 連続労働日数：最長6日

4 1週間単位の非定型的変形労働時間制

この制度は、1か月あるいは1年単位の変形労働時間制とは異なり、あらかじめ労働日と労働時間を特定することが困難な業務（非定型的）での変形労働時間制である。ただし、全く使用者の自由に変形できるのであれば、労働者の労働生活が不安定になりすぎる。そこで労使協定で特定しないものの、前の週末までに翌週の各日の労働時間を書面で通知することとした 労基則12条の5第3項 。

日ごとの業務に繁閑の差が著しく生じ、これを予測してあらかじめ就業規則などで各日の労働時間を特定することが困難な小売業、旅館、料理店および飲食店の小規模事業（30人未満）の変形制である。

1週間単位の非定型的変形労働時間制は、この変形制も労使協定の締結を必要とするが、協定内容は、週の所定労働時間を定めたうえ、この制度をとることを明らかにすればよい。

この通知義務違反には、罰則が科されている 労基法120条1号 。なお、使用者は1週間の各日の労働時間を定めるにあたって、労働者の意思を尊重する努力義務が課されている 労基則12条の5第5項 。この場合1日10時間を上限としている 労基法32条の5第1項 。また、週40時間の範囲内で所定労働時間を配置することが求められる。変形制を採用することによって労働時間短縮を期待したのである。したがって、特例事業であっても、この制度を採用する場合には、週40時間の範囲内で労働時間を配置することが求められる 労基則25条の2第4項 。

なお、当該制度の下で労働させるには、使用者は就業規則等にそ

第3編 労働条件論

の旨の定めを設けておくことが必要である。また、この労使協定は行政官庁に届け出なければならない 労基法32条の5第3項 。

■ 変形制度の一覧

	1か月単位変形制	1年単位変形制	1週間単位変形制
変形期間	1か月以内	1か月を超え1年以内	1週間
対象事業	制限なし	制限なし	労働者30人未満の小売業、旅館、料理店および飲食店の事業
採用の条件	労使協定締結（届出義務あり）または就業規則の定め	労使協定締結（届出義務あり）	労使協定締結（届出義務あり）
週平均労働時間	40時間以下（特例時間適用事業場については44時間以下）	40時間以下（特例時間適用事業場でも同じ）	40時間以下（特例時間適用事業場でも同じ）
労働時間変形の限度	制限なし（例外：労基法60条3項）	1日10時間・1週52時間（例外：同左）	1日10時間
労働日・労働時間の特定等	労使協定または就業規則による事前の特定	労使協定による事前の特定※	1週間ごとの、当該1週間開始前の書面による労働者への通知※※
連続労働日数	制限なし	原則6日（労使協定で定める特定期間については12日）	制限なし

※対象期間を1か月以上の期間に区分するときは、最初の期間を除く期間の労働日および各労働日の労働時間は、当該期間開始の30日前までに過半数または過半数代表者の同意を得て特定できる。
※※緊急でやむをえない事由がある場合には、前日までに書面により労働者に通知することにより、あらかじめ通知した労働時間を変更することができる。

4 フレックスタイム制

　フレックスタイム制は、労基法が定める柔軟な労働時間制のひとつである。フレックスタイム制は、1か月以内の一定の単位となる期間（清算期間）のなかで、その期間の総労働時間のすべてを勤務することを条件に、労働者がその範囲内で各日の始業・終業時刻を自由に決める制度である 労基法32条の3 。フレックスタイム制は、変形労働時間制が就業規則もしくは労使協定などの使用者の意思が反映した労働時間の決定と異なる。この制度は、広くヨーロッパで普及し、労働者が自らの生活と仕事との調和（ワークライフバランス）をはかりつつ、効率的に働くことができるメリットがあり、企業利益にも合致する。

　わが国で1987年の労基法改正で導入されたフレキシブルタイム制導入以前には、時差出勤と呼ばれる制度があった。出勤時刻に関して1時間程度幅を設け、その範囲で出勤した時刻に対応して退勤時刻も決まる制度である。たとえば、保育園に子どもを送り迎えするうえで都合がよいこと、ラッシュアワー時の通勤が「痛勤」と呼ばれるようなところで通勤対策などの意味ももった。

　確かに、時差出勤制度は、労働者が出勤時刻を決められるとはいえ、退勤時刻は所定労働時間によって自動的に決まるのであって、労働者が決めるわけではない。この点から、出勤時刻（始業時刻）

と退勤時刻（終業時刻）を労働者に委ねる（労働者が自由に決定する）フレックスタイム制とは異なる。

フレックスタイム制は、始業・終業時刻を労働者に委ねることによって、1日の労働時間が結果的に労働者の決定に委ねられることになるが、清算期間中の働くべき労働時間は決まっているので、労働者が労働時間自体を自由にできるわけではない。フレックスタイム制は、決まっている労働時間をどう配分するかが、始業・終業時刻を自由に決める結果として、労働者の自由になるといえる。

もっとも、使用者としては、フレックスタイム制で勤務する労働者が会議などで一定時間は全員に勤務して欲しいと思うこともある。このように全員の勤務を義務づける時間帯をコアタイムといい、これを含むフレックスタイム制が最も典型的である。

■ フレックスタイム制の例

① 制度概要

フレックスタイム制を採用するには2つの要件が必要とされる。

第1に、使用者は、就業規則その他これに準ずるものにより、労働者に係わる始業および終業の時刻をその労働者の決定に委ねる旨を定めることが必要である。これは、労働者の自由意思で始業・終業時刻を自由に選択できることの担保の意味をもつ。

第2に、以下の事項を定めた（労基法上の）労使協定を締結することが必要である（届出は不要）。

労使協定の記載事項は、①対象となる労働者の範囲、②1か月以内の清算期間（この場合、就業規則等または協定において期間の起算日を明らかにしなければならない。 労基則12条の2 ）、③清算期間中の総所定労働時間（清算期間を平均して1週間の所定労働時間が週の法定労働時間を超えないよう定める）、④標準となる1日の労働時間の長さ（年休取得の際に支払われる賃金の算定基礎等となる労働時間の長さ）、⑤コアタイムを設ける場合にはそれらの開始、終了の時刻、⑥フレキシブルタイムに制限を定める場合には、その時間帯の始業および終了の時刻（④から⑥は、 労基則12条の3 ）などである。

以上の要件を充足すれば、1か月以内を平均して1週間あたりの労働時間が法定労働時間を超えない範囲内であれば、ある週またはある日に、法定労働時間を超える労働をさせることができる。

フレックスタイム制の効果は、労働者が、通常、出退勤時刻を本

> **フレックスタイム制「清算期間」の見直し**
> 2019年4月より、フレックスタイム制の「清算期間」の上限を1か月から3か月に延長できることとなった。この延長案は時間の貸借り問題ばかりではなく、時間外・休日労働協定や時間外割増にも影響する。法定労働時間の原則にも関わる大問題である。

第**3**編 労働条件論

人の意思で自由に選択しうる時間帯（フレキシブルタイム）が定められ、また全員が必ず勤務しなければならない時間帯（コアタイム）の定めがあれば、その時間帯は必ず就業しなければならない。この制度の下では、労働時間の規制は、1か月以内の清算期間単位で行われるから、1日あるいは1週につき法定労働時間を超える労働をしたとしても労基法違反にならず、労働時間が清算期間における法定労働時間を超えた場合には時間外労働となりとなる。したがって、三六協定の締結届出や割増賃金の支払が必要にある。

なお、始業・終業の一方のみを労働者に委ねたり、コアタイムが長くてフレキシブルタイムの時間帯が極端に短い場合は、フレキシブルタイムと認められない。

②フレックスタイム制の法的問題

（a）フレックスタイム制と業務命令

急な仕事や会議が入った場合、使用者が業務命令を発して出・退勤の時間を指定するのはフレックスタイム制の趣旨を踏みにじるもので基本的は許されない。ただし、非常災害の場合を考えると例外を一切認めないのも不自然である。例外事由を限定かつ明確にして、それを労使協定に定め就業規則にも同様の規定を設けることは許されよう。

（b）過不足となった労働時間の清算

何らかの理由で労働時間に過不足が生じる場合、労働時間の貸借は許されるか。労働時間の貸借とは、清算期間満了時になって実労働時間が清算期間における総労働時間を超える労働をした場合、超えた労働時間分を貸時間として、次の清算期間に回し、次の清算期間は総労働時間を下回る労働時間しか働かないという方法である。あるいは逆に、清算期間における総労働時間に不足する時間を借時間として次の清算期間に繰越し、次の清算期間では総労働時間にかかる繰越分を加えた労働時間働いて「借り」を返すという方法である。

Q&A

Q．清算期間中（1か月の場合）の総労働時間
A．40時間（週法定時間）× 清算期間の日数÷7（1週間の日数）≒171h

5 労働時間の計算

労基法は、労働時間に関する計算を、実労働時間により行うのが原則である。

近年の技術革新の進展やサービス経済化などにともない、業務の遂行の手段および労働時間配分の決定を労働者本人の裁量にゆだね、使用者は具体的な指揮監督を行わず、その報酬を労働の量よりも質ないし成果によって決定する業務が増加した。

また、非典型雇用には複数の会社を掛け持ちする労働者もいる。労働時間が第一義的には、個々の労働者の労働の量を意味するところから、具体的にその時間をどのように計算するのかが問題となる。

こうした労働時間の計算について、労基法は詳細な規定を設けている。以下、事業場間の通算、労働時間のみなし制（（ア）事業場

第2章 労働時間

外労働、（イ）裁量労働）にわけて考えてみる。

1 労働時間の通算制、坑内労働

　労働者が2つ以上の異なった事業場で勤務する場合、労働時間は、そのすべての時間を通算して計算される 労基法38条1項 。この通算の定めは、同一事業主の2つ以上の事業場での労働のみならず、別の事業主の事業場での労働の場合にも適用される（昭23·5·14基収769）。この点、使用者が、労働者による兼職の事実を知らないまま法定労働時間を超えて労働させた場合、割増賃金の支払いを義務づけることは不公平であり不適切との見解がある。しかし、労働時間規制はもっぱら労働者個人の側からみることが法目的であるから、必ずしも不適切とはいえない。

　坑内労働について労基法は、労働者が坑口に入った時刻から坑口を出た時刻までの時間を休憩時間も含めて労働時間とみなし 38条2項 、いわゆる拘束8時間制を採用している。なお、坑内労働の休憩時間については、一斉休憩の原則および自由利用の原則が適用されないことになっている 同項但書 。

2 労働時間のみなし制

　労基法は実労働時間による労働時間の算定の例外として、実際に何時間労働したかにかかわらず、一定時間労働したものと「みなす」という制度を設けている。もっともみなし時間が法定労働時間を超える場合に、時間外労働に関する法規制は及ぶし、みなし時間が法定労働時間内であったとしても休憩や休日労働・深夜労働に関する法規制はなお適用される。

（ア）事業場外労働のみなし制

　事業場の外で働く労働者の労働時間の算定は容易ではない。事業場外労働のみなしは、機器の保持修理をする顧客サービス業務に勤務する労働者、営業や取材などといった事業場外で労働時間の全部または一部について業務に従事する場合、使用者の直接の指揮監督から離れるため労働時間の把握・算定が困難な場合に、「所定労働時間を労働したものとみなす」制度である 労基法38条の2 。

　その業務を遂行するために、通常所定労働時間を超えて労働することが必要となる場合には、その業務の遂行に通常必要とされる時間労働したものとみなされる 同条1項但書 。そして、この場合に労使協定を締結したときは、協定で定めた時間を当該業務の遂行に通常必要とされる時間とみなす 同条2項 。なお、この労使協定は行政官庁に届け出なければならない 同条3項 。

　事業場外労働のみなし制の対象は、常態であれ臨時であれ事業場外で業務に従事していることが必要であるとともに、これら事業場外労働のうち、労働時間を算定することが困難でなければならない。したがって、いくら事業場外で業務に従事する場合でも、何らかの

第**3**編 労働条件論

Column コラム

形で使用者の指揮監督が及んでいる場合には、時間の算定が可能であるから、みなし労働時間制の適用はない。

事業場外みなし制が適用されない例

解釈例規では、①何人かのグループで事業場外労働に従事する場合で、そのメンバーのなかに労働時間の管理をする者がいる場合、②事業場外で業務に従事する人が、無線やポケットベル等によって随時使用者の指示を受けながら労働している場合、③事業場において、訪問先、帰社時刻等当日の業務の具体的指示を受けたのち、事業場外で指示どおりに業務に従事し、その後事業場にもどる場合などは、使用者の指揮監督が及んでいるのでみなし労働時間制の適用はないとしている（昭63・1・1基発1）。

最高裁判例では、海外ツアー添乗の勤務が①携帯電話で上司の指示を24時間受けることができる状態であること、②添乗日報をつけて報告し指示を受けて業務に従事していたことなどにより、指揮監督が及んでおり、事業外みなし制が適用されないとした例がある（阪急トラベルサポート（派遣添乗員・第2）事件＝最2小判平26・1・24労判1088号5頁）。

Q&A

Q．事業場で5時間、B事業場で4時間働いた場合の時間外労働

A．5h（A事業場）＋4h（B事業場）＝9h、労働時間の通算の結果、B事業場における最後の1時間が法定時間を超えた時間外労働となる。時間外割増は、当該事業での労働の前に労働していることを知ることができそれを承知で労働させるB事業場が、原則負担する。

（イ）専門業務型裁量労働制

専門的業務であることの性質上、業務遂行の方法をその業務に従事する労働者本人の裁量に委ねたほうが適切かつ効率的な業務運営が期待できる。こうした観点から労基法は，専門業務型裁量労働制を新設した。

研究開発や放送プロデューサーのように高度に知的な専門業務に従事する労働者の労働時間の算定については、労使協定で裁量労働に該当する業務を定め、当該業務の遂行に必要とされる時間を定めると、当該業務に従事した労働者は、当該労使協定で定めた時間だけ労働したものとみなされる 労基法38条の3第1項 。

専門的裁量労働に従事する労働者について、労働時間算定制度といいながら実労働時間にかかわりなく、みなされた労働時間に見合う賃金が支払われることになる。その結果、労働の質ないし成果で報酬を定めうることとなった。

なお、裁量労働の労使協定は、当該業務の遂行に必要とされる時間が一般的に時と共に変化することが予定されるところから、一定の期間ごとに協定内容を見直す必要があるとして、労働協約の形式を満たす場合を除いて、有効期間の定めをすることが必要とされている 労基則24条の2の2第3項 。この協定も行政官庁への届出を要する 労基法38条の3第2項38条の2第3項 。

ところで、専門業務型裁量労働のみなし制といっても、何が専門業務かを使用者の判断に委ねると、専門業務とはいえない業務に適用され長時間労働の実態が放置され法定労働時間制度が形骸化するおそれがある。

1987年労基法改正のとき裁量労働の対象となる業務を通達（昭63・1・1基発1）によって具体的に例示された。その後、1997年の週40時間制の完全実施にともない、対象業務が拡大され、告示で明示された。現在は別掲のとおりである。

みなし時間制が濫用によって長時間とならないように、当該労使協定には、①対象業務、②みなし時間の長さ、③対象業務の遂行手

174

段および時間配分の決定等に関し、使用者が具体的な指示をしない趣旨、④苦情処理をする旨の記載事項を定めなければならない。

（ウ）企画業務型裁量労働制

　企画業務型裁量労働制は、事業運営上の重要な決定が行われる企業の本社等の中枢部門において、企画、立案、調査および分析を行う事務系労働者であって、業務の効率的な運営やその効果を期待して業務の遂行手段や時間配分を労働者自らの裁量に委ねることとして設けられた 労基法38条の4 。

> **企画業務型裁量労働制「対象業務」の追加**
> 2017年働き方改革関連法案要綱では、企画業務型裁量労働制の対象業務に「課題解決型提案営業」と「裁量的にPDCA（plan〔計画〕→ do〔実行〕→ check〔評価〕→ action〔改善〕）を回す業務」を追加する提案がなされている。

■ 裁量労働制の概略

要件	専門業務型裁量労働制	企画業務型裁量労働制
対象業務	業務の性質上その遂行の方法を大幅に労働者の裁量にゆだねる必要があるため当該業務の遂行の手段および時間配分の決定等に関し具体的な指示をすることが困難なものとして命令で定める業務：①研究開発、②情報処理システムの分析・設計、③取材・編集、④デザイナー、⑤プロデューサー・ディレクター、⑥その他厚生労働大臣の指定する業務（コピーライター、情報処理システムエンジニア、インテリアコーディネーター、ゲーム用ソフトの創作、証券アナリスト、金融商品開発、大学における教授研究（主として研究する業務に限る）、公認会計士、弁護士、建築士、不動産鑑定士、弁理士、税理士、中小企業診断士）	事業の運営に関する事項についての企画、立案、調査および分析の業務であって、当該業務の性質上これを適切に遂行するにはその遂行の方法を大幅に労働者の裁量にゆだねる必要があるため、当該業務の遂行の手段および時間配分の決定等に関し使用者が具体的な指示をしないこととする業務
対象労働者	常態として対象業務に従事する労働者	常態として対象業務に従事し、対象業務を適切に遂行するための知識、経験等を有する労働者
採用条件	労使協定の締結（届出義務あり）	労使委員会における委員の5分の4以上の多数による決議とその届
決議・協定事項	①対象業務の特定 ②みなし労働時間数 ③対象業務の遂行の手段および時間配分の決定等に関し、当該業務に従事する労働者に対し具体的な指示をしないこと ④労働者の健康および福祉を確保するための措置とその使用者による実施 ⑤労働者からの苦情の処理に関する措置とその使用者による実施 ⑥命令で定める事項 i）協定の有効期間の定め ii）⑤・⑥の措置として講じた措置に関する記録の保存	①対象業務の範囲 ②対象労働者の範囲 ③みなし労働時間数 ④当該労働者の健康および福祉を確保するための措置と使用者によるその実施 ⑤対象業務に従事する労働者からの苦情の処理に関する措置と使用者によるその実施 ⑥制度の適用についての労働者の同意および同意しない労働者に対する不利益取扱いの禁止 ⑦命令で定める事項 i）決議の有効期間の定め ii）④・⑤の措置として講じた措置および⑥の同意に関する記録の保存

第3編 労働条件論

■ 企画業務型裁量労働制導入の手順

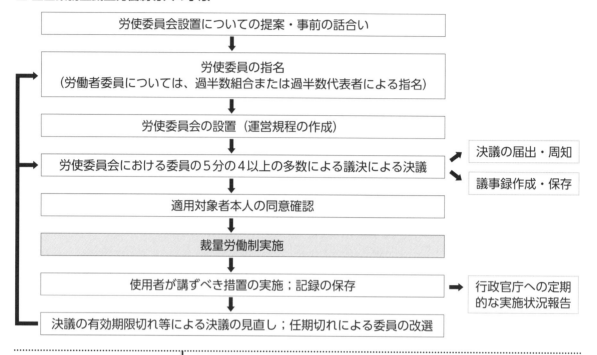

コラム

高度プロフェッショナル制度

働き方関連法により2019年4月に施行された「高度プロフェッショナル制度」とは、高度の専門的知識等を必要とし、その性質上従事した時間と従事して得た成果との関連性が通常高くないと認められる業務に従事する労働者を労働時間の規制の対象から外す新たな仕組みである。

高度プロフェッショナル制度の対象労働者には、労基法の第4章の労働時間、休憩、休日、深夜の割増賃金に関する規制が適用されないが、年次有給休暇については適用される。

導入に当たっては、前述の企画業務型裁量労働制と同様に労使委員会の設置、決議、届出、本人同意等が必要である。

高度プロフェッショナル制度は、対象労働者の健康確保措置として、年間104日以上、4週4日以上の休日の確保が義務付けられ、選択的健康確保措置として①勤務間インターバルの確保と深夜労働の回数制限）、②健康管理時間の上限措置（週40時間を超える健康管理時間数は1か月あたり100時間及び3か月当たり240時間）、③1年間に1回以上の2週間連続ないし1週間連続×2回の休日、④健康管理時間について、週40時間を超える部分が1か月あたり80時間を超え、労働者の申出がある場合の臨時の健康診断の実施のいずれかの措置）のいずれかを講じなければならない。

このほか、健康管理時間の状況に応じた健康確保措置として、代償休日又は特別な休暇の付与、心と体の相談窓口の設置、配置転換、産業医の助言指導に基づく保健指導、医師による面接指導のいずれかの措置を決議において定めなければならない。

対象業務は労基則で限定列挙され、①金融工学の知識を用いて行う金融商品の開発業務、②金融商品のディーリング業務（資産運用会社等におけるファンドマネージャー、トレーダーの業務、証券会社等におけるディーラーの業務）、③アナリストの業務（企業・市場等の高度な分析業務）、④コンサルタントの業務（顧客の事業の運営に関する重要な事項についての調査又は分析及びこれに基づく当該事項に関する考案又は助言の業務）、⑤研究開発業務（新たな技術、商品または役務の研究開発に係る業務）となっている。

適用に当たっては、使用者との合意に基づき職務が明確に定められ、①業務の種類、②責任の程度（職位等）、

③求められる水準（成果）について書面を作成し、労働者が署名することが必要である（職務明確性）。その際、使用者から確実に支払われると見込まれる賃金額が1,075万円以上でなければならない。いったん同意した場合でも、労働者は同意を撤回することができる（41条の2第1項第7号）。

■ 参考文献

『講座21世紀の労働法〔第5巻〕』（有斐閣、2000年）の諸論文

島田陽一 「労働時間の法政策」土田道夫・山川隆一編『労働法の争点』（ジュリスト増刊・新・法律学の争点シリーズ7、2014年）

熊沢誠 　『リストラとワークシェアリング』（岩波新書、2003年）

第3章 休暇制度

　年次有給休暇（年休）は、労働者のより人間らしい生活を実現するために、憲法27条2項の休息権を受けて労基法で創設された。年休は、労働者に毎1年単位で、しかも賃金支払いを受けつつ、労働義務が免除され休暇をとる制度である。現行法上の休暇には、年休以外に、産前産後休暇（労基法65条）・生理休暇（労基法68条）・育児時間（労基法67条）・子どもの看護休暇（育介休業法16条の2）・介護休暇（育介休業法11条以下）など休む制度があるが、これらは有給の保障がなく、休む時間が増加すれば、賃金の減少をもたらす。

　他方、労働法上は病気休暇制度が保障されていないため、病気になったとき、年休で処理するケースも多い。また上司の対応や要員の不足などで休暇をとりにくい場合もある。こうした事情から、わが国では年休の取得率は低い。

　この章では、労基法の年次有給休暇について理解を深める。使用者の許可がないと年休は取れないのか、忙しいときはどうかなど基本的なことについて考える。

1 年次有給休暇

特別休暇
年次有給休暇と異なり、特定の事由が生じたときにそれを理由にして認められる休暇である。就業規則に基づき特別に付与される休暇である。私傷病休暇、結婚休暇などである。

休業
一般に休暇のなかで労働者が連続して取得する法定休業（例えば育児・介護休業）。

休職
使用者は、一般に、労働者との労働契約を存続させ、一定期間、その労働者に対して就労を免除し、または禁止することをいう。雇用関係は、継続的な長期（定年制を設けている企業など）の勤務を続ける場合、病気や負傷による入院・治療であったり、他企業に出向を命じられたり、海外留学や公職への就任などさまざまな事由が契機となる。

Q．時間休暇は認められるか。
A．2008年労基法改正（2010年4月1日施行）によって、労使協定を締結すれば1年5日を限度に1日をさらに分割して時間単位で取れるようになった（本文後述）。

1 年休の趣旨

　年次有給休暇は、一般に「有休」もしくは「年休」と呼ばれる。年休は、憲法27条の労働権保障の一環、余暇権の保障であり、使用者が労働者に与えるものではなく、労働者の権利である。使用者は、年休権を尊重するとともに、労働者が気兼ねすることなく自由に使える労働環境の整備をすることも求められている。

　わが国の年休制度は、時間短縮の要請など時代状況の変化のなかで変遷してきた。すなわち、1987年の労基法改正は、時間短縮の目的に沿って年休の取得日数を6日から10日に増加させ年休を取りやすいように計画年休制度が導入された。また、1993年改正は、年休権の成立要件のうち、従来の「1年間継続勤務」を「6か月間継続勤務」に短縮し、国際基準に近づける措置を講じ、さらに、1998年改正では、勤続年数の長さに応じた付与日数の増加の度合いを高める逓増方式を、より一層労働者に有利に手直しした 労基法39条2項 。

　ヨーロッパ諸国では早くからバカンスの習慣の制度化が実現されてきており、ILOでも、1936年に、わが国労基法が参考にした「年次有給休暇に関する条約」52号条約 が採択され、戦後の1970年にはその改正条約132号条約が採択された。同条約では、6か月継続勤務の者につき3労働週の休暇日数とし、そのうち少なくとも2労働週は一括付与すべきことを定めている。昨今のヨーロッパ諸国では、年休期間は4週間から6週間であり、年休手当も先払いになっている。

　わが国の年休制度の特徴は、休暇を分割（細分化）して取ることが可能である。すでに述べたように国際労働基準は分割できない最低付与日数がある。ある程度まとまった日数を休むことが年休本来の趣旨だからである。わが国もそろそろ長時間労働の解消策としてではなく休暇本来の趣旨に則って年休制度を再構築してはいかがであろうか。

2 年休権の法的性質と年休日数（最低付与日数）

①年休権の法的性質

年休権の法的性質については、過去には、年休権と年休行使とを一緒に捉え、①労働者による請求と使用者の給付行為を待って実現すると捉える見解（請求権説）、②労働者が休暇時季を決定して使用者に表明することで就業からの解放という効果を発生させるとする見解（形成権説）などが主張された。

今日では、以下に述べる3・2判決と呼ばれる最高裁判例によって形成された法理が支持されているといえよう。すなわち、労基法39条の要件を充足すれば労働者の積極的な行為がなくとも年休権は発生し、その発生した年休を具体的に特定する点について労働者の時季指定・使用者の時季変更によって決まるとする、権利の発生とその行使と分けて考える「二分説」とよばれる見解である（全林野白石営林署事件＝最2小判昭48・3・2民集27巻2号191頁、国鉄郡山工場事件＝最2小判昭48・3・2民集27巻2号210頁）。

なお、上記判例法理は、労働者の時季指定をもって、年休が成立することよりその時季指定の効果は形成的であるといえる。

Q. 労基法で定められた年休を上回る日数の年休はあるか。

A. 年休には、労基法の定める法定年休と、就業規則などの定めにより労基法を上回る日数の年休とがある。後者を法定外年休という。法定外年休に、私傷病休暇、リフレッシュ休暇などの事由を限定して付与する休暇（特別休暇）を含める場合もある。このような場合、各々の成立要件・法的効果などは就業規則などの労使の取り決めに依拠することになる。しかし、就業規則上、法定外年休を法定年休と区別せずに法定年休に上乗せされているときには、労基法に定める最低付与日数を超えた日数で年次有給休暇を定めたと考えられ、両者を同様に取り扱う趣旨であると解釈される（エス・ウント・エー事件＝最3小判平4・2・18労判609号12頁）。

判例 Case Study

年休権の法的性質—全林野白石営林署事件＝最2小判昭48・3・2民集27巻2号191頁

職員Xは、昭和33年12月9日に同月の10日と11日の年休を指定した。Xは、全林野の拠点闘争に参加したが、営林署（国-Y）はその不就労を欠勤として扱い、賃金カットした。

最高裁は、年次有給休暇は労働者の余暇を拡充し、人間らしい生活を保障するための労基法上の権利であるから、年休権は労基法39条1項・2項の要件を充足すれば法律上当然に生ずるものであって、労働者の請求をまって初めて生ずるものではなく、また同条3項（現在は5項）にいう「請求」とは、休暇の時季にのみかかる文言であって、休暇の時季の指定を意味するにすぎない。したがって、労働者が休暇を特定して時季を指定すれば、使用者が時季変更権を行使しない限り年次有給休暇が成立すると判示した。

②年休権の発生要件

使用者は、①「6か月間継続勤務」と②「全労働日の8割以上出勤」をみたした労働者に対して、所定日数の年休を、「業務の正常な運用を妨げる場合」でない限り、労働者の「請求する時季」に与えなければならない、と定めている 労基法39条1.2.3.5項 。この年休時季を労働者主導で決められることになっている点 同条5項 は、わが国法制度の特徴である。この規定に違反した場合には罰則が科される（ 119条1号 参照）。

(a) 6か月およびそれ以降1年単位の継続勤務

第1の要件は、使用者が労働者を雇い入れの日（就労開始日）から起算して6か月間継続勤務することである。それ以降は1年ごとを単位として所定日数分の年休権が発生する。

ここでいう継続勤務とは、「形式的に労働者としての身分や労働契約の期間が継続しているかどうかによって」決定すべきではなく、実

Q．入社時期がばらばらな労働者を統一して取り扱うことは可能であるか。

A．6か月の継続勤務の起算点は、個々の労働者の雇入時であるが、年休付与の実務上の煩雑さを回避するため、4月から起算するとすることも可能である。ただし、この場合、労働者の不利益にならないように取扱う必要がある。例えば、7月1日に雇入れた労働者につき、起算点を4月1日採用者と同一として良いが、4月から6月を継続勤務した者として取り扱うことになる。

また、入社4月から最低付与日数10日を与えることは可能であるが、入社半年は5日を認めるが半年以降に残りの5日が発生するとの取扱いは、入社半年に5日年休を認めることについては労基法の最低基準を上回る取扱いになるから労基法上容認されるが、半年以降の最低付与日数10日を行使できないため問題がある。

質的に労働者としての勤務関係が継続しているか否かにより決すべきものとされている（東京芝浦食肉事業公社事件＝東京地判平2・9・25労判569号28頁）。具体的には、定年後に嘱託に変わるような場合、臨時工から本工に変わる場合、契約更新によって6か月以上勤務することになった場合でも継続勤務となる。

(b) 全労働日の8割以上出勤

第2の要件は、労働者が6か月間の全労働日の8割以上を出勤することである。継続勤務6か月以降に8割以上の出勤率が達成できない年については年休権が発生しない。したがって、6か月経過日からの1年間に8割以上の出勤率が達成できなければ、年休権発生の要件としての「全労働日の8割以上出勤」が達成されないので、翌年の年休日数は0となるが、その翌年、1年6か月経過日から2年6か月までの1年間に8割以上の出勤率を達成すれば、その翌年の年休日数は12日となる。加算要件ではないからである。

全労働日とは、「1年の総暦日数のうち労働者が、労働契約上労働義務を課せられている日数をいう」（エス・ウント・エー事件＝最3小判平4・2・18労判609号12頁）。

年休行使日はもとより、業務上災害や育介休業、産前産後休業も出勤日として扱う 労基法39条8項 。また、正当な争議行為による不就労日は、労基法上の権利ではないものの争議権行使であるから労働日として扱い、かつ出勤日として取扱うべきである。しかし、行政解釈は、欠勤しているのであるから出勤日として取り扱わないとすることもやむを得ないとして、欠勤日として取り扱うことをやむを得ないとしつつも、争議権行使に対する不利益取扱いも容認されないとして「労働日」にも含まれないとする（昭63・3・14基発150など）。使用者の責に帰すべき事由による休業の日についても同様である（昭33・2・13基発90、昭63・3・14基発150）。

使用者の責に帰すべき事由にあたらないその他の休業や慶弔休暇については、これが「労働日」に含まれるかどうかは微妙であるが、学説はこの場合も「労働日」に含まれないとする見解が多い。

また、労働者の責に帰すことのできない不就労日を出勤扱いとするとした最高裁判例（八千代交通事件＝最1小判平25・6・6労判1075号21頁）が示され、行政解釈もそのように変更した（平25・7・10基発0710003号）。この事件は、タクシー乗務員に対する解雇が無効となり職場復帰した乗務員が年休申請したことについて、使用者がこの解雇紛争期間中の不就労日（解雇は正当であるとして従業員とは認めなかったため）を出勤扱いとせず、したがって年休権が発生していないとして、年休として認めなかったため、労働者が年休であることの確認等を求めた事案である。

判例 Case Study

「継続勤務」に関する判例

有期契約の更新の場合には、「同一使用人の下で多数回に分けて雇用契約が締結され、当該雇用契約に基づき労働者が勤務しているような場合においては、継続勤務か否かについては、当該雇用契約の期間が形式的に継続しているか否かを判断するのではなく、労働者の心身の疲労を回復させ、労働力の維持培養を図るという年次有給休暇の制度趣旨を踏まえ、勤務の実態、当該雇用契約の期間、各雇用契約毎に契約終了させて、新たに雇用契約を締結する形態をとる理由、雇用契約と次に締結される雇用契約との間隔、雇用契約締結の際の採用手続及び有給休暇が付与されている他の労働者との均衡等を総合して、雇用関係が継続しているか否かを実質的に判断すべきである」(日本中央競馬会事件＝東京高判平11・9・30労判780号80頁)。

そして、この事件では、競馬の開催ごとに雇用契約が締結される業務に従事しており、夏期には1か月以上契約が締結されないことがあったものの、勤務の継続性が認められた。1年契約が毎年更新され、中断することなく雇用されている場合には、期間の定めのない契約に転化したとみられないとしても、労基法39条の適用上は継続勤務とされる (国際協力事業団事件＝東京地判平9・12・1労判729号26頁)。

③ 最低付与日数

年休の最低付与日数は、6か月継続勤務すれば10労働日、それ以降は継続勤続1年経過ごとに1日ずつ追加付与し、3年6か月経過後は1年に2日ずつを加えて、20日を上限とする 労基法39条1.2項 。

■ 年休の法定付与日数

勤続日数	6か月	1年6か月	2年6か月	3年6か月	4年6か月	5年6か月	6年6か月以上
付与日数	10日	11日	12日	14日	16日	18日	20日

※なお、パートタイム労働者であっても週の所定労働日数が5日以上または週の所定労働時間が30時間以上の労働者にはこの日数が適用される。

④ パート労働者の年休の比例付与

週の労働日数が通常の労働者(いわゆる正規従業員)よりも少ないパートタイム労働者の年休の取扱いについては、1年間継続勤務し、かつ所定労働日数が週5日以上である者については通常の労働者と同一に取り扱うこと、また、週4日以下の者についても同様の取扱いをすることが望ましい(「パートタイム労働対策要綱」昭59・12・3発基97)との行政指導が行われてきた。しかし、こうした取扱いは、公平の原則からみて納得しがたい点もあり、解釈論上問題のあるところであった。

そこで、1987年労基法改正で所定労働日数が正規従業員と比べて少ないパートタイム労働者には、正規従業員の1週間の所定労働日数と比例した日数の年休を付与する方式が設けられた 。これが比例付与方式である。この方式による付与日数は、その後週40時間制への移行に伴い、1993年の労基法改正で引上げられた。具体的には、労基則24条の3で以下のように定めている。

すなわち、所定労働時間ないし日数が短いパートタイム労働者(週当たりの労働が30時間未満)の年休について、所定労働日数が週

Q&A

Q. 週5日勤務で1日3時間のパート労働者の最低付与日数は何日か。

A. 週5日勤務は週当たりの労働日数が通常労働者とほぼ同じであるから、比例付与の対象から外れて通常の労働者と同じ日数となる。労働時間の少ない労働者を優遇するもので不公平であるかというと、そうではない。同じ年休日数が付与される程度の労働日を働いているからであり、年休手当の額が異なるからである。パート労働者は1日の労働時間に見合う手当しか受け取れず、通常の労働者と年休手当額で按分されることになる。

4日以下または年216日以下の者は、通常の労働者の所定労働日数に比例した年休日数となる。また、所定労働日数が週4日ないし年216日を超える者または週4日以下でも所定労働日数が週30時間以上の者は、通常の労働者と同じ年休日数となる（たとえば、1日8時間×4日）。

■ 年休の比例付与の日数（法定日数）　所定労働日数の少ない労働者（パート）

週所定労働日数	1年間の所定労働日数	勤続年数						
		6か月	1年6か月	2年6か月	3年6か月	4年6か月	5年6か月	6年6か月以上
4日	169日〜216日	7日	8日	9日	10日	12日	13日	15日
3日	121日〜168日	5日	6日	6日	8日	9日	10日	11日
2日	73日〜120日	3日	4日	4日	5日	6日	6日	7日
1日	48日〜72日	1日	2日	2日	2日	3日	3日	3日

※週の所定労働時間が30時間未満の労働者

⑤年休権の法的効果

年休権を取得した労働者は、時季指定あるいは計画年休により特定した年休日を休むことで、就労義務の消滅や年休手当請求権を有することになる。使用者は労働者の年休権行使を妨害しない不作為義務を負うとともに、労働者配置に関して労働者が希望する時季（時期）に休めるよう状況に応じた配慮をする義務（弘前電報電話局事件＝最2小判昭62・7・10労判499号19頁）を負う。さらに、年休を取って休んだ時期の年休手当支払い義務を負う。

労基法39条違反には6か月以下の懲役または30万円以下の罰金が処せられる 労基法119条 。年休手当を支払わない場合は、手当とともに付加金の支払いをも命じられる 同法114条 。

⑥年休の分割付与

わが国年休制度の特徴を端的に示すものに年休の分割付与がある。わが国にはバカンスという長期休暇の慣習がなく、またそうした背景から私傷病の場合に使われる特別休暇制度も整備されていないなかで、年休は休息権 憲法27条2項 の具体化として法制度化された。こうした背景のもと、年休の分割は条文化されているように 労基法39条1項 、分割自体は余り問題とならず、最小分割単位が問題とされた。

当初は、年休が年次でかつ有給であることを考えて、休日（無給であっても労基法に反しない）より下回ることは適当ではないと考えられ、1日を最小単位とすることと解されてきた（昭24・7・7基収1428）。

ただ、労働者が半日休暇を求めた場合、使用者が任意に応じることは違法ではないと考えられた。労使慣行として確立しているような場合は、使用者は受け入れる義務があると述べた裁判例もある（学校法人高宮学園事件＝東京地判平7・6・19労判678号18頁）。

さらに、時間単位の分割さえ認められるようになってしまった。す

第3章 休暇制度

なわち、長時間労働の抑制と年休消化率アップの観点から、労使協定の締結と1年のうち5日を限度に労働者の選択を条件にして、所定労働時間をもとに、時間単位での取得が、2010年4月施行の労基法改正によって認められた 労基法39条4項 。

2 年休時季の特定

確定した年休権は、次に年休行使の時季が特定され休むことによって実現する。この時季の特定方法に労基法は、2つの方式を定めている。第1の方式は、労働者が、年休の時季を指定し使用者が時季変更権を行使しない限り労働者の時季指定によって決まるとする方式で、これが原則である。第2の方式は、使用者が、労使協定を締結して年休の計画付与を行うことである。計画年休の場合、年休日数のうち少なくとも5日は、第1の方式のために残さなければならない。

1 時季指定権・休暇中の賃金

①時季指定、時季変更

年休の具体化は労働者の時季指定から始まる 労基法39条5項 。

年休は、時季指定によって、使用者による年休実現のための積極的行為や承認を待つことなく実現できる。したがって時季指定権は請求権ではなく形成的権利と解されている。時季指定による効果は、有給で（正確には、年休手当請求権が発生し）労働義務が消滅するという具体的なものである。他方，使用者の時季変更権は時季指定の日に休まれると「事業の正常な運営」が妨げられる場合に行使できる。時季指定の効果を阻止する権利と解される。こうして、年休行使に伴う労使間の利害を調整するようになっている。

しかし、休むと「事業の正常な運営を妨げる」事態となる人員配置がなされていると、使用者は労働者の時季指定に対して常にこれを阻止できることになる。これでは、年休制度は十分に生かされない。使用者の都合によって年休が左右され、使用者の恩恵によって与えられることに事実上転化するからである。年休をとることを組み込んだ人員配置をすることが、適正な人員配置であって時季指定方式が有効に成立する前提である。使用者の年休実現への配慮が義務付けられるのである（弘前電報電話局事件＝最2小判昭62・7・10労判499号19頁）。

②時季の特定

年休は労働者の指定する時季に取ることができる。この時季について、前述したようなバカンスの習慣がないわが国にあってそして休暇制度があまり整備されないなかにあって、年休は、私傷病や冠婚葬祭のときに使う、とっておきの有給休暇として観念され利用されてきた。そういったことから、指定する時季は文字通りの季節よりもむしろ特定の日や期間が観念されたし、解釈においても時季には期間

年5日の年次有給休暇の確実な取得（使用者による時季指定）

働き方改革により、年5日以上の年次有給休暇の取得が確実に進む仕組みとして、使用者による時季指定制度を一定の要件の下で導入した（労基法39条7項・8項、労基則24条の5。施行日は平成31年4月1日）。この労基法39条7項に違反した使用者に対しては、罰則（30万円以下の罰金）の適用がある（労基法120条1号）。

年次有給休暇の日数が10労働日以上（繰越分を含まない）である労働者に係る年次有給休暇の日数のうち、5日については、使用者は、基準日（継続勤務した期間を同条第2項に規定する6か月経過日）から1年ごとに区分した各期間から1年以内の期間に、労働者ごとにその時季を定めることにより与えなければならない。

ただし、労働者が自ら時季指定をして取得した年次有給休暇の日数が5日以上の場合、または労基法39条6項の労使協定による計画年休によって5日以上の年休を与えた場合においては、新設された使用者の時季指定の対象にはならない（労基法39条8項）。

使用者は、労基法39条7項の規定により、労働者に年次有給休暇時季を指定するに当たっては、あらかじめ、当該年次有給休暇を与えることを当該労働者に明らかにした上で、その時季について当該労働者の意見を聴かなければならず（労基則24条の6第1項）、年次有給休暇の時季を定めるに当たっては、できる限り労働者の希望に沿った時季指定となるよう、聴取した意見を尊重するよう努めなければならない（同条2項）。

第3編 労働条件論

長期休暇への時季変更権行使

今までにあまり見られなかった長期休暇をとることもある。時事通信社事件がそれである。記者が専門性を高めようと30日の時季指定をしたところ、後半に対して時季変更権を行使されたが、かまわず休んだところ、業務命令に違反したとして懲戒処分されたというものである。

最高裁はこの時季変更権を適法であるとしたが、その際、事前の調整に「ある程度の裁量的判断の余地」を認めた（時事通信社事件＝最3小判平4・6・23労判613号6頁）。今まで第1の方法の論理は短期間でそれも日を特定した場合を念頭に置いていた。長期休暇の場合の労使の利害調整をどう取るか今後さらに検討する必要がある。

を特定しての指定を含むと解されてきた。実際、法的問題となったのは、日や期間を特定した時季指定であり、それに対する使用者の時季変更の適法性が問題となってきた（後述）。

③指定届出時期の制限

「年休を取るには承認・許可を要する」と就業規則に定める企業がある。この場合は、同規定を時季変更権行使の労働者への通知あるいは不行使の確認を定めたものと解することができる。

時季変更権行使の適法要件である「事業の正常な運営を妨げる場合」に当たるかの判断・決定にはある程度の時間が必要であり、そのため時季指定を年休日の一定日数前に行う旨の就業規則の定めがみられる。この規定は、第1の方法が時期変更権を使用者に認め、労使の利益を相互調整して休暇を特定する方式である以上、事務処理手続や代替要員確保の時間が必要であろうから、一般的には認められよう（電電公社此花電報電話局事件＝最1小判昭57・3・18民集36巻3号366頁）。同時に、時季変更権行使の適法性も限られる。なお、年休日と通知日との間は長くすると時季指定権を制限することになるから、手続き上必要な限度に限られる。

④年休手当の算定

年休権の効果のなかで賃金の支払は重要な点であるが、その賃金については、就業規則その他これに準ずるもので、①「平均賃金」か、②「所定労働時間労働した場合に支払われる通常の賃金」のいずれかで支払うことを定めなければならない。ただし、労使協定により、健康保険法99条1項に定める標準報酬日額によると定めたときは、その定めによる　労基法39条7項。

2　使用者の時季変更権

労働者からの時季指定があると年休日は特定されるが、使用者はその時季に休暇を与えることが「事業の正常な運営を妨げる」場合には時季変更権を行使しうる　労基法39条5項、但書。

時季変更権の行使は、労働者の時季指定権の効果発生を阻止するだけのものである。したがって使用者は別の時季を提案することはできない。事業の正常な運営を妨げるか否かの判断は、事業の規模、年休請求権者の職場における配置、その他担当する作業の内容・性質、作業の繁閑、代行者の配置の難易、同じ時季に休暇を請求する者の人数等諸般の事情を考慮して、制度の趣旨に反しないように合理性をもった観点から、使用者の裁量に委ねられるのではなく客観的個別具体的に判断しなければならない（東亜紡織事件＝大阪地判昭33・4・10労民集9巻2号207頁、高知郵便局事件＝最2小判昭58・9・30民集37巻7号993頁、電電公社関東電気通信局事件＝最2小判平元・7・4民集43巻7号767頁）。複数の労働者の時季指定が特定の労働日に集中した場合に、その一部の者に時季変更権を行使せざるをえないときは、

誰に対してそれを行使するかは使用者の合理的な判断裁量に委ねられる（津山郵便局事件＝岡山地判昭55·11·26労民集31巻6号1143頁）。届出順など客観的基準によることが肝要であろう。

3 計画的付与（計画年休）

労基法では制定以来、年休は本来労働者が自ら欲するときに自由に利用しうる労働者の権利とされ、時季指定の権利は労働者個人のみに属していた。したがって、労働協約などで年休の計画的取得を定めても、これに反対する労働者個人を拘束することはできないと考えられていた。しかし、実際の年休の消化率はわが国では欧米諸国に比べてきわめて低い水準にあり、それが時間短縮の妨げにもなっていた。そこで、年休の消化率を積極的に高めるために、職場で一斉にまたは交替で計画的な年休の消化を果たすことが効果的であるとの考えが主張され計画的付与が導入された。

計画的年休の付与は使用者が、労基法上の労使協定により「有給休暇を与える時季に関する定め」をしたときは、年休日数のうち5日を超える部分について、労使協定に定めるところにより年休を与えることができることとした **労基法39条6項**。つまり、この5日を超えた分について、「計画年休」方式による付与ができることとなったのである。5日の年休を残したのは、労働者が個人として完全に自由に使用できる年休を確保する、すなわち時季指定方式の分である。

計画年休協定が締結された場合には、その部分の年休については、労働者の時季指定権は機能しないから、反対した労働者がいて個人的に別の日に年休の時季指定をしても、使用者はその行使を拒否しうるし、また計画年休日に労働者が出勤してきても使用者は就労を拒否し、年休を取得したものとして取り扱うことができる（昭63·3·14基発150、三菱重工長崎造船所（計画年休）事件＝長崎地判平4·3·26労判619号78頁）。学説もこうした見解が多い。

3 年休の使用目的

労基法には特に定めはないが、労働からの解放である休憩などと同様に、労働者の権利であることから、以下のように解されている。

（ア）自由利用の原則

年休の使用目的や利用は、年休が労働者の権利であることから、使用目的について使用者が制限を課すことは許されない。この点はほぼ異論はない。

判例も、年次休暇の利用目的は労基法の関知しないところであり休暇をどのように利用するかは、使用者の干渉を許さない労働者の自由である（全林野白石営林署事件＝最2小判昭48·3·2民集27巻2号191頁）という。したがって、労働者は休暇をとる際に利用目的を使用者に申告する必要がないし、仮に申告した場合でも、それ以外

第3編 労働条件論

の目的に利用したからといって年休の成立に影響が生ずるわけではない。労働者からの年休の時季指定に対してその効果の発生を停止しうるのは時季変更権の行使だけで、利用目的如何による使用者の年休の承認ないし不承認は法的意味を有しない。

（イ）争議行為への利用

ところで、判例上は、「一斉休暇闘争」につき、「その実質は、年次休暇に名を藉りた同盟罷業」で、「本来の年次休暇権の行使ではない」が、他方、「他の事業場における争議行為等に休暇中の労働者が参加したか否かは、なんら当該年次休暇の成否に影響するところはない」（前掲全林野白石営林署事件最判）として、他の事業場での争議行為への応援のための年休取得は正当な年休権の行使であるとした。しかし、別の事案で最高裁は「一斉休暇闘争」への利用は、最初から年休権の行使とは次元の違う問題であり、使用者はこれを拒否できるし，拒否に反して休むと懲戒処分できる（津田沼電車区事件＝最3小判平3・11・19民集45巻8号1236頁）との処理基準を示している。この判例の見解に対しては、いずれも自由利用の原則との関係でいえば問題があるとの批判もある。

判例 Case Study

年休の争議行為利用―全林野白石営林署事件＝最2小判昭48・3・2民集27巻2号191頁

年休を取得して、他の事業場の争議行為に参加した労働者に対して、欠勤扱いとして賃金カットが行われた事例。

最高裁は「一斉休暇闘争とは、これを、労働者がその所属する事業場において、その業務の正常な運営の阻害を目的として、全員一斉に休暇届を提出して職場を放棄・離脱するものと解するときは、その実質は、年次休暇に名を藉りた同盟罷業にほかならない。したがって、本来の年次休暇権の行使ではないのであるから、これに対する使用者の時季変更権の行使もありえず、一斉休暇の名の下に同盟罷業に入った労働者の全部について、賃金請求権が発生しないことになる」としながら、「しかし、以上の見地は、当該労働者の所属する事業場においていわゆる一斉休暇闘争が行われた場合についてのみ妥当しうることであり、他の事業場における争議行為等に休暇中の労働者が参加したか否かは、なんら当該年次有給休暇の成否に影響するところはない」と述べて、本件の労働者には年次有給休暇の成立を認めた。

4 年休権の消滅

年休権の消滅は、労働者が年休を消化することにより消滅する。

年休は、休暇を実際に利用してこそ意味がある。年休手当の支給も休むことができるようにとの実効性確保にある。つまり、年休は金銭によってかえられない。労基法も、「使用者は、……有給休暇を与えなければならない」 **労基法39条1項** と定めて、休むところに意味を見出している。

したがって、使用者が買上げの予約をし、これに基づいて休暇日数を減らし、請求された日数の年休を付与しないことは違法である（昭30・11・30 基収4718）。年休は利用してこそ趣旨にかなう。

年末の買い上げは違法でも、実際にはなんらかの事情で年休日数がその年に使いきれずに残ることもある。翌年度への繰り越しはどう

であろうか。

　年休の目的からいって、その1年に現実に有給で休ませることが必要であるから、繰り越しは認められないとの裁判例（国鉄浜松機関区事件＝静岡地判昭48・3・23労民集24巻1・2号96頁）もあるが、多くの学説、解釈例規（昭22·12·15基発501）は、法文上その年に限られると定められているわけではないこと、現実問題としてより多くの年休を労働者に付与しうることなどの理由に基づき、繰り越しを認めている。ただし、この場合でも、労基法115条の時効に関する規定が年休にも適用されるので、2年の消滅時効にかかる。

　使用者が年休を利用させる余地を与えずに労働関係を終了させた場合、たとえば解雇予告手当を支払って即時解雇した場合に、労働者は「年休の買上げ」を求められないのか。認められないとする現行年休制度は特定使用者との個別労働関係を前提とするから、年休権が使用者によって消滅させられることを認めることになる。このような取扱いは法の趣旨に反する。例外的に「年休の買上げ」が認められると解するべきである。

⑤ 年休取得したことを理由とする不利益取扱い

　労働者が年休を取得すると、精皆勤手当、賞与、昇給・昇格などについて、その年休を取得した日を欠勤もしくは欠勤に準じた取扱いをし、精皆勤手当のカット、賞与の減額、昇給・昇格の不利益取扱いなどをする場合がある。この問題については、従来から労基法違反とはいいがたいが、「法39条の精神に反する」と解されてきた（昭53·6·22基発355）。同様の立場にたつ判例（日本シェーリング事件＝大阪高判昭58·8·31労民集34巻4号679頁）もある。

　労基法は、1987年の法改正で、「使用者は、……有給休暇を取得した労働者に対して、賃金の減額その他不利益な取扱いをしないようにしなければならない」 **労基法附則136条** と定め、明文をもって不利益取扱いの禁止を定めた。本条は罰則規定をもたず、性格的には訓示規定にとどまる。とはいえ、労基法39条の趣旨を踏まえると、年休取得を理由とした不利益取扱いは無効であることは本条により確認されたと解すべきである。

　しかし判例は、附則136条の規定は、「それ自体としては、使用者の努力義務を定めたものであって、労働者の年次有給休暇の取得を理由とする不利益取扱いの私法上の効果を否定するまでの効力を有するものとは解されない」とする。ただし、労基法39条の「趣旨、目的、労働者が失う経済的利益の程度、年次有給休暇の取得に対する事実上の抑止力の強弱等諸般の事情を総合して、年次有給休暇を取得する権利の行使を抑制し、ひいては同法が労働者に右権利を保障した趣旨を実質的に失わせると認められる」場合には、公序に反して無効になる（沼津交通事件＝最2小判平5·6·25労判636号11頁）と判示した。

第**3**編 労働条件論

　　労基法39条は刑罰法規でもあることにかんがみると、労基法39条に違反する行為の範囲を条文の規定を超えて拡張解釈することは不適切であろう。したがって、公序良俗違反の観点からこの問題に対処することは法律論としてはやむを得ない。

　　しかし、判例のように、使用者の努力義務規定ととらえ、社会的許容限度を超えたと判断されてはじめて公序違反となるというのではなく、附則136条は労基法39条違反の反公序性を確認したものととらえ、同条に違反すると判断される不利益取扱いは直ちに公序違反となると解すべきである。

■ **参考文献**

『講座21世紀の労働法〔第7巻〕』（有斐閣、2000年）の諸論文

中島正雄　「年休権の法的性格」土田道夫・山川隆一編『労働法の争点』（ジュリスト増刊・新・法律学の争点シリーズ7、2014年）

林弘子　　「育児・介護と使用者の責務」角田邦重・毛塚勝利・浅倉むつ子『労働法の争点〔第3版〕』（有斐閣、2004年）

第4章 企業秩序と懲戒

多くの企業では、就業規則に服務規律（非違行為の類型）を定め、この服務規律違反者に、戒告、譴責、出勤停止、懲戒解雇などの制裁を課して円滑な企業活動を維持しようとする（労基法第89条9号）。

服務規律に従うことは、従来、労働契約上の誠実履行義務であり、また会社施設の利用について、使用者の財産権に由来する施設管理権行使に従うものとして把握されてきた。これらを最高裁は統合し、使用者に企業秩序定立維持権限を認め、労働契約上の義務として労働者が企業秩序遵守義務を負うものと捉える。違反労働者に制裁を課す権限を含む企業秩序定立維持権限は、対等な私人間の関係である労働関係に適合するのであろうか。

1 企業秩序

服務規律

就業規則において定められている従業員の行為の規範の総称をいう。その中には、従業員の心得や法令、遅刻、早退、欠勤、服装規定、職務専念規定、風紀維持のための規定、上司の命令に服する義務、規則の遵守義務、職場秩序保持義務、安全衛生維持に関する規定、企業財産の管理・保全の規定、企業の名誉・信用保持義務、兼職・兼業の禁止規則、秘密の保持義務等などが定められている。

1 企業秩序論

労務管理の実務上、企業秩序なる考え方がある。企業秩序とは、企業という一定の事業目的を完遂させるため従業員を統制すること全般を指している。現在、企業秩序の考え方は、労務管理上の考え方にとどまらず、判例法理によって法概念として定立している。すなわち、最高裁によれば、企業秩序は「企業の存立と事業の円滑な運営の維持作用に必要不可欠」であるから、企業は企業秩序を定立維持する権限があり、同時に、円滑な企業活動を妨害する労働者の行為を企業秩序違反として懲戒処分できるとする（国鉄札幌運転区事件＝最3小判昭54・10・30労判329号12頁）。

しかし、そもそも労使の対等な労働契約関係において、契約解除や損害賠償の請求を超えて制裁を科す統治権者をそしてそれを使用者に想定できるか問題である。最高裁判例はそれに十分に答えているとはいえない。

2 企業秩序定立維持権限と企業秩序遵守義務

最高裁は、上述のように、使用者の企業秩序定立維持権限を、企業施設の物的管理運営権限（施設管理権）と捉えるのでもなければ職務遂行にかかる服務規律に従う労働契約上の誠実履行義務と捉えるのでもなく、この両者を統合する使用者（企業）の権限と捉える。

次に、「労働者は、労働契約を締結して企業に雇用されることによって、企業に対し、労務提供義務を負うとともに、これに付随して、企業秩序遵守義務その他の義務を負う」（富士重工業事件＝最3小判昭52・12・13労判287号7頁）ことを労働契約上の義務とした。

さらに、「使用者は、広く企業秩序を維持し、もって企業の円滑な運営を図るために、その雇用する労働者の企業秩序違反行為を理由として、当該労働者に対し、一種の制裁罰である懲戒を課すことができる」（関西電力事件＝最1小判昭58・9・8労判415号29頁）と判示して、企業秩序違反行為を懲戒できるとするに至ったのである。

第**4**章 企業秩序と懲戒

判例 Case Study

> **懲戒権の根拠—関西電力事件＝最1小判昭58・9・8労判415号29頁**
>
> 　Ｙ社の従業員であるＸは、政治的ビラを従業員社宅において配布した。Ｙ社は、Ｘの行為が就業規則所定の懲戒事由たる非違行為に当たり同じく就業規則所定の譴責処分が相当であるとして、理由を口頭で述べて同処分に付す旨の辞令を交付した。これを不服とするＸは、懲戒解雇無効確認の訴えを提起した。
>
> 　最高裁は、労働者は労働契約を締結して雇用されることにより、使用者に対して労務提供義務を負うとともに企業秩序遵守義務を負う、使用者は広く企業秩序を維持しもって企業の円滑な運営を図るため、労働者の企業秩序違反行為を理由に労働者に対して一種の制裁罰である懲戒を課すことができると判示した。また、企業秩序維持の範囲について、企業秩序は通常労働者の職場内または職務遂行に関係のある行為を規制することにより維持しうるが職場外でなされた職務遂行と関係のない行為であっても、企業の円滑な運営に支障を来すおそれがある行為も規制の対象としこれを理由に労働者に懲戒を課すことも許されると判示した。

❸ 企業秩序遵守義務違反と懲戒処分

　判例のいう企業秩序論は漠然としており、実務上の企業秩序をそのまま法律論に置き換えた感が強い。最高裁は、使用者の労務指揮権、施設管理権、懲戒権などを統合して企業秩序定立維持権限とするが法的には無理がある。また、最高裁は企業秩序の維持される範囲を職場内や職務遂行に限定しない。こうして、企業秩序論は、職場規律や経営秩序より広い範囲を規制対象とする。

　他方、労働者側の企業秩序遵守義務は、懲戒制度の存在を前提としないで、労働契約上の義務（付随義務）とし、しかも、その違反に対する制裁罰としての使用者の懲戒権も、労働契約を締結すれば当然に認められる。

　こうした判例の立場は、労働関係を法的には労使対等な立場で捉えなければならないとする契約関係からは遥か遠く、使用者が労働関係を支配し秩序を維持する立場にあり労働者はその支配に服するにすぎない立場にあるとの考えに親和的である。

　これに対し学説は、使用者は、秩序を必要とする企業の運営者として当然に固有の懲戒権をもつとする説（固有説）と、懲戒の行使は、就業規則や労働者の合意によって使用者が取得した懲戒権の範囲的でのみ可能であるとする説（契約説）があり、契約説を通説とする。

　考えると、企業は多くの従業員が組織的・有機的に関連して運営される。それには一定の秩序が必要であるのは確かであろう。その意味から労使には企業秩序遵守義務がある。しかし、その企業秩序遵守義務違反が労働者である場合に使用者が懲戒を科すことができるかは、もう少し議論が必要である。

　懲戒は契約上の義務違反に対してなされうる損害賠償や契約の解除といった責任追及とは異質な、契約の一方当事者による他方当事者に対する制裁措置である。法的には、具体的懲戒事由と懲戒手段を定めた懲戒制度の存在なくして、懲戒権を観念することさえできない。契約締結に際して①懲戒制度が存在し、②労働者が明示または黙示にこれを承認することにより、使用者がはじめて懲戒権を取得すると考えるべきである。

第**3**編 労働条件論

4 企業秩序定立維持権限の限界

労契法15条は、「使用者が労働者を懲戒することができる場合において、当該懲戒が、当該懲戒に係る労働者の行為の性質及び態様その他の事情に照らして、客観的に合理的な理由を欠き、社会通念上相当であると認められない場合は、その権利を濫用したものとして、当該懲戒は、無効とする。」と定める。労契法は、使用者が労働者を懲戒できる権限を持つと認められる場合であっても、懲戒は無限定ではないことを明らかにしている。例えば、企業秩序を乱す具体的危険のない行為に企業秩序違反はなく懲戒できない。

また、労働者の人格権を侵害したり自由を制限したりすることは許されない。企業秩序定立維持の利益を主張しても、その抽象性からだけでは、労働者の自由を制限する論拠とはならない。

労働者の人格権が法的に認められ、懲戒処分が否定された例としては、身だしなみ規定違反として口髭が問題となり、口髭は同規定違反には当たらないとされた事例（イースタン・エアポートモータース事件＝東京地判昭55・12・15労判354号46頁）や性同一性障害による服装規定違反を理由とする懲戒解雇に対して解雇無効とした事例（S社事件＝東京地判平14・6・20労判830号13頁）などがある。

5 企業秩序と内部告発（内部告発者の保護）

近年、自動車、食品、薬剤など様々な業種において、企業による犯罪あるいは法令違反行為が白日の下に曝け出されている。ジャーナリズムの発展していないわが国において、こうした事態が社会に明らかになるのは、多くの場合、企業内部の労働者による勇気ある告発があるからである。なぜ勇気ある行為かは、企業の不正行為を前に、一方で労働契約上の企業の信用・名誉を害しない義務や誠実履行義務などの違反を理由に懲戒処分されたり解雇されたりするのを恐れ、他方で公益に反する企業行為を黙認していいのかと社会倫理に揺れ、結局公益に寄与する道を選択したからである。

法令遵守や不正を正すとの「公益」に寄与する労働者が法的に保護されることは、それが社会的利益になるからであり結局は当該告発された企業にも利益をもたらすと考えられるからである。しかし、ある内部告発行為が公益に適ったものであることをどう判断するかは、難しい問題である。

こうした背景の下に、公益通報者保護法（2004年制定）が生まれた。

①内部告発と懲戒処分

たとえば、理事長の背信行為を告発した文書を配布した従業員に対して、使用者が企業秩序違反を理由に報復的な懲戒処分を科したことの是非が問われた大阪いずみ市民生協（内部告発）事件（大阪地堺支判平15・6・18労判855号22頁）で、裁判所は、内部告発の公益性に関して、①まず公益性判断の前提として、告発内容の真実性あるいは真実と信じるに足る相当な理由があるかを判断して、次に

②告発する目的に公益性があるか、③告発方法や手段の相当性など
を総合判断すると判示した。この判断基準は概ね、裁判所において
採用されている基準である（アワーズ事件＝大阪地判平17・4・27労
判897号26頁、トナミ運輸事件＝富山地判平17・2・23労判891号
12頁など）。

内部告発に公益性が認められた場合の労働者の救済については、
事案によってさまざまであるが、解雇の無効、懲戒処分の無効や種々
の不利益処分の無効はもとより、債務不履行や不法行為に基づく損
害賠償や未払賃金の支払い、慰謝料や謝罪文の掲載などがある。

②公益通報者保護法

公益通報者保護法は、公益通報したことによる通報者の解雇など
の不利益取扱いを禁止し、同時に公益通報に関する使用者や行政に
適切な措置を定めることによって、公益通報者の保護を図るとともに、
国民の生命・身体・財産その他に関わる法令遵守を図ることで国民
生活の安定と社会経済の健全な発展を目的とする 1条 。

公益通報となる対象事実は、生命身体の保護、消費者利益の擁護、
環境保全、公正競争の確保その他と限定されている。

公益通報は不正の目的でないことが第1で、事業主などにはこれで足
り、第2に、行政機関への通報には、第1に加えて真実と信じるに足る
相当性のあることが求められ、第3に、外部への通報には以上に加えて、
証拠隠滅などの窮迫性が認められることを要求している 3条1、2、3号 。

同法については、保護される公益があまりにも狭く、保護される通
報について真実性や真実であると信じるに足る相当性が通報者に求
められるところから通報者に厳しすぎるとの意見もある。利用されな
ければ公益に資するともいえずあまり厳格な運用は同法の目的を達成
することができなくなるといえよう。

② 懲戒の種類

使用者は服務規律や企業秩序違反などに対して制裁としての懲戒
処分を課す。懲戒処分は、通常就業規則に定める懲戒事由に該当す
るとして、就業規則に制度化された懲戒の中から違反行為の軽重に
よって選択されて、なされる。

労基法は、このような懲戒制度の存在を認識しつつも立法的に解
決するに至らず、生じる問題を除去するにとどめている。すなわち、
労基法は、懲戒制度を就業規則の相対的必要記載事項とする 労基法
89条9号 ほか、減給という制裁方法についてその額を制限する規定を
おき 91条 、適正なものに限定する立場をとる。これは、今日の労働
が一般に組織的形態をとることから、一定の秩序の維持は使用者の
みならず労働者にとっても利益であること、また、懲戒制度という不
利益措置のルール化によって使用者の恣意的な行使を抑制すること
が期待できるからである。

懲戒制度にみる処分類型は、譴責・戒告・出勤停止および懲戒解雇・諭旨退職（昭22・9・13発基17）と多様である。いずれも、不利益を課すのであるから、どのような行為が、どのような処分となるかを明示して、どの程度の不利益が課されるのか明確にしなければならない。もちろん、あらかじめ明記しても、雇用関係が法的には当事者間の対等な関係である以上、労働者の身体的拘束や人格権を侵害するような懲戒処分は認められない。

1 戒告・譴責

戒告や譴責は、労働者に非行の反省を促し「将来を戒める」処分である。譴責には始末書等の提出を求める場合もある。両処分とも、それ自体としては実質的不利益を伴わないので、その無効等の確認を求める訴えの利益があるかが争われたこともあった。戒告や譴責でも昇給や一時金算定の査定に影響を及ぼすことや、その処分が重なるとより重い処分が課されることが多いので、現在では訴えの利益があるとされている。

始末書の提出を拒む労働者に、これを業務命令違反としてさらに懲戒処分で提出を求めた事案に関して、労働者の「良心の自由」を侵害し、再度の始末書提出を求めこれを拒否したことを理由とする懲戒解雇処分は濫用無効であるとした裁判例がある（福知山信用金庫事件＝大阪高判昭53・10・27労判314号65頁）。

2 減給

労働者の賃金を制裁としてカットする権限を使用者は当然にもつわけではない。労使間の特約が必要である。しかし労基法は、労働契約の不履行に違約金を定めることすら禁止する 労基法16条 。そこで、労基法は、例外的に制裁としての減給を「1回の額が平均賃金の1日分の半額」、「総額が1賃金支払期における賃金の総額の10分の1」を上限にその間で認める 91条 。これを超える就業規則や労働協約の定めは無効であり、使用者には30万円以下の罰金が科される 120条 。

なお、遅刻早退に対する賃金カットが、減給の制裁としてなされる場合は懲戒制度の手続を履践しなければならない。

3 出勤停止

出勤停止処分は、労働者の就労を一定期間拒否するものである。多くの場合、その間の賃金を支払わない。それが長期にわたると労働者に及ぼす不利益は、人身の自由を拘束するきわめて甚大なものとなり、懲戒処分としての妥当性を欠く。

また、賃金の支払を伴う出勤停止であっても、事情によっては労働能力を喪失させ就労請求権に対する侵害が問題になりうる。

4 懲戒解雇

最も重い制裁である懲戒解雇は、他の懲戒処分が、雇用の存続を

Q．業務命令違反で出勤停止処分にする場合、無給は違法ではないか。
A．出勤停止の場合は、その間労務の提供がないので、その結果としてその分の賃金を支払わないことは、減給制裁の制限に関する労基法91条の減給に当たらず違反にならない。

前提としているのと比べ、異質である。また、社会的にも再就職先が見つかりにくいなど不利益は甚大である。さらに通常、退職金の不支給・減額の不利益を伴うのが一般である。解雇の効力と退職金の不支給・減額の可否は法的には一応別問題である。

しかし使用者が懲戒制度に基づき懲戒解雇の意思表示をした場合、それは特別な不利益を伴う解雇の意思表示と解されるから、その効力の判断には退職金の不支給・減額がやむをえない程の重大な信頼関係の破壊を伴う非違行為であることが求められる。

3 懲戒の法的根拠

懲戒制度が法的に適法であるとしても、使用者が実際に懲戒処分をなすには具体的な法的根拠が必要である。前記のように懲戒は就業規則の相対的必要記載事項であることもあって、就業規則の法的性格と密接に結びついて議論される。すなわち、契約説は、合意を根拠に、法規範説は、就業規則の法規範性をその根拠とする。いずれにせよ、現行就業規則法制の下では、懲戒制度を設ける場合には就業規則に定めなければならず 、それが懲戒権行使の適法要件である。

4 懲戒事由

懲戒処分の対象となる労働者の行為類型は、①労務提供義務にかかわるもの、②企業施設などの維持にかかわるもの、③災害の防止や衛生にかかわるもの、④事業所内、就業時間中の秩序維持、⑤企業の信用や名誉の維持等、多岐にわたる。

1 勤務懈怠

懲戒は、労働者の行為義務違反に対する制裁措置であるから、非難できない労働者の勤務成績の不良は、賃金査定に影響することがあっても、基本的に懲戒処分の対象とはならない。たとえば、欠勤や遅刻早退という勤務懈怠は、それ自体労働者の債務不履行として賃金カットの対象になることがあるにすぎない。無断欠勤や無届の遅刻早退といった場合を除き、懲戒処分できない。

2 業務命令違反

労働者が時間外・休日労働命令、出張命令、配転、出向命令など使用者の適法な業務命令に服しないことは、懲戒事由となる。懲戒事由に当たるか否かは、使用者の当該業務命令が労働契約に基づく正当な権限の行使であるかによって判断される。とくに業務命令が労働者の人格・自由を侵害するものについては、使用者の懲戒権の行使には厳しい要件が課される。

企業が金品の不正隠匿の摘発・防止のためにおこなう所持品検査に応じる義務があるかが電車・バスの乗務員について争われた例が

Q&A

Q．懲戒事由は「例示」か。
A．懲戒処分は法的には対等な一方当事者たる使用者が他方当事者の労働者に一方的に不利益取扱いを強いるから、一般的には認められない。特別にそれを許容する当事者の合意がある場合に容認される。したがって懲戒事由はあらかじめ明示された明確な事由でなければならず、懲戒事由は、例示ではなく、限定列挙である。

また、就業規則中に多種の懲戒事由の列挙に加えて包括的な規定（例えば「その他前各号に準ずる不都合な行為があった場合」など）がおかれる場合があるが、それは合理的であると判断される場合に限られる。

第3編 労働条件論

ある。最高裁は、それを必要とする理由や方法が合理的であり、かつ、就業規則などで明示された根拠に基づき、制度として従業員に対して画一的に、妥当な方法と程度で実施されたときに限り、労働者は検査を受忍する義務があると判示している（西日本鉄道事件＝最2小判昭43・8・2労判152号34頁）。

3 経歴詐称

経歴詐称は、労働契約締結に際して労働者が学歴、職歴や職業上の資格、病歴や犯罪歴などにつき虚偽の申告を行ったり、秘匿することをいう。経歴詐称が発覚した場合に、使用者はその労働者を懲戒解雇処分にすることがある。

懲戒処分は、通常、労働契約締結後の違反行為を対象とするが、経歴詐称は契約締結前の事情であり契約締結における瑕疵をもたらすにすぎず、懲戒事由にならないのではないか。また、それが仮に職場規律に反するとしても、懲戒処分という制裁措置はもともと労働者の非違行為の再発防止効果に期待するところに認められるものである。とすると、経歴詐称についてはさらにそれが繰り返される可能性はない。

学説は、経歴詐称は錯誤や詐欺 民法95条・96条 あるいは信義則違反を理由に労働契約の無効や取消の対象となるあるいは解雇の事由に当たるにすぎないと考え、これを理由の懲戒解雇処分に否定的である。他方、判例は、経歴詐称は企業秩序の根幹である労使の信頼関係を毀損し、また労働者の評価や選択・配転を誤らせ、使用者に実害を被らせる可能性があるという理由から懲戒解雇処分を肯定する（炭研精工事件＝最1小判平3・9・19労判615号16頁）。

4 職場規律違反

職場内の暴行・脅迫・会社物品の窃盗、損壊、横領・背任などの非違行為が職場規律違反の典型である。労務の遂行やその他職場における行動に関する規律を職場規律といい、その違反をいう。

問題は企業内での組合活動や政治活動を許可にかからせて制限し、その違反に対して職場規律違反とすることである。たとえば、「ベトナム侵略反対、米軍基地拡張阻止」と書いたプレートを着用して勤務しその取りはずし命令にも従わなかったことで、戒告処分となり、当該処分が肯定された事例（目黒電報電話局事件＝最3小判昭52・12・13労判287号26頁）がある。最高裁は、①職場内での政治活動は企業秩序維持に支障を来す恐れが強いので一般的に禁止することが許され、②事業場内での休憩時間中のビラ配布などは施設管理や他の労働者の休憩自由利用を妨げる恐れがありまた内容如何では企業秩序を害する恐れがあるのでこれを許可制にすることに合理性があり、③実質的にこれらの恐れがない特別の事情が認められない限り懲戒処分の対象となると判示した。

学説は、判例の見解に対しては、労働者の表現の自由を尊重する立場から、一般的な禁止や許可制には反対で、職務遂行や施設の

第4章 企業秩序と懲戒

管理に具体的な支障が生じるか具体的危険が高い場合に個別に規
制すれば足りるとの見解が多い。ただし、判例の見解に立ちつつも、
実質的に企業秩序を害するなどの恐れがない特別の事情が認められ
るとして懲戒処分を無効とした裁判例も目立つ（アヅミ事件＝大阪地
決昭62・8・21労判503号36頁）。

5 企業外活動

　会社の名誉、信用などに対する毀損及び犯罪行為その他の著しい
不都合な行為は、たとえ企業外でなされた行為であっても企業の社
会的評価・信用に重大な影響を及ぼすとして、懲戒処分されること
がある。

　もともと企業を離れた私的生活における行動であれば、労働者は
原則として使用者から責任を問われるいわれがない。したがって、労
働者の私生活上の非違行為が企業の社会的評価を害するとされる場
合は厳格に解されるべきである。

　裁判例では、住居侵入で罰金刑に処せられた工員に対する懲戒解
雇について、最高裁は、工員という指導的立場にない者の非行でか
つ会社の体面を著しく棄損したとまでは言えないとして無効とした事
件（横浜ゴム事件＝最3小判昭45・7・28民集24巻7号1220頁）や
政治活動で逮捕起訴され罰金刑を受けた労働者を企業の体面を著し
く汚したとの懲戒解雇について、最高裁は、体面を著しく汚した場合
には懲戒解雇をなしうるとしたものの、そういいうるためには、行為
の性質や情状のほか会社の事業の種類・規模・経済界における地位・
経営方針や当該従業員の社内での地位・職種などを判断し会社の社
会的評価に及ぼす悪影響が相当重大であると客観的に評価される場
合でなければならないとして、高裁の懲戒解雇無効判断を支持して
いる判決もある（日本鋼管事件＝最2小判昭49・3・15労判198号23頁）。

5 懲戒手続（有効要件）と懲戒権の濫用

　懲戒制度が就業規則に明記され、かつ、その懲戒事由に該当する
非違行為であって、行為と処分のバランス（処分の相当性）が認められ、
制裁罰としての性格に基づく規制でなければならない。以下に掲げる
原則を踏まえずに行われた懲戒処分は有効とはならない。

1 弁明の機会（適正手続）

　懲戒処分は労働者の行為に対する責任追及である。そうである以
上、まずは、処分対象労働者に十分な弁明の機会を制度的に保障し
なければならない。就業規則の懲戒に関する規定には、必ず、弁明
の機会を時間と場所について定めておく必要がある。かかる規定もな
く、弁明の機会を与えずになされた懲戒処分は濫用として無効となる。

197

第3編 労働条件論

2 懲戒手続

①懲戒事由とこれに対する懲戒種類・程度はあらかじめ就業規則で明示（罪刑法定主義）されなければならない。②使用者は懲戒規定を改正し、改正前の労働者の行為に適用することは許されない（不遡及の原則）。③労働者の同一行為に二度の懲戒処分を行えない（一事不再理の原則）。④懲戒処分は、違反行為の種類・程度や諸般の事情を考慮しなければならない（相当性の原則）。⑤同一の非違行為について労働者間で差異があってはならない（平等取扱いの原則）。最後に、⑥就業規則や労働協約に懲戒手続が定められている場合、使用者は手続きを遵守しなければならない（手続の適正）。以上のことが要請され、これらに反する懲戒権行使は濫用として無効である。

3 処分事由の追加

懲戒処分は処分事由を明らかにすることで処分の適切性・公平性が担保される。懲戒処分後に判明した労働者の非行を係争中の裁判で処分理由に新たに追加することは控えるべきである。この点が問題になった事例がある（山口観光事件＝最1小判平8・9・26労判708号31頁）。

本件最高裁は、上告人会社が処分理由の追加を認めなかった原審高裁の判断の誤りを主張して上告したのに対して、これを棄却したのであるが、その際、最高裁は、懲戒が一種の秩序罰であるから非違行為との関係において判断されるべきであるから、懲戒当時に使用者が認識していなかった新たな非行は「特段の理由のない限り」追加できないと判示した。基本的には妥当である。

しかし、最高裁の言う「特段の事由」については批判が多い。すなわち、秩序罰であり厳格に解することを求めるのであるから、「特段の事由」とは具体的にどのような場合であるのか明確でなくてはならない。

4 時機を失した懲戒処分

懲戒処分が秩序罰であることから、処分の適切な時機が問題となることがある。非違行為時から長時間が経ち時機を失してしまった懲戒処分の有効性の問題である（ネスレ日本事件＝最2小判平18・10・6労判925号11頁）。

本件最高裁は、相当な時間が経過しての懲戒解雇に信義則違反はないとの原審判断を破棄して本件懲戒解雇を無効としたのであるが、その際、最高裁は、懲戒は企業秩序維持の観点から行うものであり、懲戒対象の非違行為が行われたときから長期間経過してしまい懲戒処分をした時期には、懲戒処分をする客観的合理的な理由を欠くことがあるとし、このようなときには懲戒解雇権の濫用になると判示した。

企業秩序維持の観点からすれば、長時間経ったとはいえ懲戒処分することの有用性がある場合もあろう。最高裁の判断はこの点を否定するものではない。処分までに時間がかかったことに合理的理由が

第**4**章 企業秩序と懲戒

認められれば懲戒権の濫用とはならない。とはいえ、時間の経過とともに記憶が薄れ事実関係の把握が困難になることも避けようがないことである。

6 自宅待機・起訴休職と懲戒

1 自宅待機

非違行為ののち懲戒処分の結論がでるまで、労働者は自宅待機や自宅謹慎を命じられることがある。その法的性格は、懲戒処分ではなく（懲戒処分としてなされたのであれば二重処分として懲戒権の濫用となる。）、当面の職場秩序維持の観点からの職務命令である。したがって使用者はその間の賃金支払義務がある。ただ、裁判例には、賃金支払義務を肯定した上で、使用者が賃金支払義務を免れるためには、懲戒処分の結論を待つまでもなく労務受領拒否が正当とされるような特段の事情の存在が必要となるとするものもある（日通名古屋製鉄作業事件＝名古屋地判平3・7・22労判608号59頁）。

2 起訴休職

起訴休職は、刑事被告人として起訴されたときに、その結果が出るまでの間懲戒処分の判断を留保して暫定的に休職にする扱いをいう。刑事裁判が終了するまで出勤停止処分にするのと同様の効果をもつが、懲戒処分とは区別される。

しかし、起訴休職制度は、労働者の労務提供が可能であると否とにかかわらず、休職扱いするため、その間の賃金も減額または不支給となる。労働者にとって不利益な措置である。この点で起訴休職（処分）は、自宅待機とは区別され、懲戒処分ではないといいながら、事実上は懲戒処分的機能をもつ。

以上よりすれば、起訴休職は、懲戒でないとして懲戒手続をふまず、同じ機能を課すことになり、労働者の法的地位及び生活を不安定にする。安易に認めるべきではない。

このため裁判例には、起訴休職が認められるのは、①起訴の対象行為が職場から排除されてもやむを得ない相当の処分に値するものであるか、②その間、公判に出頭したり身柄拘束によって労務提供が期待できないときに限られるとするものがある（日本冶金工業事件＝東京地判昭48・5・18労民集24巻3号197頁）。しかし、懲戒処分を潜脱するおそれを考えると、許されるとすれば②に限定されるべきである。

■ **参考文献**

土田道夫 『労務指揮権の現代的展開』（信山社、1999年）

三井正信 「懲戒権の根拠・要件・効果」土田道夫・山川隆一編『労働法の争点』（ジュリスト増刊・新・法律学の争点シリーズ7、2014年）

富永晃一 「内部告発・公益通報者保護」同上『労働法の争点』

第5章 労働災害の防止と補償

　労働安全衛生法（労安衛法）は、業務に起因する労働者の負傷・疾病・死亡を労働災害としている（2条1号）。このような労働災害を防止することなどを目的として、労安衛法は、事業者および労働者その他の者に対してさまざまな規制を加えている。

　また、労働災害にあった労働者またはその遺族に対しては、主として労働者災害補償保険法（労災保険法）によるさまざまな給付が行われる。

1 労働災害の防止──労安衛法の概要

　労安衛法は、「職場における労働者の安全と健康を確保するとともに、快適な職場環境の形成を促進する」ことを目的として、1972年に労働基準法（労基法）から分離独立して制定された。その規制内容は多岐にわたるが、概要は以下の通りである。

1 安全衛生管理体制

　事業者は、労働災害を防止するために必要な業務を担当するものとして、業種や事業場の規模に応じて、統括安全衛生管理者や安全管理者、衛生管理者、安全衛生推進者をおかなければならないほか、安全委員会や衛生委員会を設置しなければならない。また、労働者の健康管理等について医学的な見地から必要な勧告等を行うものとして、産業医を選任することとされている 10～19条の3 。

2 労働者の危険または健康障害を防止するための措置

　事業者は、①機械・器具その他の設備（機械等）、爆発性・発火性・引火性の物等および電気・熱その他のエネルギー、②掘削・採石・荷役・伐木などの業務における作業方法による危険、③墜落・土砂等の崩壊の危険を防止するために必要な措置を講じなければならない。また、④原材料・ガス・蒸気・粉じん・酸素欠乏空気・病原体など、⑤放射線・高温・低温・超音波・騒音・振動・異常気圧など、⑥計器監視・精密工作などの作業、⑦排気・排液・残さい物による健康障害を防止するための必要な措置を講じなければならない。さらに、⑧作業場について、通路、床面、階段などの保全ならびに換気、採光、照明、保温、防湿、休養、避難および清潔に必要な措置、⑨その他労働者の健康、風紀および生命の保持のため必要な措置、⑩労働者の作業行動から生じる労働災害を防止するため必要な措置をそれぞれ講じなければならない。

　なお、労働者に対しては、事業者の上記措置に応じて必要事項を守る義務が課されているほか、元方事業者や注文主、請負人、機械等貸与者、建築物貸与者、貨物発送者についても一定の義務が課せられている 20～36条 。

3 機械等および有害物に関する規制

　特に危険な作業を必要とする一定の機械（特定機械等）については、

Q. 労安衛法の法的性質
A．労安衛法の法的性質について、従来の労働法学説は私法的性質を有するものであるとしてきた。これに対して、労安衛法には労基法13条のような規定が存しないこと、私法的性質を認めると同法違反に基づく履行請求や労務供給拒否が認められることになり不都合である等として、労安衛法は公法的性質のものであるとの主張がなされている。

Q. 石綿（アスベスト）による健康被害対策
A．石綿による健康被害を防ぐために、労働安全衛生規則やじん肺法などでは、石綿粉じんの発生防止措置をとることや、発生した石綿粉じんの除去・飛散防止措置をとること、発生した石綿粉じんに労働者をばく露させない措置をとること、防じんマスク等の呼吸用保護具を適正に使用させること、粉じん濃度の測定とその結果にもとづく改善措置を講じること、安全教育・安全指導を行うこと等を定めている。

製造の許可や、検査証の発行・裏書・更新が行われる。それら以外の機械についても、危険・有害な作業を必要としたり、危険な場所で使用したりするものなどには、一定の規格や安全装置が必要とされ、個別検定・型式検定の合格が必要となる。

また、一定の有害物については、製造等の禁止、製造の許可、一定事項の表示が義務づけられている。また、一定の化学物質については、その有害性の調査が求められている 37〜57条の5 。

4 労働者の就業にあたっての措置

事業者は、労働者を雇い入れたときや作業内容を変更したとき、危険・有害業務に就かせるとき、職長などに就任したときなどに、労働者に対して業務に必要な安全衛生教育を行わなければならない 59条 。また、クレーンの運転その他の一定の危険業務に、免許または技能講習を受けた者以外の者を就かせてはならない 61条 。

この他、事業者は、中高年齢者や身体障害者、出稼労働者に対して、これらの者の心身の条件に応じて適正な配慮を行うよう努めなければならない 62条 。

5 健康の保持・増進の措置

事業者は、有害な業務を行う作業場について作業環境測定を行わなければならない 65条 。また、潜水業務等健康障害を生ずるおそれのある業務について、厚労省令で定められた作業時間の基準に違反して従事させてはならない 65条の4 。

また、事業者は次のような健康診断を行わなければならない 66条 。
① 雇入れ時の健康診断…常時使用する労働者を雇い入れるときに行うもの 安衛則43条 。
② 一般健康診断…常時使用する労働者について、1年以内ごとに1回行うもの（特定の業務については6か月以内ごとに1回 安衛則44条 ）。
③ 特殊健康診断…有害業務に従事する労働者について行うもの 安衛則45条 。
④ 海外派遣者の健康診断…海外に6か月以上派遣しようとするとき、及び6か月以上海外勤務していた労働者が帰国してから業務に就かせるときに行うもの 安衛則45条の2 。
⑤ 長時間労働者への医師による面接指導制度…過重労働対策として、週40時間を超える労働時間が1か月あたり100時間を超え、疲労の蓄積が認められる労働者が申し出た場合、事業者はその労働者に医師による面接指導を受けさせなければならない 66条の8第1項 。そして、事業者は、この面接指導の結果にもとづく医師の意見を勘案して、必要と認めるときは、就業場所の変更等の措置を講ずるとともに、衛生委員会等への報告等をしなければならない 66条の8第5項 。
⑥ ストレスチェック制度…2015年12月1日に導入されたストレスチェック制度 66条の10 は、①定期的に労働者のストレスの状況について医師、保健師等によるストレスチェックを行い、労働者本人にそ

Q．常時使用する労働者とは。
A．①期間の定めのない労働契約により雇用される者、および期間の定めのある労働契約により雇用される者であって、契約期間が1年以上である者、契約更新により1年以上使用されることが予定されている者、1年以上引き続き使用されている者のいずれかであって、②1週間の労働時間数が当該事業場において同種の業務に従事する通常の労働者の週所定労働時間数の4分の3以上である者とされている。

なお、上記②に該当しないパートタイム労働者であっても、上記①に該当し、かつ、当該事業場において同種の業務に従事する通常の労働者の週所定労働時間数のおおむね2分の1以上労働している場合には、一般健康診断を実施することが望ましいとされている。

の結果を通知して自らのストレスの状況について気づきを促し、個人のメンタルヘルス不調のリスクを低減させること、②検査結果を集団ごとに集計・分析し、職場におけるストレス要因を評価し、職場環境の改善につなげ、ストレス要因を低減させること、③メンタル不調のリスクの高い労働者を早期に発見し、医師による面接指導につなげることなどを目的としている。ストレスチェックの実施に際し「心理的な負担の程度を把握するための検査及び面接指導の実施並びに面接指導結果に基づき事業者が講ずべき措置に関する指針」（平成27年4月15日）が策定されている。

　ストレスチェック制度は、労働者数が50人以上の事業場で実施が義務付けられているが、努力義務となっている50人未満の事業場でも取り組むことが望ましく、その際には法令・指針を遵守することとされている。ストレスチェックを実施した場合には、事業者は、高ストレス者とされた労働者の申出に応じて医師による面接指導を実施し、その結果、医師の意見を聴いた上で、必要な場合には、作業の転換、労働時間の短縮その他の適切な就業上の措置を講じなければならない 66条の10第6項 。

ストレスチェック制度の実施手順

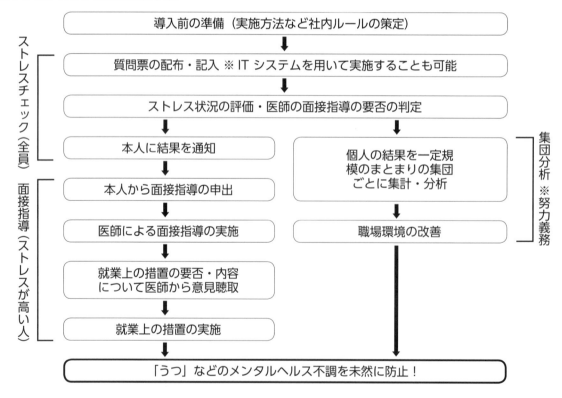

ストレスチェックと面接指導の実施状況は、毎年、労働基準監督署に所定の様式で報告する必要があります。

「ストレスチェック制度簡単導入マニュアル」（厚生労働省）より

6 快適な職場環境の形成のための措置

事業者は、①作業環境を快適な状態に維持管理するための措置、②作業方法を改善するための措置、③労働者の疲労を回復するための施設・設備などの設置・整備の措置を継続的・計画的に講じ、快適な職場環境の形成につとめなければならない 71条の2～71条の4 。

7 安全衛生改善計画

事業場における安全衛生のために、都道府県労働局長は、事業者に対して安全衛生改善計画の作成を指示することができる。

2 労働災害の補償—労災保険法の概要

1 労災保険給付と損害賠償・労基法上の災害補償

労働災害（労災保険法上は、業務災害）にあった労働者あるいはその遺族（以下、被災労働者ら）に対する補償を行うものとして、損害賠償がある。被災労働者らが、使用者あるいは業務災害を引き起こした者に対して不法行為 民法709、715、717条 あるいは債務不履行（安全配慮義務違反—後述）にもとづく損害賠償請求をすることが認められる。この損害賠償では、画一的な給付を行うにすぎない労災保険給付や労基法上の災害補償と異なり、生じた損害全額の補やや慰謝料請求が認められる点で、被災労働者らへのより充実した補償が可能となる。しかし、損害賠償請求が認められるためには、被災労働者らの側で使用者あるいは業務災害を引き起こした者の故意過失を立証しなければならないといった問題のほか、訴訟に要する費用や時間がかかるといった問題もある。

これに対して、労基法上の災害補償は、使用者等の故意過失に関わらず、労働基準監督署長（以下、労基署長）による業務上認定によって補償が行われ、迅速な補償が可能となっている。その一方で、労基法上の災害補償が個別使用者による補償とされているために、個別使用者の資力や補償の継続性などの点で限界があることも否定できない。

1947年に労基法と同時に制定された労災保険法による給付は、労基法上の災害補償と同様に無過失責任にもとづくものであり、使用者等の故意過失に関わらず、労基署長による業務上認定によって補償が行われる。また、使用者集団による補償（事業主が負担する保険料を財源とした補償）となっており、個別使用者の資力や補償の継続性といった問題も生じない。これらに加え、給付内容が充実してきたことなどから、現在では業務災害に対する給付のほとんどは労災保険法によるものとなっている。

2 保険関係

労災保険制度は、政府を保険者とし、労働者を使用するすべての事業（適用事業）に強制的に適用される。ただし、5人未満の労働者を

Q． 労基法による補償が行われるのは。
A． 業務災害による傷病で労働者が休業した場合、休業初日から3日目までの休業補償は労基法76条にもとづき、個別使用者が行うこととされている。

第3編 労働条件論

メリット制
労災保険料率は、業種によって災害のリスクが異なることから、事業の種類ごとに定められているが、事業の種類が同じでも、実際には、作業工程、機械設備、作業環境、事業主の皆様の災害防止努力の違いにより、個々の事業場の災害率には差が生じる。そこで、労災保険制度では、事業主の保険料負担の公平性の確保と、労働災害防止努力の一層の促進を目的として、その事業場の労働災害の多寡（多い少ない）に応じて、一定の範囲内（基本：±40％、例外：±35％、±30％）で労災保険率または労災保険料額を上げ下げする制度（メリット制）を設けている。

労災かくし
労働災害（業務災害）によって労働者が休業・死亡したにもかかわらず、事業者が労働者死傷病報告を故意に行わないことや虚偽の報告を行うことが「労災かくし」である。メリット制によって保険料が増額するのを嫌って行われるこのような「労災かくし」は労安衛法100条に違反する「犯罪」である。

使用する農林水産業の一部の事業は暫定任意適用事業とされている。

適用事業に使用される労働者が適用対象者であるが、国家公務員、地方公務員（現業の非常勤職員を除く）および船員保険法の適用を受ける船員については、適用が除外されている。なお、労災保険法上の「労働者」については、法制定経緯等から、労基法9条にいう「労働者」と同一であるとされている。したがって、いわゆる臨時社員やパートタイム労働者についても労災保険法の適用対象者となる。

事業主は、使用する労働者について保険料を納付する義務を負っている。保険料は、労働者に支払われる賃金総額に保険料率を乗じて算出されるが、その保険料率は、事業の種類ごとに、1000分の2・5～1000分の88とされている（2015・4・1改定による）。なお、同じ種類の事業であっても、災害の発生率に応じて事業所ごとに保険料率を±100分の40の範囲内で上下させ、災害が多発する事業所とそうでない事業所との間に負担の不公平が生じないようにしている（メリット制）。このメリット制については、「労災かくし」の温床となっているとの批判もされている。

3 特別加入制度

中小事業主や一人親方その他の自営業主等は、労基法上の「労働者」ではないために、労災保険法の適用対象者とはならない。しかし、これらの者の業務の実態や災害の発生状況が一般労働者とあまり変わらないような場合も多く、労働者に準じた保護をする必要性が生じてきた。また、労働者が海外の事業場に派遣され、そこで業務災害にあった場合には労災保険法による保護が受けられないという問題も生じていた。そこで、これら中小事業主や一人親方その他の自営業主等、海外派遣労働者を保護するために、特別加入制度が設けられた 33条以下 。

この制度によって、政府の承認を受けて労災保険への加入が認められるのは次の者である 労災保険法施行規則46条の16以下 。
① 常時300人以下（業種によって異なる）の労働者を使用する事業主、およびその事業に従事する労働者以外の者（家族従事者など）。
② 一人親方その他の自営業者、およびその事業に従事する労働者以外の者。
③ 海外派遣労働者。
④ 重度の障害をおこす危険性の高い機械を使用する農作業従事者、職場適応訓練受講者および危険有害な作業に従事する家内労働者とその補助者、労働組合等の常勤役員、介護作業従事者。

これら特別加入者が業務災害にあった場合には、原則として一般の労働者と同様に保険給付がなされるが、特別加入制度の趣旨から一般の労働者の場合に比較して各種の制約が加えられている場合が多い（昭40・12・6基発1591等参照）。

第5章　労働災害の防止と補償

4 業務上の負傷・死亡

　業務災害の被災労働者らが労災保険法による給付を受けるためには、当該死傷病が「業務上」であるとの認定を受けなければならない。この認定は、被災労働者らの申請にもとづき、労基署長が行う。労基署長の決定に不服がある場合には、労働者災害補償保険審査官、さらには労働保険審査会へ審査・再審査請求をすることができる。

　この「業務上」認定の基準については、労災保険法・労基法上ともに明確な規定はないが、行政解釈によって「業務起因性」と「業務遂行性」の2つがあげられており、労働保険審査官および審査会の裁決例、さらには裁判例もこれによって判断する傾向にある。

　「業務起因性」とは、「労働者が労働契約に基づき事業主の支配下にあることに伴う危険が現実化したものと経験則上認められること」をいい、また、「業務遂行性」とは、「労働者が労働契約に基づき事業主の支配下にある状態」とされている。労働者の死傷病が業務上と認定されるためには、業務起因性が認められなければならないが、業務起因性の定義中の、「労働者が労働契約に基づき事業主の支配下にある」とは業務遂行性のことであるから、業務起因性が認められるためには業務遂行性が認められなければならないことになる。しかし、業務遂行性が認められたとしても、このことから直ちに業務起因性が認められるわけではない。業務遂行に伴う危険が現実化したものとは考えられない場合、すなわち業務と死傷病との間に相当因果関係がない場合には、業務起因性は否定される。この意味で、業務遂行性は業務起因性を推定する第一次的な条件であるといえる（図1参照）。なお、「事業主の支配下にある状態」とは、事業主の命令に従う立場にある状態であり、具体的な業務の遂行中はもとより、事業主の管理している施設の中にいる間中や、事業主の指示にしたがって出張外出している場合も事業主の支配下にあるとされる。

■ 図1・業務災害の認定基準

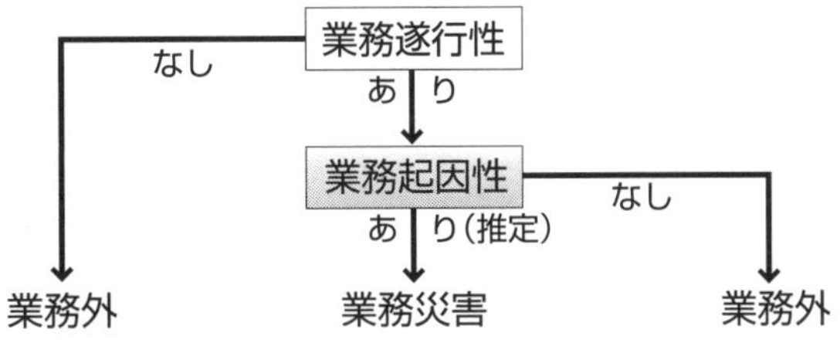

　このように業務遂行性は、業務起因性の判断基準の前提となるものであるが、これについては一般に、①事業主の支配・管理下にあって業務に従事している場合、②事業主の支配・管理下にあるが、業務に従事していない場合（休憩時間等）、③事業主の支配下にはあるが、管理下から離れて業務に従事している場合に大別される。

①事業主の支配・管理下（施設の中）にあって業務に従事している場合

　この場合には業務遂行性があることは明らかであり、労働者の私的行為や恣意行為によって災害が発生したなど、業務起因性が否定

される特別の事情がある場合を除いて、業務起因性も認められる。

なお、ここでいう「業務」とは、労働契約や就業規則、慣例にもとづき本来その労働者が受け持っていた仕事や、それに伴う必要行為、合理的行為の他に、作業の準備行為や後始末行為も含まれる。また、突発的な事故等の発生に対応するために、本来の業務を離れて従事する業務（いわゆる緊急業務）については、その緊急業務が、その事業の労働者として行われるべきもの、その事業として労働者に期待できることであれば、「業務」にあたると解されている（昭34・12・26基収9335他）。この他、就業時間中にトイレに行くとか、水を飲みに行くといった生理的行為についても、業務行為に付随する行為とされ、業務遂行性が認められる。

②事業主の支配・管理下(施設の中)にあるが、業務に従事していない場合

休憩時間中に施設内で行動している場合には使用者の支配下にあるといえるが、原則として、業務起因性は否定されることになる。しかし、死傷病が事業場施設（管理）の不備、欠陥によるものである場合には、業務起因性が認められる。

また、就業中であれば業務に付随する行為とされる行為（生理的行為、必要行為・合理的行為等）については、休憩時間中であっても、使用者の支配下にあることに伴う業務に付随する行為として、業務起因性が認められないような特別な事情のないかぎり業務上と認められる。

③事業主の支配下にはあるが、管理下(施設) から離れて業務に従事している場合

このような例としては、出張中などがあげられる。出張は、業務命令に基づくものであり包括的に事業主の支配下にあるから業務遂行性が認められ、業務起因性が認められない特別の事情がある場合を除いて、業務上と認められる。なお、出張の性質から、入浴・食事等の通常は私的行為とされるものについても、業務（出張）に当然付随する行為として業務遂行性が認められる。ただし、労働者が積極的に行った私的行為については、業務遂行性は否定される。

④その他(出退勤途中、天災地変、他人の暴行)

出退勤途中の死傷病は、業務遂行性が認められないため、業務災害とはされず、後述の「通勤災害」の問題として処理されることになる。ただし、事業場専用の交通機関で出退勤を行う場合や、出勤中または退勤中に用務を行う場合には、業務遂行性が認められる。

つぎに、天災地変による死傷病は、いわば不可抗力的なものであり、一般的には業務起因性は認められない。しかし、作業条件や事業場の施設などに、天災地変に際して災害の起こりやすい事情がある場合には、業務起因性が認められる（昭49・10・25基収2950他）。

また、他人の暴行による死傷病については、災害（他人の暴行）の原因が業務にあり、業務と災害との間に相当因果関係がある場合

2011年3月11日に発生した東日本大震災で被災した労働者の労働災害について、厚労省は次のような見解を出した。

まず、業務中に地震や津波に遭って負傷・死亡した場合には、通常、業務災害とする。また、業務中に地震があり避難することは仕事に付随する行為であり、したがって、津波に限らず、避難行為中に怪我をされた場合は、通常、業務災害とする。

（厚労省「東北地方太平洋沖地震と労災保険Q＆A」より）

には、業務起因性が認められる。

5 業務上疾病

労働者の疾病が業務に起因するものか、あるいは事業場の環境によって生じたものか、それとも本人の体質によるものかを判断するのは、業務上の負傷・死亡の場合と比べて、相当に困難な場合が多い。医学的にみて、疾病と業務ないし事業場の環境との間に相当因果関係があることが認められなければならないからである。

そこで、このような困難さを少しでも軽減し迅速な給付を行うために、業務上疾病の範囲が列挙されている 労基法施行規則35条別表第1の2 。そこでは、労働環境の中で労働者が受ける有害な因子とその因子によって生じることが医学的に明らかな疾病が、類型化されて列挙されている。そして、別表に列挙されている疾病については、被災労働者が所定の業務に従事したこと、およびそれに対応する所定の疾病にかかったことを立証すれば、業務上と推定される。また、別表に列挙されていない疾病についても、例えば、頸肩腕障害（「上肢作業に基づく疾病の業務上外の認定基準について」平9・2・3基発65）や、腰痛（昭52・5・28基発307）、振動障害等については、それぞれについての認定基準が出されている（昭51・10・16基発750）。

これら以外の別表に列挙されていない疾病についても、「業務に起因することの明らかな疾病」（前記別表11号）の場合には、業務上とされる（図2参照）。そのためには、業務と疾病との相当因果関係を立証しなければならないことになる。また被災労働者に基礎疾患（発症の基礎となる病態）があり、業務と競合する場合には、相対的に有力な原因が業務に存在する場合に相当因果関係が認められる。

■ 図2・業務上疾病

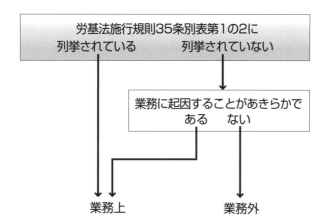

6 通勤災害

通勤途中は、いまだ使用者の支配下にあるとはいえないために、業務災害とはされない。しかし、交通事故の増加にともない通勤途中の災害が増加したことや、通勤と業務との密接な関係から通勤中の災害についても業務災害に準じて保護する必要がある等として、

1973年の改正によって、通勤災害に対しても労災保険法による給付を行うこととされた。

通勤災害として労災保険給付の対象となるのは、まず、労働者が、就業に関し、住居と就業の場所の間を合理的な経路及び方法により移動するときに被った負傷、疾病、障害または死亡である 7条1項2号および2項（図3）。なお、業務遂行性が認められるような場合には、7条1項1号の業務災害となり、通勤災害からは除外される。

■ 図3・通勤

また、2005年の改正により、これまで実務上は通勤災害保護制度の対象とはされていなかった複数就業者（二重就職者）の事業場間の移動(図4)や、単身赴任者の赴任先住居と帰省先住居間の移動(図5) についても通勤災害保護制度の対象とされた。

ただし、単身赴任の場合については、つぎに掲げるような一定の「やむを得ない事情」によって単身赴任をしている場合に限定されている。

①労働者が配偶者と別居している場合

その配偶者が、(a) 要介護状態にある労働者または配偶者の父母または同居の親族を介護すること、(b) 学校等に在学し、また職業訓練を受けている同居の子を養育すること、(c) 引き続き就業すること、(d) 労働者または配偶者の所有に係る住宅を管理するため、引き続き当該住宅に居住すること等が要件とされている。

②配偶者がいない労働者が子と別居している場合

その子が、(e) 要介護状態にあり、引き続き帰省先住居がある地域において介護を受けなければならないこと、(f) 学校等に在学し、または職業訓練を受けていること等が要件とされている。

③配偶者および子がいない労働者

(g) 同居介護していた要介護状態にある親族が、引き続き帰省先住居がある地域において介護を受けなければならないために別居していることが要件とされている。

■ 図4・複数就業

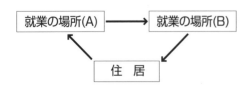

■ 図5・単身赴任

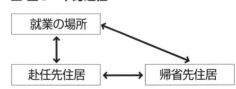

なお、労働者が、就業または通勤とは関係のない目的で合理的な移動の経路からはずれたり（逸脱）、または通勤の経路上で通勤とは

関係のない行為を行ったりした場合（中断）には、その逸脱・中断の間およびその後の移動は通勤とはならない。したがって逸脱・中断後に負傷したりしても通勤災害とはされない。

ただし、逸脱・中断が、日用品の購入その他これに準ずる行為など厚生労働省令で定める日常生活上必要な行為を、やむを得ない事由により行うための最小限度のものである場合には、その逸脱・中断の間を除き、再び合理的な経路に戻った後は通勤とされる 労災保険法7条3項 。

具体的には、(a) 日用品の購入その他これに準ずる行為、(b) 職業訓練、学校教育法第一条に規定する学校において行われる教育その他これらに準ずる教育訓練であって職業能力の開発向上に資するものを受ける行為、(c) 選挙権の行使その他これに準ずる行為、(d) 病院又は診療所において診察又は治療を受けることその他これに準ずる行為、(e) 要介護状態にある配偶者、子、父母、配偶者の父母並びに同居し、かつ、扶養している孫、祖父母及び兄弟姉妹の介護（継続的に又は反復して行われるものに限る）が定められている 労災保険法施行規則8条 。

■ 図6・通勤災害

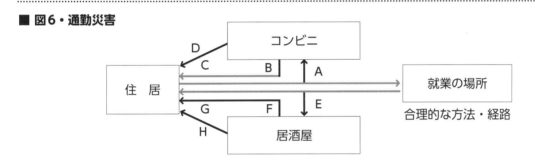

Eのように、合理的な方法・経路（通勤経路）を外れた場合が逸脱であり、Hのように通勤経路とは異なる方法・経路で住居に戻る場合はもとより、F・Gのように通勤経路に戻った後も含め、災害に遭っても通勤災害とはされない。また、通勤経路上の「駅ナカ」で飲酒した場合は中断とされ、それ以後については同様に通勤災害とはされない。これに対し、日用品を購入するためにコンビニによった場合には、通勤経路に戻った後の災害については、通勤災害とされる。ただし、この場合であっても通勤経路から外れている間（A・B）や、通勤経路とは違う方法・経路で住居に戻る場合（C）に災害に遭っても通勤災害とはされない。

7 過労死・過労自殺

過重労働による疲労・ストレスの蓄積が原因の一つとなって、脳・心臓疾患や呼吸器疾患、精神疾患等を発病し、労働者が死亡または重度の障がいを残すに至るのが過労死である。また、過重労働によって大きなストレスを受けたり、疲労が蓄積したりすることによって労働者が「うつ病」を発症し、自殺してしまうことが過労自殺である。

2010年改正により労基法施行規則別表1の2に過労死や過労自殺を業務上疾病とする規定がおかれることとなった。その具体的な判断に

あたっては、従前通り行政通達によっている。まず、過労死について、行政通達はつぎのような場合に業務上と認定するとしている（平13・12・12基発1063）。すなわち、まず対象疾病を、脳血管疾患（くも膜下出血や脳梗塞など）と虚血性心疾患（心筋梗塞など）に限定する。その上で、①発症直前から前日までの間において、発生状態を時間的及び場所的に明確にし得る異常な出来事に遭遇した場合、②発症に近接した時期（概ね1週間）において、特に過重な業務に就労した場合、③発症前の長期間（概ね6か月間）にわたって、著しい疲労の蓄積をもたらす特に過重な業務に就労した場合のいずれかによって、労働者が対象疾病を発症した場合に業務上とする。

なお、通達は、業務が過重であったかを判断するにあたって、同僚等にとっても特に過重な身体的、精神的負荷と認められるか否かという観点から客観的かつ総合的に判断するとし、脳心臓疾患を発症した労働者と同程度の年齢・経験等を有する健康な状態にある者のほか、基礎疾患を有していたとしても日常業務を支障なく遂行できる者にとっても業務が過重であったかによって判断している。また、③をめぐって、発症前1か月間に概ね100時間、または発症前2か月間ないし6か月間にわたって1か月あたり概ね80時間を超える時間外労働が認められる場合は、業務と発症との関連性が強いとしている。

つぎに、精神障がいについて行政通達は、①対象疾病（うつ病など）に該当する精神障がいを発病している場合であって、②対象疾病の発病前概ね6か月の間に、客観的に当該精神障がいを発病させるおそれのある業務による強い心理的負荷が認められ、③業務以外の心理的負荷及び個体側要因により当該精神障がいを発病したとは認められない場合に業務上と認定するとしている（平21・4・6基発0406001）。そして、業務による心理的負荷によってこれらの精神障がいが発病したと認められる者が自殺を図った場合には、業務起因性を認めるとしている。自殺など、労働者の故意によって事故が発生した場合には労災保険給付は支給されないこととされているが 労災保険法12条の2の2 、過労自殺については精神障がいによって正常な認識・行為選択能力が著しく阻害されまたは自殺を思いとどまる精神的な抑制力が著しく阻害されている状態で自殺したものと推定して業務起因性を認めているのである。

Q．給付基礎日額
A．給付基礎日額とは、労基法12条の平均賃金に相当する額である（8条）。なお、休業（補償）給付と年金たる保険給付（傷病補償年金、障害補償年金、遺族補償年金、傷病年金、障害年金及び遺族年金）については、それぞれ「平均給与額」に応じてその額をスライドさせたり、年齢階層別に最高・最低限度額が設けられたりしている（8条の2および3）。

Q．算定基礎日額
A．算定基礎日額とは、原則として、業務上または通勤による負傷・死亡の原因である事故が発生した日または診断によって病気にかかったことが確定した日以前1年間にその労働者が事業主から受けた特別給与の総額を365で割って得た額である。

第5章 労働災害の防止と補償

判例 Case Study

過労死—横浜南労基署長（東京海上横浜支店）事件＝最1小判平12・7・17労判785号6頁

支店長付きの運転手として自動車運転の業務に従事していたＸが、くも膜下出血を発症したことが業務上疾病にあたるかが争われた事案。Ｘには、脳動脈りゅうの基礎疾患があった蓋然性が高い上、高血圧症が進行していたが、発症1年7か月前の時点では治療の必要のない程度のものであった。

判旨は、発症1年以上前からのＸの業務内容や態様、遂行状況を詳細に検討し、とりわけ発症半年前からの業務が精神的、身体的にかなりの負荷となり慢性的な疲労をＸにもたらしたとした（なお、判旨はＸの業務の過重性を認定する際、平元・2・9日付労働省告示第7号「自動車運転者の労働時間等の改善のための基準」との比較を行っている）。

その上で判旨は、「Ｘの基礎疾患の内容、程度、Ｘが本件くも膜下出血発症前に従事していた業務の内容、態様、遂行状況等に加えて、脳動脈りゅうの血管病変は慢性の高血圧症、動脈硬化により増悪するものと考えられており、慢性の疲労や過度のストレスの持続が慢性の高血圧症、動脈硬化の原因の一つとなり得るものであることを併せ考えれば、Ｘの右基礎疾患が右発症当時その自然の経過によって一過性の血圧上昇があれば直ちに破裂を来す程度にまで増悪していたとみることは困難というべきであり、他に確たる増悪要因を見いだせない本件においては、Ｘが右発症前に従事した業務による過重な精神的、身体的負荷がＸの右基礎疾患をその自然の経過を超えて増悪させ、右発症に至ったものとみるのが相当であって、その間に相当因果関係の存在を肯定することができる」として、Ｘのくも膜下出血を業務上疾病であるとした。

なお、本件は、休業補償給付の不支給が争われたものであり、過労「死」の業務上認定が争われたものではない。しかし、過重労働による健康被害についての最高裁判決であり、平成13年の過労死認定基準改正の契機ともなったものである。

8 労災保険給付

業務災害に対する労災保険給付には、療養補償給付、休業補償給付、障害補償給付、遺族補償給付、葬祭料、傷病補償年金、介護補償給付、二次健康診断等給付（直近の労安衛法にもとづく健康診断において、脳血管疾患及び心臓疾患に関連する一定の項目について異常の所見があると診断された場合に、労働者の請求により給付されるもの）がある。また、通勤災害に対しては、「補償」の字句こそ使われていないものの、業務災害に対するそれぞれの給付とほぼ同じ給付がなされる。さらに、社会復帰促進促進等事業から特別支給金が支給される。これらの概要は、表1に掲げる通りである。

第3編 労働条件論

■ 表1・労働災害に対する給付の概要

支給事由	保険給付	特別支給（労働福祉事業）
業務（または通勤）による負傷又は疾病で治療を要する場合	○療養補償給付（療養給付）…療養の給付又は療養に要した費用の給付	
業務（または通勤）による負傷又は疾病により労働することができないために賃金を受けない場合	○休業補償給付（休業給付）…休業第4日目から1日につき給付基礎日額の60％相当額	○休業特別支給金…休業第4日目から1日につき給付基礎日額の20％相当額
業務（または通勤）による負傷又は疾病が治った後に、身体に一定の障がいが残った場合	○障害補償給付（障害給付）…障がいの等級に応じ、障害等級第1級〜第7級の者に給付基礎日額の313日分〜131日分の年金、障害等級第8級〜第14級の者に給付基礎日額の503日分〜56日分の一時金。	○障害特別支給金…障がいの程度に応じ、342万円（障害等級第1級）〜8万円（障害等級第14級）の一時金。 ○障害特別年金…障がいの程度に応じ、障害等級第1級〜第7級の者に算定基礎日額の313日分〜131日分の年金。 ○障害特別一時金…障害等級第8級〜第14級の者に算定基礎日額の503日分〜56日分の一時金。
業務（又は通勤）により死亡した場合	○遺族補償給付（遺族給付）…生計維持関係のある遺族等一定の遺族に対し遺族数に応じ、給付基礎日額の245日分〜153日分の年金。遺族補償年金を受けることができる遺族がいない場合、その他の一定の遺族に対し、給付基礎日額の1000日分の一時金 ○葬祭料（葬祭給付）…315,000円と給付基礎日額の30日分の合計額または給付基礎日額の60日分	○遺族特別支給金…300万円（労働者の死亡当時の遺族補償給付（遺族給付）の受給権者に対して支給）。 ○遺族特別年金…遺族数に応じ、年金受給者に算定基礎日額の245日分〜153日分の年金。 ○遺族特別一時金…一時金受給者に算定基礎日額の1000日分の一時金。
業務（又は通勤）による負傷又は疾病が療養の開始後1年6か月を経過しても治らず、その負傷又は疾病により一定の障がいの状態にある場合	○傷病補償年金（傷病年金）…障がいの程度に応じ給付基礎日額の313日分（傷病等級第1級）〜245日分（傷病等級第3級）の年金が支給される。	○傷病特別支給金…障がいの程度に応じ、114万円（傷病等級第1級）〜100万円（傷病等級第3級）の一時金。 ○傷病特別年金…障がいの程度に応じ、年金受給者に算定基礎日額の313〜245日分の年金。
業務（または通勤）による負傷又は疾病により一定の障がいを有し、現に介護を受けている場合	○介護補償給付（介護給付）…常時介護を要する被災労働者に、105,130円（または57,110円）を上限とする実費。随時介護を要する被災労働者に、52,570円（または28,560円）を上限とする実費。	

※この他に「二次健康診断等給付」もある。※金額は、2017（平29）年4月1日現在のもの。

9 安全配慮義務

労働契約法5条は、「使用者は、労働契約に伴い、労働者がその生命、身体等の安全を確保しつつ労働することができるよう、必要な配慮をするものとする」と規定し、使用者が労働者に対して安全配慮義務を負っていることを明らかにしている。

この安全配慮義務は、1970年代から判例上も認められてきたものである。最高裁も、陸上自衛隊八戸車両整備工場事件において、「ある法律関係に基づいて特別な社会的接触の関係に入った当事者間において、当該法律関係の付随義務として当事者の一方又は双方が相

第5章 労働災害の防止と補償

手方に対して信義則上負う義務として一般的に認められるべきもの」
として安全配慮義務を認めていた（最3小判昭50・2・25労判222号
13頁）。したがって、使用者とその雇用する労働者との間だけでなく、
親子会社における親会社と子会社の労働者や、請負における元請と
下請会社の労働者との間にも、安全配慮義務が存在することになる。
　この安全配慮義務の内容としては、「労働者が労務提供のため設
置する場所、設備もしくは器具等を使用し又は使用者の指示のもとに
労務を提供する過程において、労働者の生命及び身体等を危険から
保護するよう配慮すべき義務」（川義事件＝最3小判昭59・4・10労
判429号12頁）、あるいは「その雇用する労働者に従事させる業務を
定めてこれを管理するに際し、業務の遂行に伴う疲労や心理的負荷
等が過度に蓄積して労働者の心身の健康を損なうことがないよう注
意する義務」などとされている（電通事件＝最2小判平12・3・24労
判779号13頁）。
　そして、使用者がこの安全配慮義務を怠ったために労働者が負傷・
死亡したり障がいを残したりした場合には、債務不履行による損害
賠償責任 民法415条 が生じることとなる。
　なお、この安全配慮義務が、損害賠償請求の根拠となるにすぎな
いものなのか、履行請求をも認めるものなのかについては議論があ
る。最高裁が「付随義務」として、また労働契約法が「労働契約に伴」
うものとして安全配慮義務を捉えていること、一般的には安全配慮
義務の内容が抽象的なものであることから、原則として、安全配慮
義務を根拠とする履行請求は認められないと解するほかない。しか
し、使用者の義務内容が明確あるいは一義的に定まっている場合に
は、例外的に、履行請求が認められる場合があるといえよう。

第4編

雇用平等

　憲法14条やILO条約などが規定する平等原則を雇用の分野においても実現するために、労働基準法4条は賃金についての女性差別を禁止した。しかし、日本の賃金制度の主流であった年功賃金や古典的な性別分業の考え方等のもと、現在でもなお男女の賃金格差は解消されているとはいえない状況にある。

　また、労働基準法が時間外・休日労働や深夜業、危険有害業務、産前産後休業などの女性保護規定を定めていたこととの関係で、賃金についての女性差別を禁止しただけであったために、募集・採用や解雇・退職などの事項について、さまざまな女性差別が行われてきた。それらに対処するために1985年に均等法が制定され、数次にわたる改正を経て現在に至っているが、これも未だに十分な性差別禁止法とはなっていない状況にある。

　本編では、まず、これら労働基準法が定める賃金差別禁止や女性保護、均等法の規定内容をみていく。

　さらに、育児・介護休業法についても、これまで女性の負担によるところが多かった家庭責任のうちの育児や介護を、男女を問わず等しく行うことを可能としたものであるとの観点から、本編で取り上げる。

第1章 賃金差別の禁止

　女性であることを理由とする賃金差別は、労働基準法（労基法）4条によって禁止されている。しかし、実際の賃金格差が、「女性であること」を理由としたものであるかをめぐって多くの事件で争われてきた。また、賃金差別が認められた場合でも、差額賃金請求を認めるのか、損害賠償による救済にとどまるとするのかなどの問題がある。

1 男女同一賃金の原則

　使用者は、労働者が女性であることを理由として、賃金について、男性と差別的取扱をしてはならない 労基法4条 。これは、憲法14条およびILO第100号条約（1951年採択）を具体化したものであり、（男女）同一価値労働同一賃金の原則を確認したものといえる。しかし、年齢や学歴、勤続年数、家族構成等の属人的要素によっても賃金が決定される日本の賃金制度では、女性であることを理由とする差別であるかどうかの判断は困難を伴うものとなる。

　労基法4条の「女性であることを理由として」とは、「労働者が女性であることのみを理由として、あるいは社会通念として又は当該事業場において女性労働者が一般的又は平均的に能率が悪いこと、勤続年数が短いこと、主たる生計の維持者ではないこと等を理由とする」ことであるとされている（昭22・9・13発基17他）。また、「差別的取扱」については、「不利に取り扱う場合のみならず有利に取り扱う場合も含む」とされており、女性の賃金を男性より優遇することも禁止されている（昭22・9・13発基17他）。そして、「男女賃金格差がある場合には、使用者側でそれが合理的理由に基づくものであることを立証しない限り、右格差は女子であることを理由としてなされた不合理な差別であると推認するのが相当である」とされている（石崎本店事件＝広島地判平8・8・7労判701号22頁他）。

　この労基法4条違反となるかが争われた代表的なものとして、まず、秋田相互銀行事件があげられる。これは、基本給の中心となっていた本人給について扶養家族の有無によって異なる賃金表を設定しながら、男性については扶養家族の有無にかかわらず高額の賃金表を適用し、女性についてはすべて低額の賃金表を適用していたというものである。判決（秋田地判昭50・4・10労判226号10頁）は、このような取扱いを労基法4条違反とした。

　また、非世帯主であり、かつ本人の意思により勤務地を限定して勤務する者については26歳以降の定期昇給を行わないと規定しながら、男性については一貫して実年齢に応じた基本給を支給し、女性との間に著しい賃金格差を生じさせていたことが争われたものに三陽物産事件（東京地判平6・6・16労判651号15頁）がある。判決は、女性の大半が非世帯主であることを使用者が認識していたこと、男女の賃金格差が著しいものであることを使用者が容認して制度を制定・運用していたことから、労基法4条違反とした。

この他、世帯主たる労働者に対してのみ家族手当を支給することの違法性が争われたものとして岩手銀行事件（仙台高判平4・1・10労判605号98頁）や日産自動車事件（東京地判平元・1・26労判533号45頁）などがある。岩手銀行事件では、「自己の収入をもって、一家の家計を維持する者」を世帯主と規定する一方で、「その配偶者が所得税法に規定されている扶養控除対象限度額を超える所得を有する場合は、夫たる行員とする」旨規定し、これに従った運用をしていることは、労基法4条に違反するとされた。

これに対し、日産自動車事件では、「夫と妻のいずれか収入額の多い方」を世帯主とし、女性に対して家族手当を支給しなかったのは、家族手当が生活補助費的性質の強いものであったことや、共働きの従業員からの家族手当分割請求を認めないこととしていたこと等から、不合理なものとはいえず、労基法4条には違反しないとした。

世帯主のほとんどが男性となっている実態を考えれば、これらの事案で問題となった「世帯主基準」は、「実質的に性別を理由とする差別となるおそれがある措置 均等法7条、間接差別 にほかならない。しかし、後述するように、間接差別として均等法が禁止しているのは募集・採用、昇進に限定されているため、「世帯主基準」をただちに均等法違反とすることはできない。しかし、均等法上、間接差別が禁止されたことによって「世帯主基準」の違法性（反公序性）が一層明確なものとなったわけであり、少なくとも損害賠償請求は認められると解される。

なお、昇格・昇進差別の結果としても、男女賃金格差が生じる。そのような場合にも労基法4条違反の問題とする学説もあるが、同条が禁止するのは「賃金について」の差別的取扱であることから、男女雇用機会均等法上の問題として処理するべきであろう。

② 賃金差別に対する救済方法

男女賃金差別が認められる場合、差別された労働者は、使用者に対して不法行為に基づく損害賠償請求をすることが認められる。また、成果主義賃金制度が導入されている場合には、労働契約上、公正・適正評価義務が使用者に課せられていると考えられるが、男女賃金差別を行ったことはこの義務に違反したことになり、損害賠償請求が認められることになる。

この他に、差別された労働者からの差額賃金請求権が認められるのかが問題となる。

学説には、労基法4条違反である男女差別賃金について、労基法13条を根拠として差額賃金を請求できるとするものや、労基法4条から直接差額賃金請求が認められるとするものなどがある。しかし、賃金支給基準の実態から見れば、客観的支給基準が明確である場合には労基法4条、さらには労基法13条の趣旨類推によって差額請求が認められるが、そのような明確な基準が存しない場合には、損害賠償請求が認められるにとどまるとするのが妥当と解される。

第2章 男女雇用機会均等法

　労働者が性別により差別されることなく、また女性労働者が母性を尊重されつつ、充実した職業生活を営むことができるようにするために、募集・採用、配置・昇進・降格・教育訓練、福利厚生、定年・退職・解雇等についての差別的取扱や、妊娠・出産を理由とする不利益取扱の禁止、セクシュアル・ハラスメント対策を講じること等が、「雇用の分野における男女の均等な機会および待遇の確保等に関する法律」（均等法）で定められている。

1 男女雇用機会均等法の変遷

　1979年に国連で採択された「女子に対するあらゆる形態の差別の撤廃に関する条約」をうけて、1985年に、勤労婦人福祉法を改正する形 で「雇用の分野における男女の均等な機会および待遇の確保等女子労働者の福祉の増進に関する法律」が制定された。

　当初の均等法は、定年・退職・解雇と福利厚生、教育訓練について女性であることを理由とする差別的取扱を禁止する一方で、募集・採用、配置・昇進については女性であることを理由として差別しないことを努力義務としたにすぎなかった。この意味で、「性差別禁止法」としてはもとより、女性差別禁止法としても不十分なものであったといえよう。

　均等法は、その後1997年に改正され、名称も「雇用の分野における男女の均等な機会及び待遇の確保等に関する法律」に改められ、募集・採用、配置・昇進、福利厚生、教育訓練について努力義務から女性差別禁止に改められ、セクシュアル・ハラスメントの規定が追加された。2006年の改正では、女性に対する差別の禁止から、性差別全般を禁止、過去の経緯からの男女の差異を埋めるためのポジティブ・アクション、間接差別に関する規定も設けられるなど大きな改正となった。さらに、2016年改正では妊娠、ポジティブ・アクション、にも改正されている。その主な改正点は下図の通りである。

■ 均等法改正の概要

	1985年制定時	1997年改正	2006年改正	2016年改正
募集・採用	努力義務	女性差別禁止	性差別禁止	性差別禁止
配置・昇進	努力義務	女性差別禁止	性差別禁止	性差別禁止
降格	―	女性差別禁止	性差別禁止	性差別禁止
福利厚生	女性差別禁止（一部）	女性差別禁止（一部）	性差別禁止	性差別禁止
教育訓練	女性差別禁止（一部）	包括的に女性差別禁止	性差別禁止	性差別禁止
職種・雇用形態の変更	―	―	性差別禁止	性差別禁止
退職勧奨	―	―	性差別禁止	性差別禁止

第**2**章 男女雇用機会均等法

	1985年制定時	1997年改正	2006年改正	2016年改正
定年・解雇	女性差別禁止	女性差別禁止	性差別禁止	性差別禁止
労働契約の更新（雇止め）	―	―	性差別禁止	性差別禁止
間接差別	―	―	禁止（行政指導は省令に限定列挙した項目）	禁止（2014.7.1より省令で間接差別の範囲拡大）
ポジティブアクション	―	女性に対するものを適法と規定（国の援助）	女性に対するものを適法と規定（国の援助内容の追加）	女性に対するものを適法と規定
セクシュアルハラスメント	―	女性に対するセクハラ防止等の事業主の配慮義務	男女労働者に対し雇用管理上の措置義務	男女労働者に対し雇用管理上の措置義務
妊娠、出産を理由とする不利益取扱	解雇を禁止	解雇禁止	理由の拡大、解雇以外の不利益取扱を禁止	不利益取扱を禁止
妊娠・出産・育児・介護休業等に対するハラスメント	―	―	―	ハラスメント防止のための措置義務
母性健康管理	努力義務	義務化	義務	義務
調停開始要件	双方同意	一方の申立	一方の申立	一方の申立
調停申立を理由とする不利益取扱	―	禁止	禁止	禁止
実効性確保措置	―	勧告に従わない場合の企業名公表	勧告に従わない場合の企業名公表、過料	勧告に従わない場合の企業名公表、過料

2 募集・採用

1 性別を理由とする差別の禁止

　労働者が性別により差別されることなく、その能力を十分発揮することができる雇用環境の整備のためには、募集・採用という職業生活の入口において男女の均等な機会が確保されることが必要である。均等法は、労働者の募集及び採用について「事業主は、労働者の募集及び採用について、その性別にかかわりなく均等な機会を与えなければならない。」とする　均等法5条　。

　募集・採用については、禁止される差別の内容を具体的に示した指針（「労働者に対する性別を理由とする差別の禁止等に関する規定に定める事項に関し、事業主が適切に対処するための指針」平成

第4編 雇用平等

募集採用：指針において不適切と例示する例

・一定の職種（総合職・一般職を含む）や一定の雇用形態（正社員、パートタイム労働者等を含む）について、募集または採用の対象を男女のいずれかのみとすること

・募集又は採用に当たって、男女のいずれかを表す職種の名称を用い（例えば、営業マン、ウエイター、主婦パート、スチュワーデス等）、又は「男性歓迎」、「女性向きの職種」等の表示を行うこと。

・募集又は採用に当たって、女性についてのみ、未婚者であること、子を有していないこと、自宅から通勤すること等を条件とし、又はこれらの条件を満たす者を優先すること。

・募集又は採用に当たって実施する筆記試験や面接試験の合格基準を男女で異なるものとすること。

配置：指針において不適切と例示する例

指針では、①一定の職務への配置に当たって、その対象から男女のいずれかを排除すること、②一定の職務への配置に当たっての条件を男女で異なるものとすること、③一定の職務への配置に当たって、能力及び資質の有無等を判断する場合に、その方法や基準について男女で異なる取扱いをすること、④一定の職務への配置に当たって、男女のいずれかを優先すること、⑤配置における業務の配分に当たって、男女で異なる取扱いをすること。

コース別雇用管理指針で不適切とする例

（1）一方の性の労働者のみを一定のコース等に分けること、一方の性の労働者のみ特別な要件を課すこと、形式的には男女双方に開かれた制度になっているが、実際の運用上は男女異なる取扱いを行うこと。

（2）コース等別雇用管理に↗

27年厚生労働省告示458号）が策定されている。指針では、①募集又は採用に当たって、その対象から男女のいずれかを排除すること、②募集又は採用に当たっての条件を男女で異なるものとすること、③採用選考において、能力及び資質の有無等を判断する場合に、その方法や基準について男女で異なる取扱いをすること、④募集又は採用に当たって男女のいずれかを優先すること、⑤求人の内容の説明等募集又は採用に係る情報の提供について、男女で異なる取扱いをすることが、均等法5条に違反するとされている（主な具体的事例は、欄外の例を参照のこと）。

均等法第5条は、雇用機会の付与、募集・採用条件、求人情報の提供、採用選考、採用決定などのすべての段階において男女異なる取扱いをしないことを求めている。したがって、個々の労働者の職務に対する意欲、能力、適性を公平、公正に判断した結果として、男性のみまたは女性のみを採用することになった場合には、均等法違反となるものではなく、企業は必ず男性と女性を採用しなければならないということでもないため、機会の均等を求めているものであって、結果の平等まで求めるものとは解されない。

2 間接差別の禁止

間接差別とは、①性別以外の事由を要件とする措置であって、②他の性の構成員と比較して、一方の性の構成員に相当程度の不利益を与えるものを、③合理的な理由がないときに講ずることをいう。

均等法は、「事業主は、募集及び採用並びに前条各号に掲げる事項に関する措置であって労働者の性別以外の事由を要件とするもののうち、措置の要件を満たす男性及び女性の比率その他の事情を勘案して実質的に性別を理由とする差別となるおそれがある措置として厚生労働省令で定めるものについては、当該措置の対象となる業務の性質に照らして当該措置の実施が当該業務の遂行上特に必要である場合、事業の運営の状況に照らして当該措置の実施が雇用管理上特に必要である場合その他の合理的な理由がある場合でなければ、これを講じてはならない。」とする。

間接差別について、均等則2条では、

（1）労働者の募集又は採用に関する措置であって、労働者の身長、体重又は体力に関する事由を要件とするもの

（2）労働者の募集若しくは採用、昇進又は職種の変更に関する措置であって、労働者の住居の移転を伴う配置転換に応じることができることを要件とするもの

（3）労働者の昇進に関する措置であって、労働者が勤務する事業場と異なる事業場に配置転換された経験があることを要件とするものを例示したうえで、これらについては間接差別として禁止し、行政による助言、指導等の対象としている。

3 コース等別雇用管理の運用

　1986年の均等法施行にあたり、労働者の職種、資格等に基づき複数のコースを設定し、コースごとに異なる募集、採用、配置、昇進、教育訓練、職種の変更等の雇用管理（いわゆる「コース等別雇用管理」）が大企業などを中心に普及し定着している。このコース別雇用管理が実質的に性別による雇用管理に当たっているという批判もあり、男女別コース雇用管理のもとでの昇格差別が争われた野村證券事件（東京地判平14・2・20労判822号13頁）では慰謝料請求が認容されている。

　厚生労働省は、コース別雇用管に当たっては、均等法を遵守するとともに、「コース等で区分した雇用管理を行うに当たって事業主が留意すべき事項に関する指針（平成25年12月24日厚生労働省告示第384号）」で定める事項に留意して、その者の有する能力を有効に発揮できる環境整備を図らなければならないとした。

おける募集または採用に当たって、男女別で選考基準または採用基準に差を設けること、合理的な理由なく転居を伴う転勤に応じることができる者のみ対象とすることまたは合理的な理由なく複数ある採用の基準の中に、転勤要件が含まれていること。
　（3）配置、昇進、教育訓練、職種の変更等に当たり、男女間で運用基準に差を設けること。

3 配置・昇進・教育訓練・職種の変更

　均等法6条は、配置（業務の配分、権限の付与を含む）・昇進・降格、教育訓練、福利厚生、定年、退職、解雇、職種・雇用形態の変更、退職勧奨、雇止め、妊娠出産・産休取得等を理由とする不利益扱いを禁止している。

①配置

　「配置」とは、労働者を一定の職務に就けること又は就いている状態をいい、従事すべき職務における業務の内容及び就業の場所を主要な要素とするものである。なお、配置には、業務の配分及び権限の付与が含まれることが明文化されている。この「業務の配分」とは、特定の労働者に対し、ある部門、ラインなどが所掌している複数の業務のうち一定の業務を割り当てることをいい、日常的な業務指示は含まれない。

　配置には、採用に引き続いて行う場合と配置転換によりある職務へと変える場合のいずれも含まれ、出向も「配置」に含まれる。

②昇進・昇格

　「昇進」とは、企業内での労働者の位置付けについて下位の職階から上位の職階への移動を行うことをいう。昇進には、職制上の地位の上方移動を伴わない、いわゆる「昇格」も含まれる。

　昇進に関し、一の雇用管理区分において、男女異なった取り扱いを行うことは、均等法により禁止されている。すなわち、一定の役職への昇進に当たって、その対象から男女のいずれかを排除すること、一定の役職への昇進に当たっての条件を男女で異なるものとすること、一定の役職への昇進に当たって、能力及び資質の有無等を判断する場合に、その方法や基準について男女で異なる取扱いをする

指針によって、配置に関し、一の雇用管理区分において次に掲げる措置を講ずることは、均等法に違反するとされている。
①一定の職務への配置に当たって、その対象から男女のいずれかを排除すること。
　例：営業の職務、秘書の職務、企画立案業務を内容とする職務、定型的な事務処理業務を内容とする職務、海外で勤務する職務等一定の職務への配置に当たって、その対象を男女のいずれかのみとすること。
②一定の職務への配置に当たっての条件を男女で異なるものとすること。
　例：男性労働者については、一定数の支店の勤務を経た場合に本社の経営企画部門に配置するが、女性労働者については、当該一定数を上回る数の支店の勤務を経なければ配置しないこと。
③一定の職務への配置に当たって、能力及び資質の有無等を判断する場合に、その方法や基準について男女で異なる取扱いをすること。
　例：一定の職務への配置に当たり、人事考課を考慮する場合において、男性労働者は平均的な評価がなされている場／

第4編 雇用平等

合にはその対象とするが、女性労働者は特に優秀という評価がなされている場合にのみその対象とすること。

④ 配置における業務の配分、権限の付与に当たって、男女で異なる取扱いをすること。
例：営業部門において、男性労働者には新規に顧客の開拓や商品の提案をする権限を与えるが、女性労働者にはこれらの権限を与えず、既存の顧客や商品の販売をする権限しか与えないこと。

⑤ 配置転換に当たって、男女で異なる取扱いをすること
例：男性労働者については、複数の部門に配置するが、女性労働者については当初に配置した部門から他部門に配置転換しないこと。

こと、一定の役職への昇進に当たり男女のいずれかを優先することは均等法に反する。

③降格

「降格」とは、企業内での労働者の位置付けについて上位の職階から下位の職階への移動を行うことをいい、昇進の反対の措置である場合と、昇格の反対の措置である場合の双方が含まれる。降格に関し、一の雇用管理区分において、男女で異なった取り扱いをすることも均等法において禁止されている。降格に当たって、能力及び資質の有無等を判断する場合に、その方法や基準について男女で異なる取扱いをするとか、一定の役職を廃止するに際して、降格の対象となる労働者を選定するに当たって、男性労働者よりも優先して、女性労働者を降格の対象とすることなどが違法とされる。

④教育訓練

「教育訓練」とは、事業主が、その雇用する労働者に対して、その労働者の業務の遂行の過程外の教育訓練（いわゆる「オフ・ザ・ジョブ・トレーニング」）又は当該業務の遂行の過程内において、現在及び将来の業務の遂行に必要な能力を付与するために行うもの（いわゆる「オン・ザ・ジョブ・トレーニング」）をいう。教育訓練に関し、男女で異なった取り扱いをすることも均等法において禁止されている。例えば、工場実習や海外留学による研修を行うに当たって、その対象を男性労働者のみとしたり、接遇訓練を行うに当たって、その対象を女性労働者のみとすることは均等法に反することとなる。

⑤福利厚生

企業において従業員に対し、種々の福利厚生施策を講ずることがある。均等法6条は、福利厚生の措置のうち、住宅資金の貸付け等供与の条件が明確でかつ経済的価値の高いものについて、事業主は、労働者の性別を理由として、差別的取扱いをしてはならないとした。すなわち、

イ 住宅資金の貸付け 均等法6条2号
ロ 生活資金、教育資金その他労働者の福祉の増進のために行われる資金の貸付け 均等則1条1号
ハ 労働者の福祉の増進のために定期的に行われる金銭の給付 均等則1条2号
ニ 労働者の資産形成のために行われる金銭の給付 均等則1条3号
ホ 住宅の貸与 均等則1条4号 について、男女で異なった取り扱いをすることは均等法において禁止されている。

例えば、男性労働者についてのみ、社宅を貸与すること、あるいは、社宅の貸与に当たり、世帯主であることを条件とする場合において、男性労働者については本人の申請のみで貸与するが、女性労働者に対しては本人の申請に加え、住民票の提出を求め、又は配偶者に一

定以上の所得がないことを条件とすることなどは違法とされる。

　なお、扶養手当、家族手当、配偶者手当等はもとより、適格退職年金、自社年金等のいわゆる企業年金や中小企業退職金共済制度による退職金も、支給条件が明確にされていれば労基法4条の「賃金」と解され、これらについて男女異なった取り扱いを行うことは労基法4条違反となる。

⑥職種の変更

　均等法第6条3号は、職種の変更に当たって、男女異なった取り扱いを行うことを禁止している。この「職種」とは、職務や職責の類似性に着目して分類されるものであり、「営業職」・「技術職」の別や、「総合職」・「一般職」の別などがそれにあたる。職種の変更に関し、一の雇用管理区分において、男女異なった取り扱いを行うことはできない。例えば、「総合職」から「一般職」への職種の変更について、制度上は男女双方を対象としているが、男性労働者については職種の変更を認めない運用を行うとか、一定の職種への変更に当たって、能力及び資質の有無等を判断する場合に、その方法や基準について男女で異なる取扱いをする、女性労働者についてのみ、年齢を理由として、アナウンサー等の専門職から事務職への職種の変更の対象とすることなどは違法とされる。

⑦雇用形態の変更

　「雇用形態」とは、労働契約の期間の定めの有無、所定労働時間の長さ等により分類されるものであり、いわゆる「正社員」、「パートタイム労働者」、「契約社員」などがある。雇用形態の変更に関し、一の雇用管理区分（雇用形態の変更によって雇用管理区分が異なることとなる場合には、変更前の一の雇用管理区分をいう。）において、性別により異なった取り扱いを行うことは禁止されている。

　例えば、有期契約労働者から正社員への雇用形態の変更の対象を男性労働者のみとしたり、有期契約労働者から正社員への雇用形態の変更について、男女で異なる勤続年数を条件としたり、パートタイム労働者から正社員への雇用形態の変更の基準を満たす労働者の中から、男女のいずれかを優先して雇用形態の変更の対象とすることなどは違法とされる。

⑧退職の勧奨

　「退職の勧奨」とは、雇用する労働者に対し退職を促すことをいう。退職の勧奨に当たって、その対象を男女のいずれかのみとすること、退職の勧奨に当たっての条件を男女で異なるものとすること、男性労働者よりも優先して、女性労働者に対して退職の勧奨をすること、退職の勧奨の対象とする年齢を女性労働者については45歳、男性労働者については50歳とするなど男女で差を設けることなどが、指針において法令違反と例示されている。

指針の適用除外

　男女雇用機会均等法に基づき、労働者に対する性別を理由とする差別の禁止等に関する規定に定める事項に関し、事業主が適切に対処するための指針が策定されている。指針の適用除外として、

① 芸術・芸能の分野における表現の真実性等の要請から男女のいずれかのみに従事させることが必要である職務

② 守衛、警備員等のうち防犯上の要請から男性に従事させることが必要である職務

③ ①及び②に掲げるもののほか、宗教上、風紀上、スポーツにおける競技の性質上その他の業務の性質上男女のいずれかのみに従事させることについてこれらと同程度の必要性があると認められる職務

④ 労働基準法61条第1項、第64条の2若しくは第64条の3第2項の規定により女性を就業させることができない業務、又は保健師助産師看護師法第3条の規定により男性を就業させることができない業務

⑤ 風俗、風習等の相違により男女のいずれかが能力を発揮し難い海外での勤務が必要な場合その他特別の事情により労働者の性別にかかわりなく均等な機会を与え又は均等な取扱いをすることが困難であると認められる場合

⑨定年

　「定年」とは、労働者が一定年齢に達したことを雇用関係の終了事由とする制度をいう。定年に関し、男女で異なった取り扱いをすることは、均等法の制定当初から男女別の定年年齢の設定は禁止されている（法制定前の日産自動車事件＝最3小判昭56・3・24民集35巻2号300頁）。

⑩解雇

　「解雇」とは、労働契約を将来に向かって解約する事業主の一方的な意思表示をいう。解雇についても均等法制定時から男女異なった取り扱いを行うことを禁止している。

　指針では、経営の合理化に際して、女性のみを解雇の対象とすること、解雇に当たって、能力及び資質の有無等を判断する場合に、その方法や基準について男女で異なる取扱いをすること、解雇の基準を満たす労働者の中で、男性労働者よりも優先して女性労働者を解雇の対象とすることなどが例示されている。

⑪労働契約の更新

　「労働契約の更新」とは、期間の定めのある労働契約（有期労働契約）について、期間の満了に際して、従前の契約と基本的な内容が同一である労働契約を締結することをいう。有期労働契約の更新にあたり、その基準を男女異なったものとしたり、更新上限等について男女異なったものすることなどが違法とされる。経営の合理化に際して、男性労働者のみを、労働契約の更新の対象とし、女性労働者については、労働契約の更新をしない（いわゆる「雇止め」をする）こと、男女のいずれかについてのみ、労働契約の更新回数の上限を設けること、労働契約の更新に当たって、男性労働者については平均的な営業成績である場合には労働契約の更新の対象とするが、女性労働者については、特に営業成績が良い場合にのみその対象とすることなどは指針において例示されている。

4 ポジティブ・アクション

　1997年の均等法改正により、募集・採用などについて女性を優遇することは原則として違法とされた。しかし、事業に男女の均等な機会及び待遇の確保の支障となっている事情がある場合に、そのような事情を改善することを目的として、女性労働者に一定の有利な取扱をすることは認められている（ポジティブ・アクション。 均等法8条 ）。

　このポジティブ・アクションを、女性優遇を原則として違法としつつ、「女性の機会拡大」のための例外としてとらえるのか、募集・採用や配置・昇進などにおける「結果の平等」を指向するものととらえるのかについては評価が分かれている。

5 セクシュアル・ハラスメント

　事業主は、職場でのセクシュアル・ハラスメント対策を講じなければならないとされている 均等法11条 。従来は女性に対するセクシュアル・ハラスメントのみが対象とされていたが、2006年改正により、男性に対するセクシュアル・ハラスメントも対象とされている。

　どのような言動がセクシュアル・ハラスメントにあたるかについては、一般的に対価型と環境型にわけて説明される。

・対価型
　職場において行われる性的な言動に対する労働者の対応により当該労働者がその労働条件につき不利益を受けること
・環境型
　性的な言動により労働者の就業環境が害されること

　事業主（派遣先事業主を含む）が講じなければならない措置の具体例としては、次のようなものがあげられる。

> ① セクシュアル・ハラスメントの内容、セクシュアル・ハラスメントがあってはならない旨の方針を明確化し、周知・啓発すること。
> ② 行為者については、厳正に対処する旨の方針・対処の内容を就業規則等に規定し、周知・啓発すること。
> ③ 相談窓口をあらかじめ定めること。
> ④ 窓口担当者は、内容や状況に応じ適切に対応できるようにすること。また、広く相談に対応すること。
> ⑤ 相談の申出があった場合、事実関係を迅速かつ正確に確認すること。
> ⑥ 事実確認ができた場合は、行為者及び被害者に対する措置をそれぞれ適切に行うこと。
> ⑦ 再発防止に向けた措置を講ずること。
> ⑧ 相談者・行為者等のプライバシーを保護するために必要な措置を講じ、周知すること。
> ⑨ 相談したこと、事実関係の確認に協力したこと等を理由として不利益取扱いを行ってはならない旨を定め、周知すること。
> 　（事業主が職場における性的な言動に起因する問題に関して雇用管理上講ずべき措置についての指針・平18・10・11厚労告615）より

　事業主が、このような対策を講じず行政官庁の是正指導にも応じない場合には、企業名公表の対象となる。また、労働者は、紛争解決援助の申し出を行うことができる。

　なお、労働者が部下や同僚などに対してセクシュアル・ハラスメン

Q. 職場とは。
A. 労働者が業務を遂行する場所をいう。取引先の事務所や打合せをするための飲食店など、労働者が通常就業している場所以外の場所であっても、当該労働者が業務を遂行する場所であれば「職場」に該当する。

Q. 性的な言動とは。
A. 性的な内容の発言および性的な行動をいう。「性的な内容の発言」の例としては、性的な事実関係を尋ねることや性的な内容の情報を意図的に流布すること等があげられる。また、「性的な行動」の例としては、性的な関係を強要することや、必要なく身体に触ること、わいせつな図画を配布すること等があげられる。

第4編 雇用平等

トを行った場合、当該労働者はもとより、その者を雇用する使用者も、被害を受けた労働者に対する損害賠償責任を負うことになる。加害労働者と使用者の損害賠償責任が本格的に争われた最初の事件である福岡セクシュアル・ハラスメント事件（福岡地判平4・4・16労判607号6頁）では、加害労働者のセクシュアル・ハラスメント行為が「事業の執行について」 民法715条 行われたものと認められること、さらに、「（セクシュアル・ハラスメント防止等により）職場が被用者にとって働きやすい環境を保つよう配慮する注意義務」を怠ったとして、民法715条に基づく損害賠償責任を使用者にも認めている。なお、この注意義務違反について債務不履行に基づく損害賠償責任を認める裁判例もある（京都地判平9・4・17労判716号49頁ほか）。

判例 Case Study

セクシュアル・ハラスメント①—福岡セクシュアル・ハラスメント事件＝福岡地判平4・4・16労判607号6頁

上司から社内外の関係者らに異性関係などの個人的な性生活や性向について評価を貶めるような発言をしたり噂を流されたりしたほか、使用者の不適切な対応もあって退職せざるを得なくなった原告が、上司と使用者とに対して損害賠償等を求めたもの。

判旨は、まず上司について、本件発言によって原告が職場に居づらくなる状況を作り出し、しかも、そのような状況の出現を意図していたか、または予見していた場合には、「原告の人格を損なってその感情を害し、原告にとって働きやすい職場環境のなかで働く利益を害するものである」り、民法709条の不法行為責任を負うとした。

また、使用者についても、「労務遂行に関連して被用者の人格的尊厳を侵しその労務提供に重大な支障を来す事由が発生することを防ぎ、又はこれに適切に対処して、職場が被用者にとって働きやすい環境を保つよう配慮する注意義務もあると解されるところ、被用者を選任監督する立場にある者が右注意義務を怠った場合には、右の立場にある者に被用者に対する不法行為が成立することがあり、使用者も民法715条により不法行為責任を負うことがあると解するべきであ」るとして損害賠償責任を認めた。

セクシュアル・ハラスメント②—京都セクシュアル・ハラスメント事件＝京都地判平9・4・17労判716号49頁

社内女子更衣室において同僚社員Aによる隠し撮りが行われていたことに使用者が適切に対処しなかったことは、安心して働けるように職場の環境を整える義務に違反するものである等として、原告が損害賠償を求めたもの。

判旨は、使用者には、「雇用契約に付随して、原告のプライバシーが侵害されることがないように職場の環境を整える義務があるというべきであ」り、女子更衣室でビデオ撮影されていることに気付いた使用者は、「何人がビデオ撮影したかなどの真相を解明する努力をして、再び同じようなことがないようにする義務があったというべきである」とした。それにもかかわらず、使用者が適切な対応をとらなかったことは、債務不履行にあたり、使用者がビデオ撮影されていることに気付いた以降に生じた原告の損害を賠償する責任を負うとした。

6 婚姻し、妊娠し、又は出産したことを理由とする不利益取扱の禁止

【均等則で定める事由】
1 妊娠したこと。
2 出産したこと。
3 妊娠中及び出産後の健康管理に関する措置（母性健康管理措置）を求め、又は当該措置を受けたこと。
4 坑内業務の就業制限若しく↗

事業主は、女性労働者が婚姻、妊娠、出産したことを退職理由として予定する定めをおいてはならない 均等法9条1項。結婚退職制は、住友セメント事件（東京地判昭41・12・20労民集17巻6号1407頁）において、公序良俗に反するとされていたことから、均等法において禁止するのである。また、事業主は、女性労働者が婚姻したことを理由として、解雇してはならない 均等法9条2項。さらに、妊娠中の女性労働者及び出産後1年を経過しない女性労働者に対してなされた

解雇は、無効とする 均等法9条4項。ただし、事業主が当該解雇が前項に規定する事由を理由とする解雇でないことを証明したときは、この限りでない 均等法9条4項但し書き。

事業主は、その雇用する女性労働者が妊娠したこと、出産したこと、産前・産後休業の請求をしたこと、産前・産後休業をしたことその他の妊娠又は出産に関する事由であって均等則で定めるものを理由として、当該女性労働者に対して解雇その他不利益な取扱いをしてはならない 均等法9条3項。

指針が例示する解雇その他不利益な取扱いは以下のとおりである。
イ 解雇すること。
ロ 期間を定めて雇用される者について、契約の更新をしないこと。
ハ あらかじめ契約の更新回数の上限が明示されている場合に、当該回数を引き下げること。
ニ 退職又は、正社員をパートタイム労働者等の非正規社員とするような労働契約内容の変更を強要すること。
ホ 自宅待機を命令すること。
ヘ 労働者が希望する期間を超えて、その意に反して所定外労働の制限、時間外労働の制限、深夜業の制限または所定労働時間の短縮等の措置を適用すること。
ト 降格させること。
チ 減給し、または賞与等において不利益な算定を行うこと。
リ 昇進・昇格の人事考課において不利益な評価を行うこと。
ヌ 不利益な配置の変更を行うこと。
ル 就業環境を害すること。

は危険有害業務の就業制限の規定により業務に就くことができないこと、坑内業務に従事しない旨の申出若しくは就業制限の業務に従事しない旨の申出をしたこと又はこれらの業務に従事しなかったこと。
5 産前休業を請求し、若しくは産前休業をしたこと又は産後の就業制限の規定により就業できず、若しくは産後休業をしたこと。
6 軽易な業務への転換を請求し、又は軽易な業務に転換したこと。
7 事業場において変形労働時間制がとられる場合において1週間又は1日について法定労働時間を超える時間について労働しないことを請求したこと、時間外若しくは休日について労働しないことを請求したこと、深夜業をしないことを請求したこと又はこれらの労働をしなかったこと。
8 育児時間の請求をし、又は育児時間を取得したこと。
9 妊娠又は出産に起因する症状により労務の提供ができないこと若しくはできなかったこと又は労働能率が低下したこと。

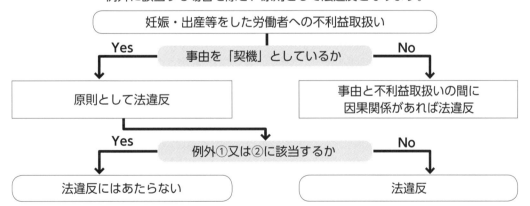

妊娠・出産等の事由を「契機として」不利益取扱いを行った場合は、例外に該当する場合を除き、原則として法違反となります。

例外①業務上の必要性から不利益取扱いをせざるをえず、業務上の必要性が、当該不利益取扱いにより受ける影響を上回ると認められる特段の事情が存在するとき（※不利益取扱いや契機となった事由に有利な影響が存在する場合はそれも加味）
例外②労働者が当該取扱いに同意している場合で、有利な影響が不利な影響の内容や程度を上回り、事業主から適切に説明がなされる等、一般的な労働者なら同意するような合理的な理由が客観的に存在するとき

第*4*編 雇用平等

7 職場における妊娠、出産等に関する言動に起因する問題に関する雇用管理上の措置

均等法11条の2は、事業主は、職場において行われるその雇用する女性労働者に対する当該女性労働者が妊娠したこと、出産したこと、産前・産後休業を請求し、又は休業をしたこと、その他の妊娠又は出産に関する事由であって均等則で定めるものに関する言動により当該女性労働者の就業環境が害されることのないよう、当該女性労働者からの相談に応じ、適切に対応するために必要な体制の整備その他の雇用管理上必要な措置を講じなければならないとする。

Column コラム

妊娠、出産に関連するハラスメント防止措置

従前から妊娠・出産（・育児）を理由とする使用者による不利益取扱い（解雇、退職勧奨、降格、低査定など）が禁止されてきた（広島中央保健生活協同組合事件＝最1小判平26・10・23労判1100号5頁）が、均等法11条の2は、これに加えて、妊娠・出産・育児をする労働者に対する他の従業員らによる嫌がらせ的言動（ハラスメント）について、防止措置を講じ、相談対応することを事業主に義務付けるものである。事業主が講ずべき措置は、「事業主が職場における妊娠、出産等に関する言動に起因する問題に関して雇用管理上講ずべき措置についての指針」（平成 28 年厚生労働省告示第 312 号）で示されている。

【指針の概要】
1）事業主の方針の明確化及びその周知・啓発
①妊娠、出産等に関するハラスメントの内容
②妊娠、出産等に関する否定的な言動が妊娠、出産等に関するハラスメントとなり得ること。
③妊娠、出産等に関するハラスメントがあってはならない旨の方針
④妊娠、出産等に関する制度等の利用ができる旨を明確化し、管理・監督者を含む労働者に周知・啓発すること。
2）妊娠、出産等に関するハラスメントの行為者については、厳正に対処する旨の方針・対処の内容を就業規則等の文書に規定し、管理・監督者を含む労働者に周知・啓発すること。
3）事業主の方針の明確化及びその周知・啓発
①育児休業等に関するハラスメントの内容
②育児休業等に関する否定的な言動が育児休業等に関するハラスメントの背景等となり得ること。
③育児休業等に関するハラスメントがあってはならない旨の方針
④制度等の利用ができる旨を明確化し、管理・監督者を含む労働者に周知・啓発すること。
4) 育児休業等に関するハラスメントの行為者については、厳正に対処する旨の方針・対処の内容を就業規則等の文書に規定し、管理・監督者を含む労働者に周知・啓発すること。
相談（苦情を含む）に応じ、適切に対応するために必要な体制の整備
5) 相談窓口をあらかじめ定めること。
6) 相談窓口担当者が、内容や状況に応じ適切に対応できるようにすること。また、職場における妊娠、出産等に関するハラスメントが現実に生じている場合だけでなく、その発生のおそれがある場合や、職場における妊娠、出産等に関するハラスメントに該当するか否か微妙な場合等であっても、広く相談に対応すること。
7) その他のハラスメントの相談窓口と一体的に相談窓口を設置し、相談も一元的に受け付ける体制の整備が望ましいこと。
8) 事実関係を迅速かつ正確に確認すること。
9) 事実確認ができた場合には、速やかに被害者に対する配慮の措置を適正に行うこと。
10) 事実確認ができた場合には、行為者に対する措置を適正に行うこと。
11) 再発防止に向けた措置を講ずること。（事実確認ができなかった場合も同様）
12) 業務体制の整備など、事業主や妊娠した労働者その他の労働者の実情に応じ、必要な措置を講ずること。
13) 妊娠等した労働者に対し、妊娠等した労働者の側においても、制度等の利用ができるという知識を持つことや、周囲と円滑なコミュニケーションを図りながら自身の体調等に応じて適切に業務を遂行していくという意識を持つこと等を周知・啓発することが望ましいこと。

14) 相談者・行為者等のプライバシーを保護するために必要な措置を講じ、周知すること。
15) 相談したこと、事実関係の確認に協力したこと等を理由として不利益な取扱いを行ってはならない旨を定め、労働者に周知・啓発すること。

8 母性健康管理に関する措置

事業主は、妊産婦について、母子保健法による保健指導や健康診査を受けるために必要な時間を確保できるようにすること、および保健指導や健康診査にもとづく指導事項を守ることができるよう必要な措置（勤務時間の変更や勤務の軽減など）をとらなければならない 均等法12・13条。

■ 保健指導・健康診査に必要な時間の確保

産前	妊娠23週まで ………… 4週に1回 妊娠24〜35週まで …… 2週に1回 妊娠36週〜出産まで …… 1週に1回	医師・助産師が左と異なる指示をした場合は、その指示された回数が確保できるようにしなければならない
産後 （1年以内）	医師・助産師が指示したときは、その指示により必要な時間を確保することができるようにしなければならない。	

なお、事業主がこうした措置を講じず是正指導にも応じない場合には、企業名公表の対象となる。また、労働者は、紛争解決援助の申し出を行うことができる。

9 労基法上の母性保護措置

1 女性労働者に就かせることができない業務

女性労働者を危険有害業務に就かせたり、生理日の就業が著しく困難として休暇を請求した女性労働者を就業させたりすることは禁止されている 労基法64条の3、68条。

なお、女性を坑内労働に就かせることも認められるが、妊産婦（妊娠中の女性及び産後1年を経過しない女性）が申し出た場合と、厚生労働省令で定める業務には就かせてはならない。

2 妊産婦に就かせることができない業務

妊娠中の女性労働者を危険有害業務に就かせることは禁止されている。また、産後1年を経過しない女性労働者についてもこれに準じた就業制限が定められている 労基法64条の3。

3 産前産後休業

原則として、産前6週間（多胎妊娠の場合は14週間）の間にある

Q．危険有害業務とは。
A．重量物を取り扱う業務（満18歳以上の女性の場合、継続作業で20kg以上、断続作業で30kg以上の重量物を取り扱わせること）や、有害ガスなどを発散する場所での業務（女性労働基準規則3条）。

女性労働者が請求した場合と、産後8週間を経過しない女性労働者を就業させることは禁止されている 労基法65条 。ただし、産後6週間を経過した女性労働者が請求した場合には、その者を医師が支障がないと認めた業務に就かせることは認められる。

4 育児時間

満1歳に満たない子を育てている女性労働者が請求した場合には、休憩時間とは別に、1日2回、それぞれ少なくとも30分の育児時間を与えなければならない。ただし、1日の労働時間が4時間以内の場合には、1日1回の付与で足りる（昭36・1・9基収8996）。

Q. 妊産婦を就かせることができない業務とは。
A. 危険有害業務のほか、ボイラーを取り扱う業務や削岩機・鋲打機など身体に著しい振動を与える機械器具を用いて行う業務など（女性労働基準規則2条）。
なお、妊娠中の女性労働者から請求があったときは、他の軽易な業務に転換させなければならない（労基法65条）。
この他、妊産婦から請求があったときは、妊産婦に時間外・休日労働、深夜労働をさせることはできない（労基法66条）。

第3章 育児・介護休業

　日本では少子化が進んでいる。この少子化の要因の一つである仕事と子育ての両立の困難さを改善するために1991年に育児休業法が制定された。その後、急激な増加が予想される要介護高齢者への対応を図るために介護休業制度が加えられ、育児休業、介護休業等育児又は家族介護を行う労働者の福祉に関する法律（以下、育児・介護休業法）となった。育児・介護休業法では、男女を問わず育児・介護を行う労働者が休業することを認めるほか、時間外労働や深夜業の制限、勤務時間短縮等の措置、子の看護休暇などを定めている。

1 育児・介護休業

1 育児休業

①育児休業の権利性

　子を養育する労働者（日々雇用される者を除く）は、その事業主に申し出ることにより、原則として、子が1歳に達するまでの間、育児休業を取得することができる 育介法2条 。育児休業は要件を満たした労働者の権利であって、事業主は労働者から育児休業の申出があったときは、これを拒否できない 育介法6条1項 。

　育児休業の対象となる「子」は、実子および養子、特別養子縁組の監護期間にある子、養子縁組里親として委託されている子、養育里親として当該里親に委託されている子である。

　育児休業は、原則として労働者が養育する子が1歳になる誕生日の前日までの間で、労働者が申し出た期間となるが、以下のいずれにも該当する場合には、子が1歳に達した日の翌日から子が1歳6か月に達する日までの期間、1歳6か月時点で該当する場合には子が2歳に達するまで、事業主に申し出ることにより、育児休業をすることができる 育介法5条3項・4項 。

　①育児休業に係る子が1歳（再延長の場合には1歳6か月）に達する日において、労働者本人または配偶者が育児休業をしている場合

　②休業が特に必要と認められる次の場合
　　ⅰ）保育所における保育の実施を希望し、申込みを行っているが、1歳（1歳6か月）に達する日後の期間について、当面その実施が行われない場合。
　　ⅱ）常態として子の養育を行っている配偶者であって1歳（1歳6か月）に達する日後の期間について常態として子の養育を行う予定であったものが死亡、負傷・疾病、離婚等により子を養育することができなくなった場合。

　なお、育児休業に係る子の父と母との両方が、当該子について育児休業を取得する場合には、育児休業の取得可能な期間は1歳2か月まで（育児休業期間としては最長1年まで）伸ばすことができる（パパママ育休プラス）。

②育児休業の対象労働者

Q. パパママ育休プラスとは。
A. 両親ともに育児休業する場合で、①から③の要件に該当する場合には、育児休業の対象となる子の年齢が、原則1歳に満たない子から原則1歳2か月に満たない子に延長される。
①育児休業を取得しようとする労働者（以下「本人」）の配偶者が、子の1歳に達する日（1歳の誕生日の前日）以前において育児休業をしていること
②本人の育児休業開始予定日が、子の1歳の誕生日以前であること
③本人の育児休業開始予定日が、配偶者がしている育児休業の初日以降であること
なお、育児休業が取得できる期間（出産した女性の場合は、出生日以後の産前・産後休業期間を含む。）は、1年間。

育児休業の対象労働者は、男女労働者であるが、2条に定める「日々雇用される者」は除かれる。

また、労使協定を締結した場合には、以下に該当する労働者を、育児休業の対象外とすることができる。

1) 雇用されてから1年未満の者
2) 休業申出があった日から起算して1年以内に雇用関係が終了することが明らかな労働者（1歳から1歳6か月までの育児休業の延長の場合及び1歳6か月から2歳までの育児休業の再延長の場合には、6か月以内に雇用関係が終了することが明らかな労働者）
3) 1週間の所定労働日数が2日以下の労働者

なお、育児休業法制定当初、有期契約労働者は適用除外となっていたが、2005年改正により一定の要件を満たした有期契約労働者にも適用を拡大するとともに、2017年1月1日施行の改正により、有期労働契約で雇用されている労働者については、①当該事業主に引き続き雇用された期間が1年以上である者で、②その養育する子が1歳6か月に達する日までに、その労働契約（労働契約が更新される場合にあっては、更新後のもの）が満了することが明らかでない者であれば、育児休業の対象となった。

③育児休業の取得の手続

育児休業の申し出は、厚生労働省令で定める事項を労働者が事業主に文書等で休業開始予定日の1か月以上前までに申し出ることにより、行わなければならない。

事業主は、労働者から育児休業の申出がされたときは、育児休業の申出を受けた旨と、休業開始予定日及び終了予定日、育児・介護休業法6条1項ただし書に基づいて、育児休業申出を拒む場合には、その旨およびその理由を速やか（原則として労働者が育児休業申出をした時点からおおむね2週間以内）に、文書交付等により労働者に通知しなければならない。

育児・介護休業法21条1項は、育児休業等に関する定めの周知等の措置を努力義務として定めているが、平成29年10月1日施行の改正育児介護休業法では、労働者若しくはその配偶者が妊娠し、若しくは出産したこと又は労働者が対象家族を介護していることを知ったときに、育児休業及び介護休業に関して当該労働者に対し知らせる措置が追加された。

④育児休業の回数等

育児休業は原則として子一人につき1回、ひと続きの休業とされている。ただし、男性が、配偶者の産後休暇（産後8週間）の期間内に育児休業を取得した場合には、育児休業の取得回数としては計上せずに、もう一度、育児休業を取得することができる。

Q．労使協定で除外できる労働者の範囲は。
A．労使協定を締結することによって育児・介護休業の対象者から除外することができるのは、表に掲げた者だけである。これら以外の労働者を除外したり、これらにさらに要件を付け加えたりすることは認められない。

Q． 要介護状態とは。
A．「要介護状態」とは、負傷、疾病または身体上もしくは精神上の障害により、2週間以上常時介護を必要とする状態をいう。対象家族が①または②に当てはまれば介護休業等の対象となる。
①介護保険制度の要介護状態区分において要介護2以上であること。
②厚生労働省の定めた要介護状態の判断基準（状態（日常生活動作事項、問題行動の有無・程度、日常の意思決定の可否等）12項目のうち「介助・見守りが必要等」が2つ以上または「できない」「全面介助が必要」等が1つ以上該当し、かつ、その状態が継続すると認められること。

2 介護休業

①介護休業の権利性

要介護状態の対象家族を介護する労働者（日々雇用される者を除く）は、その事業主に申し出ることにより、要介護状態の対象家族を介護するための介護休業をすることができる。事業主はこれを拒否できない 育介法11条 。

対象家族の範囲は、対象家族の範囲は、配偶者（婚姻の届出をしていないが、事実上婚姻関係と同様の事情にある者を含む。）、父母及び子、祖父母、兄弟姉妹及び孫、配偶者の父母である 育介法2条4号 、 育介則3条 。

介護休業は、対象家族1人につき、3回を上限として、通算93日まで、介護休業を取得することができることとする（2017年1月1日施行）。

②介護休業の対象労働者

介護休業の対象労働者は、男女労働者であるが、日々雇用される者は除かれる。

有期労働契約で雇用されている労働者でも、①当該事業主に引き続き雇用された期間が1年以上である者で、②介護休業開始予定日から93日を経過する日から6か月を経過する日までに、その労働契約（労働契約が更新される場合にあっては、更新後のもの）が満了することが明らかでない者は、介護休業の対象となる。

労使協定を締結した場合には、以下に該当する労働者を、介護休業の対象外とすることができる。

1）雇用されてから1年未満の者
2）休業申出があった日から起算して93日以内に雇用関係が終了することが明らかな労働者
3）1週間の所定労働日数が2日以下の労働者

第**3**章　育児・介護休業

■ 育児・介護休業の概要

<table>
<tr><td colspan="2"></td><th>育児関係</th><th>介護関係</th></tr>
<tr><td rowspan="10">休業制度</td><td>休業の定義</td><td>○労働者が原則としてその1歳に満たない子を養育するためにする休業</td><td>○労働者がその要介護状態（負傷、疾病又は身体上若しくは精神上の障害により、2週間以上の期間にわたり常時介護を必要とする状態）にある対象家族を介護するためにする休業</td></tr>
<tr><td>対象労働者</td><td>○労働者（日々雇用を除く）
○有期契約労働者は、申出時点において、次の要件を満たすことが必要
・同一の事業主に引き続き雇用された期間が1年以上であること
・子が1歳6か月を経過する日までに労働契約期間が満了し、更新されないことが明らかでないこと
○労使協定で対象外にできる労働者
・雇用された期間が1年未満の労働者
・1年（1歳以降の休業の場合は、6か月）以内に雇用関係が終了する労働者
・週の所定労働日数が2日以下の労働者</td><td>○労働者（日々雇用を除く）
○有期契約労働者は、申出時点において、次の要件を満たすことが必要
・同一の事業主に引き続き雇用された期間が1年以上であること
・介護休業取得予定日から起算して93日経過する日から6か月を経過する日までに労働契約期間が満了し、更新されないことが明らかでないこと
○労使協定で対象外にできる労働者
・雇用された期間が1年未満の労働者
・93日以内に雇用関係が終了する労働者
・週の所定労働日数が2日以下の労働者</td></tr>
<tr><td>対象となる家族の範囲</td><td>○子</td><td>○配偶者（事実婚を含む。以下同じ。）
　父母、子、配偶者の父母
　祖父母、兄弟姉妹及び孫</td></tr>
<tr><td>回数</td><td>○子1人につき、原則として1回（ただし、子の出生日から8週間以内にした最初の育児休業を除く。）
○以下の事情が生じた場合には、再度の育児休業取得が可能
・新たな産前産後休業、育児休業又は介護休業の開始により育児休業が終了した場合で当該休業に係る子又は家族が死亡等した場合
・配偶者が死亡した場合又は負傷、疾病、障害により子の養育が困難となった場合
・離婚等により配偶者が子と同居しないこととなった場合
・子が負傷、疾病、障害により2週間以上にわたり世話を必要とする場合
・保育所等入所を希望しているが、入所できない場合
○子が1歳以降の休業については、子が1歳までの育児休業とは別に取得可能</td><td>○対象家族1人につき、3回</td></tr>
</table>

第**4**編 雇用平等

		育児関係	介護関係
休業制度	期間	○原則として子が1歳に達するまでの連続した期間 ○ただし、配偶者が育児休業をしているなどの場合は、子が1歳2か月に達するまで出産日と産後休業期間と育児休業期間とを合計して1年間以内の休業が可能	○対象家族1人につき通算93日まで
	期間（延長する場合）	○子が1歳に達する日において（子が1歳2か月に達するまでの育児休業が可能である場合に1歳を超えて育児休業をしている場合にはその休業終了予定日において）いずれかの親が育児休業中であり、かつ次の事情がある場合には、子が1歳6か月に達するまで可能 ・保育所等への入所を希望しているが、入所できない場合 ・子の養育を行っている配偶者（もう一人の親）であって、1歳以降子を養育する予定であったものが死亡、負傷、疾病等により子を養育することが困難になった場合 ※同様の条件で1歳6か月から2歳までの延長も可能（平成29年10月1日から）	
	手続	○書面等で事業主に申出 ・事業主は、証明書類の提出を求めることができる ・事業主は、育児休業の開始予定日及び終了予定日等を、書面等で労働者に通知 ○申出期間（事業主による休業開始日の繰下げ可能期間）は1か月前まで（ただし、出産予定日前に子が出生したこと等の事由が生じた場合は、1週間前まで）1歳以降の休業の申出は2週間前まで ○出産予定日前に子が出生したこと等の事由が生じた場合は、1回に限り開始予定日の繰上げ可 ○1か月前までに申し出ることにより、子が1歳に達するまでの期間内で1回に限り終了予定日の繰下げ可 1歳以降の休業をしている場合は、1週間前の日までに申し出ることにより、子が1歳6か月（又は2歳）に達するまでの期間内で1回に限り終了予定日の繰下げ可 ○休業開始予定日の前日までに申出撤回可 ○上記の場合、原則再度の申出不可	○書面等で事業主に申出 ・事業主は、証明書類の提出を求めることができる ・事業主は、介護休業の開始予定日及び終了予定日等を、書面等で労働者に通知 ○申出期間（事業主による休業開始日の繰下げ可能期間）は2週間前まで ○2週間前の日までに申し出ることにより、93日の範囲内で、申出毎に1回に限り終了予定日の繰下げ可 ○休業開始予定日の前日までに申出ることにより、撤回可 ○上記の場合、その後の再度の申出は1回は可
子の看護休暇	制度の内容	○小学校就学の始期に達するまでの子を養育する労働者は、1年に5日まで（当該子が2人以上の場合は10日まで）、病気・けがをした子の看護又は子に予防接種・健康診断を受けさせるために、休暇が取得できる ○半日（所定労働時間の2分の1）単位での取得も可能。ただし、1日の所定労働時間が4時間以下の労働者及び、労使協定により、半日単位での取得が困難と認められる業務に従事する労働者は、1日単位での取得。 ○労使協定により、所定労働時間の2分の1以外の時間数を半日と定めることも可能	

第*3*章 育児・介護休業

		育児関係	介護関係
介護休暇	対象労働者	○小学校就学の始期に達するまでの子を養育する労働者（日々雇用を除く） ○労使協定で対象外にできる労働者 ・勤続6か月未満の労働者 ・週の所定労働日数が2日以下の労働者	
	制度の内容	○要介護状態にある対象家族の介護その他の世話を行う労働者は、1年に5日まで（対象家族が2人以上の場合は10日まで）、介護その他の世話を行うために、休暇が取得できる ○半日（所定労働時間の2分の1）単位での取得も可能。ただし、1日の所定労働時間が4時間以下の労働者及び、労使協定により、半日単位での取得が困難と認められる業務に従事する労働者は、1日単位での取得 ○労使協定により、所定労働時間の2分の1以外の時間数を半日と定めることも可能	
	対象労働者	○要介護状態にある対象家族の介護その他の世話を行う労働者（日々雇用を除く） ○労使協定で対象外にできる労働者 ・勤続6か月未満の労働者 ・週の所定労働日数が2日以下の労働者	
所定外労働を制限する制度	制度の内容	○3歳に満たない子を養育する労働者がその子を養育するために請求した場合においては、事業主は所定労働時間を超えて労働させてはならない	○要介護状態にある対象家族を介護する労働者がその対象家族を介護するために請求した場合においては、事業主は所定労働時間を超えて労働させてはならない
	対象労働者	○3歳に満たない子を養育する労働者（日々雇用を除く） ○労使協定で対象外にできる労働者 1　勤続1年未満の労働者 2　週の所定労働日数が2日以下の労働者	○要介護状態にある対象家族を介護する労働者（日々雇用を除く） ○労使協定で対象外にできる労働者 1　勤続1年未満の労働者 2　週の所定労働日数が2日以下の労働者
	期間・回数	○1回の請求につき1月以上1年以内の期間 ○請求できる回数に制限なし	○1回の請求につき1月以上1年以内の期間 ○請求できる回数に制限なし
	手続	○開始の日の1月前までに請求	○開始の日の1月前までに請求
	例外	○事業の正常な運営を妨げる場合は、事業主は請求を拒め	○事業の正常な運営を妨げる場合は、事業主は請求を拒める
時間外労働を制限する制度	制度の内容	○小学校就学の始期に達するまでの子を養育する労働者がその子を養育するために請求した場合においては、事業主は制限時間（1月24時間、1年150時間）を超えて労働時間を延長してはならない	○要介護状態にある対象家族を介護する労働者がその対象家族を介護するために請求した場合においては、事業主は制限時間（1月24時間、1年150時間）を超えて労働時間を延長してはならない
	対象労働者	○小学校就学の始期に達するまでの子を養育する労働者 ただし、以下に該当する労働者は対象外 1　日々雇用される労働者 2　勤続1年未満の労働者 3　週の所定労働日数が2日以下の労働者	○要介護状態にある対象家族を介護する労働者 ただし、以下に該当する労働者は対象外 1　日々雇用される労働者 2　勤続1年未満の労働者 3　週の所定労働日数が2日以下の労働者

第**4**編 雇用平等

		育児関係	介護関係
時間外労働を制限する制度	期間・回数	○1回の請求につき1月以上1年以内の期間 ○請求できる回数に制限なし	○1回の請求につき1月以上1年以内の期間 ○請求できる回数に制限なし
	例外	○事業の正常な運営を妨げる場合は、事業主は請求を拒める	○事業の正常な運営を妨げる場合は、事業主は請求を拒める
	手続	○開始の日の1月前までに請求	○開始の日の1月前までに請求
深夜業を制限する制度	制度の内容	○小学校就学の始期に達するまでの子を養育する労働者がその子を養育するために請求した場合においては、事業主は午後10時〜午前5時（「深夜」）において労働させてはならない	○要介護状態にある対象家族を介護する労働者がその対象家族を介護するために請求した場合においては、事業主は午後10時〜午前5時（「深夜」）において労働させてはならない
	対象労働者	○小学校就学の始期に達するまでの子を養育する労働者 ただし、以下に該当する労働者は対象外 1　日々雇用される労働者 2　勤続1年未満の労働者 3　保育ができる同居の家族がいる労働者 保育ができる同居の家族とは、16歳以上であって、 イ　深夜に就労していないこと（深夜の就労日数が1月につき3日以下の者を含む） ロ　負傷、疾病又は心身の障害により保育が困難でないこと ハ　6週間（多胎妊娠の場合は14週間）以内に出産する予定であるか、又は産後8週間を経過しない者でないことのいずれにも該当する者をいう 4　週の所定労働日数が2日以下の労働者 5　所定労働時間の全部が深夜にある労働者	○要介護状態にある対象家族を介護する労働者 ただし、以下に該当する労働者は対象外 1　日々雇用される労働者 2　勤続1年未満の労働者 3　介護ができる同居の家族がいる労働者 介護ができる同居の家族とは、16歳以上であって、 イ　深夜に就労していないこと（深夜の就労日数が1月につき3日以下の者を含む） ロ　負傷、疾病又は心身の障害により介護が困難でないこと ハ　6週間（多胎妊娠の場合は14週間）以内に出産する予定であるか、又は産後8週間を経過しない者でないことのいずれにも該当する者をいう 4　週の所定労働日数が2日以下の労働者 5　所定労働時間の全部が深夜にある労働者
	期間・回数	○1回の請求につき1月以上6月以内の期間 ○請求できる回数に制限なし	○1回の請求につき1月以上6月以内の期間 ○請求できる回数に制限なし
	手続	○開始の日の1月前までに請求	○開始の日の1月前までに請求
	例外	○事業の正常な運営を妨げる場合は、事業主は請求を拒める	○事業の正常な運営を妨げる場合は、事業主は請求を拒める

	育児関係	介護関係
所定労働時間の短縮措置等	○3歳に満たない子を養育する労働者（日々雇用を除く）であって育児休業をしていないもの（1日の所定労働時間が6時間以下である労働者を除く）に関して、1日の所定労働時間を原則として6時間とする措置を含む措置を講ずる義務 ただし、労使協定で以下の労働者のうち所定労働時間の短縮措置を講じないものとして定められた労働者は対象外 1　勤続1年未満の労働者 2　週の所定労働日数が2日以下の労働者 3　業務の性質又は業務の実施体制に照らして、所定労働時間の短縮措置を講ずることが困難と認められる業務に従事する労働者 ○上記3の労働者について所定労働時間の短縮措置を講じないこととするときは、当該労働者について、次の措置のいずれかを講ずる義務 ・育児休業に関する制度に準ずる措置 ・フレックスタイム制 ・始業・終業時刻の繰上げ、繰下げ ・事業所内保育施設の設置運営その他これに準ずる便宜の供与	○常時介護を要する対象家族を介護する労働者（日々雇用を除く）に関して、対象家族1人につき次の措置のいずれかを、利用開始から3年以上の間で2回以上の利用を可能とする措置を講ずる義務 ・所定労働時間を短縮する制度 ・フレックスタイム制 ・始業・終業時刻の繰上げ、繰下げ ・労働者が利用する介護サービスの費用の助成その他これに準ずる制度 ただし、労使協定で以下の労働者のうち所定労働時間の短縮措置等を講じないものとして定められた 労働者は対象外 1　勤続1年未満の労働者 2　週の所定労働日数が2日以下の労働者
小学校就学の始期に達するまでの子を養育又は家族を介護する労働者に関する措置	○小学校就学の始期に達するまでの子を養育する労働者に関して、育児休業に関する制度、所定外労働の制限に関する制度、所定労働時間の短縮措置又はフレックスタイム制等の措置に準じて、必要な措置を講ずる努力義務 ○小学校就学の始期に達するまでの子を養育する労働者に関して、配偶者出産休暇等の育児に関する目的で利用できる休暇制度を講ずる努力義務	○家族を介護する労働者に関して、介護休業制度又は所定労働時間の短縮等の措置に準じて、その介護を必要とする期間、回数等に配慮した必要な措置を講ずる努力義務
育児休業等に関するハラスメントの防止措置	○事業主は、育児休業、介護休業その他子の養育又は家族の介護に関する制度又は措置の申出・利用に関する言動により、労働者の就業環境が害されることがないよう、労働者からの相談に応じ、適切に対応するために必要な体制の整備その他の雇用管理上必要な措置を講ずる義務	
労働者の配置に関する配慮	○就業場所の変更を伴う配置の変更において、就業場所の変更により就業しつつ子の養育や家族の介護を行うことが困難となる労働者がいるときは、その子の養育や家族の介護の状況に配慮する義務	
不利益取扱いの禁止	○育児・介護休業、子の看護休暇、介護休暇、所定外労働の制限、時間外労働の制限、深夜業の制限、所定労働時間の短縮措置等について、申出をしたこと、又は取得等を理由とする解雇その他不利益な取扱いの禁止	
育児・介護休業等の個別周知	○事業主は、次の事項について、就業規則等にあらかじめ定め、周知する努力義務 ・育児休業及び介護休業中の待遇に関する事項 ・育児休業及び介護休業後の賃金、配置その他の労働条件に関する事項 ・その他の事項 ○事業主は、労働者又はその配偶者が妊娠・出産したことを知った場合や、労働者が介護していることを知った場合に、当該労働者に対し、個別に関連制度を周知する努力義務	

③介護休業取得の手続等

介護休業の申し出は、法令で定める事項を労働者が事業主に文書等で休業開始予定日の2週間以上前までに、文書（事業主が許容する場合には、電子メール、FAX、イントラネット等も可）によって申し出ることにより、行わなければならない 育介法11条3項。

事業主は、労働者から介護休業の申出がされたときは、速やかに、文書交付等により、介護休業申出を受けた旨、介護休業開始予定日および介護休業終了予定日、育児・介護休業法12条2項に基づいて、介護休業申出を拒む場合には、その旨およびその理由を通知しなければならない。また、平成29年10月1日施行の改正育児・介護休業法では労働者が対象家族を介護していることを知ったときに、事業主は育児休業及び介護休業に関して当該労働者に対し知らせる措置について努力義務を追加した 改正育介法21条1項。

2 子の看護休暇・介護休暇

Q. 不利益取扱とは。
A. 禁止されている不利益取扱としては、解雇、有期労働契約の更新拒否、退職強要、正社員からパートタイム労働者への切り替え、自宅待機、降格、減給、不利益な配置転換などがある。

小学校入学前の子を養育する労働者は、申し出により、1年に5日（子が2人以上の場合は10日）まで、病気・けがをした子の看護のためや、子に予防接種・健康診断を受けさせるために休暇を取得できる。また、要介護状態にある対象家族を介護する労働者は、申し出により、1年に5日（対象家族が2人以上の場合は10日）まで、介護休暇を取得できる。なお、子の看護休暇や介護休暇の申し出をしたことまたは休業したことを理由とする解雇その他不利益な取扱は禁止されている 育介法16条の4・7。

ただし、日々雇用される労働者および、勤続6か月未満の者や週の所定労働日が2日以下の者であって労使協定で対象外とされた労働者を除くことが認められている。

子の看護休暇及び介護休暇は、1日単位又は半日（1日の所定労働時間の2分の1）単位で取得することができる。また、労使協定の締結により1日の所定労働時間の2分の1以外の時間数を半日と定めることができる（たとえば、所定労働時間が午前から午後にまたがっているようなケースで、労使協定によってこれを午前・午後に分けるような場合）。

なお、子の看護休暇、介護休暇の賃金の取扱いは就業規則等に定めるところによるが、法は有給であることは求めていないことから、無給でもよい。

3 所定外労働の免除、時間外労働・深夜業の制限

3歳に満たない子を養育する労働者が請求した場合、または要介護状態の家族を介護する労働者が請求した場合には、事業主はその労働者を所定労働時間を超えて労働させてはならない 育介法16条の8。

日々雇用労働者および労使協定により対象外とされた労働者（①その事業主に継続して雇用された期間が1年未満の者、②1週間の所定労働日数が2日以下の労働者）は、対象外とすることができる。

第3章 育児・介護休業

　所定外労働の免除は、1回につき1か月以上、1年以内の期間について、開始の日、終了の日を明らかにして、制限開始予定日の1か月前までに文書等により申し出なければならない。また、小学校に入学するまでの子を養育する労働者が請求した場合や、要介護状態にある対象家族を介護する労働者が請求した場合、事業主は、1か月に24時間、1年に150時間を超えて時間外労働をさせてはならない。また、これらの労働者が請求した場合には、事業主は午後10時～午前5時の時間帯に当該労働者を労働させてはならない 育介法17条～20条。

4 勤務時間短縮措置など

1 3歳未満の子の育児のための所定労働時間の短縮措置
（育児短時間勤務制度）

①育児短時間勤務制度とは

　育児休業取得後あるいは育児休業を取得しない労働者が、勤務を継続しながら仕事と子育てとを両立することができるよう、3歳未満の子を養育する労働者が、その申し出により、所定労働時間を短縮して就業することを可能とする制度が設けることが義務づけられている（この措置は子が3歳に達した以降、小学校就学に達するまでの間も利用できるようにすることが努力義務とされている 育介法24条1項。

　事業主は、3歳未満の子を養育する労働者の申し出により、所定労働時間を短縮しなければならない。その際には、1日の所定労働時間を6時間ないし5時間45分とする措置を講ずる必要がある 育介則74条1項。1日の所定労働時間が8時間の場合には短時間勤務は1日6時間、所定労働時間が7時間45分の場合には短時間勤務5時間45分とする措置を講ずる。

②対象労働者

　所定労働時間の短縮措置等の対象労働者は、3歳までの子を養育する男女労働者で、以下の①から④のすべてに該当する労働者である。
① 1日の所定労働時間が6時間以下でないこと
② 日々雇用される者でないこと
③ 短時間勤務制度が適用される期間に現に育児休業をしていないこと
④ 労使協定により適用除外とされた以下の労働者でないこと
　ア　その事業主に継続して雇用された期間が1年に満たない労働者
　イ　1週間の所定労働日数が2日以下の労働者
　ウ　業務の性質又は業務の実施体制に照らして、短時間勤務制度を講ずることが困難と認められる業務に従事する労働者

Q&A

Q．業務の性質又は業務の実施体制に照らして短時間勤務を講ずることが困難と認められる業務とは。
A．指針が例示するのは以下のものです。
ⅰ 業務の性質に照らして、制度の対象とすることが困難と認められる業務（たとえば、国際路線等に就航する航空機において従事する客室乗務員）
ⅱ 業務の実施体制に照らして、制度の対処とすることが困難と認められる業務（たとえば、労働者数が少ない事業所において、当該業務に従事しうる労働者数が著しく少ない業務）
ⅲ 業務の性質および実施体制に照らして、制度の対象とすることが困難と認められる業務（たとえば、流れ作業方式による製造業務であって短時間勤務の者を勤務体制に組み込むことが困難な業務、交替制勤務による製造業務であって短時間勤務の者を務体制に組み込むことが困難な業務、個人ごとに担当する企業、地域等が厳密に分担されていて、他の労働者では代替が困難な営業業務）
なお、業務の性質又は業務の実施体制に照らして、所定労働時間を短縮することが困難な場合には、労使協定を締結して、代替措置（①フレックスタイム制の導入、適用、②始業・終業時刻の繰り上げ・繰り下げ（いわゆる時差出勤制度）、保育施設の措置その他これに準ずる便宜供与（ベビーシッター代の補助等）のうちいずれかの措置)を講ずることとされている。

第4編 雇用平等

2 介護のための所定労働時間の短縮等の措置

①介護短時間勤務制度

介護休業取得後あるいは介護休業を取得しない労働者が、勤務を継続しながら仕事と家族介護とを両立することができるよう、要介護状態の対象家族を介護する労働者が、その申し出により、労働者が就業しつつ要介護状態にある対象家族を介護することを容易にする措置を、連続する3年間以上の期間、2回以上の利用ができる措置として講じなければならない　育介則74条3項。

従前は、介護のための所定労働時間短縮措置等は、介護休業の取得期間と通算して93日以内とされていたが、平成28年の育児介護休業法の改正（施行は平成29年1月1日）により、その期間については介護休業とは別に、利用開始から3年間の間で、2回以上の利用ができるものとして講じることとされた。

②介護のための所定労働時間の短縮措置等の内容

介護のための所定労働時間を短縮措置等は、次のいずれかの方法で講じなければならない（いずれかを就業規則に定めておく）。

1）短時間勤務の制度
　　ⅰ　1日の所定労働時間を短縮する制度
　　ⅱ　週又は月の所定労働時間を短縮する制度
　　ⅲ　週又は月の所定労働日数を短縮する制度（隔日勤務や、特定の曜日のみの勤務等の制度）
　　ⅳ　労働者が個々に勤務しない日又は時間を請求することを認める制度
2）フレックスタイムの制度
3）始業又は終業の時刻を繰り上げ又は繰り下げる制度（いわゆる時差出勤の制度）
4）労働者が利用する介護サービスの費用の助成その他これに準ずる制度

③対象家族の介護のための所定労働時間短縮措置等の措置の対象労働者

所定労働時間の短縮措置等の対象労働者は、要介護状態の対象家族を3歳までの子を養育する男女労働者で、以下の1）から4）のすべてに該当する労働者である。

1）1日の所定労働時間が6時間以下でないこと
2）日々雇用される者でないこと
3）短時間勤務制度が適用される期間に現に介護休業をしていないこと
4）労使協定により適用除外とされた以下の労働者でないこと
　　ア　その事業主に継続して雇用された期間が1年に満たない労働者
　　イ　1週間の所定労働日数が2日以下の労働者

第 **5** 編

多様な雇用・就労形態

　日本型雇用慣行のもと長期間の雇用を前提として期間の定めのない労働契約で雇用される正規労働者の他に、有期労働契約で雇用される労働者や、所定労働時間が通常の労働者よりも短いパートタイム労働者が存在する。また、雇用主とは異なる他人の指揮命令を受けて労働する派遣労働者も存在する。このような雇用・就労形態は、正規労働者としての雇用・就労以外の多様な働き方を可能とするなど、労働者のニーズに合致するものであることを否定しきることはできない。しかし、雇用が不安定であったり、正規労働者との労働条件格差が存在したりする等のさまざまな問題が生じている。

　そこで、パートタイム労働法や労働者派遣法、さらには種々の「基準」や指針が制定されているが、規制事項が限定されていたり規制内容が不十分だったりすることもあって、これら非正規労働者の保護が十分に図られているとはいえない状況である。

　本編では、これら非正規労働者についての労働基準法上の規制やパートタイム労働法、労働者派遣法などの規制内容をみていく。

第1章 有期労働契約による雇用

　労働契約は、契約期間の定めの有無によって、期間の定めのない労働契約と期間の定めのある労働契約（有期労働契約）とに分けられる。

　この有期労働契約については、労基法14条による契約期間の上限規制のほか、労契法に、契約期間途中での解雇等（労契法17条）、有期労働契約の期間の定めのない労働契約への転換（無期転換制度。労契法18条）、有期労働契約の更新等（雇止め法理。労契法19条）、期間の定めのある異による不合理な労働条件の禁止（労契法20条）といった規定が置かれている。また、労基法14条2項に基づき「有期労働契約の締結、更新及び雇止めに関する基準」（平15.10.22厚労告357）が策定されている。

1 有期労働契約に対する法規制

1 契約期間の上限

　有期労働契約が締結された場合、原則として契約期間の途中で労働契約を解約することはできず 労契法17条1項 民法628条 、使用者による解雇だけでなく労働者の退職も制限されることになる。そこで労基法は、長期間の契約による労働者の拘束を抑制するために、契約期間を定める場合の上限を定めている。その上限期間は、当初1年とされていたが、1998年と2003年の労基法改正によって、現在では、一定の事業の完了に必要な期間を定めるもののほかは、3年とされている 労基法14条 。ただし、厚生労働大臣が定める基準に該当する専門知識等を有する労働者や、満60歳以上の労働者を雇用する場合については、契約期間の上限は5年とされる。

　この上限期間を超える期間が定められた場合、期間の定めのない労働契約になるとする学説もあるが、労基法13条によって、契約期間は上限期間に改められると解される。

　また、上限期間を超えて労働者が就労し、使用者がこれに対して異議を述べなかった場合（黙示の更新）には、期間の定めのない労働契約が結ばれたものと推定される。

　契約期間については、上限が規制されているだけであり、下限は規制されていない。しかし、労契法は、「その有期労働契約により労働者を使用する目的に照らして、必要以上に短い期間を定めることにより、その有期労働契約を反復して更新することのないよう配慮しなければならない」としている 17条2項 。これは、契約期間を長期化させ、雇止めに関する紛争の端緒となる契約更新の回数を減少させるためのものであると説明されている（平20.1.23基発0123004）。また、「雇止めに関する基準」は、1回以上更新し、かつ、雇入れの日から1年を超えて継続勤務している者との間の有期労働契約更新にあたって、「当該契約の実態及び当該労働者の希望に応じて」、できるだけ長い契約期間とすることを使用者の努力義務としている 4条 。労働者を使用する目的に照らして当初から、あるいは契約の実態や労働者の希望によって契約更新時から、上限期間を超えない範囲で、でき

Q．専門的知識等を有する労働者とは。
A．専門的知識等を有する労働者としては、博士の学位を有する者や公認会計士などの一定の資格を有する者のほか、一定年数以上の実務経験を有する年収1075万円以上の者などが定められている（平15.10.22厚労告356）。なお、契約期間の上限が5年となるのは、これら専門的知識等を有する者が、当該高度の専門的知識等を必要とする業務に就く場合に限られる。

第1章 有期労働契約による雇用

るだけ長い契約期間を設定するよう配慮することが使用者に求められているわけである。

2 労働条件明示

使用者は、労働契約締結時に、契約期間や労働時間、賃金、退職・解雇に関する事項などを労働者に明示しなければならない 労基法15条 。しかし、とりわけ有期労働契約について、これが必ずしも遵守されていないといった問題があったほか、有期労働契約の更新拒否（雇止め）をめぐるトラブルが少なからず生じていた。そこで、「雇止めに関する基準」は、契約締結時に、期間満了後における更新の有無、および更新の有無を判断する場合の基準を明示しなければならないとした 1条 。この更新の有無、及び更新の有無を判断する場合の基準の内容は、有期労働契約を締結する労働者が、契約期間満了後の自らの雇用の継続の可能性について一定程度予見することが可能となるものであることを要するとされている。具体的には「更新の有無」として、a 自動的に更新する、b 更新する場合があり得る、c 契約は更新しない等を、また、「契約更新の判断基準」として、a 契約期間満了時の業務量により判断する、b 労働者の勤務成績、態度により判断する、c 労働者の能力により判断する、d 会社の経営状況により判断する、e 従事している業務の進捗状況により判断する等が、厚生労働省のモデル労働条件通知書では例示されている（巻末の資料を参照）。また、契約締結後にこれらを変更する場合には、速やかに当該労働者に明示しなければならないとしている 2条 。

3 期間途中の解雇・退職

有期労働契約が結ばれている場合、使用者は、「やむを得ない事由」がある場合を除いて、期間途中で解雇することはできない 労契法17条1項 。この「やむを得ない事由」については、解雇が正当と認められる場合よりも狭いとされている（平24・8・10基発0810第2）。具体的には、労基法19条但し書きを参考として、「事業の経営者として、社会通念上採るべき必要な措置を以てしても通常如何ともなし難いような状況にある場合」（昭63・3・14基発150）がこれにあたると解すべきであろう。実際には、期間途中の解雇を行わなければ重大な経営危機に陥るような場合や、労働者が重大または悪質な非行を行った場合などがこれにあたろう。

なお、期間途中の解雇が認められる場合であっても、「やむを得ない事由」が使用者の過失によって生じたものであるときは、労働者に対して損害賠償をしなければならない 民法628条 。その額は、残余の契約期間中に支払われるはずであった賃金相当額ということになろう。また、期間途中の解雇についても20条1項但書及び21条各号に該当しない限り労基法20条の適用があり、使用者には少なくとも30日前の解雇予告または30日分以上の解雇予告手当支払義務がある。

245

有期労働契約で雇用される労働者も、「やむを得ない事由」がある場合を除いて期間途中で退職することはできない 民法628条 。ただし、労働者には退職の自由があること、そしてそれが労基法や労契法による修正を受けていないことから、労契法17条が規定する使用者による期間途中の解雇の場合よりは、「やむを得ない事由」を緩やかに認めるべきであろう。

なお、1年を超える期間を定めた有期労働契約の場合は、契約期間の初日から1年を経過すれば、労働者は、「やむを得ない事由」がなくても、いつでも退職することができる 労基法137条 。ただし、一定の事業の完了に必要な期間を定めている場合や、契約期間の上限が5年とされている労働者は除かれる。

4 有期労働契約の締結、更新及び雇止めに関する基準

有期労働契約は、期間満了によって、当事者の意思表示を要することなく当然に終了する。しかし、有期労働契約が反復更新されていた場合や、契約時等に更新があることを明示していた場合には、労働者が更新について一定の期待をもつことが多く、期間満了による雇止めが行われた場合に紛争となることが多かった。

そこで、「雇止めに関する基準」は、有期労働契約を3回以上更新していた場合、および、雇入れの日から1年を超えて継続して雇用している労働者について更新をしないときには、期間満了の30日前までに更新しない旨予告しなければならないとした（ 2条 。ただし、あらかじめ更新がないことを明示していた場合は除かれる）。

また、この予告後、または契約終了後に、労働者から雇止めの理由についての証明書を請求された場合、使用者は遅滞なくこれを交付しなければならない 3条 。

Q． 契約期間が30日未満の場合の予告
A． 契約期間が30日未満の労働契約を3回以上更新した場合にも、雇止めの予告が必要となる。この場合には、できる限り速やかに予告をすることとされている（平20・1・23基発0123005）。

2 反復更新された有期労働契約と雇止め

有期労働契約は、その期間満了により終了する。しかし、判例・学説は、一定の場合には雇止めを認めないとしてきた。すなわち、実質的には期間の定めのない労働契約となっている場合、あるいは労働者の更新への期待が合理的な場合である。

そして、2012年の労契法改正により、一定の条件を満たす有期労働契約について使用者による雇止め（更新拒否）を認めずに労働契約が更新されたとみなす制度が導入された（ 19条 。平24・8・10から施行）。すなわち、①有期労働契約が反復更新されて期間の定めのない労働契約（以下、無期労働契約）と社会通念上同視できる場合、②有期労働契約の更新につき労働者に合理的な期待が認められる場合のいずれかであって、労働者からの有期労働契約更新の申込を使用者が拒否することが客観的に合理的な理由を欠き、社会通念上相当であると認められないときは、従前と「同一の労働条件」で労働者の申込を承諾したものとみなすこととされたのである。この労働

者の申込は、有期労働契約期間満了前だけでなく、期間満了後「遅滞なく」行うことが認められている。また、申込は、「要式行為ではなく、使用者による雇止めの意思表示に対して、労働者による何らかの反対の意思表示が使用者に伝わるものでもよい」とされている（平24・8・10基発0810第2）。なお、②のような期間の定めのある労働契約と同視できない有期労働契約についても更新をみなすとしていることや、後述する無期労働契約への転換制度が別途設けられていることから、「同一の労働条件」には、期間の定めも含まれると解される。

この労契法19条の規定は、雇止めに関するこれまでの判例法理を確認したものであり、上記①・②に該当するかどうかの判断は、「これまでの裁判例と同様、当該雇用の臨時性・常用性、更新の回数、雇用の通算期間、契約期間管理の状況、雇用継続の期待をもたせる使用者の言動の有無などを総合考慮して、個々の事案ごとに判断される」ことになる（平24・8・10基発0810第2）。

労契法19条制定までの判例の傾向を見ると、以下のような事項を考慮して当該契約関係の実態を評価し、合理的理由のない雇止めを解雇権濫用法理の類推適用によって無効としたり、期間満了による契約終了を認めたりしている（「有期労働契約の反復更新に関する調査研究会報告」平12・9・11労働省発表による）。

①業務の客観的内容…業務内容の恒常性・臨時性、業務内容についての正社員との同一性の有無等といった、従事する仕事の種類・内容・勤務の形態。

②契約上の地位の性格…契約上の地位の基幹性・臨時性、労働条件についての正社員との同一性の有無等。

③当事者の主観的態様…採用に際しての雇用契約の期間や、更新ないし継続雇用の見込み等についての雇用主側からの説明等といった、継続雇用を期待させる当事者の言動・認識の有無・程度等。

④更新の手続・実態…反復更新の有無・回数・勤続年数等といった契約更新の状況、契約更新時における手続の厳格性の程度（更新手続の有無・時期・方法、更新の可否の判断方法等）、他の労働者の更新状況（同様の地位にある他の労働者の雇止めの有無等）。

⑤その他…有期労働契約を締結した経緯、勤続年数・年齢等の上限の設定等。

そして、業務内容が恒常的であり、契約更新が形式的な事案や、雇用継続を期待させる使用者の言動が認められる事案では雇止めを認めないものが多い（東芝柳町工場事件＝最1小判昭49・7・22民集28巻5号927頁など）。また、更新回数が少ない場合であっても、当該契約に特殊な事情がある場合には雇止めを認めないものが多い（福岡大和倉庫事件＝福岡地判平2・12・12労判578号59頁など）。さらに、業務内容が恒常的であり更新回数が多い場合には、業務内容が正社員と異なるものであったり、過去に雇止めの例があったりしても、使用者側の経営上の理由による雇止めについて一定の制約を加えている（日立メディコ事件＝最1小判昭61・12・4判時1221号134

第**5**編 多様な雇用・就労形態

頁など）。労契法19条1号は東芝柳町工場事件最高裁判決、同条2号は日立メディコ事件判決の法理を法定化したものと解されている。

判例 Case Study

有期労働契約の更新拒否①──東芝柳町工場事件（最1小判昭49・7・22民集28巻5号927頁）

臨時工として契約期間を2か月とする労働契約で雇用され、5回〜23回にわたり更新された後になされた更新拒否の効力が争われたもの。臨時工が従事する仕事の種類や内容は本工と差異はなかったほか、それまでに期間満了によって雇止めされた事例はなかった。また、採用に際して、使用者側に長期継続雇用・本工への登用を期待させるような言動があった。さらに、使用者は必ずしも契約期間満了の都度、直ちに新契約締結の手続をとっていたわけではなかった。

判旨は、以上の事実関係から両当事者の意思を推認し、「本件各労働契約は、期間の満了毎に当然更新を重ねてあたかも期間の定めのない契約と実質的に異ならない状態で存在していたものといわなければならず、本件各雇止めの意思表示は右のような契約を終了させる趣旨のもとにされたのであるから、実質において解雇の意思表示にあたる」とした。

⋯⋯⋯

有期労働契約の更新拒否②──日立メディコ事件（最1小判昭61・12・4判時1221号134頁）

臨時員として2か月の期間を定めた労働契約で雇用され、5回にわたり契約が更新された後になされた更新拒否の効力が争われたもの。臨時員は、本工よりも簡易な方法によって採用され、比較的簡易な作業に従事していた。また、更新にあたっては、事前に本人の意思を確認していたほか、契約更新拒否が頻繁に行われていた。

判旨は、本件では更新によって労働契約が期間の定めのない契約に転化したり、期間の定めのない労働契約が存在する場合と実質的に異ならない関係が生じたということもできないとした。しかし、ある程度の雇用関係の継続が期待されていた労働者を雇止めにするにあたっては、解雇に関する法理が類推され、解雇であれば無効とされるような事実関係の下に使用者が新契約を締結しなかった場合には、従前の労働契約が更新されたのと同様の法律関係となるとした。とはいえ、雇止めの効力を判断すべき基準は、いわゆる本工を解雇する場合とはおのずから合理的な差異があるべきであり、本工の希望退職者の募集に先立ち臨時員の雇止めが行われてもやむを得ないというべきであるとした。

⋯⋯⋯

有期労働契約と試用期間──神戸弘陵学園事件（最3小判平2・6・5労判564号7頁）

契約期間を1年とする常勤講師として雇用された労働者が、期間満了による雇止めの効力を争ったもの。

判旨は、「使用者が労働者を新規に採用するに当たり、その雇用契約に期間を設けた場合において、その設けた趣旨・目的が労働者の適性を評価・判断するためのものであるときは、右期間の満了により右雇用契約が当然に終了する旨の明確な合意が当事者間に成立しているなどの特段の事情が認められる場合を除き、右期間は契約の存続期間ではなく、試用期間であると解するのが相当である」とした。

3 期間の定めのない労働契約への転換制度

期間の定めのない労働契約（無期労働契約）への転換制度の施行日は2013年4月1日とされ、同日以後の日を契約期間の初日とする有期労働契約からこの制度が適用されている。

有期労働契約が反復更新されて長期間雇用されている場合であっても、雇用の不安定さは言うまでもなく、雇止めへの不安から年休取得など労働法が認める正当な権利取得をためらう等々といった問題が指摘されてきた。

そこで、2012年の労契法改正により、5年を超えて有期労働契約が反復更新された場合に、労働者からの申込により、現に締結している有期労働契約の契約期間が満了する日の翌日から労務が提供される無期労働契約が成立することとされた 18条 。

無期労働契約への転換が認められるのは、同一の使用者との間に締結された有期労働契約が更新され、その契約期間を通算した期間（通算契約期間）が5年を超える労働者が、有期労働契約の期間満了日までに使用者に対して無期労働契約締結の申込をした場合である 18条1項 。

ここで、同一の使用者とは、労働契約の締結主体との意である。ただし、就業実態が変わらないにもかかわらず、この制度の適用を免れる意図をもって、派遣を偽装するなど「労働契約の当事者を形式的に他の使用者に切り替えた場合は、法を潜脱するものとして、同項（ 18条1項 ──引用者注）の通算契約期間の計算上『同一の使用者』との労働契約が継続していると解される」とされている（平24・8・10基発0810第2）。

■ 平成25年4月開始で契約期間が1年の場合の例

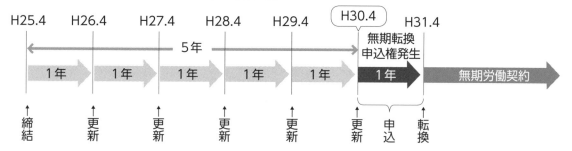

※無期労働契約の労働条件（職務、勤務地、賃金、労働時間など）は、別段の定め（労働協約、就業規則、ここの労働契約）がない限り、直前の有機労働契約と同一となります。労働条件を変える場合は、別途、就業規則の改定などが必要です。
（厚生労働省ホームページより）

なお、有期労働契約が一定以上の期間（空白期間。クーリング期間）を空けて締結されていた場合には、その空白期間前の契約期間は通算契約期間に算入されないとされている 18条2項 。この空白期間とされるのは、①次の有期労働契約締結までの期間が6か月以上である場合、②直前の有期労働契約の契約期間が1年未満の場合には、その期間に2分の1を乗じて得た期間を基礎として厚生労働省令で定める期間以上である場合、③複数の有期労働契約が間を置かずに連続している場合または18条2項の「契約期間が連続すると認められるものとして厚生労働省令で定める基準」に該当する場合には、それらの有期労働契約の契約期間の合計が1年未満のときには、その期間に2分の1を乗じて得た期間を基礎として厚生労働省令で定める期間以上である場合である。

■ 契約がない期間（6か月以上）が間にあるとき

　有期労働規約とその次の有期労働契約の間に、契約がない期間が6か月以上あるときは、その空白期間より前の有期労働契約は通算契約期間に含めません。これをクーリングといいます。

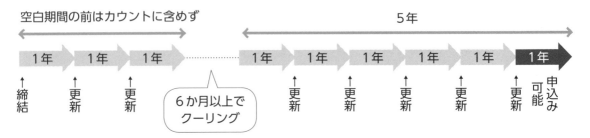

■ 契約がない期間はあるが、6か月未満のとき

　有期労働規約とその次の有期労働契約の間に、契約がない期間があっても、その長さが6か月未満の場合は、前後の有期労働契約の期間を通算します（クーリングされません）。

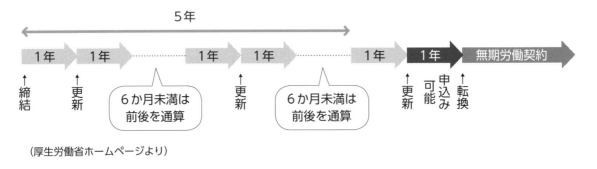

（厚生労働省ホームページより）

　このような空白期間を認めたことにより、雇止めが頻発することが懸念される。労契法19条により雇止めについて一定の歯止めがかけられたとしても、すべての雇止めが認められなくなったわけではない。従来の判例法理のもとでも雇止めを有効とした例が少なからずみられるのである。無期労働契約への転換を嫌う使用者が、最初の有期労働契約締結から5年が経過する前に雇止めを行うことが懸念されるのである。また、使用者が空白期間を置くようになることも懸念される。無期労働契約への転換を法律上認めたことは、有期労働契約で雇用される労働者の雇用安定のための「半歩前進」であると評価できるが、それがかえって雇用の不安定さを増すことにならないようにしなければならない。そのためには、無期労働契約を原則とし、臨時の必要がある場合などに例外的に有期労働契約での雇用を認めるといった立法政策をとることも考慮すべきであろう。また、少なくとも有期労働契約の雇止め（更新拒否）に対する規制をより強める、すなわち労契法19条の適用を広く認める解釈が求められる。

　無期労働契約への転換を求める労働者は、通算契約期間が5年を超えることになった時点で「現に締結している有期労働契約の契約期

間が満了する日までの間」に無期労働契約締結の申込をしなければ
ならない 18条1項 。ただし、当該有期労働契約期間中に無期労働契
約への転換を求めなかったとしても、新たに有期労働契約が締結さ
れればその期間中に無期労働契約への転換を申込むことが認められ
る。なお、有期労働契約締結時や更新時に無期労働契約への転換
を申し込まないことを条件とすることは、公序良俗 民法90条 に違反し
無効となる。

　労働者が無期労働契約への転換を申し込むことにより、現に締結
している有期労働契約の契約期間満了の翌日から労務が提供される
無期労働契約が成立する。その労働条件は、契約期間を除き、現に
締結している有期労働契約が定める労働条件と同一である。ただし、
無期労働契約へ転換した労働者との個別合意や就業規則、労働協
約での「別段の定め」がある場合には、それらの定める労働条件に
よるものとされる。なお、「無期労働契約への転換に当たり、職務の
内容などが変更されないにもかかわらず、無期転換後における労働
条件を従前よりも低下させることは、無期転換を円滑に進める観点か
ら望ましいものではない」とされている（平24・8・10基発0810第2）
が、法を潜脱するものであり少なくとも違法なものとして損害賠償責
任が使用者に生じると解すべきではないか。

　この無期転換に係る労契法18条は平成25年4月1日施行された。
そのため、無期転換に係る通算契約期間のカウントは、平成25年
4月1日以後に開始する有期労働契約が対象となる。

　2013年に成立した「研究開発システムの改革の推進等による研究
開発能力の強化及び研究開発等の効率的推進等に関する法律及び
大学の教員等の任期に関する法律の一部を改正する法律」により、
大学等及び研究開発法人の研究者、教員等については、通算契約期
間を10年とする特例が設けられている。

　この特例の適用を受けるのは、①科学技術（人文科学のみに係る
科学技術を含む）に関する研究者又は技術者、②研究開発等に係る
運営管理に係る業務（専門的な知識及び能力を必要とするものに限
る）に従事する者、③試験研究機関等、研究開発法人及び大学等
以外の者が試験研究機関等、研究開発法人又は大学等との契約に
より共同して行う研究開発等（共同研究開発等）の業務に専ら従事
する科学技術に関する研究者又は技術者、④共同研究開発等に係る
運営管理に係る業務に専ら従事する者、であって研究開発法人また
は大学等を設置する者等との間で有期労働契約を締結したものであ
る。

　加えて、専門的知識等を有する有期雇用労働者等に関する特別措
置法（有期特措法）が2014年に制定され、2015年4月に施行され
ている。この有期特措法に基づく特例として、次の①および②の特
例対象者については、労働契約法第18条に基づく無期転換申込権
の発生までの期間（現行5年）が①の対象者については、一定の期
間内に完了することが予定されている業務に就く期間（上限：10年）、

第5編 多様な雇用・就労形態

②の対象者については、定年後引き続き雇用される期間については、期間無期転換申込権は発生しないこととされた（有期特措法8）。また、特例の適用を受けるためには、対象労働者の特性に応じた雇用管理に関する措置についての計画を作成し、本社・本店の所在地を管轄する都道府県労働局長に認定の申請を行う必要がある。

①専門的知識等（平27厚労省告示67）を有する有期雇用労働者（事業主との間で締結された有期労働契約の契約期間に当該事業主から支払われると見込まれる賃金の額を1年間当たりの賃金の順に換算した額が1,075万円以上である者に限る。）であって、当該専門的知識等を必要とする業務（5年を超える一定の期間内に完了することが予定されているもの（「特定有期業務」））に就くもの

②定年（60歳以上のものに限る。以下同じ。）に達した後引き続いて当該事業主（高年齢者等の雇用の安定等に関する法律第9条第2項に規定する特殊関係事業主にその定年後に引き続いて雇用される場合にあっては、当該特殊関係事業主。以下同じ。）に雇用される有期雇用労働者

④ 期間の定めがあることによる不合理な労働条件の禁止

有期労働契約で雇用される労働者（以下、有期契約労働者）の労働条件は、無期労働契約で雇用される労働者（以下、無期契約労働者）のそれと比較して低いことがほとんどである。

これに関して、2012年に改正された労契法は、期間の定めがあることにより、同一の使用者に雇用される有期契約労働者の労働条件と無期契約労働者の労働条件とが相違している場合について、その相違は「労働者の業務の内容及び当該業務に伴う責任の程度、当該職務の内容及び配置の変更の範囲その他の事情を考慮して、不合理と認められるものであってはならない」とした **20条**。これは有期契約労働者と無期契約労働者との間での労働条件の相違が、上記要素（事情）を考慮して「期間の定めがあること」を理由とした不合理なものと認められる場合について、当該相違を無効としたり不法行為にもとづく損害賠償を認めたりするものである。

通達によれば、上記要素のうち「『労働者の業務の内容及び当該業務に伴う責任の程度』とは、労働者が従事している業務の内容及び当該業務に伴う責任の程度を、『当該職務の内容及び配置の変更の範囲』は、今後の見込みも含め、転勤、昇進といった人事異動や本人の役割の変化等（配置の変更を伴わない職務の内容の変更を含む。）の有無や範囲を指すものであること。『その他の事情』は、合理的な労使の慣行などの諸事情が想定される」とされている（平24・8・10基発0812第2）。パート労働法が規定する均衡処遇に準じた要素といえるが、これにより労働条件の相違が不合理と判断されるケースがどれほどあるのかははなはだ疑問である。

なお、上記通達は、「定年後に有期労働契約で継続雇用された労

働者の労働条件が定年前の他の無期契約労働者の労働条件と相違する」場合について、「特段の事情がない限り不合理と認められない」とする一方で、「通勤手当、食堂の利用、安全管理などについて労働条件を相違させることは、職務の内容、当該職務の内容及び配置の変更の範囲その他の事情を考慮して特段の理由がない限り合理的とは認められないと解される」とするが、すべての労働条件について「期間の定めがあること」を理由とした不合理なものではないことの立証責任を使用者側に負わせることが必要ではないか。

判例 Case Study

ハマキョウレックス（差戻控訴審）事件―大阪高判平30・12・21労働経済判例速報2369号18頁

　本件は、一般貨物自動車運送事業等を営むYとの間で有期労働契を締結して、トラック運転手として勤務したXが、無期労働契約の正社員とXとの間で、無事故手当、作業手当、給食手当、住宅手当、皆勤手当、通勤手当、家族手当、賞与、定期昇給及び退職金に相違があることは労契法20条に違反しているなどと主張した事案である。

　1審判決（大津地彦根支判平27・9・16労判1135号59頁）は、通勤手当が交通費の実費の補填であるということからすると、契約社員と正社員との間の通勤手当に係る差異は、労契法20条の不合理と認められるものに当たると判断して、不法行為に基づき支払いを命じ、その余の請求を棄却した。控訴審判決（大阪高判平28・7・26労判1143号5頁）は、契約社員と正社員の無事故手当、作業手当、給食手当および通勤手当に係る相違は、期間の定めがあることにより生じた相違であり、かつ不合理と認められるものに当たるとし、住宅手当、皆勤手当についての相違は不合理と認められるものに当たると認めることはできないとした。

　最高裁（最2小判平30・6・1労判1179号20頁）は、控訴審判決が無事故手当、作業手当、給食手当、通勤手当について相違を設けていることは不法行為に当たるとし、住宅手当に係る相違は不合理と認められるものに当たらないとした判断を維持し、皆勤手当に係る相違を不合理と認められるものに当たらないとした判断は是認できないとして、高裁に差戻した。

　差戻後の高裁判決は、Yにおける皆勤手当は、運送業務を円滑に進めるには実際に出勤する乗務員を一定数確保する必要があることから、皆勤を奨励する趣旨で支給されるものであり、この皆勤手当の趣旨を踏まえると、契約社員と正社員との皆勤手当の支給における相違は、労契法20条に定める考慮要素（職務の内容、職務の内容及び配置の変更の範囲、その他の事情）に照らし、不合理と認められるものに当たると解するのが相当であるとした。

長澤運輸事件―最2小判平30・6・1労判1179号34頁

　本件は、一般貨自動車運送事業を営む被上告人を定年退職した後に、有期労働契約を締結して就労している上告人ら（3名）が、無期労働契約を被上告人と締結している正社員との間に、労契法20条に違反する不合理な労働条件の相違が存在すると主張して、主位的に、正社員に関する就業規則等が適用される労働契約上の地位にあることの確認を求めるとともに、実際に支払われた賃金との差額等の支払いを求め、予備的に、不法行為に基づき上記差額に相当する額の損害賠償金および遅延損害金を請求した事案である。

　1審（東京地判平28・5・13労判1135号11頁）は、上告人らの請求を認容したが、控訴審（東京高判平28・11・2労判1144号16頁）は請求を棄却した。

　最高裁は、有期契約労働者が定年退職後に再雇用された者であることは、労契法20条にいう「その他の事情」として考慮されることとなる事情に当たるとしつつ、有期契約労働者と無期契約労働者との個々の賃金項目に係る労働条件の相違が不合理と認められるものであるか否かを判断するに当たっては、両者の賃金の総額を比較することのみによるのではなく、当該賃金項目の趣旨を個別に考慮すべきものと解するのが相当であるとし、無期契約労働者に対して能率給及び職務給を支給する一方で有期契約労働者に対して能率給及び職務給を支給せずに歩合給を支給するという労働条件の相違が、労契法20条にいう不合理と認められるものに当たらないが、正社員に対して精勤手当を支給する一方で、嘱託乗務員に対してこれを支給しないという労働条件の相違は、労契法20条にいう不合理と認められるものに当たると解するのが相当であるとした。

第2章 パートタイム労働

　正社員などの通常の労働者よりも短い時間だけ働くパートタイム労働については、フルタイムでは働けない場合にも労働を可能にするといったように、労働者の選択肢を増やすという意義がある。その一方で、通常の労働者と同じく「労働者」であるにもかかわらず、労働法令が必ずしも遵守されていなかったり、労働条件をめぐる紛争が多発したりといった問題が生じている。また、賃金額など、通常の労働者との処遇格差が大きな問題となっている。

1 パートタイム労働者の定義

Q．通常の労働者とは。
A．「通常の労働者」とは、事業所において、業務の種類ごとに、社会通念にしたがい「通常」と判断される労働者をいう。労働契約に期間の定めがない・長期雇用を前提とした待遇を受けているといった、いわゆる正規型の労働者がいれば、その労働者が通常の労働者とされる。また、いわゆる正規型の労働者がいない場合は、フルタイムの基幹的な働き方をしている労働者が通常の労働者とされる（平19・10・1基発1001016）。

　パートタイム労働者（短時間労働者）とは、1週間の所定労働時間が同一の事業所に雇用される通常の労働者よりも短い労働者とされている（「短時間労働者の雇用管理の改善等に関する法律」、以下「パート労働法」）。週所定労働時間による区分であり、労働契約の期間の定めの有無は問わない。したがって、期間の定めのない労働契約で雇用されていても、週所定労働時間が通常の労働者よりも短ければ、パート労働法の適用を受ける。また、期間の定めのある労働契約で雇用されるパートタイム労働者については、パート労働法の適用のほか、「雇止めに関する基準」などの有期労働契約に対する規制も受けることになる。

　なお、上記定義によれば、名称や処遇がパートタイム労働者とされていても、週所定労働時間が通常の労働者と同一である者（擬似パート）については、パート労働法の適用はないことになる。これについて厚生労働省は、パート労働法の「趣旨が考慮されるべきであることに留意すること」としている（「事業主が講ずべき短時間労働者の雇用管理の改善等に関する措置等についての指針」平26・7・24厚労告293〈以下、パート指針〉第2の3）。

　擬似パートについては、パート労働法上のパートタイム労働者にまして均等処遇の必要性があると考えられるのであり、後述するパート労働法を類推適用すべきである。

2 均衡処遇

1 パート労働法が規定する均等処遇、均衡処遇

　パートタイム労働者について特に問題となるのは、通常の労働者との賃金格差である。すなわち、パートタイム労働者のほとんどが時給制とされ、しかもその額が通常の労働者と比較して低額に設定されていることや、賞与・退職金が支給されなかったり、支給されたとしても通常の労働者より低かったりすることが問題となる。

　パートタイム労働者であることは「社会的身分」にはあたらないと解され、したがって、上記のような通常の労働者との賃金格差等は、労基法3条違反とはならない。

　しかし、日本は批准していないものの、ILOの「パートタイム労働

に関する条約」175号条約5条は次のように規定している。すなわち、「パートタイム労働者が、パートタイムで働いているという理由のみによって、時間、生産量又は出来高に比例して計算される基本賃金であって、同一の方法により計算される比較可能なフルタイム労働者の基本賃金よりも低いものを受領することがないことを確保するため、国内法及び国内慣行に適合する措置をとる」としているのである(ILO駐日事務所仮訳)。

　学説にはパートタイム労働という雇用機会を減少させないためといった政策的な理由や、「同一」労働であることの客観的把握ないし確定が可能なのかといったことから、格差を無効とすべきではないとする見解も示されている。しかし、パートタイム労働者の賃金格差は、このような「確立された国際的原則」である同一価値労働同一賃金の要請に反し、公序良俗違反で無効とすべきである。

　裁判例には、臨時社員の賃金が正社員の賃金の8割以下となる場合には、同一(価値)労働同一賃金原則に反し公序良俗違反となるとして、損害賠償請求を認めたものがある(丸子警報器事件=長野地上田支判平8・3・15労判690号32頁)。ただし、これとは異なる裁判例(日本郵便逓送事件=大阪地判平14・5・22労判830号22頁など)もあり、判例の立場も定まっていないといえる。

判例 Case Study

非正規社員の賃金格差と損害賠償―丸子警報器事件=長野地上田支判平8・3・15労判690号32頁
　臨時社員(そのほとんどは女性)は、女性正社員と同じ組み立てラインに配置され、勤務時間・日数も正社員と同じであり、QCサークル活動にも正社員とほぼ同様に参加していた。賃金は、正社員には年功序列賃金が月給として支給されていたのに対し、臨時社員に対しては勤続年数に応じた3段階の日給額が月単位で支給され、勤続年数が長くなるほど正社員と臨時社員との賃金格差は大きくなっていた。
　判旨は、同一(価値)労働同一賃金原則を明言する実定法の規定が存しないことや、男性正社員と臨時社員との労働の価値を比較することの困難さなどから、同一(価値)労働同一賃金原則を、正社員と臨時社員との賃金格差を直ちに違法とするという意味での公序とみなすことはできないとした。その一方で、同一(価値)労働同一賃金原則の基礎にある均等処遇の理念に反する賃金格差は、公序良俗違反の違法を招来する場合があるとした。本件においては、女性正社員と臨時社員との労働内容について、外形面においても、帰属意識という内面においても全く同一であったとしたが、均等処遇の理念が抽象的なものであることなどから、一定範囲内の処遇格差については使用者の裁量を認めざるを得ないとした。そして、臨時社員の賃金が、同じ勤続年数の女性正社員の8割以下となる場合には、使用者の裁量が公序良俗違反として違法となるとした。

　パート労働法8条は、事業主が、雇用するパートタイム労働者の待遇と正社員の待遇を相違させる場合は、その待遇の相違は、職務の内容、人材活用の仕組み、その他の事情を考慮して、不合理と認められるものであってはならないとする。これは、広く全てのパートタイム労働者を対象とした待遇の原則として2015年4月1日施行の改正法に創設されたものである。

①通常の労働者と同視すべきパートタイム労働者(差別禁止対象パート)

　通常の労働者と同視すべきパートタイム労働者とは、職務の内容が通常の労働者と同じであり、かつ、人事異動の有無や範囲といった

第5編 多様な雇用・就労形態

Q．職務の内容とは。
A．パートタイム労働者が実際に従事している業務と、その業務に伴う責任の程度とされている。職務の内容が通常の労働者と同じかの判断にあたっては、まず、それぞれの中核的業務（その労働者に与えられた職務に不可欠な業務、業務の成果が事業所の業績や評価に大きな影響を与える業務、労働者の職務全体に占める時間・頻度における割合が大きい業務）を取り出し、実質的に同じかを判断する。なお、この判断にあたっては、個々の作業が一致しているかではなく、当該職務に必要な知識や技術の水準などの観点から、その業務の性質や範囲の同一性を比較するものとされている。
つぎに責任の程度については、与えられている権限の範囲や業務の成果について求められている役割、トラブル発生時や臨時緊急時に求められる対応の程度、ノルマなどの成果への期待などについて総合的に比較し、通常の労働者と「著しく異なって」いないかを判断する。平26・7・24基発0724第2号、職発0724第5号、能発0724第1号、雇児発0724第1号

Q．人材活用の仕組み・運用とは。
A．人事異動の有無や範囲を指す。パートタイム労働者と通常の労働者について、実際に配置転換や昇進したかだけでなく、将来にわたって配置転換や昇進をする見込みがあるかどうかについても、事業所の就業規則や慣行などをもとに判断する。また、配置転換や昇進をする場合には、配置転換の範囲も同じかどうかを比較する（一方は全国転勤、他方はエリア限定の転勤という場合は、転勤の範囲は異なることになる）。平26・7・24基発0724第2号、職発0724第5号、能発0724第1号、雇児発0724第1号

人材活用の仕組みや運用などが全期間を通じて通常の労働者と同じである（以前は、これらに加えて「契約期間が無期又は実質的に無期労働契約であること」という要件があったが、2015年4月施行の改正法により削除されている）。

このようなパートタイム労働者について、その者がパートタイム労働者であることを理由として、賃金や教育訓練、福利厚生その他すべての待遇を通常の労働者と差別的に取り扱うことは禁止されている パート法9条 。

②通常の労働者と職務の内容と人材活用の仕組み・運用が同じパートタイム労働者

このようなパートタイム労働者については、まず、人材活用の仕組み・運用が同一である期間中、賃金について通常の労働者と同一の方法により決定するよう努めなければならない 10条 。また、教育訓練のうち当該パートタイム労働者の職務遂行に必要な能力を付与するためのものについては、通常の労働者と同様に実施することが義務づけられる 11条1項 。それ以外の、キャリアアップのための教育訓練等については、パートタイム労働者の職務の内容や成果、意欲、能力及び経験等に応じて実施するよう努めるものとされる 11条2項 。さらに、給食施設や休憩室、更衣室といった福利厚生施設について、利用の機会を与えるように配慮しなければならない 12条 。

③通常の労働者と職務の内容が同じパートタイム労働者

このようなパートタイム労働者の賃金については、通常の労働者との均衡を考慮しつつ、パートタイム労働者の職務の内容や成果、意欲、能力及び経験等を勘案して決定するよう努めなければならない 10条 。また、教育訓練のうち当該パートタイム労働者の職務遂行に必要な能力を付与するためのものについては、通常の労働者と同様に実施することが義務づけられる 11条1項 。それ以外の教育訓練については、パートタイム労働者の職務の内容や成果、意欲、能力及び経験等に応じて実施するよう努めるものとされる 11条2項 。さらに、給食施設や休憩室、更衣室といった福利厚生施設について、利用の機会を与えるように配慮しなければならない 12条 。

④通常の労働者と職務の内容も異なるパートタイム労働者

このようなパートタイム労働者の賃金については、通常の労働者との均衡を考慮しつつ、パートタイム労働者の職務の内容や成果、意欲、能力及び経験等を勘案して決定するよう努めなければならない 10条 。また、教育訓練については、職務遂行に必要な能力を付与するためのものを含め、パートタイム労働者の職務の内容や成果、意欲、能力及び経験等に応じて実施するよう努めるものとされる 11条2項 。さらに、給食施設や休憩室、更衣室といった福利厚生施設について、利用の機会を与えるように配慮しなければならない 12条 。

3 パートタイム労働者のその他の労働条件

　パートタイム労働者も、使用者の指揮命令下で労働し、その対償として賃金を支払われているのであれば労基法上の労働者であり、労基法や労働契約法、最賃法、労働安全衛生法、労災保険法、均等法、育児・介護休業法などの適用を受ける。ただし、所定労働時間が短いという特性等に応じ、正規型労働者とは異なる規制が加えられているものもある。また、雇用保険や社会保険（健康保険法・厚生年金保険法・介護保険法）については、所定労働時間数等の一定の条件を満たす場合に限って被保険者とされる。以下では、パートタイム労働者の賃金、教育訓練、福利厚生以外の労働条件等のうち、正規型労働者と異なる規制を受ける主なものを取り上げる。

1 労働条件の明示

　使用者は、労働契約の締結に際し、パートタイム労働者を含む労働者に対して労働条件を明示しなければならない 労基法15条 。

　さらにパート労働法では、これらに加えて、昇給の有無、退職手当の有無、賞与の有無、短時間労働者の雇用管理の改善等に関する事項に係る相談窓口について、文書の交付等により、速やかに明示しなければならないとしている（ パート法6条1項 。パートタイム労働者が希望した場合には、文書の交付に代えて電子メールやFAXによることも認められる）。これに違反し、行政指導によっても改善されなければ、10万円以下の過料に処せられる。また、労基法上は口頭での説明で足りるとされている事項についても、文書の交付等により明示するよう努めることとされている 6条2項 。

2 使用者の説明義務

　事業主はパートタイム労働者を雇い入れたときは、速やかに、パートタイム労働法9条から13条の規程により講ずべきこととされている事項に関し講ずることとしている措置の内容について、パートタイム労働者に説明しなければならない パート法14条1項 。説明義務が課せられる事項は、労働条件の文書交付等、就業規則の作成手続、パートタイム労働者の待遇の原則、正社員と同視すべきパートタイム労働者に対する差別的取扱いの禁止、賃金の決定方法、教育訓練、福利厚生施設、正社員への転換促進するための措置である。

　また、使用者は、パートタイム労働者を雇い入れた後、一定の事項について説明を求められたときは、そのパートタイム労働者の待遇を決定するにあたって考慮した事項を説明しなければならない 14条 。

　説明義務が課せられる事項は、労働条件の文書交付等、就業規則の作成手続、待遇の差別的取扱い禁止、賃金の決定方法、教育訓練、福利厚生施設、通常の労働者への転換を促進するための措置である。

Q．パートタイム労働者が納得するまで説明しなければならないのか。
A．使用者に義務付けられているのは、誠意をもってパートタイム労働者への合理的な説明を行うことであり、パートタイム労働者の納得を得ることまでは求められていない。

　また、本文中に示したもの以外の事項についても、パートタイム労働者から求められたときは説明するように努めるものとされている。

3 就業規則の整備

パートタイム労働者を含め常時10人以上の労働者を使用する使用者は、労基法89条の定めるところに従い、パートタイム労働者に適用される就業規則を作成しなければならない。実際には、通常の労働者の就業規則の中にパートタイム労働者にのみ適用される事項についての条項を置くこととするか、パートタイム労働者にのみ適用される就業規則を作成することになる。

これらパートタイム労働者に適用される就業規則を作成・変更しようとする場合、使用者は労基法90条の手続に加えて、パートタイム労働者の過半数を代表する者の意見を聴くよう努めるものとされている パート法7条。

4 労働時間・年次有給休暇

パートタイム労働者の労働時間や労働日を定め、または変更するにあたっては、パートタイム労働者の事情を十分考慮するように努めるものとされている。また、パートタイム労働者について、所定労働時間を超える労働をさせたり、所定休日に労働させたりすることのないよう努めるものともされている（パート指針第3の1(1)）。

パートタイム労働者についても、労基法上の年次有給休暇を与えなければならない。かつては、所定労働日数が少ないパートタイム労働者についても、通常の労働者と同日数の年次有給休暇を与えなければならないのかといった問題も存在した。しかし、1987年の労基法改正によって、比例付与を行うこととされ、所定労働日数と勤続年数に応じて1～15日の年次有給休暇を与えることとされている。

5 健康診断

「常時使用する」パートタイム労働者について、使用者は、労働安全衛生法が定める健康診断を実施しなければならない。

ここで常時使用するパートタイム労働者とは、①期間の定めのない労働契約により雇用される者、および期間の定めのある労働契約により雇用される者であって、契約期間が1年以上である者、契約更新により1年以上使用されることが予定されている者、1年以上引き続き使用されている者のいずれかであって、②1週間の所定労働時間数が当該事業場において同種の業務に従事する通常の労働者の週所定労働時間数の4分の3以上である者とされている。

なお、上記②に該当しないパートタイム労働者であっても、上記①に該当し、かつ、当該事業場において同種の業務に従事する通常の労働者の週所定労働時間数のおおむね2分の1以上労働している場合には、一般健康診断を実施することが望ましいとされている（平19・10・1基発1001016）。

6 労働保険・社会保険の加入

労災保険制度は、労働時間の長短等にかかわらず、すべての労

Q．1年未満の契約期間の定めと雇用保険加入
A．契約期間が6か月未満とされている場合であっても、更新により引き続き6か月以上雇用されることが見込まれる場合には、契約期間の当初から雇用保険に加入させなければならない。

者を対象としており、パートタイム労働者についても適用がある。

雇用保険制度については、週所定労働時間が20時間以上であり、かつ31日以上の雇用が見込まれる場合に強制加入となる。なお、「31日以上の雇用が見込まれる」については、31日以上雇用が継続しないことが明確である場合の他は該当するとされている。したがって、雇用契約に契約更新がある旨記載され31日未満での雇止めが明示されていない場合や、同様の契約により雇用された労働者が31日以上雇用された実績がある場合には、この要件を満たすことになる。

また、健康保険制度や厚生年金保険制度への加入については、当該パートタイム労働者の1日または1週間の所定労働時間および1か月の所定労働日数が通常の労働者のおおむね4分の3以上であれば強制加入とされている。なお、2016年10月からは、①1週間の所定労働時間が20時間以上、②月額賃金が8.8万円(年収106万円)以上、③勤続年数が1年以上、のすべての要件を満たすパートタイム労働者は健康保険制度と厚生年金保険制度に強制加入となる(ただし、従業員が常時500人以下の事業所に使用される者、および学生は除かれる)。

また、2017年4月1日から、上記の厚生年金保険の被保険者数が常時 501 人以上の企業に勤務するパートタイム労働者に加え、被保険者数が常時 500人以下の企業のうち、次のアまたはイに該当する事業所に勤務するパートタイム労働者も厚生年金保険・健康保険の適用対象となった。

　　ア　労使合意(労働者の2分の1以上と事業主が社会保険に加
　　　　入することについて合意すること)に基づき申出をする法人・
　　　　個人の事業所
　　イ　地方公共団体に属する事業所

7　通常の労働者への転換の推進

パートタイム労働者の通常の労働者への転換を推進するために、事業主は次のいずれかの措置を講じなければならない **パート労働法12条** 。

(a) 通常の労働者を募集する場合、事業所内への掲示等の方法によって、その募集内容を既に雇っているパートタイム労働者に周知する。

(b) 通常の労働者の配置を新たに行う場合(ポストを社内公募する場合)、既に雇っているパートタイム労働者にも応募する機会を与える。

(c) 一定の資格を有するパートタイム労働者について、通常の労働者への転換のための試験制度を設けるなど、転換制度を導入する。

(d) その他通常の労働者への転換を推進するための措置

ただし、これらはいずれもパートタイム労働者に通常の労働者になる機会を与えなければならないとするものであり、パートタイム労働者を優先的に通常の労働者として採用することまで義務づけるものではない。

第3章 派遣労働

　自らが雇用する労働者を他人の指揮命令の下で労働させる労働者供給は、中間搾取の温床となるばかりでなく使用者責任を曖昧にするなど、労働者保護に反するものであり、職業安定法（以下、職安法）によって禁止されてきた。しかし、業務の内容や繁閑に応じて、かつ、直接雇用による人件費や労働関係法上の使用者責任を負うことなく、必要な労働力を確保したいという産業界のニーズに応えるように業務請負の形式をとった「労働者派遣」が広く行われる状況となった。

　そこで、これら違法とされてきた「労働者派遣」の一部を適法化して労働者派遣事業に一定の法規制を加えるとともに、派遣労働者の適正な就業条件確保などを図るため、1985年に「労働者派遣事業の適正な運営の確保及び派遣労働者の就業条件の整備等に関する法律」が制定された。なお、同法は2012年改正により名称が「労働者派遣事業の適正な運営の確保及び派遣労働者の保護等に関する法律」（以下、派遣法）に改められている。

　2017年9月30日施行の法改正（平成27年法律73号）では、①派遣事業の健全化（ 特定労働者派遣事業（届出制）の廃止）、②派遣労働者の雇用安定とキャリアアップ、③労働者派遣の位置付けの明確化、④派遣期間規制への見直し、⑤派遣労働者の均衡待遇の強化が盛り込まれている。そして、派遣労働者のキャリアアップと常用代替の防止を図るため、厚生労働大臣は、労働者派遣事業に係るこの法律の規定の運用に当たっては、労働者の職業生活の全期間にわたるその能力の有効な発揮及びその雇用の安定に資すると認められる雇用慣行並びに派遣就業は臨時的かつ一時的なものであることを原則とするとの考え方を考慮することとされている（派遣法25条）。

1 労働者派遣の定義

　労働者派遣とは、「自己の雇用する労働者を、当該雇用関係の下に、かつ、他人の指揮命令を受けて、当該他人のために労働に従事させることをいい、当該他人に対し当該労働者を当該他人に雇用させることを約してするものを含まないもの」とされている 派遣法2条1号。これによれば、雇用関係は派遣元事業主と派遣労働者との間にのみ存在し、派遣先と派遣労働者との間には雇用関係は存在しない。そして、派遣先は、派遣元事業主との間に締結する労働者派遣契約にもとづき、派遣労働者に対する指揮命令権を有することになる。

■ 労働者派遣

労働者派遣契約

派遣元 ⟷ 派遣先

雇用関係　　　　　指揮命令権あり
　　　　　　　　　雇用関係なし

労働者

このような労働者派遣に似た形態のものとして、労働者供給や在籍出向、請負がある（なお、労働者派遣と他の形態との違いについての厚労省の見解を詳細に述べるものとして、厚生労働省職業安定局の『労働者派遣事業関係業務取扱要領』〈以下、要領〉(2017年5月)がある)。

1 労働者供給との関係

労働者供給とは、「供給契約に基づいて労働者を他人の指揮命令を受けて労働に従事させる」 職安法4条6項 ものであり、労働組合等が厚労大臣の許可を受けて行う場合を除いて、禁止されている 職安法44条 。

■ 禁止される労働者供給

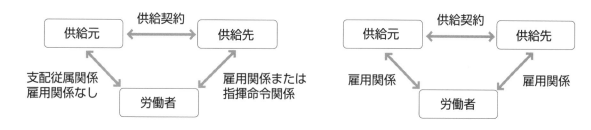

労働者派遣は、職業安定法が禁止してきた労働者供給の一形態を取り出して適法としたものである。すなわち、労働者供給のうち、供給元との間に雇用関係があり、かつ、供給先との間に指揮命令関係しかないものを、派遣法による規制の下、適法化したものである。

なお、派遣元事業主から派遣された派遣労働者を、派遣先がさらに第三者に派遣すること（二重派遣）が行われていたとされる。この二重派遣は、派遣先が、自ら雇用していない者を他人の指揮命令を受けて労働させることになり、職安法44条が禁止する労働者供給に該当する違法なものである。

2 在籍出向との関係

在籍出向とは、労働者が、出向元に在籍したまま出向先とも雇用関係を結び、長期間にわたって出向先での指揮命令の下で就労するものである。

■ 在籍出向

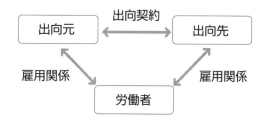

派遣法は、「他人に対し当該労働者を当該他人に雇用させることを約してするもの」は労働者派遣には含めないとしており、したがって、出向先との間にも雇用関係が存在する在籍出向は、労働者派遣とは異なる。

なお、労働者と出向元・出向先の両者の間に雇用関係が存在する在籍出向が、職安法44条が禁止する労働者供給に該当するのではないかという問題がある。この点について厚生労働省は、出向が「業として行われている」か否かを判断基準としつつ、出向が反復継続して行われていても、その目的から「社会通念上業として行われていると判断し得るものは少ない」としている（要領10頁）。

しかし、「業として」とは「反復継続して」との意であり、営利や目的は本来判断要素とはならない。したがって、厚生労働省のこの説明は説得力に欠けるように思われる。

3 請負との関係

注文者から業務処理を請け負った請負業者が、自らが雇用する労働者を注文者の下で就労させる場合には、労働者派遣類似の形態となる。

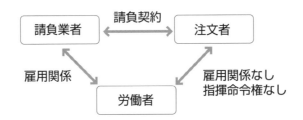

この場合、労働者への指揮命令が請負業者によってのみなされ、注文者による指揮命令が行われていないのであれば、労働者派遣には該当しない。

しかし、注文者による労働者への指揮命令が行われている場合には、労働者派遣に該当することになる（いわゆる偽装請負）。2004年3月に製造業への労働者派遣が認められる以前には、製造業への「派遣」が偽装請負によって多く行われていたといわれている。また、それ以降においても、後述する派遣受入期間の制限や直接雇用の申込義務などの派遣法の規制を回避するために、偽装請負が行われているといわれている。

偽装請負が違法な労働者供給に該当する場合、偽装請負注文者と労働者との間に労働契約関係が成立するかが問題となる。この点について、判例は、使用従属関係を前提に、「実質的にみて、当該労働者に賃金を支払う者が受入企業であり、かつ当該労働者の労務提供の相手方が受入企業であると評価できる」場合には、受入企業と労働者との間に黙示の労働契約が成立するとしている（センエイ事件＝佐賀地武雄支決平9・3・28労判719号38頁ほか）。もっとも裁判例

には、黙示の労働契約の成立を認めるものもあれば（前掲センエイ事件、松下PDP事件＝大阪高判平20・4・26労判941号5頁等）、これを否定したものもある（サガテレビ事件＝福岡高判昭58・6・7労判410号29頁ほか）。これは、それぞれの事案ごとの事実の評価の違いによるものと考えられる。

　なお、労働者派遣事業と請負との区別については、次のような判断基準が示されている。

労働者派遣事業と請負により行われる事業との区分に関する基準（要旨）　　　　　　　　　　　　　　（昭61・4・17労告37）

　請負契約により行う業務に自己の雇用する労働者を従事させる事業主であっても、当該事業主が当該業務の処理に関し次の各号のいずれにも該当する場合を除き、労働者派遣事業を行う事業主とする。

一　次のいずれにも該当することにより自己の雇用する労働者の労働力を自ら直接利用するものであること。

イ　業務の遂行に関する指示その他の管理を自ら行うものであること。

ロ　労働時間等に関する指示その他の管理を自ら行うものであること。

ハ　企業における秩序の維持、確保等のための指示その他の管理を自ら行うものであること。

二　次のいずれにも該当することにより請負契約により請け負った業務を自己の業務として当該契約の相手方から独立して処理するものであること。

イ　業務の処理に要する資金につき、すべて自らの責任の下に調達し、かつ、支弁すること。

ロ　業務の処理について、民法、商法その他の法律に規定された事業主としてのすべての責任を負うこと。

ハ　次のいずれかに該当するものであって、単に肉体的な労働力を提供するものでないこと。

（1）自己の責任と負担で準備し、調達する機械、設備若しくは器材または材料若しくは資材により、業務を処理すること。

（2）自ら行う企画又は自己の有する専門的な技術若しくは経験に基づいて、業務を処理すること。

　なお、上記のいずれにも該当する事業主であっても、それが法の規定に違反することを免れるため故意に偽装されたものであって、その事業の真の目的が労働者派遣を業として行うことにあるときは、労働者派遣事業を行う事業主であることを免れることができない。

第**5**編 多様な雇用・就労形態

② 労働者派遣事業の許可制

労働者派遣事業は、従来は、届出制の特定労働者派遣事業（派遣労働者が常用労働者（期間の定めのない雇用契約で雇用される労働者）のみである事業）と許可制の一般労働者派遣事業（特定労働者派遣事業以外の労働者派遣事業）の2つに区分されていたが、派遣労働者の一層の雇用の安定、保護等を図るため、労働者派遣法が2015年に改正され、2015年9月30日からは特定労働者派遣事業と一般労働者派遣事業の区分が廃止され、すべて許可制となった。

ただし、経過措置として2018年9月29日までは、許可を得ることなく、引き続き「その事業の派遣労働者が常時雇用される労働者のみである労働者派遣事業」（改正前の特定労働者派遣事業に相当）を営むことが可能とされているが、経過措置期間終了後も労働者派遣事業を行う場合には、2018年9月29日までに許可の申請を行う必要がある。

③ 派遣対象業務

派遣法が制定された当初は、長期雇用システムになじまない13の専門業務を対象業務とし、それらに限って労働者派遣を認めていた（ポジティブ・リスト方式）。その後の改正により、対象業務は26業務にまで増やされたが、これら列挙された業務以外について労働者派遣を行うことは依然として禁止されていた。

ところが、1999年の派遣法改正により、一定の業務以外はすべて労働者派遣の対象業務とすることを認める、ネガティブ・リスト方式が採用された。これにより現在では、次に掲げる業務を除くすべての業務について労働者派遣を行うことが認められている 派遣法4条 。

労働者派遣を行うことが認められない業務
① 港湾運送の業務
② 建設の業務
③ 警備の業務
④ 医療業務（ただし、紹介予定派遣は認められる。また、病院・診療所等以外の施設（社会福祉施設など）で行われる一定の医療関連行為については、労働者派遣が認められる。さらに、医療関連業務に従事する者の産前産後休業中や、育児・介護休業中に、その者が行っていた業務について労働者派遣をすること等も認められる 派遣法施行令2条 施行規則1条 。）
⑤ 人事管理に関する業務（団体交渉や労使協定締結などで使用者側の直接当事者として行う業務）
⑥ 一定の専門業務（弁護士・税理士・社会保険労務士など）

264

第**3**章 派遣労働

4 日々雇用派遣（雇用期間が30日以内の派遣）

　労働者派遣のうち、日々雇用によるものや契約期間がきわめて短期間のものが日雇派遣と呼ばれている。この日雇派遣をめぐっては、それが極めて不安定な雇用であり、生活に足る収入を得られない者が多くみられるなどといった問題のほか、慣れない職場での就労による労働災害の発生といった問題も生じていた。そこで、政府は日々または2か月以内の期間を定めて雇用する労働者については原則として労働者派遣を行ってはならないとする改正案を提出した。しかし、国会での修正を受け2012年改正では、日々または30日以内の期間を定めて雇用する労働者派遣が禁止されるにとどまった 派遣法35条の3 。また、「日雇労働者の適正な雇用管理に支障を及ぼすおそれがないと認められる業務」については、例外的に日雇派遣が認められることとされた。

日雇労働者の適正な雇用管理に支障を及ぼすおそれがないと認められる業務
①以下の業務
　ソフトウェア開発、機械設計、事務用機器操作、通訳・翻訳・速記、秘書、ファイリング、調査、財務処理、取引文書作成、デモンストレーション、添乗、受付・案内、研究開発、事業の実施体制の企画・立案、書籍等の制作・編集、広告デザイン、ＯＡインストラクション、セールスエンジニアの営業・金融商品の営業
②以下の場合
(a) 日雇労働者が60歳以上である場合
(b) 日雇労働者が学校教育法の学校（専修学校・各種学校を含む）の学生・生徒（定時制の課程に在学する者等を除く）である場合
(c) 日雇労働者の収入（生業収入）の額が500万円以上である場合
(d) 日雇労働者が生計を一にする配偶者等の収入により生計を維持する者であって、世帯収入の額が500万円以上である場合
派遣法施行令4条

5 グループ内派遣の制限・離職者受入の禁止

　派遣会社がもっぱら特定の企業に対して労働者を派遣する「専ら派遣」は派遣法上許されていない 派遣法7条 。さらに、「派遣元事業主の経営を実質的に支配することが可能となる関係にある者その他の当該派遣元事業主と特殊の関係のある者」（以下、関係派遣先）に労働者派遣をする場合について、関係派遣先への派遣割合が80％以下にしなければならないとする 派遣法23条の2 。ここで「関係派遣先」とは、派遣元事業主が連結子会社である場合には派遣

第**5**編 多様な雇用・就労形態

元事業主の親会社やその連結子会社、派遣元事業主が連結子会社でない場合には派遣元事業主の親会社等やその子会社等とされている 派遣法施行規則18条の3 。また、関係派遣先への派遣割合は、関係派遣先への派遣就業に係る総労働時間を、その事業年度における当該派遣元事業主が雇用する派遣労働者のすべての派遣就業に係る総労働時間で除して得られたものである。この派遣割合については、厚労大臣への報告が義務づけられている。

なお、派遣先は、自らを離職して1年が経過していない労働者を派遣労働者として受け入れてはならないとされている 派遣法40条の9 。ただし、60歳以上の定年退職者についてはこれにかかわらず派遣労働者として受け入れることが認められる 派遣法施行規則33条の10 。

6 労働者派遣の期間制限

労働者派遣法の2015年改正により、改正前のいわゆる26業務（欄外参照）への労働者派遣には期間制限を設けない仕組みが見直され、2015年9月30日以後に締結された労働者派遣契約に基づく労働者派遣には、すべての業務で、次の2つの期間制限が適用されている。

1 派遣先事業所単位の期間制限（派遣法40条の2）

派遣先の同一の事業所に対し派遣できる期間（派遣可能期間）は、原則、3年が限度とされている。事業所等における組織単位についての派遣法40条の3の期間制限の目的は、派遣労働者がその組織単位の業務に長期にわたって従事することによって派遣就業に望まずに固定化されることを防止することであるとされている。

派遣先が3年を超えて派遣を受け入れようとする場合は、派遣先の事業所の過半数労働組合等からの意見を聴取しなければならない。

施行日以後、最初に新たな期間制限の対象となる労働者派遣を行った日が、3年の派遣可能期間の起算日となる。過半数労働組合等からの意見聴取を経て、当該延長に係る期間が経過した場合において、これを更に延長しようとするときも、同様である 派遣法40条の2第3項 。

派遣先事業主は、意見を聴かれた過半数労働組合等が異議を述べたときは、当該事業所等ごとの業務について、延長前の派遣可能期間が経過することとなる日の前日までに、当該過半数労働組合等に対し、派遣可能期間の延長の理由等について説明しなければならない 40条の2第5項関係 。

事業所単位の期間制限は、派遣労働者が交替したり、他の労働者派遣契約に基づく労働者派遣を始めた場合でも、派遣可能期間の起算日は変わらず、派遣可能期間の途中から開始した労働者派遣の期間は、原則、その派遣可能期間の終了までとなる。

いわゆる旧26業務（専門的知識・技術または特別の雇用管理を必要とする業務）
①情報処理システム開発、②機械設計、③放送機器等操作、④放送番組等演出、⑤事務用機器操作、⑥通訳、翻訳、速記、⑦秘書、⑧ファイリング、⑨市場等調査、⑩財務処理、⑪取引文書作成、⑫デモンストレーション、⑬添乗、⑭建築物清掃、⑮建築設備運転・点検・整備、⑯案内・受付・駐車場管理、⑰研究開発、⑱事業実施体制等の企画立案、⑲書籍等の制作・編集、⑳広告デザイン、㉑インテリアコーディネーター、㉒アナウンサー、㉓OAインストラクション、㉔テレマーケティング営業、㉕セールスエンジニア営業、金融商品の営業、㉖放送番組等における大道具・小道具

■ 派遣先事業所単位の期間制限

派遣先の同一の事業所に対し派遣できる期間（派遣可能期間）は、原則、3年が限度となる。

派遣先が3年を超えて派遣を受け入れようとする場合は、派遣先の事業所の過半数労働組合等からの意見を聴く必要がある。

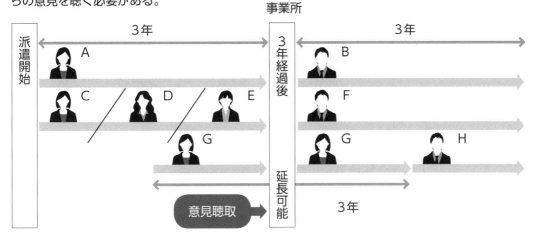

2 派遣労働者個人単位の期間制限（派遣法40条の3）

同一の派遣労働者を、派遣先の事業所における同一の組織単位（いわゆる企業内の「課」や「グループ」など）に対し派遣できる期間は、3年が限度となる。個人単位の期間制限を超えて、同一の有期雇用の派遣労働者を引き続き同一の組織単位に派遣することはできないが、組織単位を変えれば、同一の事業所に、引き続き同一の派遣労働者を派遣することができる。その場合、事業所単位の期間制限による派遣可能期間が適法に延長されていることが前提となる。

■ 派遣労働者個人単位の期間制限

同一の派遣労働者を、派遣先の事業所における同一の組織単位に対し派遣できる期間は、3年が限度となる。

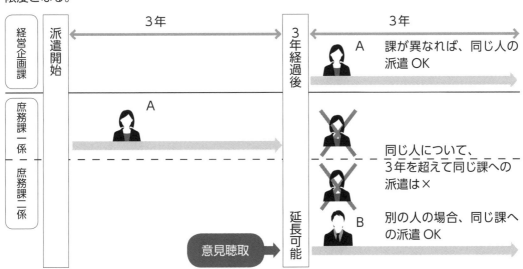

第**5**編 多様な雇用・就労形態

3 期間制限の例外

次に掲げる場合は、(1) 派遣先事業所単位の期間制限も、(2) 派遣労働者個人単位の期間制限も、いずれも適用されない。

①派遣元事業主に無期雇用される派遣労働者を派遣する場合

②60歳以上の派遣労働者を派遣する場合

③終期が明確な有期プロジェクト業務に派遣労働者を派遣する場合

④日数限定業務（１か月の勤務日数が通常の労働者の半分以下かつ10日以下であるもの）に派遣労働者を派遣する場合

⑤産前産後休業、育児休業、介護休業等を取得する労働者の業務に派遣労働者を派遣する場合

4 期間の継続の判断といわゆる「クーリング期間」

同一の派遣労働者について、派遣先の同一の組織単位における就業の日と次回の就業の日との間の期間が３か月以下であれば、派遣先事業主は、事業所等における組織単位ごとの業務について、継続して同一の派遣労働者に係る労働者派遣の役務の提供を受けているものとみなす。還元すれば、前回の派遣就業の終了日から３か月を超えて間を空け、同一の派遣労働者について、次の派遣就業を受け入れることは可能と言うことになる。これをクーリング期間と呼ぶことがある。

事業所単位の期間制限のほか、個人単位の期間制限についても、クーリング期間の考え方が適用される。派遣先の事業所における同一の組織単位ごとの業務について、労働者派遣の終了後に同一の派遣労働者を再び派遣する場合、派遣終了と次の派遣開始の間の期間が３か月を超えないときは、労働者派遣は継続しているものとみなされ期間制限が適用される。

7 紹介予定派遣

紹介予定派遣とは、労働者派遣のうち、派遣元事業主が労働者派遣の開始前または開始後に、派遣先へ派遣労働者の職業紹介を行い、または行うことを予定するものである 派遣法2条4号 。この紹介予定派遣では、一定期間の労働者派遣終了後、派遣労働者と派遣先とが合意すれば、派遣労働者は派遣先に直接雇用されることになる。

紹介予定派遣では、通常の派遣では禁止されている派遣労働者の特定（派遣就業前の面接や履歴書の送付など）が認められている。ただし、派遣労働者の特定にあたって、年齢や性別による差別等をすることは禁止されている（派遣先指針第2の18の (3)・(4)）。

なお、紹介予定派遣の派遣期間は、同一の派遣労働者について6か月間以内とされている（派遣元事業主が講ずべき措置に関する指針〈平11・11・17労告137。以下、派遣元指針〉第2の12の (1)、派遣

第3章 派遣労働

先指針第2の18の(1))。派遣先が職業紹介を受けることを希望しなかった場合または職業紹介を受けた派遣労働者を雇用しなかった場合には、派遣先は、派遣元事業主の求めに応じ、その理由を派遣元事業主に対して明示しなければならない（派遣先指針第2の18の(2)）。また、派遣元事業主は、派遣先から明示された理由を書面で当該派遣労働者に明示することとされている（派遣元指針第2の12の(2)）。

8 派遣元・派遣先の責任

労働者派遣では、雇用主（派遣元）と指揮命令を行う者（派遣先）とが異なるため、それぞれの責任の範囲が曖昧なものとなりやすい。そこで、派遣法は、派遣元と派遣先それぞれの責任を規定している。

1 就業条件明示

派遣元事業主は、派遣労働者を雇い入れるときの労働条件明示（76頁参照）に加えて、労働者派遣をするときには就業条件等の明示を書面で行わなければならない `派遣法34条1項` `施行規則26条`。

また、派遣労働者の雇入れ時および労働者派遣をしようとするとき等に、当該労働者に係る労働者派遣に関する料金の額、または事業所における労働者派遣に関する料金の額の平均額のいずれかを明示しなければならない `派遣法34条の2`。

すなわち、派遣元事業主は、派遣労働者として雇用しようとする労働者に対し、派遣労働者として雇用した場合における賃金の額の見込み、社会保険の適用の有無等を説明する `31条の2`。また、派遣元事業主は、労働者派遣を行う場合には、あらかじめ派遣労働者に就業条件、派遣制限期間に抵触することとなる日等と併せ、派遣期間制限に違反して労働者派遣の役務の提供を受けた場合には労働契約の申込みをしたものとみなされることとなる旨を明示しなければならない `34条1項4号`。

さらに、派遣元事業主は、派遣労働者として雇い入れる場合又は派遣しようとする場合には、当該労働者に対し、労働者派遣に関する料金の額を書面の交付等により明示しなければならない `34条の2`。そして、派遣元事業主は雇用する労働者を労働者派遣をするときは、派遣先に対し、派遣労働者の氏名、派遣労働者の有期雇用・無期雇用の別、派遣労働者の社会保険の適用の有無等を通知する `35条`。

2 派遣元責任者・派遣先責任者の選任

派遣元事業主及び派遣先は、派遣労働者の雇用や就業管理を行う者として、派遣元責任者および派遣先責任者を、派遣労働者の人数に応じて、それぞれ選任しなければならない `派遣法36条・41条`。また、製造業務への派遣の場合には、製造業務に従事する派遣労働者の人数に応じて、製造業務専門派遣元責任者および製造業務専門派遣先責任者をそれぞれ選任しなければならない。

第**5**編 多様な雇用・就労形態

3 派遣先事業主が講ずべき措置

労働者派遣は、派遣労働者、派遣元事業主、派遣先事業主の三者間関係となり、直接雇用の場合に比べ複雑である。派遣先事業主は、派遣元事業主が雇用する派遣労働者を自らの指揮命令の下に業務を行わせる立場であることから、以下の事項について講ずるべき措置が派遣法および派遣法に基づく指針等に定められている。

①労働者派遣禁止の業務に派遣労働者を従事させない 派遣法4条3項 。

②無許可事業に係る労働者派遣を受け入れてはならない 24条の2 。

③労働者派遣契約の締結に際し、当該労働者派遣契約に基づく労働者派遣に係る派遣労働者を特定することを目的とする行為をしないように努める 26条6項 。

④労働者派遣契約に定められた就業条件（業務内容、就業場所、指揮命令者、就業日、就業時間、休憩時間等派遣法第26条第1項各号に定める事項）に反しないこと 39条 。

⑤派遣労働者から就業に関し苦情の申出を受けたときは、派遣元事業主にその内容を通知するとともに、派遣元事業主と連携して、迅速・適切な処理を図る 40条1項 。

⑥派遣先事業主は、派遣先の労働者に対し業務と密接に関連した教育訓練を実施する場合、派遣元事業主から求めがあったときは、派遣元事業主で実施可能な場合を除き、派遣労働者に対してもこれを実施するよう配慮する 40条2項 。

⑦派遣先事業主は、派遣先の労働者が利用する福利厚生施設（給食施設、休憩室、更衣室）については、派遣労働者に対しても利用の機会を与えるよう配慮すること 40条3項 。

⑧派遣先事業主は、派遣元事業主が派遣労働者の賃金を適切に決定できるよう、必要な情報（派遣労働者と同種の業務に従事する派遣先の労働者の賃金水準等）を提供するよう配慮する 40条5項 。

⑨派遣先事業主は、派遣元事業主から派遣可能期間を超える期間継続して労働者派遣の役務の提供を受けてはならない 40条の2 、 40条の3 。

⑩派遣先事業主は、派遣先の組織単位の同一の業務に、同一の派遣労働者を継続して1年以上受け入れ、派遣元事業主から、その派遣労働者を直接雇用するよう依頼があり、派遣終了後に、引き続き同一の業務に従事させるために労働者を雇用しようとする場合には、受け入れていた派遣労働者を直接雇い入れるよう努めなければならない 40条の4 。

⑪派遣先事業主は、派遣先の同一の事業所で同一の派遣労働者を継続して1年以上受け入れ、当該事業所で働く直接雇用の正社員を募集する場合には、受け入れている派遣労働者に対して、派遣先の事業所の正社員の募集情報を周知しなければならない 40条の5第1項 。

⑫派遣先事業主は、派遣先の同一の組織単位の業務に、継続して3

年間受け入れる見込みがある派遣労働者について、派遣元事業主から、その派遣労働者を直接雇用するよう依頼があり、その事業所で働く労働者（正社員に限らない）を募集する場合には、受け入れている派遣労働者に対して、派遣先の事業所の労働者の募集情報を周知しなければならない `40条の5第2項`。

⑬離職後1年以内の元従業員を派遣労働者（60歳以上の定年退職者を除く）として受け入れてはならない。また、これに抵触することとなるときはその旨を派遣元事業主に通知しなければならない `40条の第2項`。

⑭派遣先管理台帳を作成し、3年間保存する `42条`。

⑮派遣元事業主と密接な連絡調整の下に派遣労働者の適正な就業を確保するために、一定の資格・知識・経験・権限を有する派遣先責任者を選任し、法定事項を行わせる `41条`。

9 キャリアアップ措置（2015年に新設）

1 派遣元事業主が行うべき措置

派遣元事業主は、その雇用する派遣労働者が段階的かつ体系的に派遣就業に必要な技能及び知識を習得することができるように教育訓練を実施しなければならない。この場合において、当該派遣労働者が無期雇用派遣労働者であるときは、当該無期雇用派遣労働者がその職業生活の全期間を通じてその有する能力を有効に発揮できるように配慮しなければならない `派遣法30条の2第1項`。また、派遣元事業主は、その雇用する派遣労働者の求めに応じ、当該派遣労働者の職業生活の設計に関し、相談の機会の確保その他の援助を行わなければならない `30条の2第2項`。

派遣元事業主は 具体的には以下のような段階的かつ体系的な教育訓練等のキャリアアップ支援を行うこととなる。まず、派遣労働者のキャリア形成を念頭に置いた段階的かつ体系的な教育訓練の実施計画を定めなければならない。そして、実施する教育訓練はその雇用する全ての派遣労働者を対象としたものであって、実施する教育訓練が有給かつ無償で行われるものであること、実施する教育訓練が派遣労働者のキャリアアップに資する内容のものであること、派遣労働者として雇用するに当たり実施する教育訓練が含まれたものであること、無期雇用派遣労働者に対して実施する教育訓練は、長期的なキャリアの形成を念頭に置いた内容のものでなければならない。

また、キャリア・コンサルティングの相談窓口を設置していること、キャリア形成を念頭に置いた派遣先の提供を行う手続が規定されていること、教育訓練の時期・頻度・時間数等が適切（フルタイムで1年以上の雇用見込みの派遣労働者一人当たり、毎年概ね8時間以上の教育訓練の機会を提供）でなければならない。

第5編 多様な雇用・就労形態

2 教育訓練等に関して派遣先が講ずべき措置

派遣先事業主は、その指揮命令の下に従事させる派遣労働者について、派遣元事業主からの求めに応じて、当該派遣労働者が従事している業務と同種の業務に従事する労働者が従事する業務の遂行に必要な能力を付与するための教育訓練については、派遣労働者に対しても、これを実施するよう配慮しなければならない 派遣法40条2項。

また、派遣先事業主は、派遣先が教育訓練を実施するに当たり、派遣元事業主から求めがあったときは、派遣元事業主と協議等を行い、派遣労働者が当該教育訓練を受講できるよう可能な限り協力するとともに、必要に応じた当該教育訓練に係る便宜を図るよう努める義務がある。

10 雇用安定措置

派遣元事業主は、同一の組織単位に継続して1年以上派遣される見込みがあるなど一定の場合に、派遣労働者の派遣終了後の雇用を継続させるための措置（雇用安定措置）を講じる必要がある 派遣法30条。

雇用安定措置とは、①派遣先への直接雇用を依頼、②新たな派遣先を提供（対象となる派遣労働者の居住地やこれまでの待遇等に照らして合理的なものに限る）、③派遣元事業主による無期雇用、④その他雇用の安定を図るために必要な措置（新たな就業の機会を提供するまでの間に行われる有給の教育訓練、紹介予定派遣、特定有期雇用派遣労働者等の雇用の継続が図られると認められる措置）のいずれかである。

(a) 雇用安定措置の対象者が同一の組織単位に継続して「3年間派遣される見込みがある」労働者の場合には、①ないし④の措置を講じなければならない。(b) 同一の組織単位に継続して1年以上3年未満派遣される見込みがある労働者に対しては、派遣元は①ないし④のいずれかの措置を講じる努力義務がある。(a)(b) のいずれにも該当しない場合には、②ないし④のいずれかの措置を講ずる努力義務がある。

雇用安定措置の実施にあたり、派遣元事業主は、継続就業希望の有無等の聴取、派遣労働者の希望する措置を講じるよう努める、措置の着手時期に留意する必要がある。

11 均等待遇の推進

2015年の派遣法の改正により、派遣労働者と派遣先で同種の業務に従事する労働者の待遇の均衡を図るため、派遣元事業主と派遣先事業主に、待遇に関する事項の説明等が定められた 派遣法31条の2。

1 派遣元事業主が講ずべき措置

派遣元事業主は、派遣労働者が求めた場合には、均衡待遇の確

保のために考慮した内容を本人に説明しなければならない 派遣法31条の2 。派遣労働者が待遇に関する説明を求めたことを理由として、派遣元事業主は不利益な取扱をしてはならない。

そして、派遣元事業主は、派遣労働者の賃金の決定にあたって、同種の業務に従事する派遣先の労働者との均衡を考慮しつつ、一般労働者の賃金水準、職務の内容、能力、経験等を勘案するよう努めること、また派遣労働者の職務の成果、意欲等を適切に把握し、職務に応じた適切な賃金を決定するよう配慮しなければならない 30条の3 。

さらに、派遣元事業主は派遣先との派遣料金の交渉が派遣労働者の待遇改善にとって極めて重要であることを踏まえ交渉に当たるよう努め、派遣料金が引き上げられたときは、できる限りそれを派遣労働者の賃金の引き上げに反映するよう努めなければならない。

なお、派遣労働者が派遣元との間で有期労働契約を締結している場合には、労契法20条が適用される。派遣元事業主に無期雇用される労働者と有期雇用される派遣労働者との間における、通勤手当の支給に関する労働条件の相違は、労働契約法第20条に基づき、働き方の実態や、その他の事情を考慮して不合理と認められるものであってはならない。

② 派遣先が講ずべき措置

派遣先は、派遣元事業主が派遣労働者の賃金等を適切に決定できるよう、派遣元から求めがあった場合、必要な情報の提供等を行うよう配慮しなければならない。具体的には、賃金水準の情報提供の配慮 派遣法40条5項 、教育訓練の実施に関する配慮 40条2項 、福利厚生施設の利用に関する配慮 40条3項 が義務付けられている。また、派遣料金の額の決定に関し、派遣労働者の就業実態や労働市場の状況等を勘案し、派遣労働者の賃金水準が、派遣先で同種の業務に従事する労働者の賃金水準と均衡の図られたものとなるよう努めなければならない。また、派遣先は、労働者派遣契約を更新する際の派遣料金の額の決定に当たっては、就業の実態や労働市場の状況等に加え、業務内容等や要求する技術水準の変化を勘案するよう努めなければならない。

⑫ マージン率の公表等

派遣元事業主は、事業所ごとの派遣労働者の数や派遣先の数、教育訓練に関する事項に加えてマージン率等の情報を、事務所内の書類備え付けあるいはインターネット等によって提供しなければならない 派遣法23条5項 。マージン率とは、労働者派遣に関する料金の平均額から派遣労働者の賃金の平均額を控除した額を、当該労働者派遣に関する料金の平均額で除して得られた割合である。これにより、派遣先から受けた料金から平均してどれだけを派遣元事業主が得たのか、派遣労働者らに支払われたのは平均してどの程度だった

第5編 多様な雇用・就労形態

のかが明らかになる。自らの取り分を不当に多くしている派遣元事業主を排除する効果が期待できる。なお、マージン率の他に、労働者派遣に関する料金の額の平均額や、派遣労働者の賃金の額の平均額、その他労働者派遣事業の業務に関し参考となると認められる事項についての情報提供が派遣元事業主に義務づけられている 派遣法施行規則18条の2 。

13 違法派遣の場合の労働契約申込みみなし

前述した派遣受入期間制限違反のほかに、派遣対象業務以外の業務への派遣や、無許可・無届け事業所からの派遣、いわゆる偽装請負等の違法派遣が行われた場合、派遣法26条に規定される事項を定めることなく派遣を受け入れた場合には、派遣先が派遣労働者に対して労働契約を申し込んだとみなされる（ 派遣法40条の6 。施行日は2015年10月）。ただし、派遣先がこれらのいずれかに該当することを知らない場合であって、かつ、知らなかったことに過失がなかったときは除くとされている。しかし、派遣法が制定されてから長期間が経っていることやこの申込みみなしが施行されるまで3年の周知期間が置かれていることから、違法派遣についての認識は相当高まっていると言える。したがって、派遣先の「過失もなかった」との主張を安易に認めるべきではない。

14 労働法等の適用の特例

労基法や労安衛法などの労働法規の義務主体は、原則として、派遣労働者の雇用主である派遣元事業主である。しかし、派遣労働者が就労するのは派遣先であり、指揮命令を行うのも派遣先であることから、一定の事項については派遣元と派遣先の両方を事業主としたり、派遣先のみを事業主とみなしたりする必要がある。そこで、派遣法は、労基法や労安衛法、均等法、育児・介護休業法などについて、派遣元事業主と派遣先との事業主としての責任の分担を定めている 派遣法44条〜47条の2 。

資　料

個別労働紛争解決システムのスキーム

労働審判制度の概要

労働条件通知書

内定通知・入社承諾書

時間外労働・休日労働に関する協定届（36協定）

解雇理由証明書

資料

個別労働紛争解決システムのスキーム

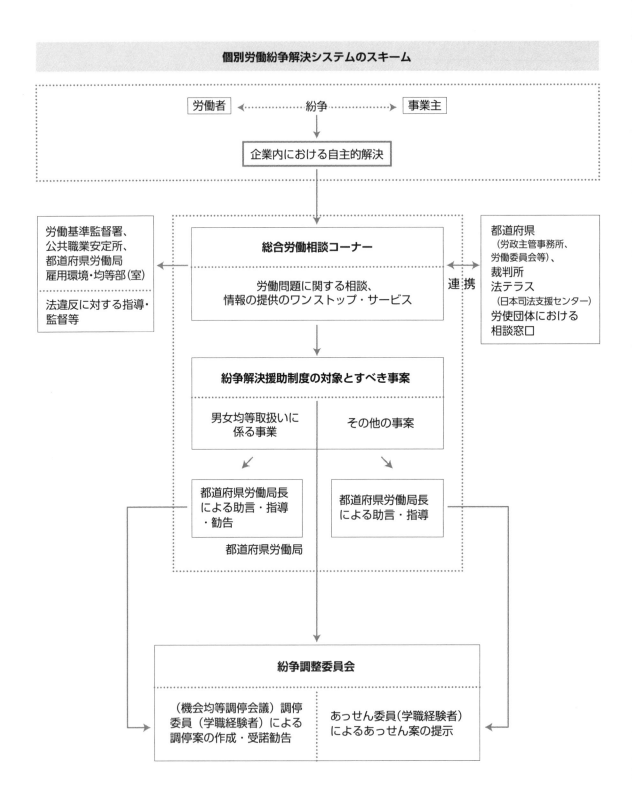

資料

労働審判制度の概要

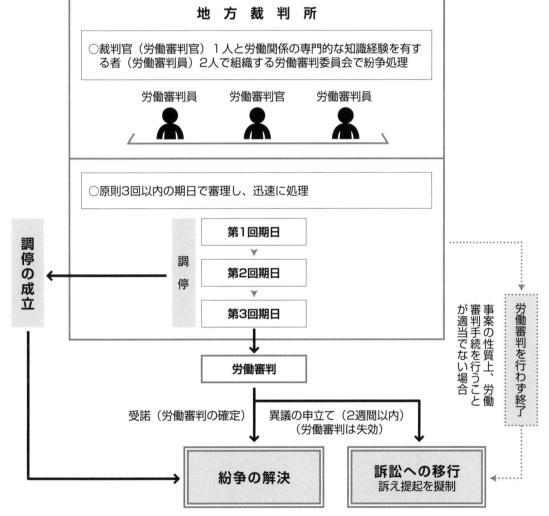

■ 労働条件通知書

（一般労働者用：常用、有期雇用型）

労働条件通知書

年 月 日

_____ 殿

事業場名称・所在地
使 用 者 職 氏 名

契約期間	期間の定めなし、期間の定めあり（ 年 月 日～ 年 月 日） ※以下は、「契約期間」について「期間の定めあり」とした場合に記入 1 契約の更新の有無 [自動的に更新する・更新する場合があり得る・契約の更新はしない・その他（ ）] 2 契約の更新は次により判断する。 ・契約期間満了時の業務量・勤務成績、態度・能力 ・会社の経営状況・従事している業務の進捗状況 ・その他（ ）
	【有期雇用特別措置法による特例の対象者の場合】 無期転換申込権が発生しない期間：Ⅰ（高度専門）・Ⅱ（定年後の高齢者） Ⅰ 特定有期業務の開始から完了までの期間（ 年 か月（上限10年）） Ⅱ 定年後引き続いて雇用されている期間
就業の場所	
従事すべき 業務の内容	【有期雇用特別措置法による特例の対象者（高度専門）の場合】 ・特定有期業務 （開始日： 完了日：）
始業、終業の時刻、休憩時間、就業時転換（(1)～(5)のうち該当するもの一つに○を付けること。）、所定時間外労働の有無に関する事項	1 始業・終業の時刻等 (1) 始業（ 時 分）終業（ 時 分） 【以下のような制度が労働者に適用される場合】 (2) 変形労働時間制等；（ ）単位の変形労働時間制・交替制として、次の勤務時間の組み合わせによる。 ─ 始業（ 時 分）終業（ 時 分）（適用日 ） ─ 始業（ 時 分）終業（ 時 分）（適用日 ） ─ 始業（ 時 分）終業（ 時 分）（適用日 ） (3) フレックスタイム制；始業及び終業の時刻は労働者の決定に委ねる。 （ただし、フレキシブルタイム（始業） 時 分から 時 分、 （終業） 時 分から 時 分、 コアタイム 時 分から 時 分） (4) 事業場外みなし労働時間制；始業（ 時 分）終業（ 時 分） (5) 裁量労働制；始業（ 時 分）終業（ 時 分）を基本とし、労働者の決定に委ねる。 ○詳細は、就業規則第 条～第条、第 条～第条、第 条～第 条 2 休憩時間（ ）分 3 所定時間外労働の有無（ 有 ・ 無 ）
休 日	・定例日；毎週 曜日、国民の祝日、その他（ ） ・非定例日；週・月当たり 日、その他（ ） ・1年単位の変形労働時間制の場合－年間 日 ○詳細は、就業規則第 条～第 条、第 条～第 条
休 暇	1 年次有給休暇 6か月継続勤務した場合→ 日 継続勤務6か月以内の年次有給休暇（ 有 ・ 無 ） → か月経過で 日 時間単位年休（ 有 ・ 無 ） 2 代替休暇（ 有 ・ 無 ） 3 その他の休暇 有給（ ） 無給（ ） ○詳細は、就業規則第 条～第条、第 条～第 条

（次頁に続く）

賃　金	1　基本賃金　イ　月給（　　　　　円）、ロ　日給（　　　　　円） 　　　　　　　ハ　時間給（　　　　　円）、 　　　　　　　ニ　出来高給（基本単価　　　　円、保障給　　　　円） 　　　　　　　ホ　その他（　　　　　円） 　　　　　　　ヘ　就業規則に規定されている賃金等級等 2　諸手当の額又は計算方法 　　　　イ（　　　　手当　　　　円／計算方法：　　　　　　　） 　　　　ロ（　　　　手当　　　　円／計算方法：　　　　　　　） 　　　　ハ（　　　　手当　　　　円／計算方法：　　　　　　　） 　　　　ニ（　　　　手当　　　　円／計算方法：　　　　　　　） 3　所定時間外、休日又は深夜労働に対して支払われる割増賃金率 　　　　イ　所定時間外、法定超　月６０時間以内（　　　）％ 　　　　　　　　　　　　　　　　月６０時間超（　　　）％ 　　　　　　　　　　　　　　所定超（　　　）％ 　　　　ロ　休日　法定休日（　　　）％、法定外休日（　　　）％ 　　　　ハ　深夜（　　　）％ 4　賃金締切日（　　　）－毎月　　日、（　　）－毎月　　日 5　賃金支払日（　　　）－毎月　　日、（　　）－毎月　　日 6　賃金の支払方法（　　　　　　　　　　　） 7　労使協定に基づく賃金支払時の控除（無，有（　　　　　）） 8　昇給（時期等　　　　　　　　　　　　　　　　　　　） 9　賞与（有（時期、金額等　　　　　　　　　），無　） 10　退職金（有（時期、金額等　　　　　　　　　），無　）
退職に関す る事項	1　定年制（有（　　歳），無　） 2　継続雇用制度（有（　　歳まで），無　） 3　自己都合退職の手続（退職する　　日以上前に届け出ること） 4　解雇の事由及び手続 ○詳細は、就業規則第　条～第　　条、第　条～第　　条
その他	・社会保険の加入状況（厚生年金　健康保険　厚生年金基金　その他（　　　　）） ・雇用保険の適用（　有　，　無　） ・その他 ※以下は、「契約期間」について「期間の定めあり」とした場合についての説明です。 労働契約法第18条の規定により、有期労働契約（平成25年4月1日以降に開始する もの）の契約期間が通算5年を超える場合には、労働契約の期間の末日までに労働 者から申込みをすることにより、当該労働契約の期間の末日の翌日から期間の定め のない労働契約に転換されます。ただし、有期雇用特別措置法による特例の対象と なる場合は、この「5年」という期間は、本通知書の「契約期間」欄に明示したと おりとなります。

※　以上のほかは、当社就業規則による。

※　労働条件通知書については、労使間の紛争の未然防止のため、保存しておくことをお勧めします。

【記載要領】

1．労働条件通知書は、当該労働者の労働条件の決定について権限をもつ者が作成し、本人に交付すること。

2．各欄において複数項目の一つを選択する場合には、該当項目に〇をつけること。

3．破線内及び二重線内の事項以外の事項は、書面の交付により明示することが労働基準法により義務付けられている事項であること。また、退職金に関する事項、臨時に支払われる賃金等に関する事項、労働者に負担させるべきものに関する事項、安全及び衛生に関する事項、職業訓練に関する事項、災害補償及び業務外の傷病扶助に関する事項、表彰及び制裁に関する事項、休職に関する事項については、当該事項を制度として設けている場合には口頭又は書面により明示する義務があること。

4．労働契約期間については、労働基準法に定める範囲内とすること。また、「契約期間」について「期間の定めあり」とした場合には、契約の更新の有無及び更新する場合又はしない場合の判断の基準（複数可）を明示すること。

（参考）労働契約法第１８条第１項の規定により、期間の定めがある労働契約の契約期間が通算５年を超えるときは、労働者が申込みをすることにより、期間の定めのない労働契約に転換されるものであること。この申込みの権利は契約期間の満了日まで行使できること。

5．「就業の場所」及び「従事すべき業務の内容」の欄については、雇入れ直後のものを記載することで足りるが、将来の就業場所や従事させる業務を併せ網羅的に明示することは差し支えないこと。また、有期雇用特別措置法による特例の対象者（高度専門）の場合は、同法に基づき認定を受けた第一種計画に記載している特定有期業務（専門的知識等を必要とし、５年を超える一定の期間内に完了することが予定されている業務）の内並びに開始日及び完了日も併せて記載すること。なお、特定有期業務の開始日及び完了日は、「契約期間」の欄に記載する有期労働契約の開始日及び終了日とは必ずしも一致しないものであること。

6．「始業、終業の時刻、休憩時間、就業時転換、所定時間外労働の有無に関する事項」の欄については、当該労働者に適用される具体的な条件を明示すること。また、変形労働時間制、フレックスタイム制、裁量労働制等の適用がある場合には、次に留意して記載すること。

・変形労働時間制：適用する変形労働時間制の種類（１年単位、１か月単位等）を記載すること。その際、交替制でない場合、「・交替制」を＝で抹消しておくこと。

・フレックスタイム制：コアタイム又はフレキシブルタイムがある場合はその時間帯の開始及び終了の時刻を記載すること。コアタイム及びフレキシブルタイムがない場合、かっこ書きを＝で抹消しておくこと。

・事業場外みなし労働時間制：所定の始業及び終業の時刻を記載すること。

・裁量労働制：基本とする始業・終業時刻がない場合、「始業………を基本とし、」の部分を＝で抹消しておくこと。

・交替制：シフト毎の始業・終業の時刻を記載すること。また、変形労働時間制でない場合、「( ) 単位の変形労働時間制・」を＝で抹消しておくこと。

7．「休日」の欄については、所定休日について曜日又は日を特定して記載すること。

8．「休暇」の欄については、年次有給休暇は６か月間勤続勤務し、その間の出勤率

が8割以上であるときに与えるものであり、その付与日数を記載すること。

時間単位年休は、労使協定を締結し、時間単位の年次有給休暇を付与するものであり、その制度の有無を記載すること。代替休暇は、労使協定を締結し、法定超えとなる所定時間外労働が1箇月60時間を超える場合に、法定割増賃金率の引上げ分の割増賃金の支払に代えて有給の休暇を与えるものであり、その制度の有無を記載すること。（中小事業主を除く。）

また、その他の休暇については、制度がある場合に有給、無給別に休暇の種類、日数（期間等）を記載すること。

9. 前記6、7及び8については、明示すべき事項の内容が膨大なものとなる場合においては、所定時間外労働の有無以外の事項については、勤務の種類ごとの始業及び終業の時刻、休日等に関する考え方を示した上、当該労働者に適用される就業規則上の関係条項名を網羅的に示すことで足りるものであること。

10. 「賃金」の欄については、基本給等について具体的な額を明記すること。ただし、就業規則に規定されている賃金等級等により賃金額を確定し得る場合、当該等級等を明確に示すことで足りるものであること。

・法定超えとなる所定時間外労働については2割5分、法定超えとなる所定時間外労働が1箇月60時間を超える場合については5割（中小事業主を除く。）、法定休日労働については3割5分、深夜労働については2割5分、法定超えとなる所定時間外労働が深夜労働となる場合については5割、法定超えとなる所定時間外労働が1箇月60時間を超え、かつ、深夜労働となる場合については7割5分（中小事業主を除く。）、法定休日労働が深夜労働となる場合については6割を超える割増率とすること。

・破線内の事項は、制度として設けている場合に記入することが望ましいこと。

11. 「退職に関する事項」の欄については、退職の事由及び手続、解雇の事由等を具体的に記載すること。この場合、明示すべき事項の内容が膨大なものとなる場合においては、当該労働者に適用される就業規則上の関係条項名を網羅的に示すことで足りるものであること。

（参考）なお、定年制を設ける場合は、60歳を下回ってはならないこと。また、65歳未満の定年の定めをしている場合は、高年齢者の65歳までの安定した雇用を確保するため、次の①から③のいずれかの措置（高年齢者雇用確保措置）を講じる必要があること。

①定年の引上げ ②継続雇用制度の導入 ③定年の定めの廃止

12. 「その他」の欄については、当該労働者についての社会保険の加入状況及び雇用保険の適用の有無のほか、労働者に負担させるべきものに関する事項、安全及び衛生に関する事項、職業訓練に関する事項、災害補償及び業務外の傷病扶助に関する事項、表彰及び制裁に関する事項、休職に関する事項等を制度として設けている場合に記入することが望ましいこと。

13. 各事項について、就業規則を示し当該労働者に適用する部分を明確にした上で就業規則を交付する方法によることとした場合、具体的に記入することを要しないこと。

＊ この通知書はモデル様式であり、労働条件の定め方によっては、この様式どおりとする必要はないこと。

■ 内定通知

平成○○年○月○○日

○○　○○　様

内定通知

東京都○○区○○　○-○-○
株式会社○○○○○

厳正な選考を重ねた結果、あなたを採用することが内定しましたので、ご通知申し上げます。弊社にエントリーいただいてから、選考に何度も足をお運びいただいたことに心より感謝しております。

皆様におかれましては、今後、残された学生生活を充実して過ごされることと思います。私たち社員一同は、来年皆様を最高の状態でお迎えできるように、日々努力を続けていくことをお約束します。

今後、内定者の皆様をお迎えするまでの期間、情報提供と不安解消を目的に随時、イベントの開催を予定しております。ご出席いただければ幸甚です。
同封した入社承諾書は、○月に開催を予定している内定者懇談会の際にご持参下さい。当日は、ご事情により提出期限の延長を希望される方の相談会も予定していますので、承諾書の提出を迷っている方も是非ご参加いただきたくお願い申し上げます。

万一、ご辞退やご欠席される場合は、必ず下記までご連絡ください。
皆様の今後の健康とご活躍をお祈りしております。

ご連絡、お問い合わせ先
〒○○○-○○○○　東京都○○区○○ ○-○-○
株式会社○○○○○　人事課　新卒採用係　○○・○○
TEL　　　○○-○○○○-○○○○
URL　　　http://www.xxxxx.co.jp
E-mail　　saiyo@xxxxx.co.jp

資　料

■ 入社承諾書

株式会社○○○○○
代表取締役社長　○○○○　殿

入社承諾書

　この度、私は貴社に採用が内定した旨の通知を受けました。
　つきましては、この通知内容を承諾すると共に、明年卒業の後は必ず貴社に入社することを確約いたします。
　また、住所の変更、氏名の変更など一身上の事項に重大な変更があった場合は、直ちにその内容を貴社に報告いたします。
　なお、下記に該当した場合は、採用内定が取り消されても異議はございません。

記

1.2009年3月までに卒業見込みが得られないとき
2.健康状態が採用選考時と著しく異なり、貴社での就業が困難と診断されたとき
3.身元書類等の内容に虚偽の記載があった場合や、その他、指定の入社日以前に学内外において不祥事を起こすなど、採用を不当と考えられる事情が生じたとき

平成　　　年　　　月　　　日

現住所

氏　名　　　.　　　　　　　印

以上

■ 時間外労働・休日労働に関する協定届（36協定）

様式第9号（第16条第1項関係）

時間外労働　に関する協定届
休日労働

労働保険番号		都道府県　所掌　管轄　基幹番号　枝番号　被一括事業場番号
法人番号		

事業の種類	事業の名称	事業の所在地（電話番号）	協定の有効期間
		（〒　－　）（電話番号：　－　－　）	

時間外労働をさせる必要のある具体的事由 — 業務の種類 — 労働者数（満18歳以上の者） — 所定労働時間（1日）（任意）

延長することができる時間数

	1日	1箇月（①については45時間まで、②については42時間まで）	1年（①については360時間まで、②については320時間まで）起算日（年月日）
	法定労働時間を超える時間数	所定労働時間を超える時間数（任意）	法定労働時間を超える時間数	所定労働時間を超える時間数（任意）	法定労働時間を超える時間数	所定労働時間を超える時間数（任意）

時間外労働
① 下記②に該当しない労働者
② 1年単位の変形労働時間制により労働する労働者

休日労働
休日労働をさせる必要のある具体的事由 — 業務の種類 — 労働者数（満18歳以上の者） — 所定休日（任意） — 労働させることができる法定休日の日数 — 労働させることができる法定休日における始業及び終業の時刻

上記で定める時間数にかかわらず、時間外労働及び休日労働を合算した時間数は、1箇月について100時間未満でなければならず、かつ2箇月から6箇月までを平均して80時間を超過しないこと。□（チェックボックスに要チェック）

協定の成立年月日　　年　　月　　日

協定の当事者である労働組合（事業場の労働者の過半数で組織する労働組合）の名称又は労働者の過半数を代表する者の　職名　氏名

協定の当事者（労働者の過半数を代表する者の場合）の選出方法（　　　　）

　　年　　月　　日

使用者　職名　氏名　　㊞

　　　　労働基準監督署長殿

資　料

■ 解雇理由証明書

解 雇 理 由 証 明 書

_____ 殿

　当社が、____年____月____日付けであなたに予告した解雇については、以下の理由によるものであることを証明します。

年　　　月　　　日

　　　　　事業主氏名又は名称
　　　　　使 用 者 職 氏 名

〔解雇理由〕※1、2

1　天災その他やむを得ない理由（具体的には、

　　　　　　　　によって当社の事業の継続が不可能となったこと。）による解雇

2　事業縮小等当社の都合（具体的には、当社が、

　　　　　　　　　　　　　　　　　　　　となったこと。）による解雇

3　職務命令に対する重大な違反行為（具体的には、あなたが

　　　　　　　　　　　　　　　　　　　したこと。）による解雇

4　業務については不正な行為（具体的には、あなたが

　　　　　　　　　　　　　　　　　　　したこと。）による解雇

5　勤務態度又は勤務成績が不良であること（具体的には、あなたが

　　　　　　　　　　　　　　　　　　　したこと。）による解雇

6　その他（具体的には、

　　　　　　　　　　　　　　　　　　　　）による解雇

※1 該当するものに○を付け、具体的な理由等を（ ）の中に記入すること。
※2 就業規則の作成を義務付けられている事業場においては、上記解雇理由の記載例にかかわらず、当該就業規則に記載された解雇の事由のうち、該当するものを記載すること。

参考文献

1　一般書

野村正實『雇用不安』（岩波新書、1998年）

清家篤『生涯現役社会の条件』（中公新書、1998年）

森岡孝二『雇用身分社会』（岩波新書、2015年）

熊沢誠『リストラとワークシェアリング』（岩波新書、2003年）

熊沢誠『格差社会ニッポンで働くということ』（岩波書店、2007年）

労働政策研究機構『少子化問題の現状と政策課題—ワーク・ライフ・バランスの普及拡大に向けて』
（労働政策研究・研修機構、2005年）

2　体系書
概説書
解説書

（1）全体

菅野和夫『労働法〔第11版補正版〕』（弘文堂、2017年）

水町勇一郎『労働法〔第6版〕』（有斐閣、2016年）

土田道夫『労働法概説〔第3版〕』（弘文堂、2014年）

荒木尚志・大内伸哉・大竹文雄・神林龍編『雇用社会の法と経済』（有斐閣、2008年）

中窪裕也・野田進『労働法の世界〔第12版〕』（有斐閣、2017年）

土田道夫・豊川義明・和田肇『ウォッチング労働法〔第3版〕』（有斐閣、2009年）

西谷敏『労働法〔第2版〕』（日本評論社、2013年）

菅野和夫『新・雇用社会の法〔補訂版〕』（有斐閣、2004年）

（2）総論・集団的労使関係法

盛誠吾『労働法総論・労使関係法』（新生社、2000年）

西谷敏『労働組合法〔第3版〕』（有斐閣、2012年）

（3）個別的労働関係法

山川隆一『雇用関係法〔第4版〕』（新生社、2008年）

下井隆史『労働基準法〔第4版〕』（有斐閣、2007年）

3　講　　座
注釈書

日本労働法学会編『講座21世紀の労働法』（有斐閣、2000年）　全8巻

青木宗也ほか編『労働判例体系』（旬報社、1991-1993年）　全20巻

西谷敏・野田進・和田肇編『新基本法コンメンタール　労働基準法・労働契約法』（日本評論社、2012年）

東京大学労働法研究会編『注釈労働基準法（上）（下）』（有斐閣、2003年）

東京大学労働法研究会編『注釈労働時間法』（有斐閣、1990年）

厚生労働省労働基準局編『労働基準法（上）（下）〔平成22年版〕』（労務行政研究所、2011年）

厚生労働省労政担当参事官室編『労働組合法・労働関係調整法〔5訂新版〕』（労務行政研究所、2006年）

4　テキスト
入門書

浜村彰・唐津博・青野覚・奥田香子『ベーシック労働法〔第6版補訂版〕』（有斐閣、2016年）

浅倉むつ子・島田陽一・盛誠吾『労働法〔第5版〕』（有斐閣、2015年）

小畑史子『よくわかる労働法〔第3版〕』（ミネルヴァ書房、2017年）

奥山明良『基礎コース労働法』（新生社、2006年）

清正寛・菊池高志編『労働法エッセンシャル〔第5版〕』（有斐閣、2009年）

毛塚勝利『労働法講義アシスト』（八千代出版、1997年）

山川隆一『労働契約法入門』（日本経済新聞社、2008年）

野川忍『わかりやすい労働契約法〔第2版〕』（商事法務、2007年）

村中孝史・荒木尚志編『労働判例百選〔第9版〕』（有斐閣、2016年）

片岡著・村中孝史補訂『労働法（2）〔第5版〕』（有斐閣、2009年）

5 さらに
深く

（1）総論

籾井常喜編『戦後労働法学説史』（労働旬報社、1996年）

西谷敏『規制が支える自己決定』（法律文化社、2004年）

浅倉むつ子『労働法とジェンダー』（勁草書房、2004年）

西谷敏『労働法の基礎構造』（法律文化社、2016年）

（2）労働契約論

萬井隆令『労働契約締結の法理』（有斐閣、1997年）

和田肇『労働契約の法理』（有斐閣、1990年）

土田道夫『労務指揮権の現代的展開』（信山社、1999年）

道幸哲也『職場における自立とプライヴァシー』（日本評論社、1995年）

野川忍・山川隆一編『労働契約の理論と実務』（中央経済社、2009年）

（3）労働条件決定・変更

荒木尚志『雇用システムと労働条件変更法理』（有斐閣、2001年）

大内伸哉『労働条件変更法理の再構成』（有斐閣、1999年）

野田進『「休暇」労働法の研究』（日本評論社、1999年）

畠中信夫『労働安全衛生法のはなし』（中央労働災害防止協会（新書）、2001年）

西村健一郎『社会保障法入門〔第3版〕』（有斐閣、2017年）

川人博『過労自殺〔第2版〕』（岩波新書、2014年）

岡村親宜『過労死・過労自殺救済の理論と実務』（旬報社、2002年）

（4）雇用平等

浅倉むつ子『均等法の新世界』（有斐閣、1999年）

浅倉むつ子・今野久子『女性労働判例ガイド』（有斐閣、1997年）

奥山明良『職場のセクシュアル・ハラスメント』（有斐閣、1999年）

山崎文夫『セクシュアル・ハラスメントの法理〔第2版〕』（労働法令、2004年）

藤本茂『米国雇用平等法の理念と法理』（かもがわ出版、2007年）

（5）非典型雇用

中野麻美・浜村彰編『最新労働者派遣法Q＆A』（旬報社、2004年）

（6）紛争処理システム

菅野和夫ほか『労働審判制度〔第2版〕』（弘文堂、2007年）

（7）比較法

中窪裕也『アメリカ労働法〔第2版〕』（弘文堂、2010年）

コリンズ著イギリス労働法研究会訳『イギリス雇用法』（成文堂、2008年）

小宮文人『現代イギリス雇用法』（信山社、2006年）

マンフレート・レーヴィッシュ『現代ドイツ労働法』（法律文化社、1995年）

大内伸哉『イタリアの労働と法』（日本労働研究機構、2003年）

水町勇一郎『労働社会の変容と再生』（有斐閣、2002年）

判例索引

最高裁判所

最2小判昭35・3・11民集14巻3号403頁［細谷服装事件］ …………………………… 107

最1小判昭35・7・14刑集14巻9号1139頁［小島撚糸事件］ ……………………………… 164

最大判昭36・5・31民集15巻5号1482頁［日本勧業経済会事件］ …………………… 133

最2小判昭37・7・20民集16巻8号1656頁［米軍山田部隊事件］ …………………… 112

最2小判昭38・6・21民集17巻5号754頁［十和田観光事件］ ………………………………56

最3小判昭43・3・12民集22巻3号562頁［小倉電話局事件］ ……………………… 132

最3小判昭43・5・28判時519号89頁［伊予相互金融事件（住友化学事件）］ ……… 127

最2小判昭43・8・2労判152号34頁［西日本鉄道事件］ ………………………………… 196

最3小判昭43・12・24民集22巻13号3050頁［日本電信電話公社千代田丸事件］ …………88

最大判昭43・12・25民集22巻13号3459頁［秋北バス事件］ …………………… 47,72

最1小判昭44・12・18労判103号17頁［福島県教組事件］ ……………………………… 134

最3小判昭45・7・28民集24巻7号1220頁［横浜ゴム事件］ …………………………… 197

最1小判昭48・1・19民集27巻1号27頁［シンガー・ソーイング・メシーン事件］ …… 135

最3小判昭48・3・2民集27巻2号191頁［全林野白石営林署事件］ ……… 179,185,186

最2小判昭48・3・2民集27巻2号210頁［国鉄郡山工場事件］ …………………… 179

最2小判昭48・10・19労判189号53頁［日東タイヤ事件］ ………………………………93

最大判昭48・12・12民集27巻11号1536頁［三菱樹脂事件］ …………… 55,81,82

最2小判昭49・3・15労判198号23頁［日本鋼管事件］ ………………………………… 197

最1小判昭49・7・22民集28巻5号927頁［東芝柳町工場事件］ …………………… 247,248

最3小判昭50・2・25労判222号13頁［陸上自衛隊八戸車両整備工場事件］ ……… 212

最2小判昭50・4・25労判227号32頁［日本食塩製造事件］ …………………… 109,110

最3小判昭51・12・24労経速937号6頁［慶大医学部付属厚生女子学院事件］ ………81

最2小判昭52・1・31労判268号17頁［高知放送事件］ …………………… 109,110,111

最2小判昭52・8・9労経速958号25頁［三晃社事件］ …………………………………… 141

最2小判昭52・12・13労判287号7頁［富士重工業事件］ ……………………………… 190

最3小判昭52・12・13労判287号26頁［目黒電報電話局事件］ …………………… 153,196

最2小判昭54・7・20労判323号19頁［大日本印刷事件］ …………………… 84,85,86

最3小判昭54・10・30労判329号12頁［国鉄札幌運転区事件］ ……………………… 190

最3小判昭54・11・13日労経速1032号3頁［住友化学工業事件］ ………………… 152

最2小判昭55・5・30労判342号16頁［電電公社近畿電通局事件］ ……………… 84,85

最2小判昭56・3・24民集35巻2号300頁［日産自動車事件］ ……………………… 224

最2小判昭56・5・11判時1009号124頁［前田製菓事件］ ……………………………… 143

最2小判昭56・9・18労判370号16頁［三菱重工長崎造船所事件］ ……………… 164

最1小判昭57・3・18民集36巻3号366頁［電電公社此花電報電話局事件］ ……… 184

最1小判昭57・10・7労判399号11頁［大和銀行事件］ ………………………………… 139

最1小判昭58・9・8労判415号29頁［関西電力事件］ …………………………… 190,191

最2小判昭58・9・30民集37巻7号993頁［高知郵便局事件］ ……………………… 184

最3小判昭59・3・27労判430号69頁［静内郵便局事件］ ……………………………… 161

最3小判昭59・4・10労判429号12頁［川義事件］ ……………………………………… 213

最2小判昭60・4・5労判450号48頁［古河電気工業・原子燃料工業事件］ ……… 94,95

最1小判昭61・3・13労判470号6頁［電電公社帯広局事件］ …………………… 72,90

最2小判昭61・7・14労判477号6頁［東亜ペイント事件］ …………………………… 90,92

最1小判昭61・12・4判時1221号134頁［日立メディコ事件］ …………………… 247,248

最1小判昭62・4・2労判506号20頁［あけぼのタクシー（民事・解雇）事件］ ……… 112

最2小判昭62・7・10労判499号19頁［弘前電報電話局事件］ …………………… 182,183

最2小判昭62・7・17労判499号6頁［ノース・ウェスト航空事件］ ………………… 138

最3小判昭62・9・18労判504号6頁［大隈鐵工所事件］ ………………………………… 101

最1小判昭63・7・14労判523号6頁［小里機材事件］ ………………………………… 164

最2小判平元・7・4民集43巻7号767頁［電電公社関東電気通信局事件］ ……… 184

最2小判平元・12・11労判552号10頁［済生会中央病院事件］ ………………………… 133

最3小判平2・6・5労判564号7頁［神戸弘陵学園事件］……………………………87,248

最2小判平2・11・26労判584号6頁［日新製鋼事件］……………………………134

最1小判平3・9・19労判615号16頁［炭研精工事件］……………………………196

最3小判平3・11・19民集45巻8号1236頁［津田沼電車区事件］……………………186

最1小判平3・11・28民集45巻8号1270頁［日立製作所武蔵工場事件］……………161

最3小判平4・1・24労判604号14頁［ゴールド・マリタイム事件］…………………93

最3小判平4・2・18労判609号12頁［エス・ウント・エー事件］………………179,180

最3小判平4・6・23労判613号6頁［時事通信社事件］……………………………183

最2小判平5・6・11労判632号10頁［国鉄鹿児島自動車営業所事件］……………66,88

最2小判平5・6・25労判636号11頁［沼津交通事件］………………………………187

最2小判平6・6・13労判653号12頁［高知県観光事件］……………………………164

最1小判平7・3・9労判679号30頁［商大八戸ノ里ドライビングスクール事件］……48

最1小判平7・9・5労判680号28頁［関西電力事件］……………………………67,68

最1小判平8・9・26労判708号31頁［山口観光事件］……………………………198

最1小判平8・11・28労判714号14頁［横浜南労基署長＜旭紙業＞事件］……………57

最2小判平9・2・28労判710号12頁［第四銀行事件］………………………………74

最1小判平10・4・9労判736号15頁［片山組事件］………………………………67,126

最3小決平11・12・14・労判775号14頁［徳島南海タクシー事件］…………………165

最3小判平12・1・28労判774号7頁［ケンウッド事件］……………………………91

最1小判平12・3・9労判778号11頁［三菱重工長崎造船所事件］…………………148

最2小判平12・3・24労判779号13頁［電通事件］…………………………………213

最1小判平12・7・17労判785号6頁［横浜南労基署長（東京海上横浜支店）事件］…211

最3小判平13・3・13民集55巻2号395頁［都南自動車教習所事件］………………45

最1小判平14・2・28労判822号5頁［大星ビル管理事件］…………………………149

最3小判平15・4・22労判846号5頁［オリンパス光学工業事件］…………………69

最2小判平15・10・10労判861号5頁［フジ興産事件］………………………………73

最1小判平15・12・18労判866号15頁［北海道国際航空事件］……………………135

最3小判平17・1・25労判885号5頁［荒川税務署長事件］…………………………127

最1小判平18・10・6労判925号11頁［ネスレ日本事件］……………………………198

最2小判平21・12・18労判1000号5頁［ことぶき事件］……………………………155

最1小判平24・3・8労判1060号5頁［テックジャパン事件］………………………165

最1小判平25・6・6労判1075号21頁［八千代交通事件］……………………………180

最2小判平26・1・24労判1088号5頁［阪急トラベルサポート（派遣添乗員・第2）事件］……174

最1小判平26・10・23労判1100号5頁［広島中央保健生活協同組合事件］…………228

最2小判平27・6・8労判1118号18頁［専修大学事件］………………………………105

最2小判平28・2・19労判1136号6頁［山梨県民信用組合事件］……………………74

最3小判平29・2・28労判1152号5頁［国際自動車事件］……………………………165

最2小判平30・6・1労判1179号34頁［長澤運輸事件］………………………………253

高等裁判所

東京高決昭33・8・2労民集9巻5号831頁［読売新聞社事件］……………………66,67

東京高判昭47・4・26労判189号58頁［日東タイヤ事件］……………………………93

大阪高判昭53・10・27労判314号65頁［福知山信用金庫事件］……………………194

東京高判昭54・10・29労判330号71頁［東洋酸素事件］……………………………113

大阪高判昭56・3・20労判399号12頁［大和銀行事件］……………………………127

福岡高判昭58・6・7労判410号29頁［サガテレビ事件］……………………………263

大阪高判昭58・8・31労民集34巻4号679頁［日本シェーリング事件］……………187

東京高判昭58・12・19労判421号33頁［八州測量事件］………………………………77

高松高判昭63・4・27労判537号71頁［御國ハイヤー（賞与）事件］………………139

大阪高判平2・3・8労判575号59頁［千代田工業事件］………………………………77

大阪高判平2・7・26労判572号114頁［ゴールド・マリタイム事件］………………93

名古屋高判平2・8・31労判569号37頁［中部日本広告社事件］ ･････････････････ 141

仙台高判平4・1・10労判605号98頁［岩手銀行事件］ ･･･････････････････････ 217

東京高判平7・6・28労判686号55頁［東京中央郵便局事件］ ･････････････････ 76

東京高判平8・5・29労判694号29頁［帝国臓器製薬事件］ ･･･････････････････ 91

東京高判平9・11・17労判729号44頁［トーコロ事件］ ･････････････････････ 159

東京高判平10・9・16労判749号22頁［三晃印刷事件］ ･････････････････････ 165

高松高判平11・7・19労判775号15頁［徳島南海タクシー事件］ ･･･････････････ 165

東京高判平11・9・30労判780号80頁［日本中央競馬会事件］ ･･･････････････ 181

東京高判平12・4・19労判787号35頁［日新火災海上保険事件］ ･･･････ 78,164,165

大阪高判平12・6・30労判792号103頁［日本コンベンションサービス事件］ ･････ 155

福岡高判平12・11・28労判806号58頁［新日本製鐵（日鐵運輸）事件］ ･･････････ 93

東京高判平12・12・22労判796号5頁［芝信用金庫事件］ ･･･････････････････ 97

仙台高判平13・8・29労判810号11頁［岩手第一事件］ ･････････････････････ 167

広島高判平14・6・25労判835号43頁［JR西日本（広島支社）事件］ ････････････ 167

東京高判平15・12・11労判867号5頁［小田急電鉄（退職金請求）事件］ ･･･････ 141

大阪高判平18・11・28労判930号13頁［松下電器産業（年金減額）事件］ ･･･････ 143

大阪高判平20・4・26労判941号5頁［松下PDP事件］ ･････････････････････ 263

東京高判平21・10・29労判995号5頁［早稲田大学事件］ ･･･････････････････ 142

東京高判平28・11・2労判1144号16頁［長澤運輸事件］ ･･･････････････････ 253

大阪高判平30・12・21労働経済判例速報2369号18頁［ハマキョウレックス（差戻控訴審）事件］ ･･･ 253

地方裁判所

東京地決昭25・6・15労民集1巻5号740頁［池貝鉄工所事件］ ･･･････････････ 161

東京地決昭25・12・23労民集1巻5号770頁［高岳製作所東京工場事件］ ･･･････ 45

大阪地判昭33・4・10労民集9巻2号207頁［東亜紡織事件］ ･････････････････ 184

金沢地判昭36・7・14判時274号30頁［第三慈久丸事件］ ･･･････････････････ 125

松山地判昭40・5・26労民集16巻3号394頁［松山市民病院事件］ ･･････････････ 118

岡山地判昭40・5・31労民集16巻3号418頁［片山工業事件］ ･････････････････ 161

東京地判昭41・12・20労民集17巻6号1407頁［住友セメント事件］ ･･･････ 55,226

東京地判昭43・8・31労判62号14頁［日本電気事件］ ･･･････････････････････ 91

東京地判昭44・5・31労民集20巻3号477頁［明治乳業事件］ ･････････････････ 162

名古屋地判昭45・9・7労判110号42頁［スイス事件］ ･･･････････････････････ 67

奈良地判昭45・10・23判時624号78頁［フォセコ・ジャパン・リミテッド事件］ ･･･ 100

鹿児島地判昭48・2・18判時718号104頁［鹿屋市立笹野原小学校事件］ ･･･････ 154

静岡地判昭48・3・23労民集24巻1・2号96頁［国鉄浜松機関区事件］ ･･･････ 187

東京地判昭48・5・18労民集24巻3号197頁［日本冶金工業事件］ ･･･････････ 199

秋田地判昭50・4・10労判226号10頁（労民集26巻2号388頁）［秋田相互銀行事件］ ･･････ 55,216

大阪地判昭51・7・10労判257号48頁［桑畑電機事件］ ･････････････････････ 85

高知地判昭53・4・20労判306号48頁［ミロク製作所事件］ ･････････････････ 95

東京地八王子支判昭54・7・2労判323号37頁［東京現像所事件］ ･･･････････ 162

横浜地判昭55・3・28労判339号20頁［三菱重工横浜造船所事件］ ･･･････････ 154

岡山地判昭55・11・26労民集31巻6号1143頁［津山郵便局事件］ ･･･････････ 185

東京地判昭55・12・15労判354号46頁［イースタン・エアポートモータース事件］ ･･････ 192

大阪地判昭56・3・24労経速1091号3頁［すし処「杉」事件］ ･･･････････････ 148

名古屋地判昭59・3・23労判439号64頁［ブラザー工業事件］ ･････････････････ 86

盛岡地判昭60・3・28労判450号62頁［岩手銀行事件］ ･････････････････････ 55

高知地判昭61・4・14労判537号73頁［御國ハイヤー（賞与）事件］ ･･･････････ 139

大阪地決昭62・8・21労判503号36頁［アヅミ事件］ ･･･････････････････････ 197

東京地判昭63・2・24労民集39巻1号21頁［国鉄蒲田電車区事件］ ･･････････ 75

大阪地判昭63・10・26労判530号40頁［関西ソニー販売事件］ ･･････････････ 164

東京地判平元・1・26労判533号45頁［日産自動車事件］ ･･･････････････････ 217

長崎地判平元・2・10労判534号10頁［三菱重工長崎造船所事件］‥‥‥‥‥‥‥‥‥‥48
横浜地判平元・5・30労判540号22頁［千代田化工建設事件］‥‥‥‥‥‥‥‥‥‥‥‥96
東京地判平2・9・25労判569号28頁［東京芝浦食肉事業公社事件］‥‥‥‥‥‥‥‥180
福岡地判平2・12・12労判578号59頁［福岡大和倉庫事件］‥‥‥‥‥‥‥‥‥‥‥247
東京地判平3・2・25労判588号74頁［ラクソン等事件］‥‥‥‥‥‥‥‥‥‥‥‥100
名古屋地判平3・7・22労判608号59頁［日通名古屋製鉄作業事件］‥‥‥‥‥‥‥199
東京地決平4・1・31判時1416号130頁［三和機材事件］‥‥‥‥‥‥‥‥‥‥‥‥95
長崎地判平4・3・26労判619号78頁［三菱重工長崎造船所（計画年休）事件］‥‥‥185
福岡地判平4・4・16労判607号6頁［福岡セクシュアル・ハラスメント事件］‥‥‥‥226
東京地判平6・6・16労判651号15頁［三陽物産事件］‥‥‥‥‥‥‥‥‥‥‥55,216
奈良地葛城支決平6・10・18判タ881号151頁［マルコ事件］‥‥‥‥‥‥‥‥‥‥118
東京地決平7・4・13労判675号13頁［スカンジナビア航空事件］‥‥‥‥‥‥‥‥115
東京地判平7・6・19労判678号18頁［学校法人高宮学園事件］‥‥‥‥‥‥‥‥‥182
長野地上田支判平8・3・15労判690号32頁［丸子警報器事件］‥‥‥‥‥‥‥‥‥255
広島地判平8・8・7労判701号22頁［石崎本店事件］‥‥‥‥‥‥‥‥‥‥‥‥‥216
大阪地判平8・10・2労判706号45頁［共立メンテナンス事件］‥‥‥‥‥‥‥‥‥165
東京地判平8・11・27労判704号21頁［芝信用金庫事件］‥‥‥‥‥‥‥‥‥‥‥97
佐賀地武雄支決平9・3・28労判719号38頁［センエイ事件］‥‥‥‥‥‥‥‥‥‥262
京都地判平9・4・17労判716号49頁［京都セクシュアル・ハラスメント事件］‥‥‥226
東京地判平9・5・26労判717号14頁［長谷工コーポレーション事件］‥‥‥‥‥‥‥78
札幌地決平9・7・23労判723号62頁［北海道コカ・コーラボトリング事件］‥‥‥‥91
東京地判平9・12・1労判729号26頁［国際協力事業団事件］‥‥‥‥‥‥‥‥‥‥181
大阪地判平10・4・13労判744号54頁［幸福銀行事件］‥‥‥‥‥‥‥‥‥‥‥‥142
東京地判平10・6・12労判745号16頁［日本貨物鉄道事件］‥‥‥‥‥‥‥‥151,165
大阪地決平10・8・31労判751号38頁［大阪労働衛生センター第1病院事件］‥‥‥‥115
東京地八王子支判平10・9・17労判752号37頁［学校法人桐朋学園事件］‥‥‥‥‥167
東京地決平11・10・15労判770号34頁［セガ・エンタープライゼズ事件］‥‥‥‥‥111
東京地決平11・11・29労判780号67頁［角川文化振興財団事件］‥‥‥‥‥‥‥‥111
大阪地判平11・12・8労判777号25頁［タジマヤ事件］‥‥‥‥‥‥‥‥‥‥‥‥118
東京地決平12・1・21労判782号23頁［ナショナル・ウエストミンスター銀行（第3次仮処分）事件］‥‥113,114
東京地判平12・1・31判時785号45頁［アーク証券事件］‥‥‥‥‥‥‥‥‥‥‥97
東京地判平12・2・23労判784号58頁［最上建設事件］‥‥‥‥‥‥‥‥‥‥‥‥154
大阪地判平12・5・12労判785号31頁［大和銀行事件］‥‥‥‥‥‥‥‥‥‥‥‥102
大阪地判平12・12・20労判801号21頁［幸福銀行（年金打切り）事件］‥‥‥‥‥‥142
大阪地判平13・3・26労判810号41頁［風月荘事件］‥‥‥‥‥‥‥‥‥‥‥‥‥155
東京地判平13・6・26労判816号75頁［江戸川会計事務所事件］‥‥‥‥‥‥‥‥‥139
東京地判平14・2・20 労判822号13頁［野村證券事件］‥‥‥‥‥‥‥‥‥‥‥‥221
大阪地判平14・5・22労判830号22頁［日本郵便逓送事件］‥‥‥‥‥‥‥‥‥‥255
東京地判平14・6・20判830号13頁［S社事件］‥‥‥‥‥‥‥‥‥‥‥‥‥‥‥192
大阪地堺支判平15・6・18労判855号22頁［大阪いずみ市民生協（内部告発）事件］‥‥‥‥192
富山地判平17・2・23労判891号12頁［トナミ運輸事件］‥‥‥‥‥‥‥‥‥‥‥193
大阪地判平17・4・27労判897号26頁［アワーズ事件］‥‥‥‥‥‥‥‥‥‥‥‥193
神戸地姫路支判平17・5・9労判895号5頁［ネスレジャパンホールディング（配転本訴）事件］‥‥91
横浜地判平19・5・29労判942号5頁［日本IBM事件］‥‥‥‥‥‥‥‥‥‥‥‥‥121
東京地判平20・1・28労判953号10頁［日本マクドナルド事件］‥‥‥‥‥‥‥‥‥155
福岡地判平22・6・2労判1008号5頁［コーセーアールイー［第2］事件］‥‥‥‥‥‥86
大分地判平23・11・30労判1043号54頁［中央タクシー（未払賃金）事件］‥‥‥‥‥148
千葉地八日市場支判平27・2・27労判1118号43頁［農事組合法人乙山農場ほか事件］‥‥‥‥107
大津地彦根支判平27・9・16労判1135号59頁［ハマキョウレックス事件］‥‥‥‥‥253
東京地判平28・5・13労判1135号11頁［長澤運輸事件］‥‥‥‥‥‥‥‥‥‥‥‥253

事項索引

あ　行

ＩＬＯ	29
ＩＬＯ条約	44
—52号、132号	178
—100号	55,216
—175号	255
斡旋（あっせん）	60
安全配慮義務	68,212
育児介護休業法	42,232

育児休業	178,228,232
移籍	95
一斉休暇闘争	186
一斉休憩の原則	152
請負	260,263
営業譲渡	116
営業上の秘密	68,100

か　行

解雇	104
戒告・譴責（けんせき）	194
解雇の自由	104
解雇権濫用法理	109
解雇事由	108,110
解雇予告制度	105
介護休業	178,234
外国人労働者	55,130
会社分割	96,119
家族手当	127,164,217
合併	116
家内労働法	41,59
過半数組合	71,158,166
過半数代表（者）	71,158,133,166
仮眠時間	149,165
過労死・過労自殺	149,157,209
監視・断続的労働	156
間接差別	220
管理監督者	155
企画業務型裁量労働制	39,145,175
期間の定めのある労働契約	76,244
企業秩序遵守義務	190
企業年金	142
企業名公表	219,225,229
危険負担	138
擬似パート	254
偽装請負	262,274
起訴休職	199
基本給	124
キャリアアップ	260,271
休暇制度	178
休業手当	137
休憩時間	150
休職	178,199
競業避止義務	100,117
強制貯金	79
強制労働の禁止	55

業務起因性	205
業務上疾病	207
業務遂行性	205
業務命令権	66,88
均衡処遇	254,272
均等待遇	54
均等法	33,42,61,218
勤務間インターバル	39,151,177
苦情処理	62,175
計画年休	178,185
契約期間の上限	76,244
契約自由の原則	21,128
経歴詐称	196
結婚退職制	55,226
減給	194
健康診断	201,258
コアタイム	171
合意解約	99
公益通報者保護法	193
公共職業安定所（ハローワーク）	42
工場法	28
公序良俗	97,188,226,251,255
更新拒否	246
拘束時間	148
高度プロフェッショナル制度	39,176
坑内労働	152,173,229
高年齢者雇用安定法	43,81
公民権行使の保障	56
コース別雇用管理	221
国家公務員（法）	41,52
個別的労働関係法	20,41
個別労働関係紛争	61
雇用契約	21,64,181,247
雇用対策法	43,80,103
雇用保険法	43
雇用保障法	42

さ　行		
	サービス残業………………………157	就労請求権…………………… 66,194
	最低賃金法……………………… 41,128	出勤停止………………………194
	採用内定→内定…………………	出向（在籍出向を含む）……… 88,92,221,261
	採用（採用の自由を含む）……… 80,219	出向命令権の濫用……………… 94
	裁量労働（制）………………39,145,174	出張…………………………… 88,206
	在籍出向→出向…………………	準解雇→みなし解雇……………
	三六協定………………………158	試用（試用期間）……………… 86
	差別的解雇……………………108	障害（がい）者雇用促進法…… 42,81
	産前産後休暇（休業）………105,229	紹介予定派遣…………………268
	時間外・休日労働……………156	使用者………… 49,57,99,184,257
	時間外労働（義務）……………161	—の利益代表者………………159
	—の上限規制（限度基準）………39,145,159	昇進・昇格…………………… 96,221
	指揮命令（権）（業務命令（権））66,88,147,195,260	賞与…………………………124,139
	事業譲渡………………………116	職業安定法…………………… 42,77,260
	事業場外労働………………145,173	職業紹介……………………… 42,56,268
	時効………………………… 59,136,187	職業能力開発促進法………… 35,38,43
	時差出勤制度…………………170	職務発明……………………… 68
	事実たる慣習……………… 48,72,75	女性差別撤廃条約…………… 33,218
	自社株購入権→ストックオプション…………	人格権……………………… 67,192,194
	辞職……………………………100	信義誠実の原則（信義則）…… 65,68,100
	施設管理権…………………153,190	人事異動……………………… 88,95
	自宅待機………………………199	人事権………………………… 89
	時短促進法…………………… 35,145	人事考課……………………… 97,111,125
	市民法………………… 20,50,104	じん肺法……………………… 59,200
	社会保険（制度）………………259	深夜業………… 155,163,238,240
	若年定年制…………………… 33,55	深夜労働………………………163
	週休制…………………………153	スト規制法…………………… 41,53
	従業員代表……………………121	ストックオプション……………127
	就業規則…………………… 47,69,258	ストライキ（同盟罷業）……… 25,32,51,138,186
	—による労働条件の不利益変更……………… 73	ストレスチェック………………201
	—の記載事項…………………… 70	成果主義賃金………………… 125,217
	—の意見聴取…………………… 70	性差別………………………… 33,219
	—の最低基準効………………… 70	誠実履行義務………………… 67,190
	—の作成・変更……………… 70,258	生存権………………………… 40,51,128
	—の周知………………………… 70	整理解雇………………………113
	—の絶対的必要記載事項………70,110,148	生理休暇……………………178,229
	—の相対的必要記載事項………70,140,193	政令201号…………………… 32
	—の届出………………………… 71	セクシュアル・ハラスメント…… 34,225
	—の任意記載事項……………… 70	全額払いの原則………………79,112,132
	—の法的性質………………… 47,71	専門業務型裁量労働制………145,174
	住宅手当………………………127	争議権………………………… 31,40,50
	集団的労働関係法…………… 41,50	争議行為………32,41,46,50,52,186
	就労始期………………………… 85	即時解雇………………………107

た　行		
	代休……………………………154	退職勧奨………………………102
	退職…………………………100,245	退職強要………………………102

退職金	140	直接雇用申込義務	262
退職証明書	99	直接払いの原則	132
団結権	31,40,44,50	賃確法	136,143
短時間労働者→パートタイム労働者		賃金	124
男女同一賃金の原則	33,55,216	—債権の譲渡	132
単身赴任	88,208	—支払い義務	133
団体交渉権	31,40,50	—支払の4原則	130
団体行動権	50	—の消滅時効	136
治安維持法	29	—の相殺	79,112,133
治安警察法	28	—の調整的相殺	133
チェック・オフ	133	通常の—	128
地方公営企業労働関係法	32,41,52	労基法上の—	127
地方公務員法	32,41	通貨払いの原則	131
中間搾取の禁止	55,260	通勤災害	207
中間収入	112	定年制度	81,103
仲裁	60	出来高払制の保障給	124
懲戒	190	手待時間	148,156
懲戒解雇	194	転籍	95,120
懲戒権の濫用	197	同一（価値）労働同一賃金の原則	216,255
懲戒処分	191	倒産	98,136
長期休暇	183	同盟罷業→ストライキ	
調停	34,53,61	特定承継	117

な 行

内定	83	—の使用目的	185
内々定	85	年功制賃金	103,125
年休（年次有給休暇）	178	年俸制	125,135
—の時季指定権	183	ノーワーク・ノーペイの原則	126
—の時季変更権	184	能力主義賃金	125

は 行

パートタイム労働者（短時間労働者）	254	フレックスタイム制	170
パート労働法	36,42,254	紛争調整委員会	61
賠償予定の禁止	78	平均賃金	128
配置・昇進	221	変形週休制	153
配転（配置転換）	89	変形労働時間制	166
派遣法	35,43,260	1年単位の—	167
派遣労働	260	1か月単位の—	166
働き方改革	38,157,176	1週間単位の非定型的—	169
ハローワーク→公共職業安定所		変更解約告知	114
非常災害時における時間外・休日労働	158	包括承継	117
非常時払い	136	法人格否認の法理	99
服務規律	190	法定労働時間制	144
付随義務	68	法定労働時間制の弾力化	165
不当労働行為	60	法定労働時間制の特例	147
プライバシー	68,225	法の下の平等	55
振替休日	154	母性保護措置	229
フレキシブルタイム	171	ポジティブ・アクション	224

294

事項索引

ポツダム政令201号→政令201号…………………
ホワイトカラー・エグゼンプション→高度プロ

ま 行

マージン率………………………………273
毎月1回以上、一定期日払いの原則…………135
みなし解雇………………………………102
みなし労働時間…………………………173

や 行

雇止め……………………………………246
有期労働契約（雇用）…………………244
　―の更新拒否…………………………246

ら 行

労働災害…………………………………200
労災かくし………………………………204
労災保険…………………………………203
労使委員会………………………………175
労使慣行……………………………… 47,75
労使対等決定の原則…………………… 54
労働安全衛生法……………………… 41,200
労働委員会……………………………… 60
労働関係調整法……………………… 31,41,60
労働基準監督制度……………………… 59
労働基準監督署………………………… 59
労働基準法…………………………… 32,41,54
労働基本権……………………………… 50
労働義務……………………………… 65,161
労働協約……………………………… 45,75
　―の一般的拘束力…………………… 46
労働組合法…………………………… 31,41
労働契約………………………………… 63

わ 行

ワーク・ライフ・バランス…………… 38,157

フェッショナル制度
本採用拒否……………………………… 86

身元保証契約…………………………… 82
メリット制………………………………204
免罰的効果（効力）……………………161
専ら派遣…………………………………267

有料職業紹介…………………………… 56
ユニオン・ショップ協定………………109
要介護状態………………………………234

労働契約法…………………………… 37,42,94
労働契約承継法……………………… 42,96,119
労働権………………………………… 32
労働憲章……………………………… 54
労働災害………………………………200
労働時間………………………………144
　―の概念……………………………147
　―の計算……………………………172
　―のみなし制………………………173
労働時間・休憩・休日の適用除外…………155
労働市場法（労働市場の法）………… 40
労働者………………………………… 49,57
　労基法上の―……………………… 57
労働者派遣事業……………………… 260,264
労働条件……………………………… 22,49,57
　―の明示……………………………76,257
　―の労使対等決定…………………… 54
労働審判制度…………………………… 61

割増賃金…………………………………163

295

著者紹介

金子征史
第1編

1944年　東京都生まれ
1973年　法政大学大学院博士課程単位修得満期退学
現　在　法政大学名誉教授

〈主著・論文〉
・『改訂労働関係法』（共著、日本評論社、1994年）
・『入門労働法〔第4版〕』（共著、有斐閣、2003年）
・『コンメンタール労働基準法』（編著、日本評論社、2005年）
・『ガイドブック教育法〔新訂版〕』（共著、三省堂、2015年）

藤本　茂
第2編

1952年　愛媛県生まれ
1985年　法政大学大学院博士後期課程単位修得満期退学
現　在　法政大学法学部教授

〈主著・論文〉
・『米国雇用平等法の理念と法理』（かもがわ出版、2007年）
・「雇用平等法の基礎的検討」山田省三他編『労働法理論変革への模索』（信山社、2015年）
・「『新しい公共』の担い手たる労働者組織」法学志林113巻3号（2016年）

髙野敏春
第3編
第1章
〜
第4章

1951年　山形県生まれ
1980年　国士舘大学大学院博士課程単位修得満期退学
現　在　国士舘大学法学部教授

〈主著・論文〉
・「労働法の要点」『現代法学と憲法』（成文堂、2001年）
・「私立大学教授定年退職後再任拒否と人事権濫用事件」『JUAA選書13　大学と法』
　（エイデル研究所、2004年）
・「教師の専門職に関する労働者性」『憲法と教育人権』（日本評論社、2006年）
・「労働権をめぐる課題」國士舘法学第38号（2006年）

大場敏彦
第3編
第5章

第4編

第5編

1960年　静岡県生まれ
1991年　法政大学大学院博士後期課程単位修得満期退学
現　在　流通経済大学法学部教授

〈主著・論文〉
・『リーガルスタディー法学入門』（共著、酒井書店、2002年）
・『最新労働者派遣法Q&A』（共著、旬報社、2004年）
・『ホームヘルパー働き方のルール』（共著、旬報社、2005年）
・「派遣労働者・有償ボランティアと介護労働」季刊労働法228号（2010年）

山 本 圭 子

第3編
第5章
(改訂)
第4編
(改訂)
第5編
(改訂)

1962年　茨城県生まれ
1996年　法政大学大学院社会科学研究科私法学専攻博士課程単位取得退学
現　在　法政大学法学部講師

〈主著・論文〉
・『労働法解体新書〔第4版〕』(共著、法律文化社、2015年)
・『アクチュアル労働法』(共著、法律文化社、2014年)
・『実践・変化する雇用社会と法』(共著、有斐閣、2006年)

基礎から学ぶ労働法Ⅰ〔第4版〕

2009年 5月10日	初版第1刷発行
2018年 4月10日	第4版第1刷発行
2019年 5月10日	第4版第2刷発行

編　者　金子征史／藤本　茂／髙野敏春／大場敏彦

発行者　大塚孝喜

印刷所　中央精版印刷株式会社

発行所　エイデル研究所
　　　　102-0073 東京都千代田区九段北4-1-9
　　　　電話 03-3234-4641　FAX 03-3234-4644

Printed in Japan
ISBN978-4-87168-611-2 C3032
© 2018,M.Kaneko,S.Fujimoto,T.Takano,T.Oba